Werner Bätzing

Grande Traversata delle Alpi

Der große Weitwanderweg durch die Alpen des Piemont

Teil 1: Der Norden
Vom Wallis ins Susa-Tal

9., aktualisierte Auflage 2024

NATUR PUNKT

Rotpunktverlag.

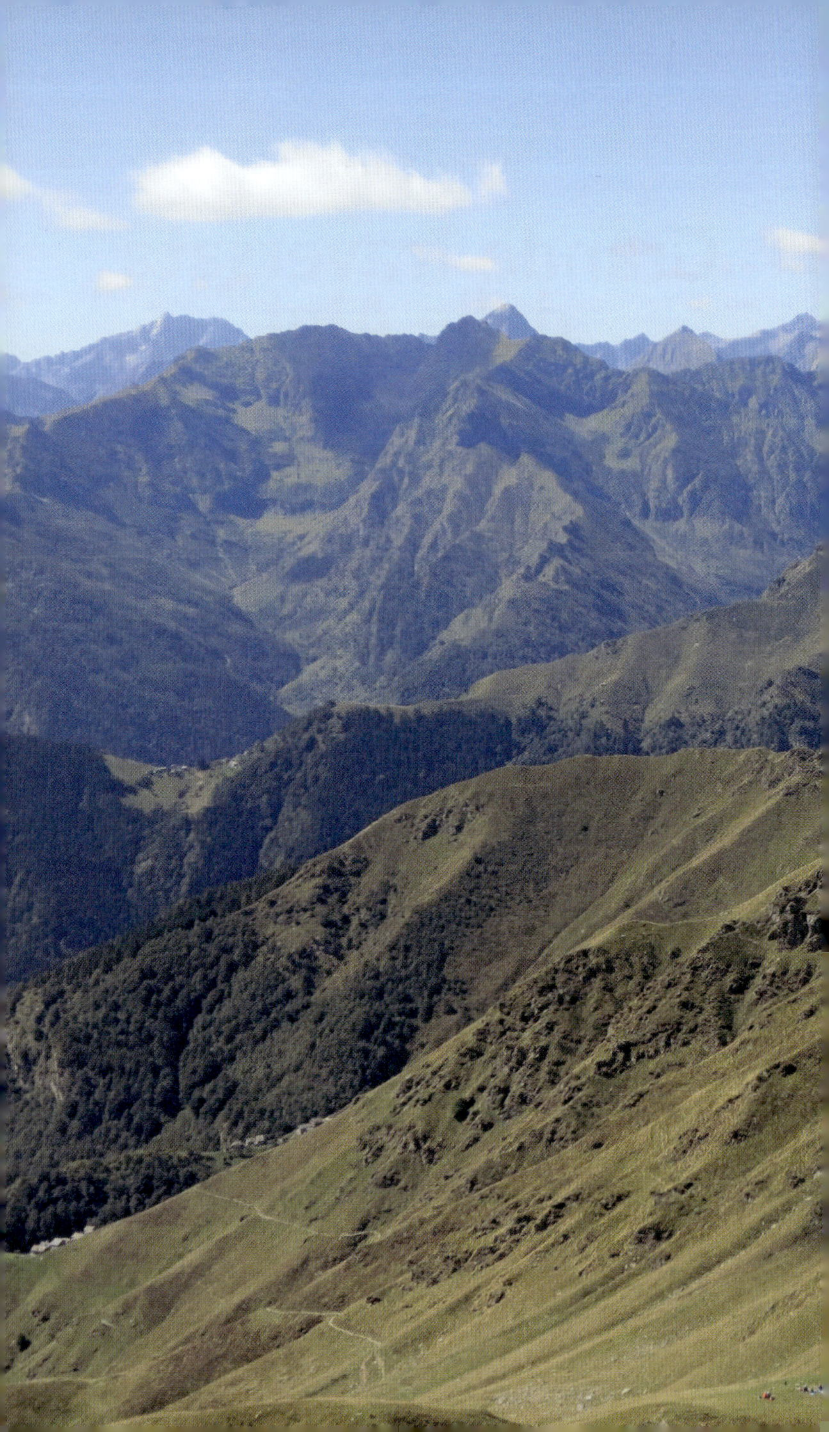

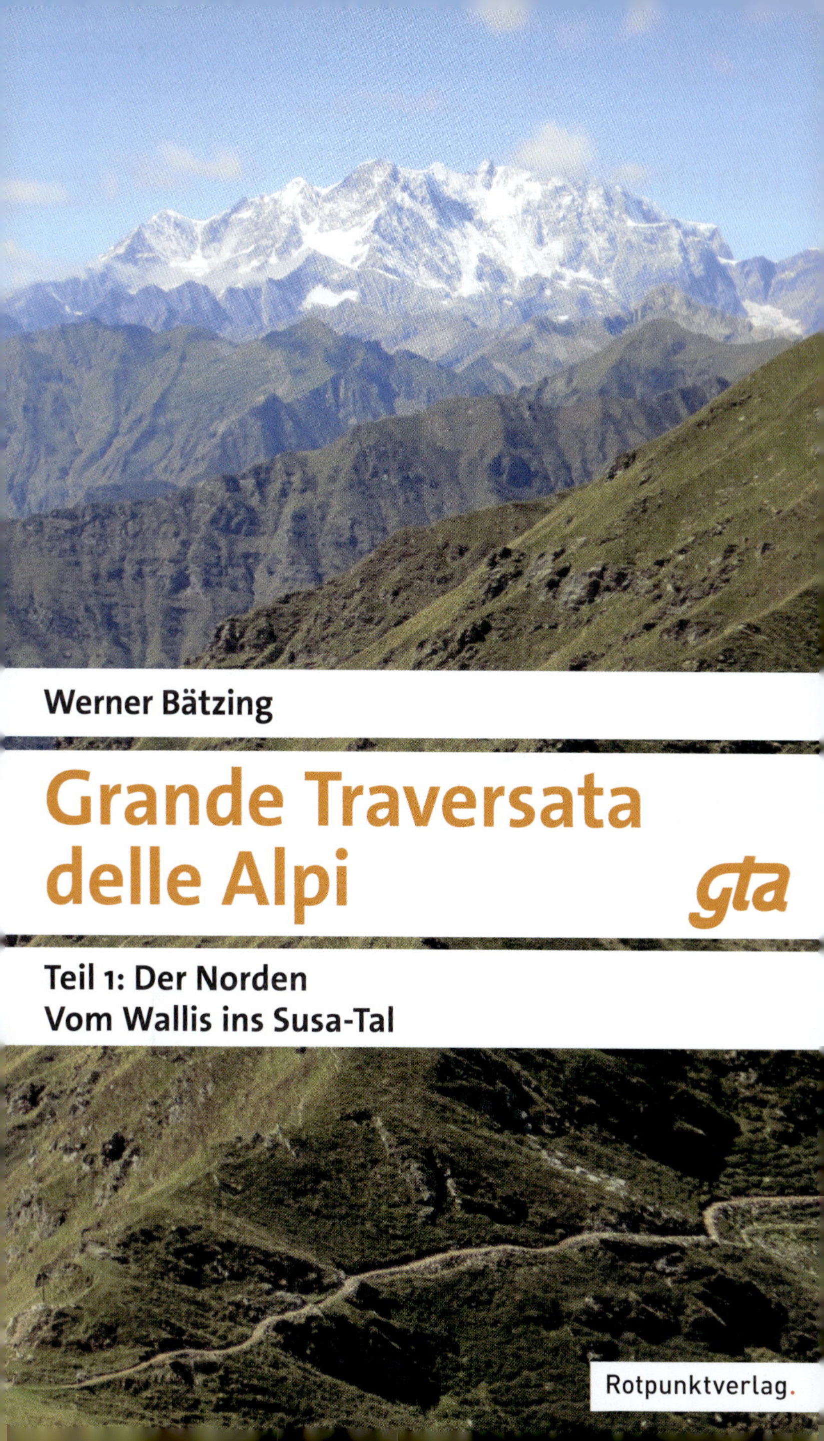

Werner Bätzing

Grande Traversata delle Alpi

gta

Teil 1: Der Norden
Vom Wallis ins Susa-Tal

Rotpunktverlag.

Inhalt

Vorwort zur 9. Auflage

Die erste Auflage dieses Wanderbuches erschien im Jahr 1986, also in einer Zeit, als unsere Welt noch sehr viel anders als heute funktionierte. Trotzdem hat sich an der Situation dieser Alpenregion und an der Zielsetzung der GTA seitdem wenig geändert: Die GTA will weiterhin einen dezentralen, umwelt- und sozialverträglichen Tourismus in einer von Abwanderung geprägten Alpenregion fördern. Obwohl es der GTA in den vergangenen Jahrzehnten gelungen ist, zahlreiche dezentrale Arbeitsplätze zu sichern und auch neue Arbeitsplätze zu schaffen (ablesbar an den neu entstandenen Übernachtungsmöglichkeiten), ist ihre Aufgabe angesichts des weiterhin anhaltenden Bevölkerungsrückgangs noch lange nicht erfüllt. Und wer auf der GTA wandert, wird schnell feststellen, dass in den Unterkünften meist noch viel Platz ist und dass man auf den meisten Wegen kaum andere Wanderer trifft, was für viele Menschen ungewohnt sein dürfte.
Für ein solch dezentrales Wanderprojekt wie die GTA, das von zahllosen engagierten Personen in vielen verschiedenen Alpentälern getragen wird, stellte die Corona-Pandemie eine existenzielle Herausforderung dar. In dieser Zeit riss jedoch an keiner Stelle das Netz der GTA-Unterkünfte oder der GTA-Etappen, was die Existenz des gesamten Weges in Frage gestellt hätte – der GTA ist also eine erhebliche Robustheit zu bescheinigen.

Mit der Aktualisierung der 8. Auflage habe ich so lange gewartet, bis die Turbulenzen der Corona-Zeit endgültig vorbei waren und auf der GTA wieder eine gewisse Normalität eingekehrt war – aber wer weiß in unseren heutigen Zeiten noch, wie lange sie anhalten wird.
Die Veränderungen, die ich jetzt in der 9. Auflage berücksichtigt habe, betreffen folgende Punkte:

- Es sind weiter neue Unterkünfte entlang der GTA entstanden, und bei einigen Etappen hat der Posto tappa gewechselt.
- Die Wegführung wurde an einigen Stellen geändert, nämlich bei den Etappen V1, V4, V6, 4, 17, 18, 20 und 25.
- Inzwischen liegen für die gesamte GTA neue und gute 1:25 000-Wanderkarten vor, und die Firma Geo4Map hat in Verbindung mit National Geographic Italia daraus drei schmale, handliche Broschüren gemacht, die die gesamte GTA abdecken. Damit werden jetzt erstmals seit Jahrzehnten die relativ schematischen und unzuverlässigen IGC-Karten im Maßstab 1:50 000 überflüssig. Deshalb werden in der 9. Auflage nicht mehr die IGC-Höhenangaben, sondern diejenigen aus den drei GTA-Kartenbroschüren verwendet.

Diese Änderungen erleichtern eine Wanderung auf der GTA, und vor allem die neuen Wanderkarten stellen eine relevante Verbesserung dar. Daneben wurden wieder alle Angaben zu Unterkünften und Wegbeschreibungen sowie zahlreiche weitere Angaben und Hinweise im Text überprüft und aktualisiert.

Ich möchte mich wieder bei allen Wanderern bedanken, die uns über konkrete Veränderungen entlang der GTA informiert haben. Die GTA lebt ja davon, dass plötzliche Wegsperrungen durch Felsstürze oder Erosion, Schliessung von Unterkünften durch Brand, Krankheit oder Pächterwechsel und ähnliche Dinge, die auf der langen GTA-Strecke immer wieder einmal vorkommen können, möglichst bald an uns gemeldet werden, und wir sie dann über das »Wanderweb« schnell an alle Wanderer weitergeben können. Deshalb meine herzliche Bitte an alle, uns nach der Rückkehr von der GTA solche Informationen und weitere Erfahrungen mitzuteilen.
Ich bedanke mich herzlich bei Bernhard Bätzing, Gerhard Fitzthum, Fritz Grimm, Beat Hug, Michael Kleider, Jörg Klingenfuß, Ulrich Koppold und Matthias Mandler, dass sie mir für diesen Band wieder Fotos zur Verfügung gestellt haben. Ein ganz besonderer Dank geht erneut an Michael Kleider, der mich bei der GTA seit vielen Jahren sehr aktiv unterstützt, und an Jörg Klingenfuß, der sich ebenfalls seit vielen Jahren für die GTA engagiert.

Dieses Wanderbuch ist bewusst so konzipiert, dass es neben den Wegbeschreibungen auch in die Natur, Geschichte, Kultur und in die aktuellen Probleme der durchwanderten Alpenregionen einführt. Dadurch erhöht sich zwar das Gewicht dieses Buches ein wenig, aber diese Hintergrundinformationen sollen dazu anregen, mit offenen Augen durch die piemontesischen Alpen zu wandern: Je mehr man dabei wahrnimmt und versteht, desto größer wird das Wandervergnügen und desto intensiver werden die Erlebnisse am Weg, auf den Pässen und Gipfeln, in den Dörfern und nicht zuletzt beim Abendessen in einem der für diese Alpenregion so typischen Restaurants.
In diesem Sinne wünsche ich Ihnen erfüllte und erlebnisreiche Tage auf der GTA und eine gesunde Rückkehr.

Werner Bätzing
Bamberg, Januar 2024

Geleitwort

Wer von Turin aus die 400 Kilometer lange Alpenkette bewundert, die die Stadt auf drei Seiten umgibt, erblickt ein Profil aus Hunderten von Bergen, die von Süden aus nach Norden immer höher werden und schließlich in der eisigen Silhouette des Monte Rosa kulminieren. Der Rocciamelone genau westlich von Turin ist der erste weiße Gipfel, der im Nordteil in den Himmel ragt, darauf kommen Richtung Norden mit Ciamarella und Bessanese die eindrücklichen Berge der Lanzo-Täler, dann die vergletscherten Gipfel der Gran-Paradiso-Gruppe und schließlich die Seite des Monte Rosa, die steil ins Sesia-Tal abfällt und die sehr hoch über der Po-Ebene aufragt. Die Seite des Monte Rosa, die nach Macugnaga und ins Anzasca-Tal abfällt, ist zwar noch steiler und besitzt sogar Himalaya-Charakter, aber sie ist von Turin aus nicht zu sehen, weil sie nach Osten, Richtung Mailand blickt und so die allerersten Sonnenstrahlen einfängt.

Diesem Bergprofil entspricht eine außergewöhnliche Vielfalt von Alpentälern und Alpenregionen. Die Täler im Monte-Rosa-Gebiet werden von Gletschern dominiert, während die Gipfel im Bereich des Gran Paradiso und der Lanzo-Täler etwas niedriger sind; aber immer dominieren hochalpine, strenge Landschaftsbilder mit hohen Fels- und Ödlandanteilen. Und überall gibt es unzählige Seitentäler mit abgelegenen Dörfern, Weilern und Alpsiedlungen, die jeweils eigene Welten darstellen – es sind ideale Gebiete für Bergwanderungen.

Im Monte-Rosa-Gebiet lebt die Minderheit der Walser. Ihre traditionellen Holzhäuser sind einzigartig in den italienischen Alpen, ebenso wie ihre archaischen Dialekte und ihre religiösen Traditionen, die sich in ihren zahlreichen Kirchen, Kapellen, Gemälden und in ihrer Volkskunst ausdrücken.

Die Täler der Gran-Paradiso-Gruppe, die durch den ersten italienischen Nationalpark geschützt sind, sind reich an naturräumlichen Besonderheiten, und hier leben besonders viele Wildtiere. Die piemontesischen Täler, durch die die GTA führt, brauchen dabei keinen Vergleich mit den Tälern in der Region des Aosta-Tals zu scheuen, auch wenn sie weniger bekannt und weniger besucht sind. Und der Steinbock, das Symbol dieser Region, hat sich seit einiger Zeit auch in die Nachbartäler ausgebreitet, zum Beispiel ins Ala-Tal der Lanzo-Täler, wo er in den Felsen unterhalb der Gipfel Uia di Ciamarella und Uia di Mondrone heimisch geworden ist.

Die Lanzo-Täler erlebten zwischen 1870 und 1914 eine touristische Blütezeit, als sich der König und die Königin des Hauses Savoyen und zahlreiche Adlige und gebildete Großbürger aus Turin dort zur Sommerfrische aufhielten. Heute versucht man erneut an diese Tradition anzuknüpfen. Dies ist jedoch nur mit einem sanften, umwelt- und sozialverträglichen Tourismus möglich, der sich vom technisierten Massentourismus abwendet und sich auf

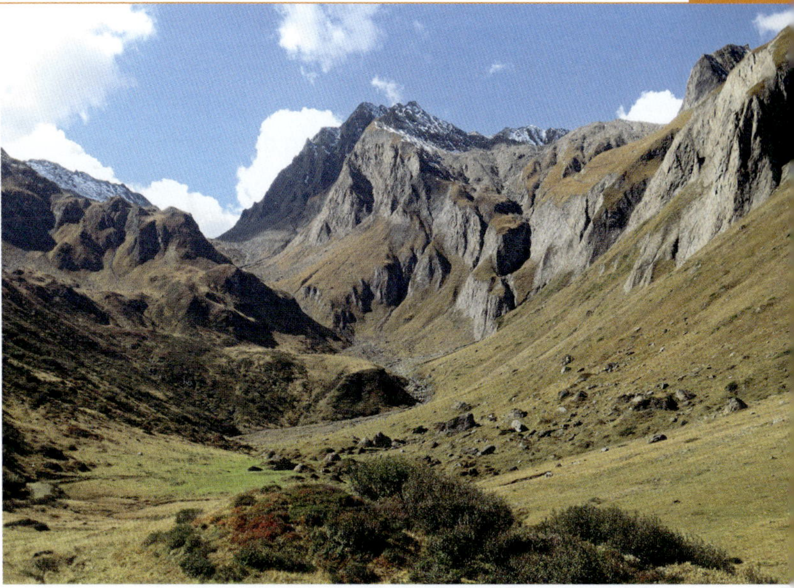

Das Vallone di Nefelgiù mit dem Aufstieg zum gleichnamigen Pass (Etappe V2); die GTA durchquert unendlich viele abgelegene Seitentäler, in denen es keinerlei Hinweise auf die moderne Entwicklung der Alpen gibt.

eine rücksichtsvolle und respektvolle Weise mit der Natur, der Umwelt, der Geschichte und der Kultur der Einheimischen auseinandersetzt. Nur auf diese Weise können verlassene Orte zu neuem Leben erweckt werden und lokale Produkte wieder aufgewertet werden, die früher einmal Grundnahrungsmittel zum Überleben in den Bergen waren, die aber heute als Slow-Food-Produkte außergewöhnliche regionale Spezialitäten darstellen. Dies gilt ganz besonders für die zahlreichen Alpkäse – von den verschiedenen Toma-Käsen aus dem Sesia-Tal über diejenigen aus Ceresole bis hin zu denen aus den Lanzo-Tälern.
In diesem Sinne wünsche ich Ihnen schöne Wanderungen auf der GTA und viel Genuss mit den regionalen Spezialitäten.

Enrico Camanni
Alpinist, Bergjournalist, Bergbuchautor und Mitinitiator von »Sweet Mountains«

Einführung

Natur, Geschichte, Kultur und Politik in den nördlichen piemontesischen Alpen

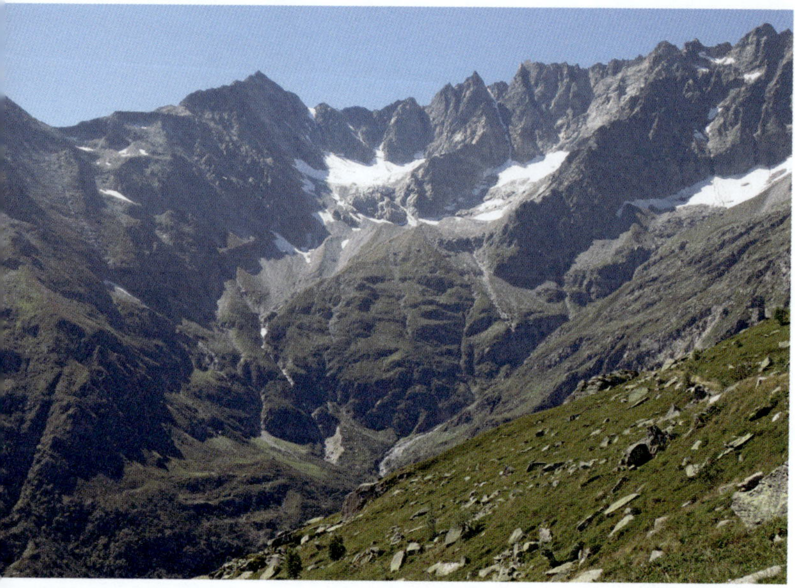

Die GTA durchquert in ihrem Nordteil viele Alpenregionen mit sehr hartem Gestein, in denen der Anteil des Ödlandes hoch ist. Hier der Alpenhauptkamm im Val Grande der Lanzo-Täler.

Auf einer GTA-Wanderung sieht man ausgesprochen viel, aber es besteht die Gefahr, dass man sehr viel übersieht, wenn man von der Fremdheit der faszinierenden Landschaft überwältigt wird oder das Gesehene nicht bewusst wahrnimmt oder nicht versteht. Es stimmt wirklich: »Man sieht nur, was man weiß.« Dieses Kapitel soll eine kurze Einführung in wichtige Aspekte der piemontesischen Alpen geben und damit zum bewussten Sehen auf der GTA anregen.

Natur: Gesteine, Niederschläge, Vegetation, Landschaft

Bei den Walliser und Grajischen Alpen handelt es sich um Berggruppen aus hauptsächlich kristallinem Gestein, einem harten Gestein, das markante Gipfel und Felsgrate bildet und in das sich die Täler wegen der nahen, sehr niedrig gelegenen oberitalienischen Tiefebene sehr tief eingeschnitten haben. Nur am Rande dieser beiden Alpengruppen gibt es kleinere Gebiete mit weichem Gestein. Dies bedeutet, dass auf der GTA der Ödlandanteil hoch ist und Felsen oft das Landschaftsbild dominieren.

Was die Gliederung dieses Raumes betrifft, so ist sie vergleichsweise einfach und übersichtlich: Der Alpenhauptkamm verläuft in den Walliser Alpen in Ost-West-Richtung, biegt dann im Bereich des Mont-Blanc-Massivs nach Süden um und verläuft in den Grajischen Alpen in Nord-Süd-Richtung; von ihm gehen im rechten Winkel die einzelnen, meist nicht sehr langen Täler ab, die nach kurzer Zeit in die Po-Ebene münden. Zahlreiche parallel nebeneinander liegende Alpentäler sind daher für diese Region typisch.

Landschaftlich wird diese Region durch den Steilabfall der Berge in die oberitalienische Tiefebene geprägt: Die Alpen steigen wie eine Mauer jäh aus der nur 200 bis 300 Meter hohen Po-Ebene empor – die 3676 Meter hohe Uia di Ciamarella (Lanzo-Täler) ist 30 Kilometer, der 4633 Meter hohe Monte Rosa etwa 40 Kilometer entfernt; bei klarem Wetter ist hier der Gegensatz Hochgebirge–Ebene so beeindruckend wie sonst nirgendwo am Alpenrand.

Die Niederschläge sind in den nördlichen piemontesischen Alpen überall deutlich höher als im Süden, weil viele Tiefdruckgebiete von Süden und Südwesten her gegen die sehr hohen Walliser und Grajischen Alpen gedrückt werden und sich hier abregnen. Das Maximum liegt mit über 2000 mm/Jahr zwischen Lago Maggiore und Val d'Ossola, westlich bzw. südwestlich davon werden die Niederschläge allmählich etwas weniger, bleiben aber doch fast überall über 1200 mm/Jahr.

Diese typische Wettersituation führt immer wieder zu katastrophalen Niederschlagsereignissen: Im September 1987, September 1993 und Oktober 2000 gab es jeweils besonders große Hochwasserkatastrophen und 2008/09 einen besonders extremen Lawinenwinter.

Aus dem Zusammenwirken von Ausgangsgestein und Niederschlag entsteht

Felsen, die vom eiszeitlichen Sesia-Gletscher glatt geschliffen wurden (am Monte Rosa in 2600 Meter Höhe in der Nähe der Etappe V10).

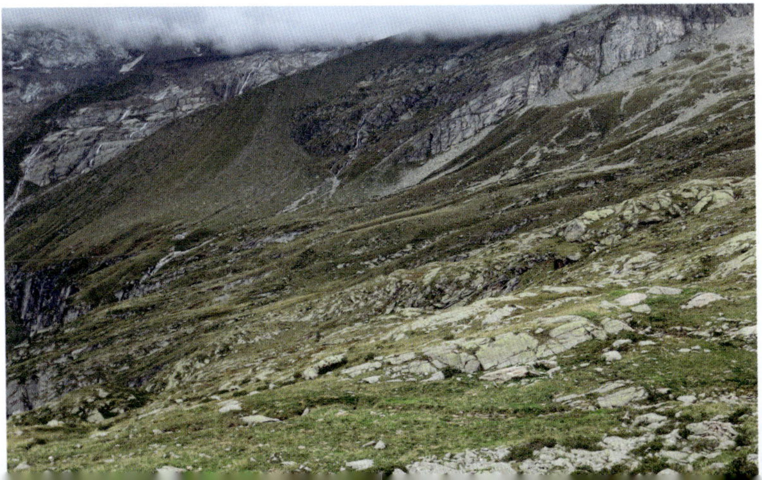

das Relief, also die Landschaftsformen, mit denen man auf der GTA tagtäglich konfrontiert wird und deren häufiger Wechsel die Wanderung so abwechslungsreich macht. Die harten Gesteine wie Gneise und Granite werden nur sehr langsam abgetragen; sie bilden steile, aber nie senkrechte Wände aus, und die Gipfel fallen häufig nach *allen* Seiten steil ab, sodass sie für Bergwanderer meist nicht erreichbar sind. Kalkstein – im Norden der GTA wenig vertreten – bildet dagegen senkrechte Wände aus, aber viele scheinbar unbezwingbare Gipfel besitzen ein breites Gipfelplateau und können oft von hinten leicht bestiegen werden. Die verschiedenen weichen Gesteine – hier oft nur am Rande der Alpen und kaum großflächig verbreitet – entwickeln dagegen sanfte, weiche Formen, die für den Wanderer eigentlich ideal sind; weil die Erosionsbasis in dieser Region aber so niedrig liegt, haben sich die Flüsse und Bäche hier oft sehr tief und schluchtartig eingegraben, was ihre Durchquerung erheblich erschweren kann.

Ein von eiszeitlichen Gletschern geformtes Hängetal (siehe Etappe 14), dessen Formen (waagerechter Talboden, dann Steilstufe) hier besonders deutlich zu sehen sind (Vallone delle Pisse nördlich von Alagna).

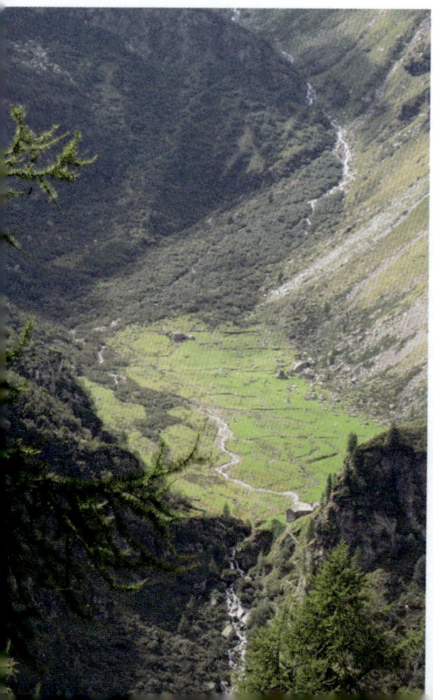

Diese vom fließenden Wasser geschaffenen steilen Landschaftsformen sind durch die Eiszeiten stark überprägt worden. Ihren Spuren begegnet man überall auf der GTA, und zwar in Form von abgerundeten oder glatt geschliffenen Felsen, von Felskaren (große sesselförmige Gebilde im Fels) mit Karseen, von breit ausgehobelten Passübergängen, von Moränenresten, Hängetälern (siehe Etappe 14) usw. Und immer dann, wenn man im oberen Höhenstockwerk unvermutet inmitten von steilen Hängen auf eine ebene Fläche stößt, kann man vermuten, dass hier eiszeitliche Kräfte am Werk waren.

Eiszeitliche Großformen sind die Trogtäler von Dora Riparia, Dora Baltea und Toce, die Seen Lago Maggiore und Lago d'Orta, die aus den übertieften Zungenbecken der eiszeitlichen Gletscher entstanden sind, sowie die beiden großen »Amphitheater« am Alpenrand bei Ivrea und bei Avigliana (westlich von Turin), die Endmoränenwälle der eiszeitlichen Dora-Baltea- und Dora-Riparia-Gletscher sind.

Im Naturzustand war diese gesamte Alpenregion fast vollständig mit dichtem Wald bedeckt, dessen Obergrenze zwischen 2000 und 2200 Meter Höhe (auf den Sonnenhängen auch noch höher) lag. Das Bild der Alpen vor der menschlichen Besiedlung war lange Zeit kaum konkret vorstellbar. Aber die mit der Entsiedlung

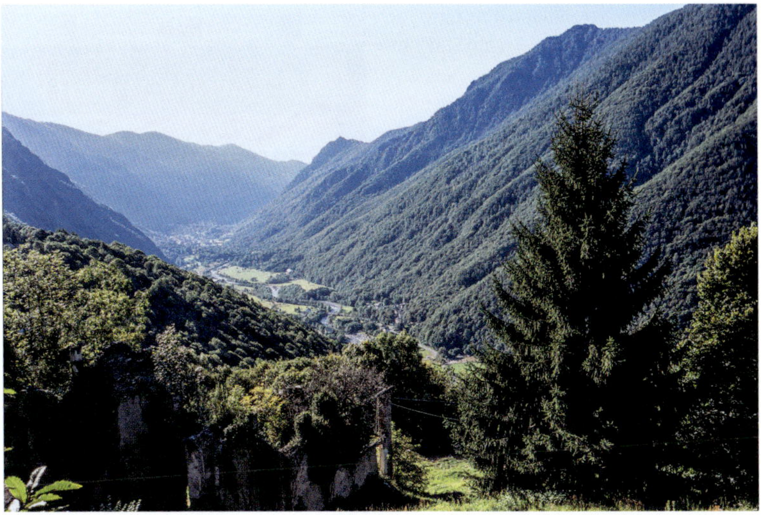

Der Blick in das Val Grande zwischen Ceres (hinten) und Chialamberto (ganz vorn, nur randlich zu sehen) zeigt heute ein fast vollständig bewaldetes Tal. Früher waren größere Teile der Hänge waldfrei.

verbundene flächenhafte Verbuschung und Verwaldung der Landschaft führt heute an zahlreichen Stellen auf der GTA zu Landschaftsbildern, die die ursprüngliche Situation wieder gut erahnen lassen.

Mit dem Rückzug des Menschen ändert sich nicht nur die Flora, sondern auch die Fauna: Zahlreiche Wildtiere breiten sich wieder aus, darunter neben Adler, Geier, Steinbock, Gemse, Hirsch und Reh vor allem Wildschweine, die auf den letzten Kulturflächen oft große Schäden anrichten, wie man auf der GTA immer wieder beobachten kann. Auch der Wolf, der seit 1993 wieder in den französischen Seealpen heimisch geworden ist, durchstreift regelmäßig die gesamten nördlichen piemontesischen Alpen. Da seit etwa 1965 die Schafe auf der Alp nicht mehr Tag und Nacht von Hirten betreut werden, können die Wölfe leicht große Schäden an den Herden verursachen. Mit mobilen Elektrozäunen und großen Hütehunden versuchen sich die Älpler dagegen zu wehren, aber nicht immer erfolgreich. Die betroffe-

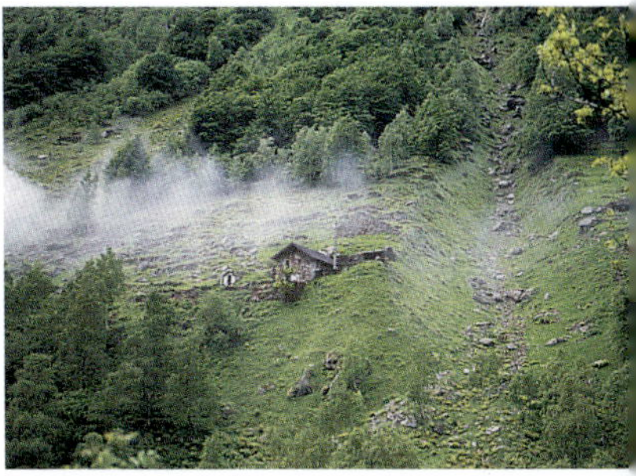

Die Verbuschung und Verwaldung setzt sich spontan auf allen flacheren Hangteilen durch. Auf steileren Hangteilen dagegen, wo Wald als Lawinen- und Erosionsschutz so wichtig wäre, kommt oft gerade kein Wald auf, wie hier im Bachbett, das zugleich eine Steinschlag- und Lawinenrinne ist.

nen Bauern reagieren darauf mit großer Verbitterung und fühlen sich vom Staat im Stich gelassen.

Zur Geschichte dieser Alpenregion

Obwohl der Ödlandanteil dieser Alpenregion sehr groß und das Relief sehr steil ist, handelt es sich für den Menschen nicht um einen Ungunstraum: Die sehr tief eingeschnittenen und glazial verbreiterten Täler reichen sehr weit ins Alpeninnere hinein, und Domodossola liegt auf nur 272 Meter, Aosta auf 583 Meter und Susa auf 500 Meter Höhe, was eine intensive Landwirtschaft im Tal ermöglicht. Und die ziemlich hoch liegende natürliche Obergrenze des Waldes zeigt an, dass diese Alpenregion vergleichsweise warm ist, sodass die eiszeitlich geprägten Flachreliefs im oberen Höhenstockwerk gut für die Viehwirtschaft genutzt werden können.

Einige wenige archäologische Funde dokumentieren, dass die bäuerliche Nutzung – Ackerbau in tiefen Tallagen, Viehwirtschaft im Höhenstockwerk – hier spätestens um 5500 v. u. Z. einsetzte und sich ab etwa 3800 v. u. Z. (Beginn des Erzabbaus in den Alpen) deutlich intensivierte. In der Römerzeit war diese Alpenregion bereits relativ dicht besiedelt, und es gab erstmals eine gewisse Arbeitsteilung zwischen den Städten in der Po-Ebene und den Alpen.

In der Zeit der Völkerwanderung und des frühen Mittelalters war der Bereich des Aosta-Tals und der Lanzo-Täler offenbar sehr eng mit den Regionen der benachbarten französischen Alpen verflochten, was durch das Verbreitungsgebiet der frankoprovenzalischen Sprache belegt wird.

Da die GTA zwischen Etappe 13 und 26 durch das Gebiet dieser Sprache führt, soll sie etwas näher vorgestellt werden. Beim Frankoprovenzalischen handelt es sich um eine eigene Sprache, die geografisch und sprachlich eine Mittlerposition zwischen dem Okzitanischen in Südfrankreich und dem Französischen in Nordfrankreich einnimmt. Ihr Gebiet erstreckt sich in Frankreich über die Regionen Franche-Comté, Bresse, Beaujolais, den Raum Lyon sowie

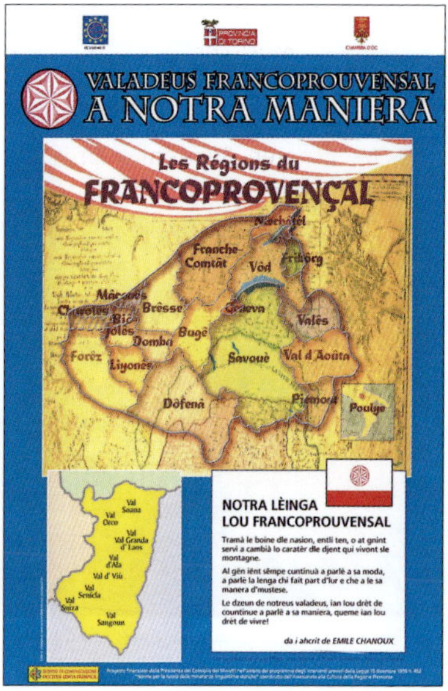

Diese Postkarte zeigt das Gebiet der frankoprovenzalischen Sprache und ihre Dialektregionen. Sie wurde anlässlich der Olympischen Winterspiele 2006 in Turin in hoher Auflage gedruckt. Sie ist Teil der Kampagne »Occitan Lenga Olimpica« (Okzitanisch als olympische Muttersprache), die von der Chambra d'Oc (okzitanische Kammer, Interessenvertretung) aus Anlass der Olympischen Spiele durchgeführt wurde, weil die Schneesportarten in Alpentälern mit okzitanischer Sprache (oberes Susa-Tal und Chisone-Tal, siehe GTA-Süd-Band) stattfanden. Auch wenn die frankoprovenzalischen Täler davon nicht direkt betroffen waren, so wurden sie doch aus Solidarität voll in diese Kampagne einbezogen.

Savoyen, in der Schweiz über die gesamte Romandie (französischsprachige Schweiz) und in Italien über das Aosta-Tal und die südlich daran angrenzenden Alpentäler bis zum unteren Susa-Tal, wobei die Sprachgrenze im Osten bzw. Südosten genau mit dem Alpenrand zusammenfällt.
Da diesem Sprachraum stets ein politisches Zentrum fehlte, kam es nie zur Ausbildung einer Hochsprache mit einheitlicher Schreibweise und fester Grammatik, sodass die frankoprovenzalische Sprache nur in zahlreichen Dialekten existiert, die sich erheblich voneinander unterscheiden. Dies ist ein weiterer Grund dafür, dass diese Sprache lange Zeit nicht wahrgenommen und erst spät im 20. Jahrhundert als eine eigene Sprache anerkannt wurde.
Dass große Teile der nördlichen piemontesischen Alpen im frühen Mittelalter von der frankoprovenzalischen und nicht von der piemontesischen Sprache geprägt wurden, bedeutet, dass in dieser Zeit die wirtschaftlichen und kulturellen Verflechtungen mit den benachbarten Alpenregionen jenseits des Alpenhauptkamms viel stärker waren als die zur oberitalienischen Tiefebene – der Alpenhauptkamm war also keineswegs eine Trennlinie, sondern ein Verbindungsraum!
Etwa ab 1000 u. Z. setzte der hochmittelalterliche Siedlungsausbau ein, in dessen Rahmen die Bevölkerung sehr stark zunahm, überall neue Dörfer und Weiler angelegt wurden, das Kulturland zulasten des Waldes weit ausgedehnt und der Bergbau an vielen Orten wieder aufgenommen wurde. Damit blühten zugleich räumliche Arbeitsteilungen und Handel auf, und es wurden neue Marktorte und

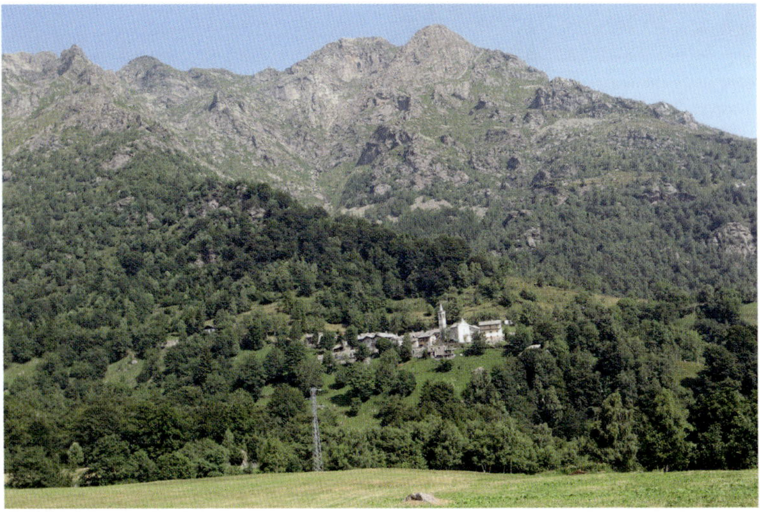

Das System der Siedlungen, gegliedert in Gemeinden und Frazioni mit jeweils bestimmten Rechten, und die damit verbundene Landnutzung entstand in dieser Alpenregion im hohen Mittelalter und hat sich bis heute erhalten. Hier die Frazione Scalaro (Etappe 14) mit ihren ehemaligen Ackerflächen (um den Ort herum), die heute allmählich verbuschen.

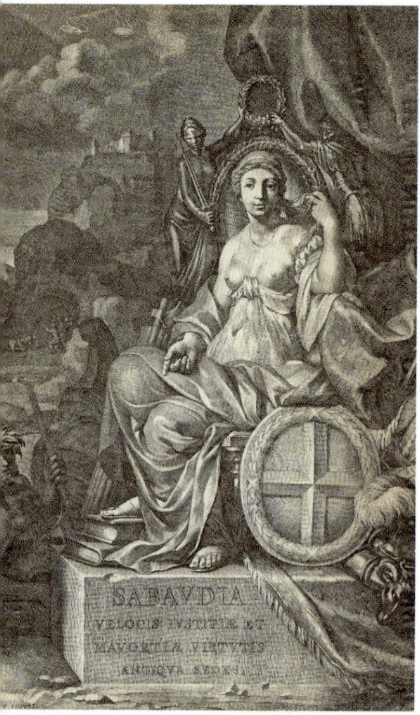

Eine allegorische Darstellung der Herrschaft Savoyen (lateinisch: Sabaudia) aus dem Jahr 1682.

Städte gegründet. Die Walserkolonisation (siehe Kapitel 2, Die Walser in Piemont) bildete die letzte Phase dieser Entwicklung.

In der Blütezeit des hohen Mittelalters (1000–1348 u. Z., ihr Ende wurde durch den Ausbruch der Pest markiert) bildete sich jene Wirtschaft und Kultur heraus, die diese Alpenregion bis heute prägt bzw. die heute allmählich verschwindet.

Ab dem späten Mittelalter setzte eine Entwicklung ein, die im Laufe der Zeit dazu führte, dass diese Alpentäler vollständig »gedreht«, also wirtschaftlich und politisch sehr viel enger mit der Po-Ebene um Turin herum als mit den benachbarten französischen Alpen verflochten wurden. Dies begann damit, dass der kleine Passstaat Savoyen, der um 1000 u. Z. um die Pässe Großer und Kleiner St. Bernhard und Mont Cenis herum entstanden war, eine sehr expansive Politik betrieb und sein Gebiet ständig vergrößerte. Mit dem Erstarken Frankreichs und dem Zusammenschluss der Schweizer Kantone richtete sich die Expansion Savoyens ab dem 15. Jahrhundert immer stärker auf das politisch zerrissene und schwache Italien, und die italienischen Besitzungen gewannen immer mehr an Bedeutung, sodass schließlich die Hauptstadt Savoyens im Jahr 1563 von Chambéry nach Turin verlegt wurde. Savoyen-Piemont beherrschte bald einen großen Teil der Westalpen vom Genfersee bis zum Mittelmeer, und die piemontesische Grenze wurde aus militärischen Gründen Stück für Stück auf den Alpenhauptkamm gelegt.

Im Wiener Kongress 1815 wurde Savoyen-Piemont um Ligurien und Sardinien vergrößert und zu einem Königtum und zu einer mittelgroßen Macht in Europa aufgewertet. Ziel dieses neuen Königreiches war es, seinen Herrschaftsbereich auf ganz Italien zu erweitern. Ähnlich wie Preußen in Deutschland setzte Piemont die italienische Einigung mit militärischer Macht und erst spät durch. Da im 19. Jahrhundert große Teile Oberitaliens (das Königreich Lombardo-Venetien) zum Habsburgerreich gehörten, verbündete sich Piemont mit Frankreich, um Habsburg militärisch besiegen zu können. Nach dem militärischen Erfolg trat im Jahr 1860 das neue italienische Königreich die letzten Gebiete jenseits des Alpenhauptkamms an Frankreich ab, nämlich die alten Stammlande Savoyen im Norden und die Grafschaft Nizza im Süden. Erst von da an waren Wasserscheide und politische Grenze in den piemontesischen Alpen identisch. Der gesamte Prozess der Modernisierung dieser Alpentäler wurde also von Turin und der Tiefebene aus initiiert und vorangetrieben. Dies betraf zuerst die sogenannte Protoindustrialisierung ab dem 17. Jahrhundert, also den Ausbau und die Förderung des Gewerbes, wovon aber nur die gut erreichbaren unteren Alpentäler stark betroffen wurden (Zentren Turin, Ivrea und Biella, daneben aber auch Kleinstädte am Alpenrand wie Pont oder Lanzo). Dann gab es aber ab dem 19. Jahrhundert den sehr tief greifenden Wandel durch die Herausbildung der Industriegesellschaft, der nach einiger Zeit auch das abgelegenste Bergdorf erreichte. Die neuen Strukturen, die jetzt aufgebaut wurden (Industriestandorte, Eisenbahnen, Schulen, Straßen usw.), bevorteilten genauso einseitig die Tiefebene, wie sie die Alpenregionen benachteiligten.

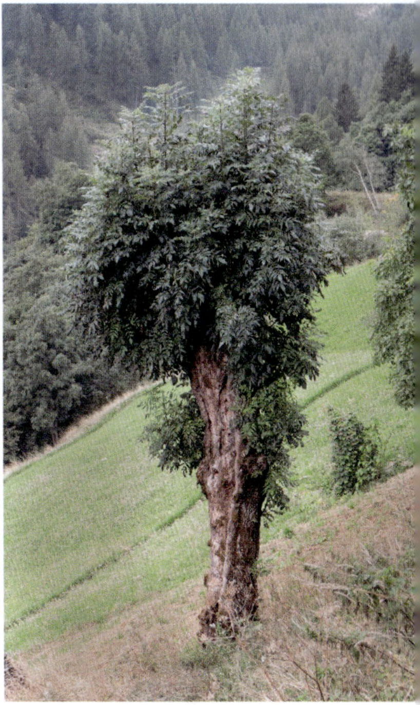

Wenn die Äste von Laubbäumen regelmäßig geschnitten werden, um Laubheu (Viehfutter) zu gewinnen, dann bilden diese Bäume ungewohnte Formen wie hier bei Rabernardo im Vogna-Tal.

Die traditionellen Formen der Berglandwirtschaft

Die beiden traditionellen Formen der Berglandwirtschaft, die in dieser Region anzutreffen sind, sind die Selbstversorgerwirtschaft auf der Grundlage des Acker-Alp-Betriebs und die Wanderschafhaltung (oder Transhumanz). Beide haben sich im Mittelalter herausgebildet, sie haben mit geringen Modifikationen bis etwa 1965 funktioniert, und sie zerfallen seitdem immer stärker oder werden (seltener) durch moderne Wirtschaftsformen ersetzt.

Die Selbstversorgerwirtschaft dieser Alpenregion besitzt ein ausgeglichenes Verhältnis von Ackerbau und Viehwirtschaft. Dabei belegt der Ackerbau alle halbwegs geeigneten Flächen in den unteren Höhenstufen, wo Wiesen und Weiden selten sind – noch heute ablesbar an den Ackerterrassen, die man überall in der Landschaft wiederfindet –, während sich die Viehwirtschaft auf das obere Stockwerk konzentriert, wo die Wiesen- und Weideflächen liegen. Deshalb spricht man auch vom Acker-Alp-Betrieb (unten Äcker, oben Alpen und Bergwiesen).

Mit dieser Nutzungsform, die für Alpenverhältnisse eine relativ hohe Bevölkerungsdichte ermöglicht, ist die »Realteilung« verbunden, also die gleichmäßige

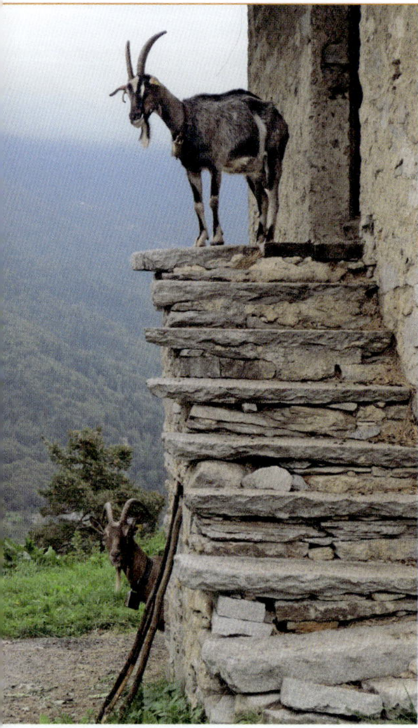

Immer wieder trifft man auf der GTA auf Nebenerwerbslandwirtschaften; hier Ziegen in Trasquera (Etappe V5).

Aufteilung des bäuerlichen Erbes auf alle Kinder. Die landwirtschaftlichen Betriebe sind sehr klein und die Parzellen einer Familie sind über alle Höhenstufen zersplittert. Diese Struktur war früher sehr sinnvoll (Risikominimierung bei Unwettern), wurde aber mit dem Beginn der Industriegesellschaft zu einem gravierenden Nachteil, weil eine so klein strukturierte Landwirtschaft auf dem neuen nationalen Agrarmarkt keinerlei Chance hatte.

Ein weiteres Charakteristikum dieser Form der Berglandwirtschaft ist der hohe Anteil der kommunalen, also gemeinschaftlichen Flächen (Weiden, Wälder, Alpen), der die Bauern zur Zusammenarbeit und Nutzungsabsprache zwingt. Lange Zeit war dies ein positiver Faktor – gemeinsame Umweltverantwortung und Schutz vor Übernutzung –, ab dem 19. Jahrhundert wird dies aber zur Blockade, weil das notwendige gemeinsame Handeln nur noch selten gelingt und so Veränderungen und Innovationen verunmöglicht werden. Dies erklärt die teilweise archaischen Relikte der Landnutzung, auf die man entlang der GTA immer wieder stößt.

Die zweite traditionelle Nutzungsform ist die Wanderschafhaltung (ital. transumanza). Sie geht auf Wurzeln zurück, die bis ins 6. Jahrtausend v. u. Z. reichen dürften, hat sich aber in ihrer historisch fassbaren Form wahrscheinlich erst im frühen und hohen Mittelalter herausgebildet. Dabei überwintern große Schafherden im Winter in der oberitalienischen Tiefebene, weiden im Frühling auf den Hängen des Alpenrandes und im Hochsommer auf den Alpweiden zu Füßen von Monte Rosa, Montblanc oder Gran Paradiso.

Der Bielleser Fotograf Gianfranco Bini (1934–2012) hat in einem ungemein faszinierenden Bildband diese Schafwanderungen im Raum Biella–Monte Rosa dokumentiert (G. Bini, *Fame d'erba*, 1979/2013). Wer auf der GTA gewandert ist, wird in diesem Bildband eine Reihe von Orten wiedererkennen.

Die Wanderschafhaltung gerät bereits ab 1880 in Schwierigkeiten, als in der Tiefebene die Landwirtschaft modernisiert und intensiviert wird, sodass die Winterweiden weniger werden, und als Eisenbahnen und Straßen die Schafwanderungen immer mehr erschweren. Ab etwa 1965–1970 wird die traditionelle Form der Wanderschafhaltung allmählich eingestellt, aber sie bleibt in stark vereinfachter Form bis heute bestehen: Die Herden werden im Juni/Juli mit Lkw auf die Alp gebracht und im September wieder abgeholt (in dieser Zeit: Achten auf Lkw, die auch entlegenste Alpstraßen befahren) und verbringen die übrige Zeit – sofern sie nicht gleich geschlachtet werden – auf einem großen Hof in der Ebene. In der heutigen Form führt die Wanderschafhaltung aber zu erheblichen Umweltschäden, weil die großen Herden wenig beaufsichtigt werden, oft die Alpflächen übernutzen und weil aus Kostengründen keine Alppflegemaßnahmen mehr durchgeführt werden.

Die Bevölkerungsentwicklung seit 1871

Die Veränderung der Bevölkerung auf Gemeindeebene ist ein guter Indikator, um zu erfassen, wie eine Alpenregion auf die Herausforderung der Moderne reagiert: Wenn die traditionelle Wirtschaft, also Landwirtschaft, Handwerk, Bergbau und Handel, aus Konkurrenzgründen immer weiter zurückgeht, ohne dass gleichzeitig neue, moderne Wirtschaftsformen entstehen, dann verliert eine solche Gemeinde permanent Einwohner und läuft Gefahr, sich völlig zu entsiedeln. In den piemontesischen Alpen verlieren seit 1871 viele Gemeinden mehr als die Hälfte ihrer Einwohner, und zwischen 2011 und 2022 verzeichnen sogar 85 Prozent aller Gemeinden einen Bevölkerungsrückgang. Gelingt es einer Gemeinde dagegen, moderne Wirtschaftsformen zu entwickeln – in den unteren Talabschnitten Industrie, in den oberen Tourismus –, dann wächst die Bevölkerung in der Regel stark.

In den nördlichen piemontesischen Alpen betrifft das Wachstum zahlreiche Gemeinden in der Nähe des Alpenrandes und im gut erreichbaren Ossola-Tal, deren starkes Wachstum zwischen 1871 und 1981 auf Industrieansiedlung zurückgeht, die ab 1981 aber oft wieder Einwohner verlieren, weil die Industrie in Schwierigkeiten gerät. Während in den Nachbarregionen Wallis, Aosta-Tal und Savoyen zahlreiche hoch gelegene Gemeinden ein starkes Wachstum zeigen, das auf den Tourismus zurückgeht, fehlen in Nordpiemont solche Gemeinden fast vollständig. Ebenso fällt auf, dass der Einzugsbereich der Großstadt Turin in den Alpen ziemlich klein ist und dass die anderen Städte in der Nähe des Alpenrands die angrenzenden unteren Alpentäler nur wenig positiv beeinflussen. Dies ist deswegen auffällig, weil sich Piemont hierbei stark von den meisten anderen Regionen der Alpen unterscheidet, bei denen suburban geprägte Gebiete mit starkem Bevölkerungswachstum weit in die Alpen hineinreichen. Die Karte mit der Bevölkerungsentwicklung 1871 bis 2011 zeigt sehr deutlich, wie problematisch die Lage in dem Gebiet ist, durch das die GTA führt.

Und die neueste Entwicklung verschärft diese Probleme noch, indem im letzten Jahrzehnt nicht nur kleine, abgelegene Gemeinden wie Carcoforo (von 77 Einwohnern 2011 auf 72 Einwohner 2022), Rima San Giuseppe (von 68 auf 51) oder Valprato Soana (von 112 auf 90), sondern jetzt auch Kleinstädte wie Varallo (von 7489 auf 6870), Susa (von 6618 auf 5940), Lanzo Torinese (von 5158 auf 4893) oder Pont Canavese (von 3678 auf 3087) Einwohner verlieren. Dies ist deswegen besonders dramatisch, weil diese Kleinstädte wichtige Infrastrukturen für größere Gebiete bereitstellen.

Allerdings darf man sich von den Gemeindeflächen auf der Karte nicht täuschen lassen: Die hoch gelegenen Gemeinden

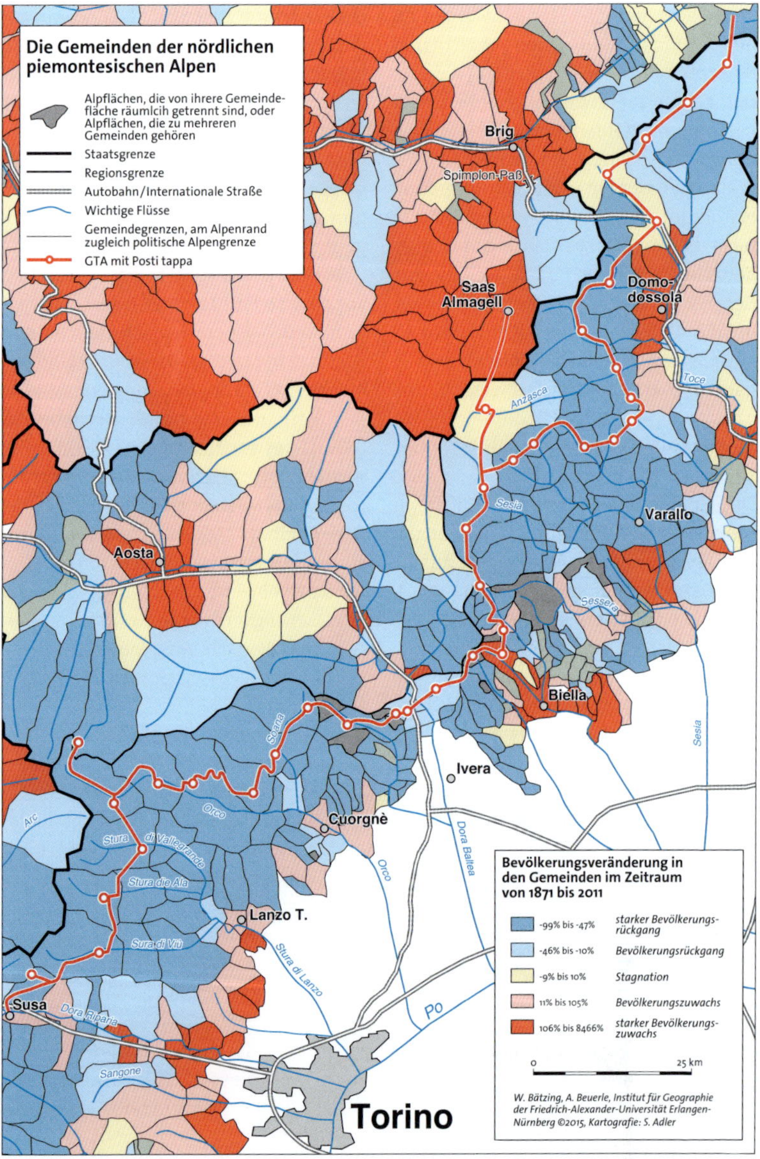

Die Aktualisierung dieser Karte für das Jahr 2022 ist für die Neuauflage meines Buches *Die Alpen* (München 2025) vorgesehen.

besitzen in der Regel zwar eine große Gemeindefläche, sind aber auch nur sehr dünn besiedelt. Die kleinflächigen Gemeinden am Alpenrand dagegen, die man auf der Karte leicht übersieht, sind sehr dicht besiedelt.

In diesem Zusammenhang ist noch auf eine wichtige Entwicklung aufmerksam zu machen: In vielen Rückgangsgemeinden konzentriert sich die restliche Bevölkerung immer stärker auf das gut erreichbare Gemeindezentrum im Tal, während viele abgelegene »frazioni«, »borgate« oder »località« (Weiler, Ortsteile) längst unbewohnt sind oder nur noch von wenigen, meist alten Menschen bewohnt werden. Die GTA führt sehr häufig durch solche Frazioni, in denen es sehr selten einen Laden oder ein Restaurant gibt. Wenn man auf der GTA dann aber in ein Gemeindezentrum kommt, spürt man schon beim Betreten des Ortes einen Unterschied, weil man bald auf einige Dienstleistungsangebote stößt. Allerdings gibt es inzwischen einige Gemeindezentren, deren Bevölkerung so stark zurückgegangen ist, dass sie sich kaum noch von einer größeren Frazione unterscheiden.

Die GTA führt also durch viele vollständig verlassene oder nur noch von wenigen Menschen bewohnte Orte – dies ist die Alltagsrealität der piemontesischen Alpen, die jedoch außerhalb dieser Region kaum wahrgenommen wird. Seit kurzer Zeit erleben solche »Geisterdörfer« oder »ghost towns« auf einmal europaweit ein großes Interesse; in Italien gibt es dazu bereits einen Wikipedia-Artikel (Città Fantasma in Italia), eine Internetsite (www.paesifantasma.it), mehrere Bücher (*Villaggi fantasma*, Turin 2015), und hier wurden in den letzten Jahren unter medialer Resonanz aus ganz Europa mehrere solcher Dörfer auf Ebay zu versteigern versucht. Sieht man sich diese Texte näher an, stellt man fest, dass die jeweiligen Autoren die Ge-

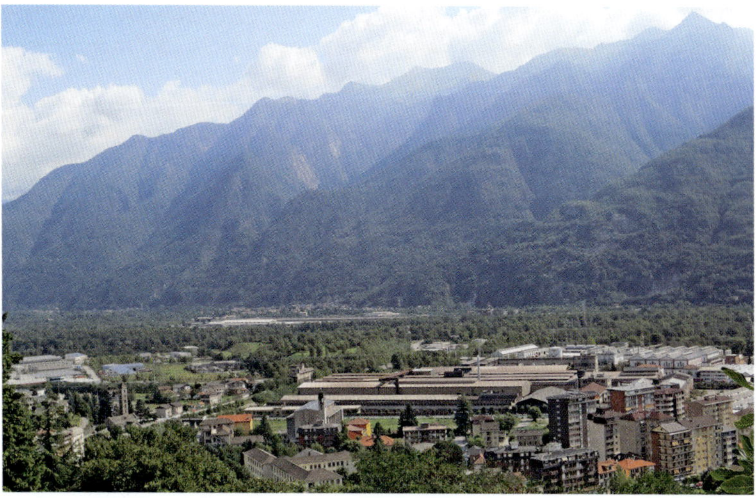

Auf dem flachen Toce-Talboden entwickelte sich ab 1880 eine Schwerindustrie, die aber ab 1981 in eine Krise gerät. Hier leer stehende Fabrikhallen in Villadossola.

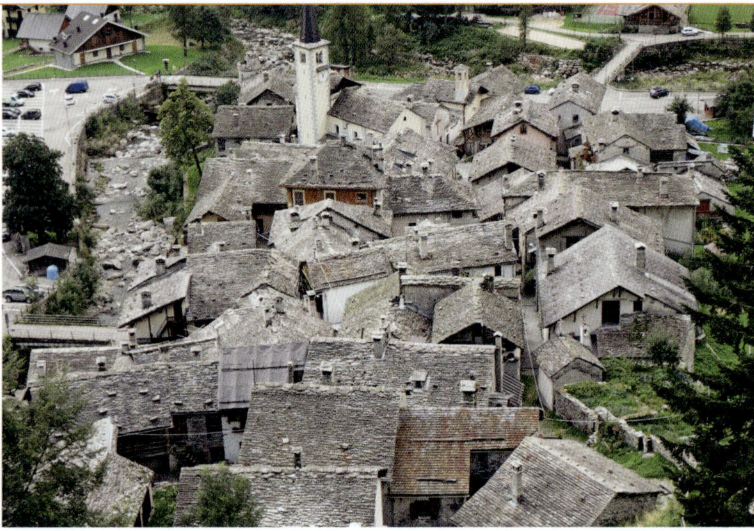

Der dicht zusammengebaute Ort Carcoforo (Etappe 5) ist zwar ein Gemeinde- und Pfarrzentrum, aber inzwischen so klein geworden, dass das Infrastrukturangebot ziemlich eingeschränkt ist.

schichte und die Situation dieser verlassenen Dörfer überhaupt nicht kennen und dass sie sie offenbar als eine Art Gegenwelt zum heutigen globalen Leben inszenieren. Auf diese Weise werden sie zur Projektionsfläche aller möglichen Ideen (Idylle, Geheimnis, Mystik), die aber mit der Realität dieser Dörfer nichts zu tun haben. Dies ist für mich ein typisch postmodernes Phänomen, bei dem sich die virtuelle Welt immer mehr von der realen Welt abkoppelt.

In diesem Zusammenhang stellt sich auch die Grundsatzfrage, ob solche entsiedelten Alpentäler heute nicht sehr attraktiv für Zuwanderer aus der Stadt sein könnten, weil diese hier unzählige Möglichkeiten der Selbstverwirklichung vorfinden würden, die in einer Großstadt nicht umsetzbar sind. Dies wird inzwischen in verschiedenen Kreisen intensiv diskutuert, wobei in Italien die Gruppe um die Internet-Zeitschrift *Dislivelli* in Turin eine führende Rolle spielt (www.dislivelli.eu). Ihre Mitglieder sprechen von den »nuovi montanari« (neue Bergbewohner), die inzwischen zahlreiche Bergdörfer wieder mit Leben erfüllt hätten, und sie sehen eine demografische Trendwende, weil zahlreiche Alpengemeinden jetzt wieder wachsen würden.

Nach meinen Beobachtungen und Untersuchungen gibt es zwar durchaus sehr bemerkenswerte Beispiele von Wiederaufwertungen verlassener Dörfer, aber insgesamt sind diese Fälle meines Erachtens ziemlich selten und bedeuten keine Trendwende. Wer die Verhältnisse entlang der GTA konkret kennt, der merkt schnell, wie schwierig es ist, die durch Abwanderung oder Tod entstehenden Freiräume neu zu nutzen, weil die Einheimischen –

selbst wenn ihre Zahl gering ist – sehr genaue Vorstellungen davon haben, wie diese Räume zu nutzen seien, und weil das System der italienischen Bürokratie und Politik alle neuen Initiativen leicht erstickt. Es braucht daher einen langen Atem und eine große Beharrlichkeit, um solche Alpengemeinden wirklich wieder aufzuwerten. Dass so etwas aber doch möglich ist, zeigen viele positive Beispiele entlang der GTA, die jedoch eher bescheidene Dimensionen besitzen.

Die Großstadt Turin und die Berggebietspolitik in Piemont

In der oberitalienischen Tiefebene liegen alle Zentren von Wirtschaft, Kultur und Politik in den Großstädten außerhalb der Berge. Die benachbarten Regionen der Alpen und des Apennins haben dagegen nur eine Bedeutung als »Ergänzungsraum«, und sie werden nicht als eigenständige Lebens- und Wirtschaftsräume wahrgenommen. In Piemont ist die Dominanz der Großstadt Turin über die piemontesischen Alpen so stark ausgeprägt, dass die Kenntnis der Turiner Geschichte unverzichtbar ist, um die Entwicklung der Alpen angemessen verstehen zu können.

Der Aufstieg Turins zur Industriestadt beginnt ab 1880, als der »triangolo industriale« Turin–Mailand–Genua entsteht, der lange Zeit die industrielle Entwicklung ganz Italiens dominiert. Führende Branchen in Turin sind die Lebensmittelindustrie (Ferrero, Lavazza, Martini), das Zeitungs- und Verlagswesen (*La Stampa*, Einaudi) und Versicherungen. Im Jahr 1899 gründet Giovanni Agnelli (1866–1945), der aus dem Chisone-Tal in den benachbarten Cottischen Alpen stammt, die Fabbrica Italiana Automobili Torino, kurz Fiat. Weil Agnelli von Anfang an Autos nicht als Luxus-, sondern als Massenprodukte sieht und konzipiert, wird Fiat der Wegbereiter der italienischen Massenmotorisierung und erlebt damit einen sehr starken Aufschwung, für den es in Europa wenig Vergleichbares gibt. Symbol dafür ist der Lingotto aus dem Jahr 1925, die damals modernste Automobilfabrik Europas mit fünf Stockwerken und einer Autoteststrecke auf dem Flachdach; sie wurde 1982 geschlossen (heute Kunst- und Ausstellungszentrum) und durch die Mirafiori-Werke am Stadtrand (mit einer 10 Kilometer langen Werksmauer umschlossen) ersetzt.

Zusammen mit Fiat wächst Turin ab 1950 besonders stark und verdoppelt zwischen 1950 und 1970 seine Einwohnerzahl. Der große Arbeiterbedarf bei Fiat übt eine sehr starke Sogwirkung auf die piemontesischen Alpentäler aus und forciert nach dem Zweiten Weltkrieg die Abwanderung aus den Alpen nach Turin. In einer zweiten Einwanderungswelle kommen Menschen aus Nordostitalien nach Turin, in einer dritten zahlreiche »meridionali« (Zuwanderer aus Süditalien), deren Integration in die piemontesische Mentalität große Probleme macht. Im Jahr 1970 erlangt das Unternehmen Fiat seine höchste Blüte: Es ist das größte Automobilunternehmen Europas und Nummer fünf in der Welt, zu dem Lancia, Alfa Romeo, Ferrari, Maserati und Iveco gehören und für das 75 000 Menschen in Turin und gleich viele bei den zahlreichen Zulieferfirmen in der Stadt und der Region arbeiten.

Fiat-Chef Gianni Agnelli (1921–2003), der Enkel des Firmengründers, herrscht in dieser Zeit wie ein Padrone bzw. wie ein italienischer Ersatzmonarch über ein großes Firmenimperium, zu dem auch die Zeitung *La Stampa*, der Fußballclub Juventus Turin und die Skistation Sestrieres in den Cotti-

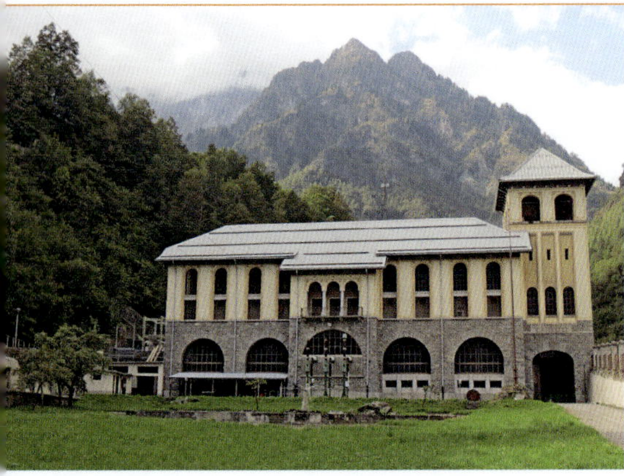

Die Wasserkraftzentrale von Rovesca im Antrona-Tal mit den großen Generatoren, die Strom erzeugen (Etappe V8).

Die Stadt Turin versucht diesen Problemen durch einen fundamentalen Strukturwandel weg von der alten Industriestadt hin zu einem kreativen Dienstleistungszentrum zu begegnen, bei dem die Branchen Food, Lifestyle, Auto- und Industriedesign und Versicherungen im Zentrum stehen. Dazu wird die gesamte Stadt umgebaut, wobei die Revitalisierung von großen Industriebrachen, der Bau einer U-Bahn und

schen Alpen gehört. Die gesamte Zeiteinteilung der Großstadt Turin mit dem für italienische Verhältnisse frühen Arbeitsbeginn, frühen Feierabend und Abendessen war – und ist heute immer noch – vom Fiat-Rhythmus und seiner hohen Arbeitsdisziplin geprägt.

Seit der zweiten Hälfte der 1970er Jahre geht die Bedeutung von Fiat für Turin jedoch zurück: Fiat verlegt immer mehr Arbeitsplätze ins Ausland, verliert in einigen Bereichen den Anschluss an die technische Weiterentwicklung und büßt relevante Marktanteile ein, wovon auch die zahlreichen Zulieferbetriebe betroffen sind. Die damit verbundenen Arbeitsplatzverluste lassen die Einwohnerzahl der Stadt Turin auf unter eine Million und die der gesamten Stadtregion Turin, die 1980 noch 2 Millionen Einwohner zählte, auf nur noch 1,7 Millionen Einwohner fallen. Das ist die Ursache dafür, dass der Druck Turins auf die benachbarten Alpenregionen derzeit nur sehr schwach ausgeprägt ist – ganz im Gegensatz etwa zu Mailand, Zürich oder München.

die Verlegung des Hauptbahnhofs an die neue Hochgeschwindigkeitsstrecke Mailand–Lyon die größten Projekte darstellen. Zusätzlich wird versucht, ein neues Image als »Alpen-Stadt« aufzubauen und Turin als Metropole (»Città metropolitana di Torino«) zu positionieren (de facto ist aber nur die alte Provinz Turin am 1. Januar 2015 zur Città metropolitana di Torino umbenannt worden). Die Zukunft wird zeigen, ob dieser forcierte Umbau im Geist der Postmoderne Erfolg hat oder nicht – derzeit gehen jedoch noch alle Zukunftsprognosen davon aus, dass die Region Turin bis 2030 weiter Einwohner verlieren wird.

Man muss feststellen, dass angesichts dieser Wirtschaftsentwicklungen und -probleme die piemontesischen Alpen im 19. und 20. Jahrhundert stets nur eine marginale Rolle spielten. Die italienische und piemontesische Berggebietspolitik war und ist mit Geldmitteln schlecht dotiert und oft wegen interner Widersprüche wenig effektiv. Stets dominierten und dominieren die Interessen der Städte in der Po-Ebene über die der Alpenbevölkerung, wie es auch bei der Wasserkraftnutzung deutlich wird: Die großen Anlagen zur Elektrizitätsgewinnung im Formazza-Tal, im Orco-Tal und im Viù-Tal (Lanzo-Täler) werden ab den 1920er Jahren erbaut, ohne die einheimische Bevölkerung einzubeziehen und ohne dass sie davon irgendwelche Vorteile gehabt hätte. Gegenwärtig setzt die Energiewirtschaft eher auf die Errichtung von Kleinwasserkraftwerken an Alpenflüssen, von denen die betroffenen Alpengemeinden aber (neben den Umweltbelastungen) mehr Nachteile als Vorteile haben werden. Eine andere Strategie bestand bzw. besteht darin, Alpengebiete als Naturschutzgebiete auszuweisen, wobei lange Zeit die betroffene Bevölkerung nicht einbezogen wurde. Im Gebiet der nördlichen GTA gibt es zwei Nationalparks (Parco nazionale), Gran Paradiso und Val Grande, mit strengen Schutzbestimmungen und drei regionale Naturschutzgebiete (Parco naturale), den Parco Veglia e Devero (Etappen V3–V4), den Parco Alta Valle Antrona (Etappen V7–V8) und den Parco dell'Alta Valsesia e dell'Alta Val Strona (Etappen 4–7), deren Ziel neben der Verhinderung von zerstörerischen Großprojekten eine umweltverträgliche Regionalentwicklung ist (Naturschutz durch angepasste Nutzungsformen, siehe www.parks.it). Aber auch diese Strategie konnte die negative wirtschaftliche Entwicklung dieser Gebiete nicht aufhalten, wie man auf der GTA leicht feststellen kann.

Mit dem Ausbau der europäischen Regionalpolitik entstand ab den 1980er Jahren eine neue Fördermöglichkeit für diese Problemgebiete. Da aber deren Gelder häufig für den Bau von Erschließungsstraßen (Güter-, Forst-, Alpwege) verwendet wurden, die kostengünstig mit der Planierrau-

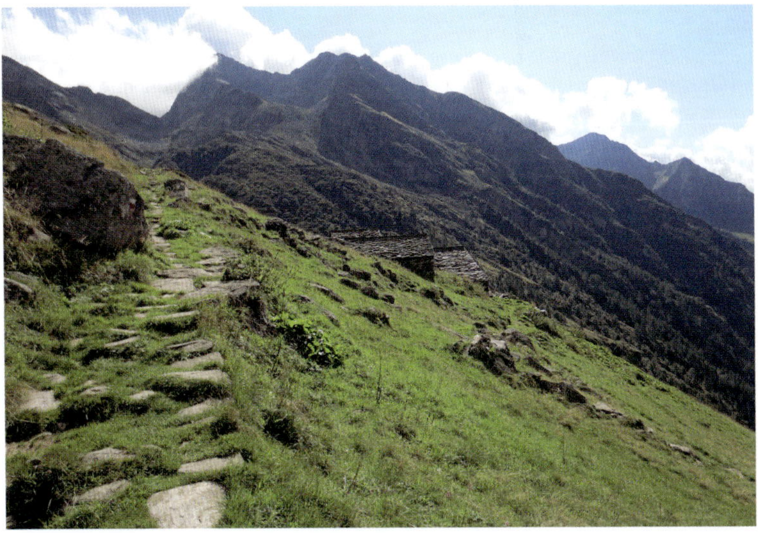

Der Valsesia-Naturpark im obersten Sesia-Tal (im Hintergrund der Colle Piglimò, 2590 m, und der Corno Mud, 2802 m, im Vordergrund der Saumweg zum Colle del Turlo, Etappe V10).

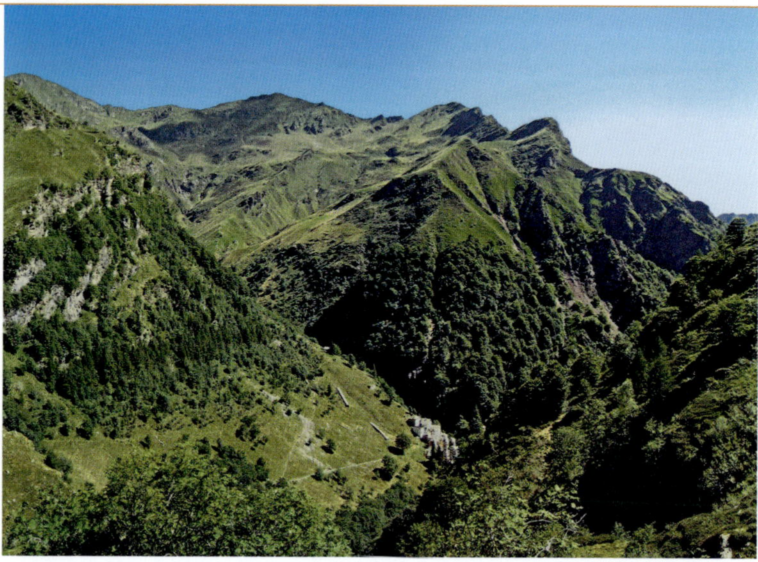

Das oberste Strona-Tal mit Campello Monti und dem Colle dell'Usciolo, 2037 m, in der Bildmitte (Etappe 2). Während die Flächen im linken Bildteil, also westlich der GTA, zum Naturpark Sesia-Strona gehören und geschützt sind, sind die übrigen Flächen nicht geschützt. In der Landschaft kann man jedoch den Unterschied zwischen einem Schutzgebiet und einem Nichtschutzgebiet nicht wahrnehmen.

pe angelegt wurden, schädigen diese neuen Straßen die Umwelt oft erheblich, und sie belasten das Landschaftsbild, da sie meist von weitem zu sehen sind. Im Verlauf der GTA trifft man leider immer wieder auf sie. Daneben gibt es aber durchaus auch positive Auswirkungen der EU-Regionalförderungen, nämlich die Entstehung von Agriturismo-Betrieben und verschiedene sehr sinnvolle Tourismusprojekte.

Mit der Änderung der EU-Regionalpolitik im Jahr 1999 verschlechtern sich die Fördermöglichkeiten für ländliche Räume prinzipiell, weil städtische Regionen jetzt implizit bevorteilt werden. Dies zeigt sich in Piemont sehr deutlich: Die gesamte Stadtregion Turin bleibt förderungswürdig, während in den piemontesischen Alpen die Hälfte aller Gemeinden (214 von 421) zum 31. Dezember 2005 aus der EU-Förderung herausgenommen wird (sogenanntes »phasing out«).

Welche Zukunft für die piemontesischen Alpen?

Die Frage, die sich auf der GTA wohl jedem aufdrängt, ist die, ob der Rückzug des Menschen aus den Alpen nicht etwas Positives darstellt und vielleicht sogar aktiv gefördert werden sollte. Eine Wanderung auf der GTA bietet sehr viel Anschauungsmaterial für diese Grundsatzfrage, und zahlreiche Aussichtspunkte am Weg laden dazu ein, in Betrachtung der Landschaft darüber nachzudenken. Es gibt wenige andere Regionen in Europa, in denen sich diese Fragen so grundsätzlich stellen.

Wie jeder Wanderer rasch feststellt, führt der Rückzug des wirtschaftenden Menschen aus den Alpen nach einer kürzeren Brachzeit zur flächenhaften Verbuschung und Verwaldung der Alpentäler. Das aufkommende Buschwerk – an feuchten Stellen meist Erlen, auf den Alpweiden Alpenrosen und Heidelbeeren – ist in der Regel extrem artenarm, und selbst der standortgemäße Wald, der oft länger als 150 Jahre braucht, um wieder zu entstehen, ist in den Alpen vergleichsweise artenarm, weil die Zeit seit dem Ende der letzten Eiszeit zu kurz war, um eine große biologische Vielfalt auszubilden (es gibt in den Alpen nur acht Nadelbaum- und 40 Laubbaumarten, darunter keine einzige Art, die nur in den Alpen vorkommt). Sehr vielfältig sind in den Alpen dagegen die Rasengesellschaften, die während der Eiszeiten auf südexponierten Hängen der Südost-, Süd- und Südwestalpen überlebt haben, und hier gibt es allein 350 Arten, die nur in den Alpen und nirgendwo sonst vorkommen. Die Artenvielfalt der Rasengesellschaften hat durch die starke Auflichtung der Wälder, die Einführung der Acker- und Ackerbegleitflora und die traditionellen, sehr kleinräumig-mosaikhaften Nutzungsstrukturen sogar noch deutlich zugenommen. Die sehr große Artenvielfalt der traditionellen Kulturlandschaften geht durch die Verbuschung und Verwaldung der ehemaligen Acker-, Wiesen- und Weideflächen also verloren. Trifft man auf der GTA auf eine besonders vielfältige Vegetation, so handelt es sich entweder um Flächen, die heute noch auf eine angepasste Weise genutzt werden (weder Über- noch Unternutzung), oder um Flächen, die erst kürzlich brachfielen, sodass sie noch nicht verbuscht sind.

Auf feuchten Flächen und in tiefen Lagen setzt die Verbuschung relativ schnell ein – etwa fünf Jahre nach dem Einstellen der Nutzung –, und nach dem Zusammenbruch der Büsche durch Überalterung kann sich dann nach etwa 80 bis 100 Jahren wieder der standortgemäße Wald entwickeln. Auf trockenen Flächen stellt sich aber die Frage, ob die spontane Vegetationsentwicklung hier jemals wieder zum standortgemäßen Wald führt oder ob nicht eine Art Macchia (mediterran geprägte Trockenbuschvegetation) für viele Hundert Jahre oder vielleicht sogar für immer bestehen bleibt. Die GTA führt auf südexponierten Hängen immer wieder durch solche Flächen, und es ist interessant, diese Vegetationsentwicklungen zu beobachten.

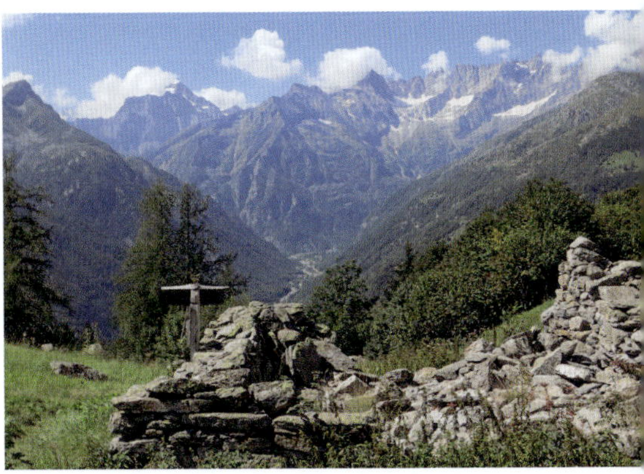

Verfallende und verbuschende Sommersiedlung im Val Grande der Lanzo-Täler. Im Hintergrund der Alpenhauptkamm mit der Uia di Ciamarella (links).

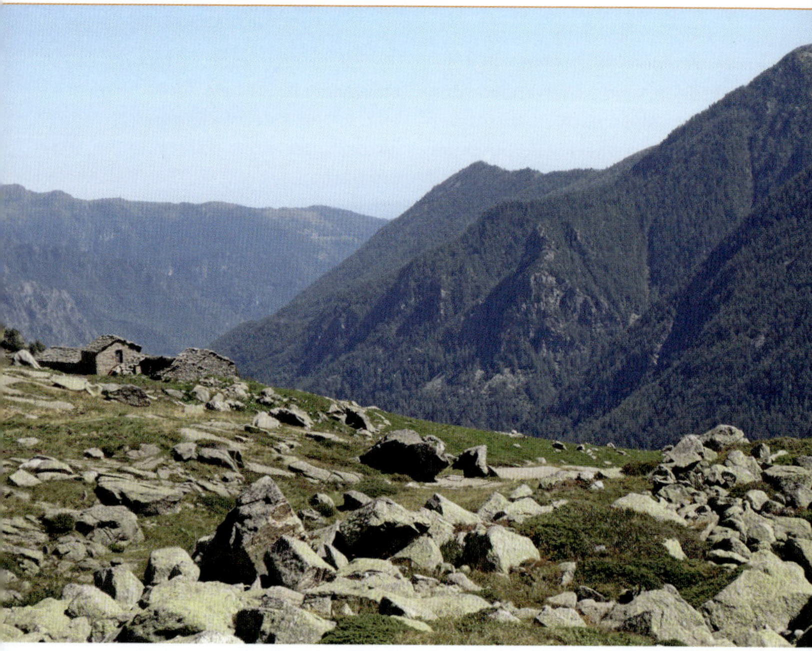

Ein Alp im Val Grande in 2000 Meter Höhe, die noch regelmäßig genutzt wird und deshalb nicht verbuscht (die Bäume links der Häuser zeigen, dass es sich um einen ehemaligen Waldstandort handelt), während die gegenüberliegenden Hänge bereits vollständig verbuscht und verwaldet sind.

Mit der Verbuschung und Verwaldung verliert das Landschaftsbild zugleich seine frühere Kleinräumigkeit, und es wird eintöniger, strenger und – in engen Tälern – deutlich finsterer. Damit sinkt der Reiz der Landschaft der Alpen, und die Alpen werden nicht nur langweiliger, sondern zugleich bedrohlicher, weil Gebiete, die vollständig mit Buschwerk und neuem Wald bedeckt sind, für Wanderer undurchdringlich und eventuell auch gefährlich werden können.

An steilen Hängen ist darüber hinaus der Bodenabtrag häufig schneller als die natürliche Wiederbewaldung, sodass alle möglichen Formen von Naturkatastrophen (Erosion, Lawinen, Hochwasser, Waldbrände) deutlich zunehmen, nachdem die früheren aufwendigen Pflege- und Stabilisierungsarbeiten der bäuerlichen Bevölkerung ersatzlos eingestellt worden sind.

Und noch ein weiteres Argument muss berücksichtigt werden: Eine Region, aus der sich der Mensch allmählich zurückzieht, stellt in unserem so dicht besiedelten Europa ein Vakuum dar, das die verschiedensten Kräfte von außen anzieht: Motorisierte Freizeit- und Fun-Sportler wollen sich hier ungestört austoben, die Energiewirtschaft möchte Wasser-, Solar- und Windenergie total nutzen, andere wollen neue große Tourismuszentren bauen (die großen französischen Ski-Retortenstationen sind ja nicht zufällig in solchen Räumen entstanden) usw.

Eine sich selbst bzw. der natürlichen Vegetationsentwicklung überlassene Alpenregion entwickelt sich also nicht zurück zur Idylle, sondern ist geprägt durch Artenverluste, durch eintönigere Landschaftsbilder, durch die Zunahme von Naturkatastrophen und durch eine starke Anziehungskraft für unangepasste Nutzungsformen.

Fragt man die Menschen, die noch vor Ort leben, so hört man überall, dass sie diese Entwicklung als negativ bewerten, dass sie darunter leiden und sich ohnmächtig gegen »die da oben« fühlen. Wenn man Einheimische näher kennenlernt, dann erfährt man oft, dass sie persönlich alles versuchen, um eine Abwanderung in die Tiefebene so lange wie nur möglich hinauszuschieben. Selbst viele junge Menschen, die inzwischen außerhalb ihres Heimattales leben, würden gern zurückkehren, wenn es eine Arbeits- bzw. Existenzmöglichkeit gäbe. Doch mit dem Zusammenbruch der Landwirtschaft werden auch alle anderen Bereiche abgebaut: Schulen werden zusammengelegt oder ganz geschlossen (obwohl die Mindestzahl bei nur fünf Schülern pro Schule liegt), Lebensmittelläden, Gaststätten und Arztpraxen schließen, Gemeindeverwaltungen werden verkleinert usw. Damit wird es immer schwerer, in diesen Tälern ein normales Leben zu führen.

Daher ist das GTA-Projekt so wichtig, um dezentrale Arbeitsplätze zu erhalten bzw. zu stärken, die zugleich gut mit anderen Tätigkeiten zu kombinieren sind (Mehrfacheinkommen), denn von einer einzigen Berufstätigkeit kann man heute in diesen Alpentälern meist nicht mehr leben, und touristische Großstrukturen können nie umwelt- und sozialverträglich sein. Eine dezentral angepasste Nutzung dieser Alpenregion als multifunktionaler Lebens- und Wirtschaftsraum ist die beste Voraussetzung für die Stärkung einer Umweltverantwortung und für eine positive Regionalentwicklung. Eine Wanderung auf der GTA bietet viele Gelegenheiten, sich diese wichtigen Grundsatzfragen durch den Kopf gehen zu lassen.

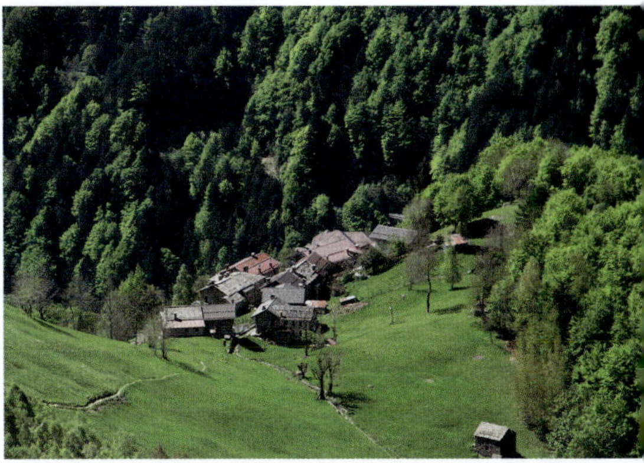

Der Weiler Belvedere, 1208 m, in der Gemeinde Fobello (Etappe 4 kommt von links oben und führt durch den Ort): Solche dezentralen und schlecht erreichbaren Siedlungen sind heute in ihrer Zukunft bedroht.

Die GTA – Konzeption, Entstehung, Umsetzung

Die GTA-Idee

Die Idee zu einem Weitwanderweg Grande Traversée des Alpes entstand in den französischen Alpen, also in derjenigen Alpenregion, die am frühesten und am heftigsten von Bevölkerungsrückgang und Entsiedlung betroffen war. Durch einen Weitwanderweg sollten erstmals Orte ohne jede touristische Tradition und Infrastruktur einen kleinen, angepassten Wandertourismus aufbauen, um damit Arbeitsplätze vor Ort zu erhalten und die Abwanderung zu stoppen. Um dieses Ziel zu erreichen, durfte der Weg nicht im Stil einer Alta Via – also von Hütte zu Hütte im oberen Höhenstockwerk – angelegt werden, sondern jede Tagesetappe musste in einem kleinen Bergbauerndorf beginnen und enden, und die Übernachtungsangebote, einfache »gîtes d'étape«, mussten Einheimischen gehören und von ihnen bewirtschaftet werden. Auf diese Weise konnte der ökonomische Ertrag – Übernachtung, Lebensmittelverkauf, Abendessen – im Ort bleiben.

Im Jahr 1971 wurden die ersten Etappen der französischen GTA vom Genfersee nach Nizza eingerichtet und sie zeigten bald einen erstaunlichen Erfolg. Er beruhte aber stark auch darauf, dass Weitwandern in

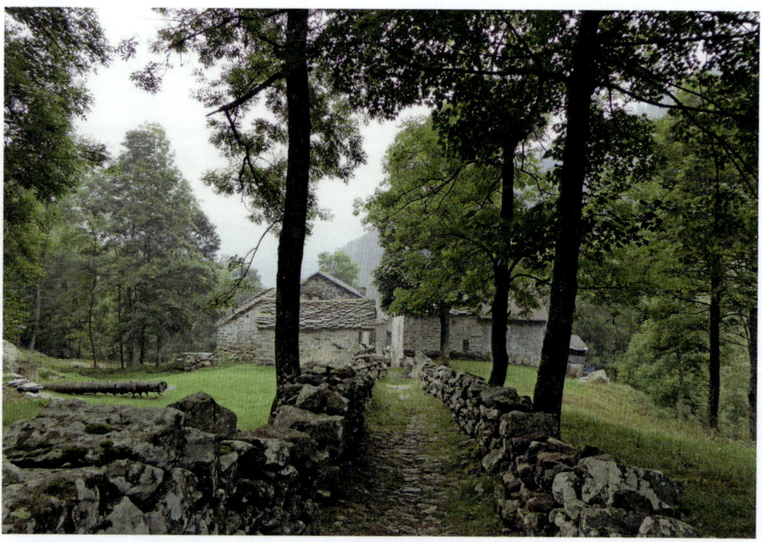

Die GTA benutzt auf Etappe 9 bei Piedicavallo einen alten Saumweg. Solche Saumwege waren in den 1960er und 1970er Jahren in der Regel völlig zugewachsen, weil sie nicht mehr genutzt wurden, und sie wurden für die GTA mühevoll gesäubert.

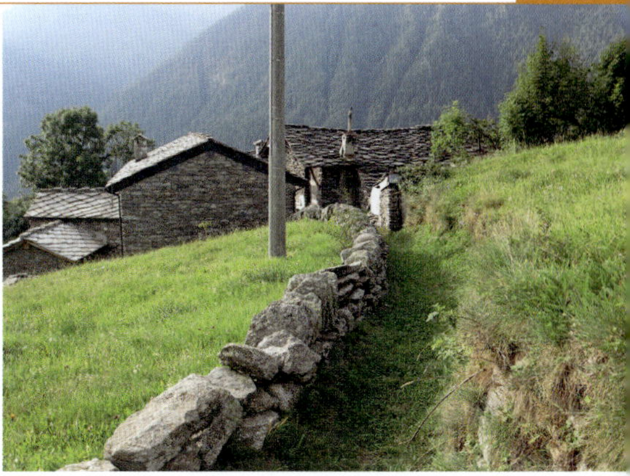

Ein Saumweg, der von der Kapelle von Rivotti (Etappe 22) zum benachbarten Weiler führt. Die Mauer diente früher dazu, dem Vieh den Zugang zu den angrenzenden Flächen zu verwehren.

Frankreich eine populäre Freizeitbeschäftigung darstellte und dass dafür eine einschlägige Organisation (FFRP, Fédération Française de la Randonnée Pédestre) mit einem Weitwanderwegenetz (GR, Sentiers de Grande Randonnée) bestand. Indem die GTA als GR 5 in dieses Netz aufgenommen wurde, konnte sie direkt von diesen Strukturen profitieren.

Auf der anderen Seite des Alpenhauptkammes, in Piemont, wurde diese Entwicklung sehr aufmerksam verfolgt. In Piemont hatte die flächenhafte Entsiedlung der Alpen zwar erst um 1890 herum, also knapp 40 Jahre später als in Frankreich, begonnen, aber sie war auch hier zum zentralen Problem der Berggebiete geworden. Nachdem sich diese Idee in Frankreich bewährt hatte, engagierten sich Turiner Alpinisten, Journalisten, Buchhändler und Wissenschaftler für den Aufbau einer piemontesischen Grande Traversata delle Alpi, und 1979 entstand als Trägerorganisation der Verein Associazione GTA.

Die Umsetzung der GTA in Piemont

Da die piemontesischen Alpen ziemlich schmal sind und in zahlreichen Paralleltälern sehr steil zur Po-Ebene hin abfallen, bedeutete die GTA-Idee, dass der Weg von Dorf zu Dorf sehr oft von einem Tal über einen hohen Pass ins Nachbartal führen musste. Das bedingte zwar einige körperliche Anstrengungen (1000 Meter Höhendifferenz am Tag sind auf der GTA oft zu bewältigen), aber dank dieser – vom Relief erzwungenen – Wegführung erleben GTA-Wanderer die Alpen täglich in den verschiedenen Höhenstufen als Kultur- und Naturlandschaft.

Um die Erträge vor Ort zu lassen, wurde bewusst darauf verzichtet, in der ökologisch sensiblen Höhenregion neue Unterkünfte in Form von Alpenvereinshütten und Berggasthöfen zu errichten. Stattdessen konzentrierte man sich darauf, in den Bergbauerndörfern die Eigentümer einer Gastwirtschaft oder eines kleinen Hotels dazu zu gewinnen, für die GTA-Wanderer eine einfache Unterkunft, genannt »posto tappa«, zur Verfügung zu stellen und ihnen Verpflegung anzubieten. Gab es solche Strukturen in einem Ort nicht mehr, wurden Einheimische motiviert, in leer stehenden Gebäuden, oft in der alten Schule, einen Posto tappa einzurichten. Zugleich wurde die GTA so durch die Täler gelegt, dass die wenigen Touristenzentren der piemontesischen Alpen systematisch ausgespart und umgangen wurden.

Ähnlich ging man bei der Auswahl der Wege vor: Man legte nirgendwo neue Wege an, sondern nutzte überall die bestehenden Wege, die jedoch teilweise erst mühsam freigeschlagen werden mussten, weil sie längst zugewachsen waren. Diese Wege – Bauernwege, Saumwege, Militärstraßen – besaßen den Vorteil, dass sie oft ein festes Wegbett hatten und gegen Trittschäden unempfindlich waren und dass sie es den Wanderern ermöglichten, die Alpen aus der Perspektive ihrer früheren Nutzer wahrzunehmen. Zugleich gab es auf diesen Wegen und Pässen keine alpinistischen Herausforderungen, sodass die GTA eine breite Zielgruppe von Bergwanderern ansprechen konnte.

Dieser Saumweg (GTA-Etappe 3 beim Abstieg nach Rimella) ist nicht sofort als Saumweg zu erkennen, weil die Pflasterung und die seitlichen Mauern fehlen. Aber die Breite, der gerade Verlauf und das sehr gleichmäßige Gefälle dieses Weges verraten, dass es sich um einen früheren Saumweg handelt.

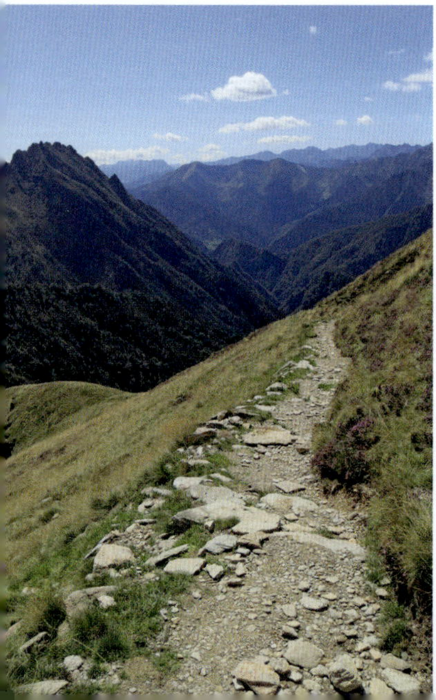

Im Jahr 1979 wurden mit großem publizistischem Echo – die gesamte italienische Alpinpresse begleitete dieses Projekt mit großer Sympathie – die ersten 6 Etappen im Valle Stura di Demonte eingeweiht, und 1985 war die GTA dann vorläufig fertiggestellt: Sie führte in 55 Tagesetappen vom Anzasca-Tal bis ins Tanaro-Tal und bestand mit verschiedenen Rundwander- und Parallelwegen aus insgesamt 70 Etappen. Zwar war ursprünglich geplant, die GTA im Norden bis zum Lago Maggiore fortzusetzen und im Süden einen besseren Endpunkt zu finden, aber dies unterblieb, denn nach einem erfolgreichen Beginn erlahmte das Interesse schnell: Während die französische GTA vom in Frankreich populären Weitwandern profitierte, war dies in Italien unbekannt, und auch die Fördergelder der Region Piemont und der Provinzen waren bescheiden. Hinzu kam, dass die italienische Alpinpresse zwar über die jeweils neu eröffneten GTA-Etappen berichtete, aber nie mehr irgendetwas über die bereits bestehenden Etappen, was sich auf die Zahl der Besucher sehr negativ auswirkte.

Nach 1986 geriet die GTA deshalb allmählich in eine Krise: Die Zahl der GTA-Wanderer ging Jahr für Jahr zurück, und einige Posti tappa wurden wegen mangelnder Nachfrage und geringen Interesses der Betreiber wieder geschlossen. Seit den 1990er Jahren ist die GTA in Italien praktisch vergessen und besitzt lediglich noch in der Provinz Cuneo einen gewissen Stellenwert. Obwohl inzwischen ein italienischer GTA-Führer erschien (GTA-Süd: 2011, GTA-Nord: 2016), ändert sich nichts an dieser Situation.

Die GTA in Deutschland

Deshalb wäre die GTA längst zusammengebrochen, wenn sie nicht von Wanderern aus dem Ausland genutzt worden wäre. Dies sind einmal Franzosen, die auf zahlreichen Rundwegen in der Nähe der Grenze für ein, zwei oder drei Tage auf die piemontesische GTA überwechseln. Aber in erster Linie sind es Wanderer aus dem deutschsprachigen Raum und den Beneluxländern, die auf der GTA wandern.

Mitte der 1980er Jahre hatte mich die Associazione GTA mehrmals mit GTA-Informationskampagnen für Deutschland beauftragt, und das Interesse an der GTA wuchs daraufhin so stark, dass es möglich wurde, zwei GTA-Wanderbücher (1986 der Norden, 1989 der Süden) herauszubringen. Das GTA-Konzept wirkte so überzeugend und die durchwanderten Landschaften waren so attraktiv, dass sich neben mir weitere Personen in Deutschland für die GTA begeisterten und sie in Form von Artikeln, Vorträgen oder geführten Wanderungen unterstützten. Dadurch wurde sie in einschlägigen Kreisen bald recht bekannt.

Seit 1992 ist die Zahl der Wanderer aus den deutschsprachigen Gebieten so groß und die Nachfrage so stabil geworden, dass seitdem kein weiterer Posto tappa mehr geschlossen wurde, dass sogar eine ganze Reihe von neuen Unterkünften entstanden und dass auch das Problem der regelmäßigen Wegmarkierungen gelöst wurde, indem sich der italienische Alpenverein CAI dafür verantwortlich erklärte. Seitdem funktioniert die GTA eigentlich problemlos und gut, was man in Italien immer wieder erstaunt und ungläubig wahrnimmt.

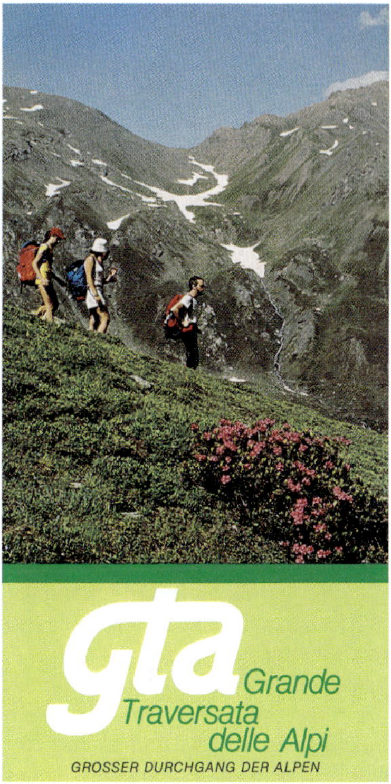

Der erste GTA-Prospekt in deutscher Sprache aus dem Jahr 1984. Durch ihn wurde die GTA erstmals in Deutschland bekannt.

Von 1989 an hatte Gert Trego mit seinem Archiv für Langstreckenwandern, seiner Zeitschrift *Der Weitwanderer* und seinem Verlag der Weitwanderer mit großem Engagement die Funktion des Informationszentrums für die GTA im deutschsprachigen Raum übernommen. Sein Tod im Februar 2001 hinterließ daher eine große Lücke. Mit dem Erscheinen der beiden GTA-Wanderbücher im Rotpunktverlag und dem langfristigen Engagement des Geografen Michael Kleider für die GTA wurde dann im Jahr 2003 eine neue Struktur aufgebaut, die bis heute Bestand hat.

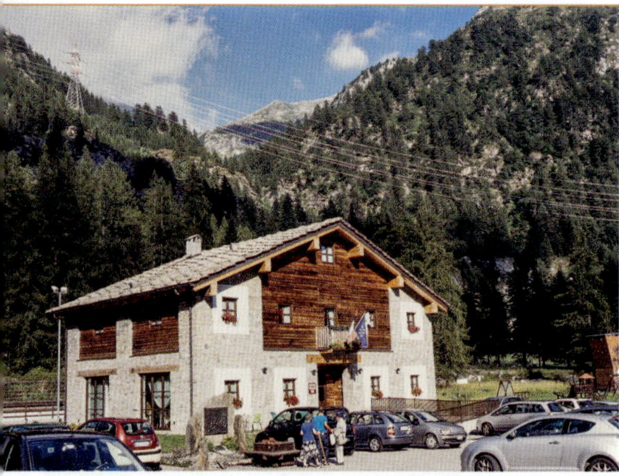

Vor allem in den letzten 15 Jahren entstanden entlang der GTA zahlreiche neue Unterkünfte. Hier ein neues kleines Hotel in Piamprato (Etappe 16).

Bilanz der Erfahrungen mit der GTA

Bilanziert man die bisherigen Erfahrungen mit der GTA, so ist als ausgesprochen positiv zu vermerken, dass die GTA überall einen angepassten Tourismus gefördert hat: Nirgendwo an der GTA sind große Infrastrukturen neu entstanden, nirgendwo wurde auswärtiges Kapital in nennenswertem Umfang investiert, aber an vielen Orten gab es kleine dezentrale Impulse durch Einheimische, die als sozial- und umweltverträglich bezeichnet werden können. Zwar sind diese Impulse meist bescheiden, weil die Nachfrage insgesamt nicht besonders hoch ist, aber immerhin wurden dadurch doch zahlreiche Arbeitsplätze dauerhaft gesichert und eine Reihe von ihnen neu geschaffen. Deshalb kann man zwar feststellen, dass die GTA durchaus ein erfolgreiches Beispiel für Ökotourismus darstellt, das sich vor allem durch das Fehlen von negativen Entwicklungen auszeichnet, aber anderseits ist dieses Projekt ökonomisch noch nicht sehr stark entfaltet und muss weiter gestärkt werden. Wer darüber mehr erfahren möchte, dem sei die hervorragende Doktorarbeit von Luisa Vogt (Erlangen 2008) sehr empfohlen.

Natürlich ist es vorstellbar, dass die GTA im Erfolgsfall irgendwann auch negative touristische Impulse auslösen könnte. Aber diese Gefahr ist aufgrund der GTA-spezifischen Strukturen ziemlich gering: Die körperlichen Anstrengungen der GTA sorgen auf der Nachfrageseite dafür, dass die Zahl der Wanderer begrenzt bleibt. Außerdem liegen keine renommierten Prestigeorte oder Modegipfel am Weg, und Natur und Kultur sperren sich hier einem schnellen »Konsum«. Die Zahl der GTA-Wanderer verteilt sich zudem über einen sehr großen Raum, ist daher an einzelnen Orten relativ gering und kann auch räumlich nicht konzentriert werden, sodass auf Angebotsseite ein größerer Ausbau der Bettenkapazitäten nicht sinnvoll ist und sich lediglich kleinere Um- und Ausbauten rechnen.

Insofern ist die Wahrscheinlichkeit gering, dass die GTA den Beginn einer negativen Entwicklung darstellt. Im Gegenteil: Die Stärkung vorhandener Arbeitsplätze in dezentralen Strukturen stärkt die lokale Eigenverantwortung und schwächt die Faszination übergroßer neuer Spekulationsprojekte.

Neue Impulse in Piemont

Seit Mitte der 1990er Jahre gibt es neue Impulse, das Weitwandern in Italien und in den Alpen aufzuwerten, die auch die

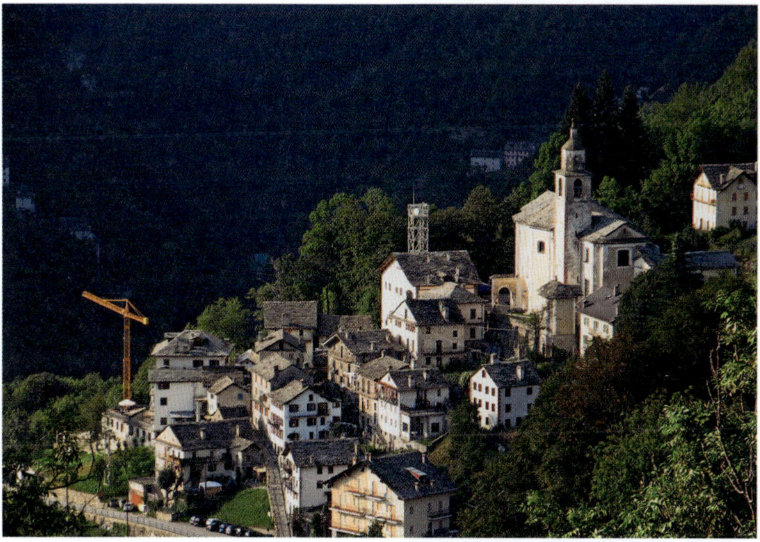

Die Frazione Chiesa, das Zentrum der Gemeinde Rimella, mit dem Albergo Fontana (neben dem Kran – Etappe 3). Da die Zahl der Wanderer auf der GTA begrenzt ist, besteht keine Gefahr, dass hier oder an anderen GTA-Orten touristische Großstrukturen errichtet werden.

GTA direkt betreffen, nämlich den Sentiero Italia und die Via Alpina.

Der Sentiero Italia (SI) ist ein Weitwanderweg durch alle Gebirge Italiens von Sardinien über Sizilien durch den Apennin und die gesamten Alpen bis nach Triest. Er wurde 1995 erstmals beschrieben, wird aber erst seit 2001/02 auf den einschlägigen Wanderkarten verzeichnet und im Gelände ausgewiesen. Die GTA ist auf vielen Etappen mit dem SI identisch.

Der französische Verein Grande Traversée des Alpes (GTA) entwickelte Ende der 1990er Jahre die überzeugende Idee eines Weitwanderweges Via Alpina durch den gesamten Alpenbogen, um das grenzüberschreitende Wandern auf der Grundlage der GTA-Idee weiter zu fördern. Voraussetzung war auch hier, keine neuen touristischen Infrastrukturen zu schaffen, sondern nur bestehende Weitwanderwege in den Alpen miteinander zu verbinden und damit aufzuwerten. Im »Jahr der Berge 2002« wurde die Via Alpina erstmals der Öffentlichkeit vorgestellt, und seitdem erscheinen immer mehr Wanderführer über diesen Weg.

Um alle Alpenstaaten anteilig in Bezug auf ihre Alpenfläche berücksichtigen zu können, wurde die ursprüngliche Idee eines einzigen Weges aufgegeben, und es wur-

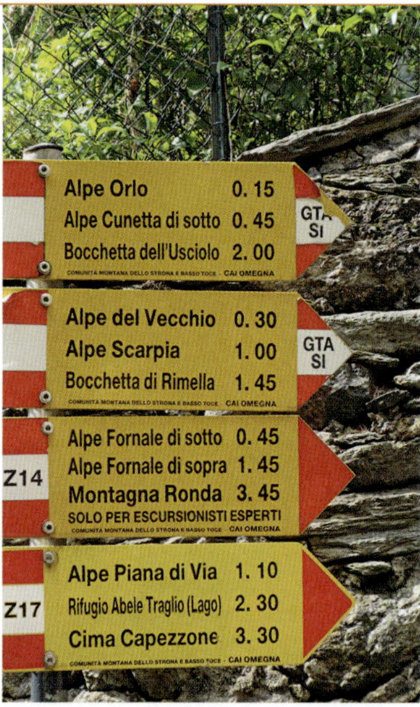

Der Wegweiser in Campello Monti (Etappe 2/3) weist darauf hin, dass hier GTA und Sentiero Italia (SI) identisch sind.

den fünf Wege entwickelt (www.via-alpina.org):

- Der »rote Weg« führt von Monaco in 163 Etappen fast durch die gesamten Alpen bis nach Triest.
- Der »blaue Weg« führt von Monaco in 61 Etappen durch die Südwestalpen bis ins oberste Formazza-Tal.
- Der »grüne Weg« führt in 13 Etappen von Adelboden (Berner Oberland) nach Vaduz (Liechtenstein).
- Der »gelbe Weg« führt von Oberstdorf (Allgäu) in 37 Etappen nach Triest.
- Der »violette Weg« führt von Oberstdorf (Allgäu) in 64 Etappen in einem großen Bogen zum Triglav (Slowenien).

Der rote und der blaue Weg verlaufen häufig auf der GTA.

Neue Rundwanderwege und neue Wanderführer

Im Süden der GTA setzte im Jahr 1992 eine neue Entwicklung ein, indem mit dem Maira-Weg ein Tal-Rundwanderweg nach den GTA-Grundsätzen eröffnet wurde. Damit erhielt die linienhafte GTA-Idee erstmals einen flächenhaften Charakter, indem *alle* Gemeinden des Maira-Tales von diesem Wandertourismus erfasst wurden. Um diese Entwicklung weiter zu fördern, publizierten Michael Kleider und ich im Südteil der GTA in enger Zusammenarbeit mit regionalen Akteuren und Organisationen drei Wanderbücher (2006: *Seealpen*, 2008: *Valle Stura*, 2010: *Ligurische Alpen*).
Im Nordteil der GTA entstanden dagegen in den letzten 15 Jahren ganz andere neue Wanderwege, die sich an den bekannten Alte Vie des Aosta-Tals und der Dolomiten orientierten: Das Simplon-Fletschhorn-Trekking SFT (Etappen V7–V8), die Tour Monte Rosa TMR. (Etappen V9–V10 und 7), die Alta Via del Canavese AVC (Etappe 18) sowie die Alta Via Val di Susa/AV (Etappe 25). Hierbei handelt es sich um Wege für Alpinisten, die deutlich höhere Anforderungen an die Benutzer stellen als die GTA, und es fehlt diesen Höhenwegen der Bezug zu einer umwelt- und sozialverträglichen Regionalentwicklung, der bei der GTA so wichtig ist. Für den Nordteil der GTA erschienen zwei Wanderbücher von Michael Kleider und mir (2013: *Gran Paradiso*, 2015: *Lanzo-Täler*), die das Ziel verfolgen, auch hier einen flächenhaften, umweltverträglichen Wandertourismus zu stärken.

Der dauerhafte Erfolg der GTA führte schließlich dazu, dass auf einmal große deutsche Wanderführerverlage diese Alpenregion entdeckten, dazu ab 2009 erstmals Wanderführer publizierten und dass

2011 sogar ein zweiter GTA-Wanderführer von Iris Kürschner und Dieter Haas erschien. Dadurch werden neue Zielgruppen für Wanderungen in den piemontesischen Alpen angesprochen, und dies ist ausgesprochen erfreulich, weil die vorhandenen Unterkünfte – außer um den 15. August herum – noch lange nicht ausgelastet sind und weil man auf diesen Wegen oft noch allein unterwegs ist. Allerdings dominieren in diesen neuen und schmalen Wanderführern die Wegbeschreibungen sehr stark, und die Hintergrundinformationen fallen äußerst knapp aus, sodass sie wenig zum Verstehen dieser fremden Welt beitragen.

Zum Schluss ist noch auf ein innovatives Projekt in den piemontesischen Alpen hinzuweisen: Mit dem touristischen Netzwerk »Sweet Mountains« wird seit Herbst 2014 versucht, in den piemontesischen Alpen einen umwelt- und sozialverträglichen Tourismus zu stärken, indem Einzelpersonen, Betriebe, Gemeinden und Organisationen gezielt zusammenarbeiten. Der für uns etwas merkwürdige Begriff »Sweet Mountains« ist die wörtliche Übersetzung von »turismo dolce« (sanfter Tourismus, wörtlich: süßer Tourismus), dem Gegenbegriff zu »turismo amaro« (harter Tourismus, wörtlich: bitterer Tourismus). Leider wurde dieses Projekt im Jahr 2020 wieder eingestellt. Damit fehlt der GTA weiterhin die Vernetzung mit anderen, ähnlich ausgerichteten Tourismusinitiativen in den piemontesischen Alpen. Es bleibt zu hoffen, dass sich dies in Zukunft doch wieder ändert, um dieser Alpenregion eine bessere Zukunft zu ermöglichen.

sweet mountains

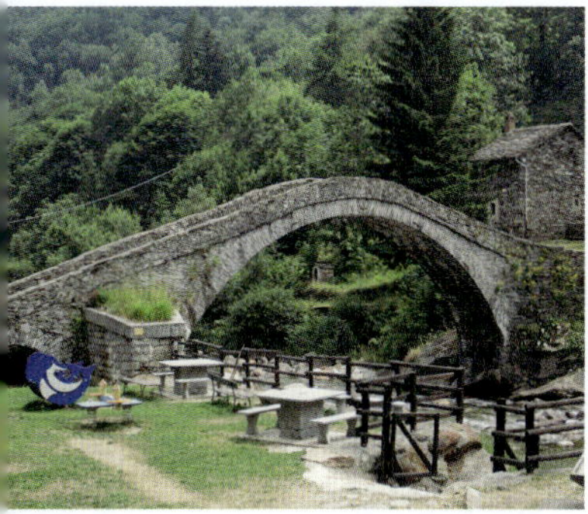

Die Saumwege, die die GTA benutzt, führen manchmal mit einer Steinbrücke über einen Fluss. Hier die Brücke von Fondo (Etappe 15) aus dem Jahr 1727.

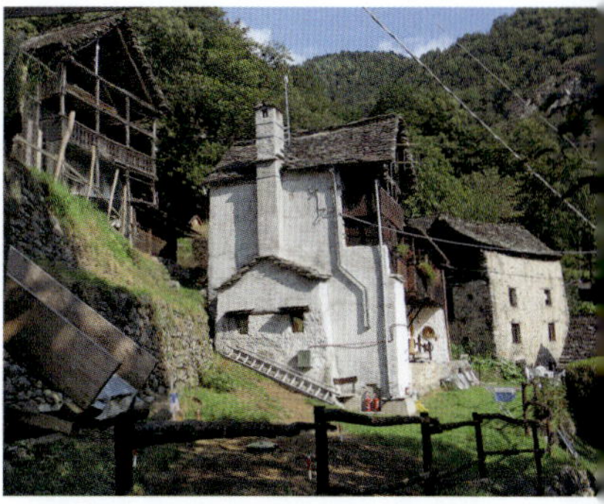

Im Gegensatz zu den Wegen der Alte Vie, die im alpinen Höhenstockwerk von Hütte zu Hütte führen, berührt die GTA sehr häufig Siedlungen (hier der Weiler Olino, 842 m, im Anzasca-Tal, Etappe V8), sodass man immer wieder mit den Menschen in Kontakt kommt, die hier leben.

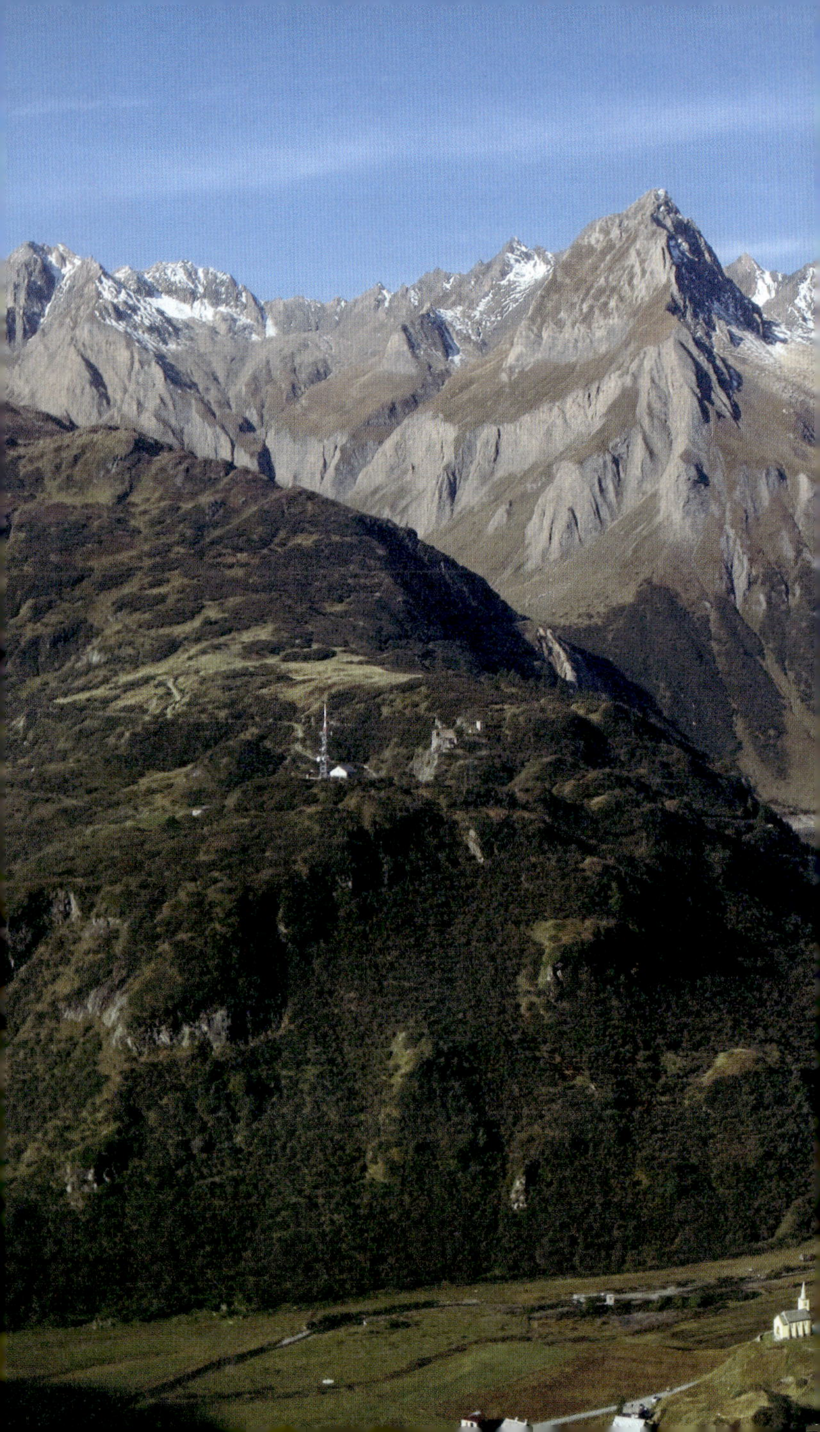

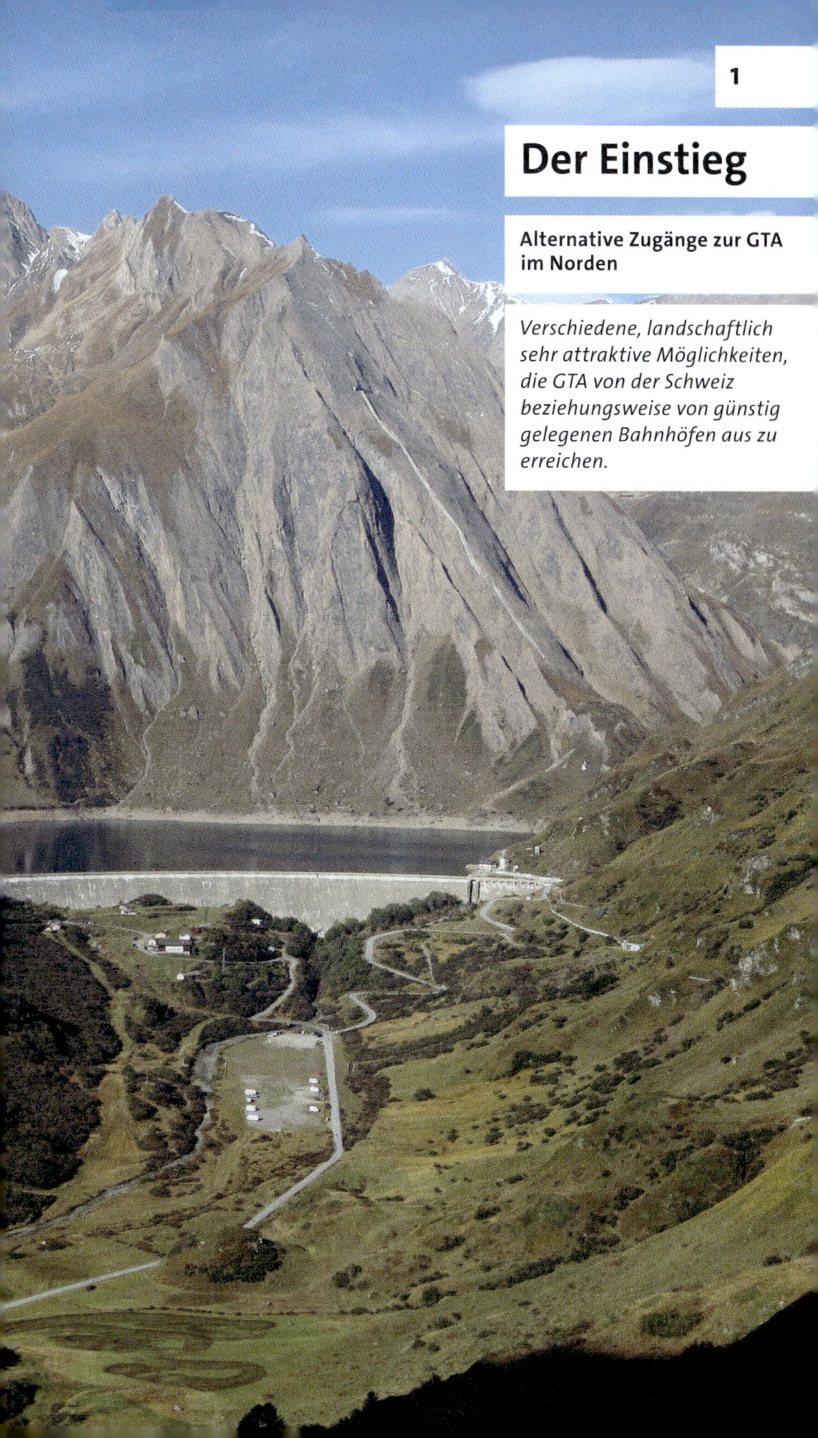

1

Der Einstieg

Alternative Zugänge zur GTA im Norden

Verschiedene, landschaftlich sehr attraktive Möglichkeiten, die GTA von der Schweiz beziehungsweise von günstig gelegenen Bahnhöfen aus zu erreichen.

S. 38/39: Das oberste Formazza-Tal mit dem Morasco-Stausee, dem Corno Ban, 3027 m, und dem Walserdorf Riale (ganz unten). Die GTA kommt von rechts, umrundet den See, gewinnt auf dem bewaldeten Hang in der Bildmitte Höhe und führt dann ins Nefelgiù-Tal (hinten links).

Der Beginn der GTA im Anzasca-Tal (Etappe 1) war nie als Ausgangs- oder Endpunkt der GTA geplant, sondern er hatte sich nur durch Zufall (Einstellung der Arbeiten an der GTA im Jahr 1985 an dieser Stelle) ergeben. Da dieser Punkt jedoch mit öffentlichen Verkehrsmitteln nicht optimal erreichbar ist, werden in diesem Kapitel drei günstigere Zugänge (Z) zur GTA mit insgesamt 11 Tagesetappen (V = Verlängerung) beschrieben:

- Z1 (S. 44): Bahnhof Airolo (Gotthardlinie) oder Brig (Simplonlinie), dann mit dem Bus bis in die Nähe des Griespasses (Grenze Schweiz–Italien) und dann in acht Tagen zu Fuß ins Anzasca-Tal (Etappen V1–V8).
- Z2 (S. 69): Bahnhof Brig (Simplonlinie), dann mit Bus bis Saas Almagell und dann in zwei Tagen zu Fuß über Macugnaga nach Alagna (Valsesia) zur Etappe 7 der GTA (Etappen V9–V10).
- Z3 (S. 74): Bahnhof Omegna (Nebenlinie von Domodossola aus), dann mit dem Bus bis Forno im Strona-Tal und dann in 2 h zu Fuß nach Campello Monti, dem Beginn von Etappe 3 (V11).

Zusammen mit weiteren Varianten, auf die in den Etappenbeschreibungen V1–V11 hingewiesen wird, lassen sich daraus verschiedenste Quer- und Rundwanderwege zusammenstellen.

Öffentlicher Verkehr

Bahn

- Gotthardlinie Basel–Mailand, Bahnhof Airolo: für Etappe V1.
- Simplonlinie Bern–Domodossola–Mailand, Bahnhof Brig: für Etappen V1 und V9.
- Brig–Ulrichen (für Bus über den Nufenenpass): Etappe V1.
- Domodossola–Omegna (für Beginn der GTA im Strona-Tal): Etappe V11.

Bus

- Bus über den Nufenenpass (Airolo–Ulrichen–Oberwald), Tel. 0041 (0)58 448 2008, www.postauto.ch > Ulrichen–Airolo Linie 111 (Ende Juni bis Anfang Oktober): für Etappe V1.
- Bus im Formazza-Tal (bis Ponte, 1285 m): www.comazzibus.com > linee ed orari > Domodossola–Cascata del Toce: für Etappen V1 und V2.
- Bus zur Alpe Devero (Baceno bis Alpe Devero), Rufbus (Prontobus), nur im Sommer: Tel. 349 0796 016: für Etappe V3.
- Bus Richtung Alpe Veglia (Varzo bis Ponte Campo, 1320 m): www.valdivedro.it > Nostro Territorio > La Valle Divedro > (ganz unten Symbol) Prontobus: für Etappe V4.
- Bus Varzo–Trasquera–Bugliaga: Rufbus (Prontobus): Tel. 338 8780 386: für Etappe V5.
- Bus Domodossola–Varzo–Iselle: www.comazzibus.com > linee ed orari > Domodossola–Iselle: für Etappe V5.
- Postauto Brig–Simplon–Iselle–Domodossola: www.postauto.ch/wallis: für Etappe V5.
- Bus Bognanco-Tal (bis San Lorenzo, 980 m): www.comazzibus.com > linee ed orari > Domodossola–Bognanco: für Etappe V6.
- Bus Antrona-Tal (bis Antronapiana, 906 m): www.comazzibus.com > linee ed orari > Domodossola–Antrona: für Etappen V7 und V8.
- Bus Anzasca-Tal: siehe Comazzibus bis Macugnaga: für Etappe V8.
- Bus von Brig nach Saas Almagell bzw. Mattmark-Stausee: www.postauto.ch

> Saastal-Linien/Mattmark-Linie Linie 511/513: für Etappe V9.

- Bus nach Macugnaga: www.comazzibus.com > linee ed orari > Domodossola–Macugnaga: für Etappe V10.
- Bus nach Omegna: www.comazzibus.com > linee ed orari > Domodossola-Omegna: für Etappe V11.
- Bus ins Strona-Tal (bis Forno, 892 m): Die blauen Kleinbusse fahren von der Piazza Beltrami im Zentrum der Altstadt (10 Min. vom Bahnhof) ins Strona-Tal: www.comune.valstrona.vb.it > Vivere il comune > Trasporti > Autolinee > Servizio Pubblico linea 18: für Etappe V11.

Unterkunft

Etappe V1

Rifugio Città di Busto (CAI Busto), 2480 m, I-28863 Formazza (Località Piano dei Camosci), 48 Betten, geöffnet 1. Juni bis 30. Sept., Restaurant, Tel. 0324 63092 oder 347 5566808. Winterraum mit 6 Betten, Informationen im Winter (Hüttenwart): Marco Valsesia, Via Vigorelli 9, I-28845 Domodossola, Tel. 0324 242600 oder 347 5566808.

Weitere Unterkünfte

Capanna Corno Gries (SAC Bellinzona), 2338 m, 50 Betten, geöffnet Ende Juni bis Ende Sept., Restaurant, Winterraum, Tel. 0041 (0)91 869 1129.

Bivacco Passo del Gries, 2450 m, 8 Betten, unbewirtschaftet, immer offen, keine Dusche.

Etappe V2

Rifugio Eugenio Margaroli (CAI Domodossola), 2196 m, I-28863 Formazza (Località Alpe Vannino), 52 Betten, geöffnet 1. März–30. April und 20. Juni bis 30. Sept., Restaurant, Tel. 0324 63155 und 328 9040 431.

Weitere Unterkünfte

Rifugio Bim-se al Lago (privat), 1800 m, Località Morasco, 24 Betten, geöffnet 1. Mai bis 1. Nov., Restaurant, Tel. 339 5953 393.

Frazione Riale, 1740 m:

Albergo Aalts Dorf, 40 Betten, ganzjährig geöffnet, Tel. 0324 634 355 oder 329 1257 417 (im unteren Dorfteil).

Locanda Walser Schtuba, 20 Betten, ganzjährig geöffnet, Tel. 0324 634 352 oder 339 3663 330.

B&B Zwargji, Tel. 348 6022 824.
B&B Stebli, Tel. 328 3391 368.
B&B Eichora, Tel. 339 5331 578.

Etappe V3

Rifugio Castiglioni, 1640 m, auf der Alpe Devero 60, 34 Betten, ganzjährig geöffnet außer Mai und Nov., Restaurant, Tel. 0324 619126 oder 333 3424904 oder 333 5766 002. Informationen im Winter (Hüttenwart): Michele Galmarin, Tel. 0324 62101. Lebensmittel, Campingplatz im anderen Ortsteil.

Weitere Unterkünfte

Bivacco Ettore Conti (CAI Domodossola), 2599 m, 9 Betten, immer geöffnet, nicht bewirtschaftet, keine Dusche.

Crampiolo, 1767 m:

Albergo Ristorante La Baita, I-28861 Baceno (Località Crampiolo), 20 Betten und Matratzenlager mit 12 Betten, ganzjährig geöffnet, Restaurant, Tel. 0324 619190. Informationen außerhalb der Saison: Tel. 0324 62164.

Agriturismo Alpe Crampiolo, Via la Torre 27, Località Crampiolo, 7 Betten, Restaurant, ganzjährig geöffnet, Tel. 347 8179 494.

Alpe Devero:

Albergo La Lanca, Borgo Alpe Devero 74, Tel. 0324 619135 und 334 7769 206.
Albergo Casa Fontana, Tel. 377 3108 017.
Antica Locanda Alpino, Tel. 0324 619113 oder 348 3310 339.

Etappe V4

Rifugio Città di Arona (CAI Arona), 1750 m, auf der Alpe Veglia, 65 Betten, geöffnet 1. Juni bis 30. Sept., Restaurant, Tel. 0324 780837 oder 339 4046 395. Lebensmittel, Campingplatz im anderen Ortsteil.

Weitere Unterkünfte auf der Alpe Veglia

Albergo Lepontino, 1760 m, 40 Betten, geöffnet 1. Juni bis 30. Sept., Tel. 0324 725 77 oder 331 2650 603.

Albergo Della Fonte, 1752 m, 24 Betten, geöffnet 1. Juni.–30. Sept., Tel. 338 3370 174.

Etappe V5

Varzo, 586 m, I-28868 Varzo, Lebensmittel, Bank, Post:

Antica Osteria, Via Galtarossa 52 A, 6 Betten, ganzjährig geöffnet, Tel. 339 7784 356 (für GTA sehr günstige Lage).

Weitere Unterkünfte

Im Westen von Bugliaga, 1336 m:
Agriturismo Bugliaga dentro, 4 Betten, ganzjährig geöffnet, Tel. 333 4729 656.

Im Nordosten von Trasquera:
Agriturismo La Fraccia, 1264 m, Alpe Fraccia, Tel. 320 1489 213.

Rifugio La Sotta, Località La Sotta, Tel. 0324 79120.

Varzo:
Albergo Sempione, Viale Castelli 70, Tel. 0324 7005 oder 335 5652 523 (Hotel garni).
B&B Villa Nante, Via Fontana 8, Tel. 334 1617 594 oder 329 0977 897.
B&B La Rugiada, Via Stazione 17, Tel. 347 0935 651.

Wenig nördlich von Varzo:
B&B Alpe Veglia, Via Colle 57, Frazione Colla di Varzo, Tel. 0324 722 44 oder 333 4066 271.

Unterkünfte für Alternative zu V5

Rifugio 2000, 1950 m, auf der Alpe Ciamporino (San Damiano di Varzo), 40 Betten, Juni bis Sept. geöffnet, Restaurant, Tel. 0324 72466.
Rifugio P. Crosta, 1750 m, auf der Alpe Solcio (Varzo), 24 Betten, ganzjährig geöffnet außer Mai u. Nov., im Sept./Okt. Di und Mi geschlossen, Restaurant, Tel. 0324 634 183.

Etappe V6

Rifugio San Bernardo, 1628 m, Località San Bernardo, I-28842 Bognanco, geöffnet Juni bis Sept. 16 Betten, Tel. 338 7884 574 oder 347 1031 517.

Weitere Unterkünfte

Bivacco Alpe Lorino, 1829 m, 10 Betten, immer offen.

Rifugio Il Dosso, 1740 m, auf der Alpe Arza (oberhalb von San Bernardo), geöffnet Mitte Juni bis Mitte Sept., 24 Betten, Restaurant, Tel. 342 6996 665 oder mit WhatsApp 349 0781 405 oder 346 1708 218.

Graniga, 1118 m:
Albergo Da Cecilia,** I-28842 Bognanco, Frazione Graniga 37, 11 Betten, ganzjährig geöffnet außer 7.1.–1.3., Restaurant, Tel. 0324 234166 oder 328 3249960.

San Lorenzo, 980 m:
Albergo Rossi*, I-28842 Bognanco, Località San Lorenzo, Piazza Galletti 3, ganzjährig geöffnet, Restaurant, Tel. 0324 243990.

Etappe V7

Rifugio Città di Novara (CAI Novara), 1474 m, Frazione Alpe Cheggio, I-28841 Antronapiana, 24 Betten, geöffnet 1. Juni bis 30. Sept. und im Okt. an den Wochenenden, Restaurant, Tel. 0324 575977 oder 333 8457 030.

Weitere Unterkünfte

Bivacco E. Marigondo (CAI Domodossola), 1823 m, Alpe Vallaro, 12 Betten, immer offen, unbewirtschaftet, keine Dusche.
Rifugio Alpe il Laghetto (CAI Arsago Serpio), 2039 m, 22 Betten, geöffnet Mitte Juni bis Mitte Sept. an den Wochenenden, im Juli/Aug. täglich, Restaurant, Tel. 347 0320 298 oder 348 0320 298.
Albergo Alpino*, Frazione Alpe Cheggio 51, geöffnet Ende Mai bis Ende Okt. und ganzjährig an den Wochenenden außer Weihnachten und Ostern, 24 Betten, Restaurant, Tel. 0324 575975 oder 338 2785 327. Informationen außerhalb der Saison: Tel. 0324 51034.

Etappe V8

Località Gurva, 480 m, I-28873 Calasca Castiglione:
Locanda del Tiglio, Via Gurva 7B, 14 Betten, ganzjährig geöffnet, Restaurant, Lebensmittel, Tel. 0324 81122.

Weitere Unterkünfte

Antronapiana, 906 m:
B&B La Casa della Nonna, Via Santa Maria 70, Tel. 0324 51892 oder 348 7239 944. Lebensmittel, Bancomat, Post.

San Pietro, 649 m:
B&B Il Frutteto, Via Strada Vecchia 11, Tel. 366 4868 682.
Rifugio La Colma, 1570 m, bewirtschaftet 15. Juni.–15. Sept., Tel. 347 9020 098 oder 339 7511 653.
Duiamen, 540 m:
B&B Casa Shanty, Tel. 351 9818 795 (400 m westlich der Locanda del Tiglio).

Etappen V9 und V10

Saas Almagell, 1672 m:
Tourismusinformation:
Tel. 0041 (0)27 958 1858, www.saas-fee.ch.
Rifugio G. Oberto (Città di Malnate), 2786 m, bewirtschaftet 1. Juli bis 15. Sept., 24 Betten, Winterraum, Restaurant, Tel.0324 65544 oder 349 3624 403.
Macugnaga, Frazione Pecetto, 1358 m:
Hotel Cristallo*,** Tel. 0324 65139.
Hotel Edelweiss,** Tel. 338 1106 813.

Frazione Staffa, 1327 m, Lebensmittel, Bank, Post:
Hotel Dufour*,** Tel. 392 3686 271.
Hotel Flora, Tel. 0324 65037.
B&B Zurbriggen, Via Monte Rosa 72, Tel. 347 9660 881.
Bivacco Lanti, 2125 m, nicht bewirtschaftet, immer offen, 9 Betten, Kochgelegenheit, keine Dusche.
Rifugio Pastore, 1600 m, bewirtschaftet 15. Juni bis 15. Sept., 62 Betten, Restaurant, Tel. 0163 91220.

Etappe V11

Forno, 892 m, im Strona-Tal:
Albergo Leone, Forno di Omegna, geöffnet von Mai bis Okt., Tel. 0323 885 112.
B&B il Tiglio, Via Monte Grappa 12, 12 Betten, November bis April geöffnet, Tel. 339 2988 893. Lebensmittel.

Karten

1:50 000
- IGC Blatt 11 »Domodossola e Val Formazza«: Etappen V1–V8.
- IGC Blatt 10 »Monte Rosa, Alagna e Macugnaga«: Etappen V9–V11.
- Swisstopo 265 (V1–V3), 274 (V5a–V6a), 275 (V3–V6), 284 (V7–V8) und 285 (V8 und 1–2).

1:25 000
- Geo4Map Blatt 111 »Val Formazza«: Etappen V1b und V2.
- Geo4Map Blatt 110 »Alpe Devero«: Etappen V1a bis V4 (Beginn).
- Geo4Map Blatt 109 »Alpe Veglia«: Etappen V4 (ohne Beginn) bis V6 (ohne Schluß).
- Geo4Map Blatt 108 »Valle Bognanco«: Etappen V6 bis V7.
- Geo4Map Blatt 107 »Valle Antrona«: Etappen V7 (ohne Beginn) bis V8 und 1 (Beginn).
- Geo4Map Blatt 106 »Valle Anzasca Est«: Etappen V8 (ohne Beginn) und 1–2.
- Geo4Map Blatt 105 »Valle Anzasca Ovest«: Etappen V9–V10 und 5–6.
- Geo4Map Blatt 116 »Val Strona«: Etappe V11.

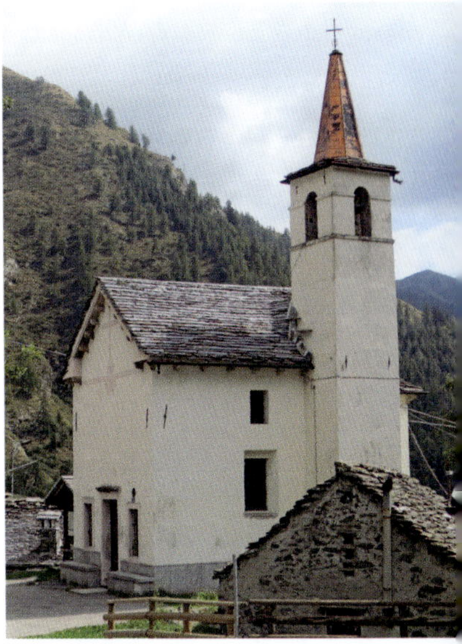

Die Kapelle des Alpdorfes Cheggio (Etappe V7).

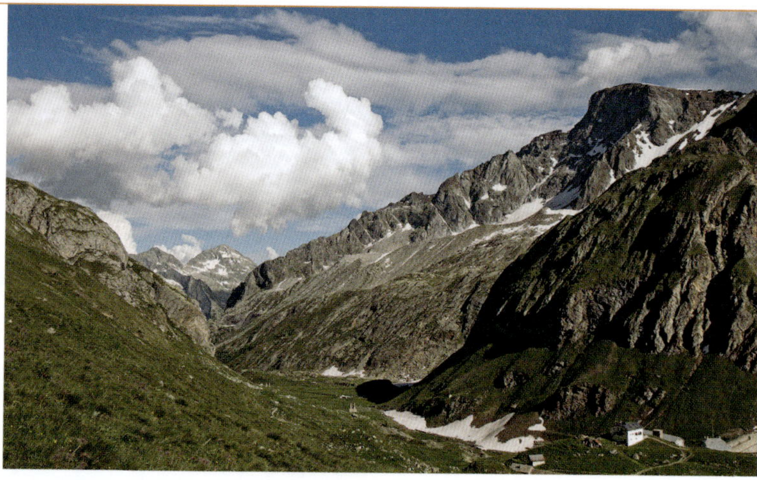

Blick ins Vallone del Vannino mit der Alpe Vannino und dem Rifugio Margaroli (Etappe V2).

Z1 Airolo/Brig–Nufenenpass–Formazza-Tal–Anzasca-Tal (V1–V8)

Zugang 1: Bei diesen Etappen handelt es sich um die Verlängerung der GTA, die von den 17 lokalen Sektionen des italienischen Alpenvereins (CAI-sezioni Est Monte Rosa) nach Einstellung der GTA-Arbeiten realisiert wurde. Dabei verläuft die GTA in einem großen Bogen zuerst auf der Westseite des Toce-Tals, erreicht am Lago di Molasco ihren nördlichsten Punkt und führt dann auf der Ostseite bis hinab nach Cannobio am Lago Maggiore. Während der Weg auf der Westseite stimmig und attraktiv angelegt wurde, ist die Wegführung auf der Ostseite nicht überzeugend, und hier fehlen auch wichtige Übernachtungsmöglichkeiten.

Deshalb werden die Etappen auf der Ostseite in diesem Wanderbuch nicht berücksichtigt. Diejenigen auf der Westseite bieten jedoch – mit einer kleinen Verlängerung vom Lago di Molasco zum Gries-/Nufenenpass – einen sehr attraktiven Zugang zur GTA-Etappe 1: Der Nufenenpass ist sehr gut mit Bahn und Bus erreichbar, die erste Etappe stellt eine sehr geeignete Einlaufetappe dar, und die folgenden Etappen sind landschaftlich sehr attraktiv. Neben der GTA führen auch die Weitwanderwege Sentiero Italia, Walserweg und Via Alpina durch diese Region, und Andreas Weissen hat über dieses Gebiet einen schönen Wanderführer im Rotpunktverlag veröffentlicht ([2]2022), sodass man sich hier leicht zahlreiche Varianten und Rundwanderwege zur GTA selbst zusammenstellen kann.

Bedauerlicherweise haben die CAI-Sektionen Est Monte Rosa den Verlauf der GTA später noch einmal geändert: Die »neue« GTA führt jetzt vom Passo della Preia (Bognanco-/Antrona-Tal, Etappe V7) durch hochalpines Gebiet zum Monte-Moro-Pass und von dort über Macugnaga nach Alagna (GTA-Etappe 7), während die »alte« GTA-Route zwischen Passo della Preia und Alagna (Etappen V8 und 1–7) seitdem als

Sentiero Italia bezeichnet und markiert wird.
Diese Änderung habe ich nicht übernommen, weil die neue GTA zwischen Preia- und Monte-Moro-Pass den Charakter einer Alta Via besitzt (größere Anforderungen als auf der GTA, Übernachtungen im Biwak) und weil dadurch die besonders attraktiven Walserdörfer im Sesia-Tal umgangen werden. Lediglich der zweite Teil dieser »neuen« GTA wird hier als Zugang zur GTA von Saas Almagell (V9–V10) beschrieben. Diese Änderung ist der Grund dafür, dass man auf den GTA-Etappen zwischen Antrona-Tal und Alagna heute oft nur alte, stark verblasste GTA-Symbole, aber viele neue Sentiero-Italia-Schilder antrifft, was die Wegfindung jedoch keineswegs verschlechtert.
Das Toce-Tal ist sehr tief eingeschnitten: Das Dorf Canza, 1419 m, liegt gut 1000 Meter tiefer als der Griespass und ist nur 7,5 Kilometer von ihm entfernt. Ab Crevoladossola beginnt der flache und breite Toce-Talboden, der anfangs 300 Meter, später nur noch 200 Meter hoch liegt und der von Bergen umgeben ist, die auf der östlichen Talseite 2200 bis 3200 Meter und auf der westlichen Talseite (wo die GTA verläuft) 2400 bis 3650 Meter hoch sind. Die Etappen V1–V8 verlaufen daher in der Regel in größeren Höhen und führen oft über ausgeprägte Hochflächen mit weiten Fernsichten, die alpwirtschaftlich genutzt werden, und nur an zwei Stellen – im Valle Divedro (Zufahrt zum Simplonpass) und im Antrona-Tal – durchquert man den Dauersiedlungsraum.
Diese Region wurde im späten Mittelalter von Walsern besiedelt (siehe Kapitel 2). Ihr Verbreitungsschwerpunkt liegt – wie man bereits an den Namen auf den Karten leicht ablesen kann – im nördlichsten Teil des Formazza-Tales (walserdeutsch: Pomatt) zwischen dem Griespass und der Talstufe in etwa 1110 Meter Höhe zwischen Stafelwald und Foppiano.

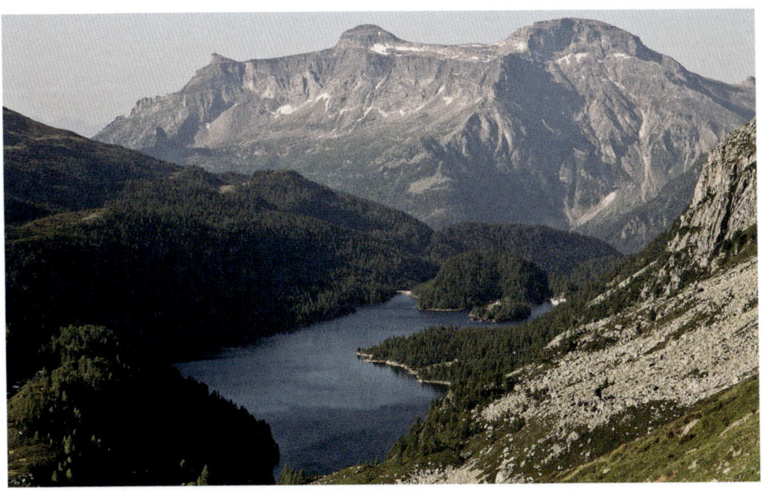

Der Stausee Lago di Devero, 1856 m, mit dem Monte Cistella, 2880 m, im Hintergrund (Etappe V3).

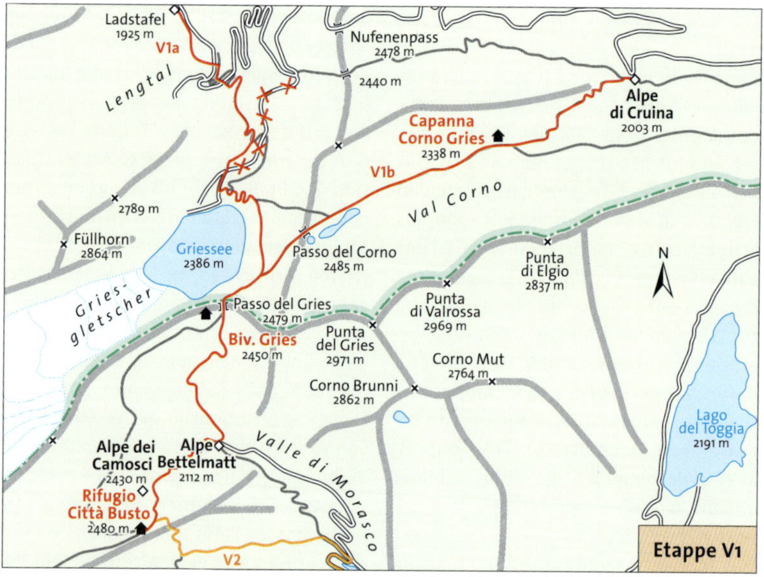

V1 Haltestelle »Ladstafel«, 1925 m / »Alpe Cruina«, 2003 m – Rifugio Città di Busto, 2480 m

Vom Nufenenpass über den Griespass, 2458 m, ins Formazza-Tal und hinauf zum Rifugio Città di Busto.

Höhendifferenz: ↗ 925/850 m, ↘ 370 m

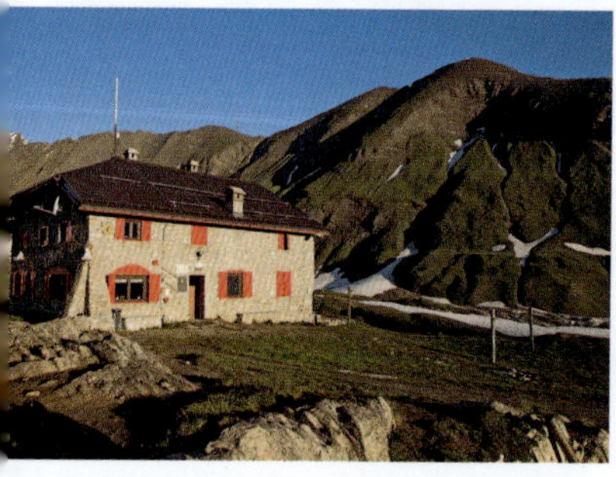

Das Rifugio Città di Busto, 2480 m (Etappe 1).

Markierung: weiß-rot-weiß, ab Griespass weiß-rot

Gehzeit: 3 h 30 / Gegenrichtung: 3 h

Zugang vom Wallis (V1a): Mit der Bahn bis Brig, von dort mit der Matterhorn-Gotthard-Bahn bis Ulrichen, dort in den Bus nach Airolo (fährt nur im Sommer) einsteigen und bis zur Haltestelle »Ladstafel« fahren. Ab hier Fußweg, zuerst entlang der Straße, dann über Alpweiden bis zum Altstafel. Ab hier führt der Weg mit einer Reihe von Serpentinen steil aufwärts, biegt dann nach rechts ab und verläuft etwas unterhalb der (gesperrten) Kraftwerksstraße. Dann gewinnt er wieder mit Serpentinen Höhe, erreicht die Kraftwerksstraße und führt auf ihr weiter aufwärts. Am Ende der Straße beginnt ein Fußweg, der in aussichtsreicher Wegführung den Griessee im Osten umrundet und dann fast höhenlinienparallel zum Griespass führt.

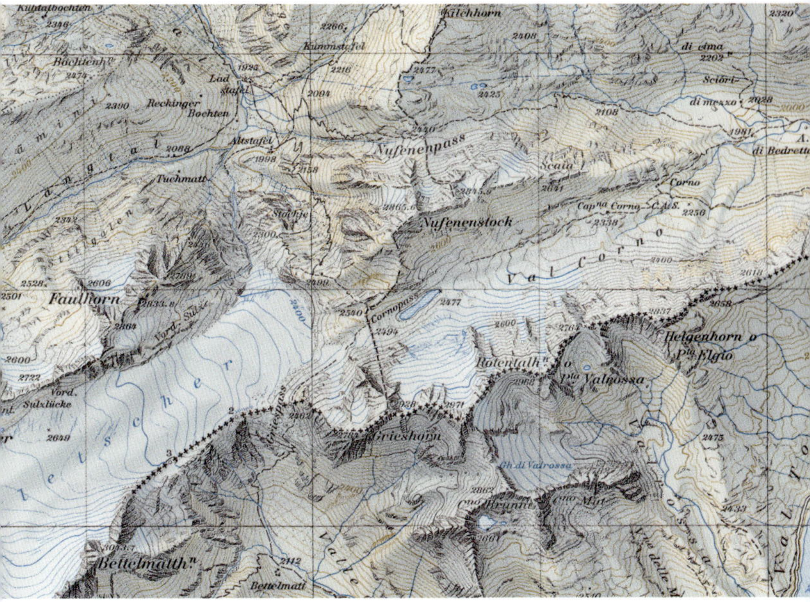

Dieser Ausschnitt aus der Landeskarte der Schweiz 1:50 000, Blatt 265 »Nufenenpass«, Ausgabe 1956, zeigt, dass der heutige Wanderweg damals noch vom Griesgletscher bedeckt war. Der Griessee entstand erst Ende der 1950er Jahre, die Nufenenpassstraße wurde erst 1964–69 erbaut und der Stausee mit den Wasserkraftanlagen wurde erst 1966 fertig. Noch im Jahr 1986, also im Erscheinungsjahr des deutschen GTA-Führers, reichte der Griesgletscher direkt bis zum See; seitdem schmilzt er immer weiter ab.

Zugang vom Tessin (V1b): Mit der Bahn bis Airolo, dort in den Bus nach Ulrichen einsteigen und bis zur Haltestelle »Alpe Cruina« fahren. Hier beginnt der Fußweg, der im Val Corno aufwärts führt. In 2338 m Höhe erreicht man die Capanna Corno Gries (Übernachtungsmöglichkeit). Es geht weiter aufwärts. Oberhalb des kleinen Lago del Corno nimmt man an einer Weggabelung den linken Weg und erreicht kurz darauf den Passo del Corno, 2485 m. Ab hier leicht abwärts zum Griespass.

Kurz vor dem Griespass vereinigen sich beide Zugänge. Der Pass selbst wurde vom Griesgletscher in den Eiszeiten abgeschliffen und vertieft, und hier gibt es mit dem Bivacco Gries eine Notunterkunft. Ab dem Griespass wechselt die Markierung zu weiß-rot. Es geht hinab zur Alpe Bettelmatt, 2112 m, die in einem schönen Karkessel liegt. Hier nach Südwesten abbiegen und auf dem Weg G41 zum Rifugio Città di Busto, 2480 m, aufsteigen.

Der Griespass hatte früher eine große überregionale Bedeutung, weil er eine ziemlich leichte (wenig Schluchtstrecken) und zugleich direkte Verbindung zwischen Bern und Mailand darstellte (Bern–Aare-Tal–Grimselpass– Griespass–Domodossola–Mailand), wobei längere Teilstrecken auf Seen (Thuner-, Brienzersee, Lago Maggiore) zurückgelegt werden konnten. Die histori-

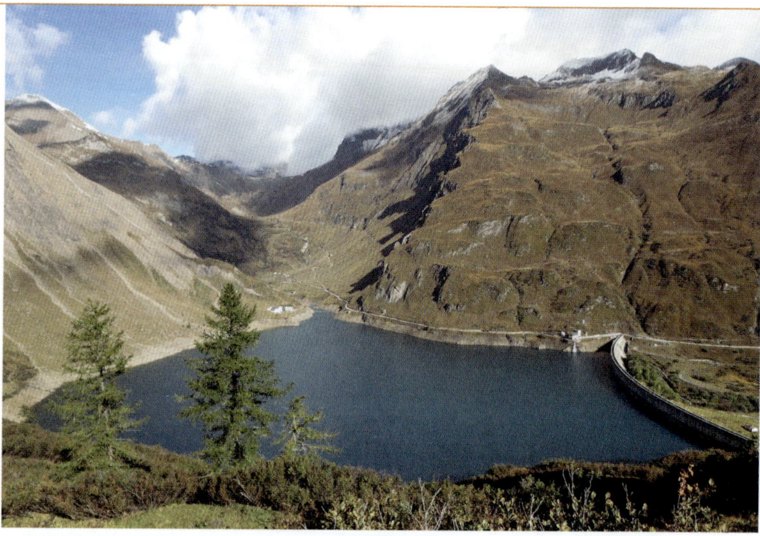

Der Lago di Morasco beim Aufstieg zum Passo di Nefelgiù.

sche Griespassroute oder Via Sbrinz ist als Weitwanderweg ausgewiesen (in Piemont als G00) und die GTA verläuft ein Stück weit auf ihr. Am ersten August-Sonntag findet auf der Passhöhe jeweils ein überregionales Walserfest statt.
Die Alpe Bettelmatt ist namensgebend für den bekannten Bettelmatt-Käse, der auf den Alpen des gesamten obersten Formazza-Tals hergestellt wird. Die Art und Weise seiner Herstellung ähnelt sehr stark der im Oberwallis verbreiteten Käseproduktion, was kein Zufall ist, da es sich um eine walserische Tradition handelt.
Es ist ebenfalls möglich, vom Griespass aus direkt zum Rifugio Città di Busto zu gelangen, indem man den Wegspuren folgt, die entlang der Grenze Richtung Südwesten verlaufen (Weg G43) und die sich dann in der Ostflanke des Bettelmatthorns nach Süden wenden und in einem Bogen auf das Rifugio führen (teilweise etwas ausgesetzt). Nur bei guter Sicht zu empfehlen.

Variante: Da am Lago di Morasco inzwischen das Rifugio Bim-se existiert, besteht der leichteste Beginn der GTA darin, auf der ersten Etappe von der Alpe Bettelmatt gleich bis hierher abzusteigen und hier zu übernachten. Die Etappe 1 verlängert sich dadurch nur um 15 Min. (nur 555/480 Höhenmeter Aufstieg, 680 Höhenmeter Abstieg), und die Etappe V2 verkürzt sich um gut 1 h.
Hinweis: Im GTA-Kartenband von National Geographic führt die GTA am Griespass über den Weg G43 direkt zum Rifugio Città di Busto, von dort abwärts und am Nordufer des Lago Morasco vorbei bis zum Walserdorf Riale (Übernachtung). Von dort geht es dann auf dem Weg G95b hinauf zur Alpe Furculti, und kurz oberhalb von ihr trifft man auf den Weg G95, der vom Rifugio Bim-se zum Passo di Nefelgiù führt. Da diese Wegführung etwas länger ist, halten wir die klassische Wegführung, wie hier beschrieben, für geeigneter.

V2 Rifugio Città di Busto, 2480 m – Rifugio Margaroli, 2194 m

Vom Rifugio Città di Busto hinab zum Morasco-Stausee, 1815 m, und über den Passo di Nefelgiù, 2583 m, zum Lago Vannino.

Höhendifferenz: ↗ 780 m, ↘ 1050 m
Markierung: rot-weiß-rot
Gehzeit: 4 h 30 / Gegenrichtung: 5 h

Vom Rifugio Città di Busto steigt man in Richtung Morasco ab. Nach etwa 20 Min. trifft man auf den Weg G39, der rechts hinauf zu den Rifugi Mores und Somma-Lombardo führt. Man hält sich hier links und steigt teilweise recht steil und über einige Steinblöcke hinweg zum Stausee Lago di Morasco, 1815 m, ab (in diesem versank 1940 die Walsersiedlung Muraschg).

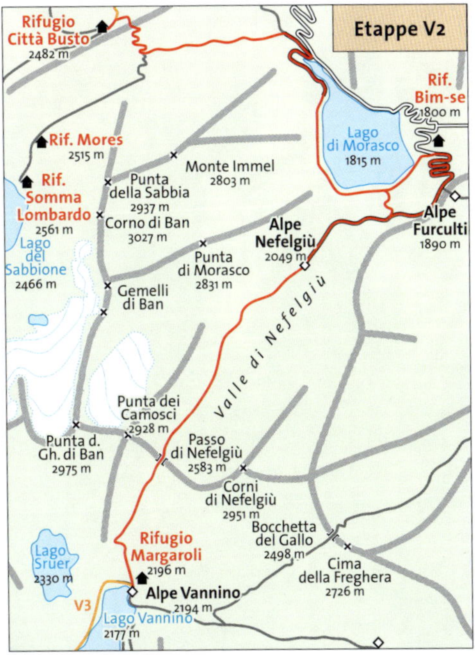

Rechts (am Gebäude des Kraftwerks vorbei, dort beginnt ein schöner Fußweg) auf der West- und Südseite um den See herum gehen (Bademöglichkeiten), bis man zur Staumauer gelangt. Etwa 400 Meter vor der Staumauer zweigt nach rechts ein Weg ab, der mit Stufen den Hang hinauf führt und dann auf die Straße zur Alpe Nefelgiù trifft; dieser Weg kann gut als Abkürzung benutzt werden.

Variante/Abstecher: Ganz in der Nähe der Staumauer steht das neue Rifugio Bim-se, wo man die Wanderung unterbrechen kann. Einen Kilometer östlich davon liegt das sehenswerte Walserdorf Riale (Chärbäch), 1740 m (Übernachtungsmöglichkeiten), von wo aus man einen Abstecher zum früher weltberühmten Wasserfall Cascata del Toce (mit 143 Meter Fallhöhe einer der höchsten Wasserfälle Europas) machen kann (vom Rifugio Bim-se etwa 45 Min. zur Cascata, zurück gut 1 h); oder man geht auf dem Weg G35 von der Cascata direkt zum Rifugio Margaroli.

Hinter dem Staudamm folgt man den Serpentinen der Alpstraße aufwärts, die ins Vallone di Nefelgiù führt (Weg G95). Dabei bieten sich sehr schöne Ausblicke, zuerst hinab ins obere Formazza-Tal, etwas später dann zum Lago Morasco und zum Griespass. Schließlich biegt die Alpstraße ins Vallone di Nefelgiù ein und endet an der Alpe Nefelgiù in 2049 m.

Obwohl dieses Tal früher intensiv alpwirtschaftlich genutzt wurde, wirkt es heute mit seiner herben, felsdurchsetzten Landschaft sehr »natürlich«, und die Spuren der menschlichen Nutzung werden leicht übersehen. Am Alpgebäude beginnt der Fußweg, der schnell Höhe gewinnt und steil zum Pass hinaufführt. Beim Aufstieg kann man noch lange Schneefelder antreffen. Vom Pass aus ist bereits der nahe Lago Vannino, 2177 m, zu sehen, der im Abstieg auf gut markiertem Weg (G97) erreicht wird. Am Nordufer des Sees liegt das Rifugio Margaroli, 2194 m.

Die Cascata del Toce mit dem gleichnamigen Hotel im obersten Formazza-Tal.

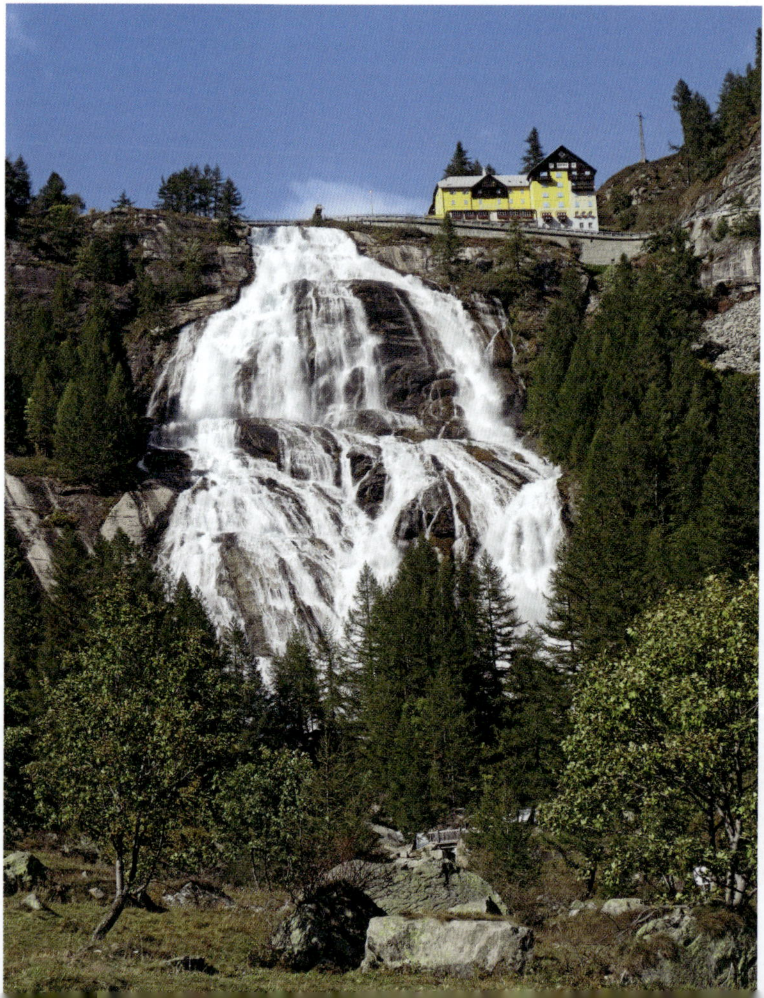

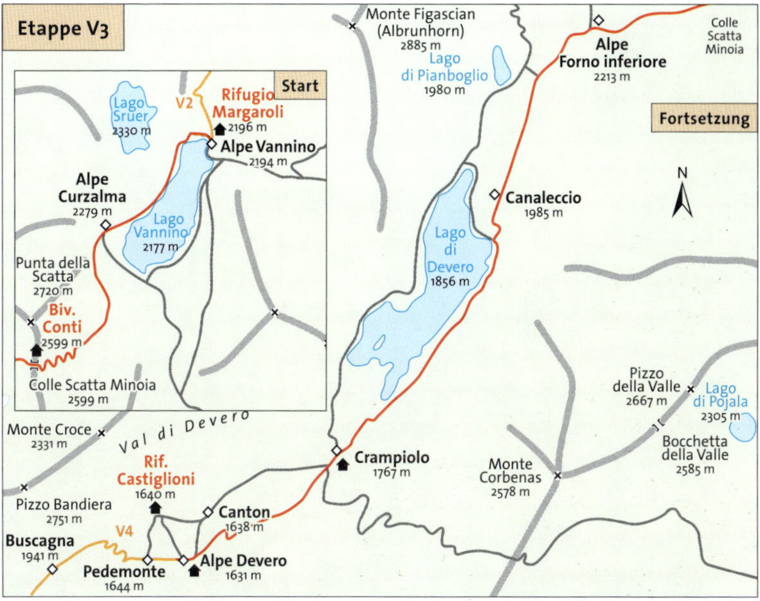

V3 Rifugio Margaroli, 2194 m – Rifugio Castiglioni, 1640 m

Vom Rifugio Margaroli über den Colle Scatta Minoia, 2599 m, ins Devero-Tal zur Alpe Devero.

Höhendifferenz: ↗ 400 m, ↘ 950 m
Markierung: rot-weiß-rot
Gehzeit: 5 h / Gegenrichtung: 5 h 30

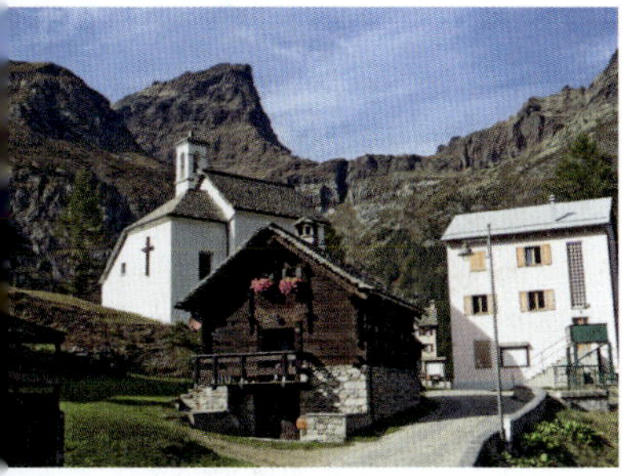

Die Kapelle im Ort Ai Ponti auf der Alpe Devero; dahinter die Punta della Rossa, 2887 m.

Vom Rifugio Margaroli führt der gut markierte Weg (G99) in Richtung Südwesten auf der Westseite am Lago Vannino vorbei. Man geht an der Alpe Curzalma, 2279 m, vorbei und steigt dann zum Colle Scatta Minoia, 2599 m, auf, wo man den Parco Naturale Veglia e Devero erreicht und wo das Biwak E. Conti eine Notunterkunft bietet. Auch bei diesem Aufstieg kann es Schneefelder geben.

Nach dem Pass in Richtung Westen absteigen (der Weg ist jetzt bis zur Alpe Devero als H98 beschildert), ab der Alpe Forno inferiore, 2213 m, beginnt eine Alpstraße, der man talwärts folgt. Es geht fast eben durch weite, ausgedehnte Alpflächen, die hier als »Grande Est« (großer Osten) bezeichnet werden, weil sie an die unendlichen Weiten Kanadas erinnern würden. Kurz vor Erreichen des Lago di Devero, 1856 m, wird ein Alpgebäude erreicht

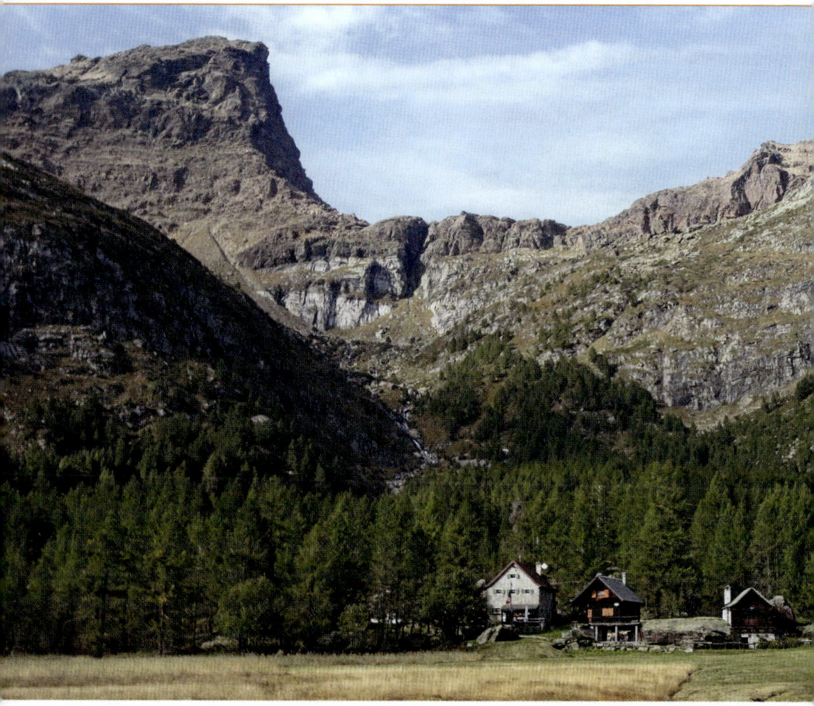

Der Ort Canton auf der Alpe Devero mit dem Rifugio Castiglioni (das weiße Gebäude links); dahinter die Punta della Rossa, 2887 m (links), und der Pizzo Stange, 2415 m (rechts).

(Markierung auf der Mauer). Man folgt der kleinen Alpstraße und geht weiter auf der Ostseite des Sees, der 1910 durch zwei Staumauern künstlich vergrößert wurde. Hinter dem See erreicht man die Alpsiedlung Crampiolo, 1767 m (Übernachtungsmöglichkeit).

Alternative: Etwa einen Kilometer unterhalb der Alpe Forno inferiore zweigt von der Alpstraße nach rechts ein Weg in Richtung Lago di Pianboglio ab. In der Nähe dieses Sees trifft man auf den Weg Hoo (Weitwanderweg Albrun-Route ins Binntal), dem man nach links abwärts folgt. Man geht dann auf der westlichen Seeseite weiter, bis man unterhalb des Lago di Devero auf die Alpsiedlung Crampiolo stößt.

Von Crampiolo aus kann man entweder der Fahrstraße weiter abwärts zur Ebene der Alpe Devero, 1631 m, folgen und dann beim Erreichen der Straße kurz rechts aufwärts zum Rifugio Castiglioni, 1640 m, gehen (nach links geht es zur Frazione Ai Ponti, dem zentralen Ort der Alpe Devero mit Lebensmittelgeschäft, Übernachtungsmöglichkeiten; hier enden öffentliche Fahrstraße und Bus: www.alpedevero.it). Oder man biegt hinter Crampiolo von der Fahrstraße rechts ab und geht auf dem Weg (H98a) direkt zum Rifugio Castiglioni.

Abstecher: Von der Alpe Devero aus gibt es

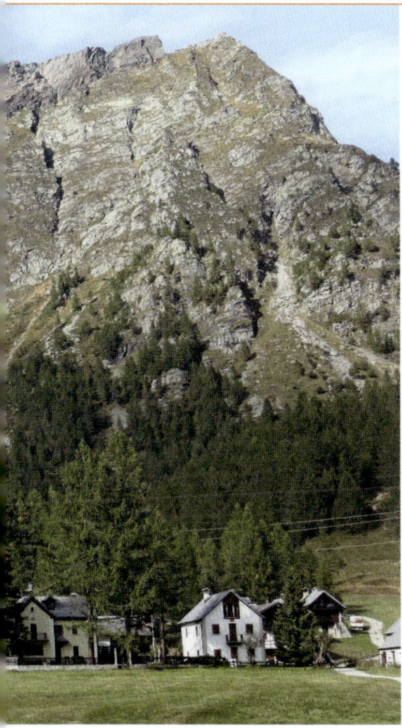

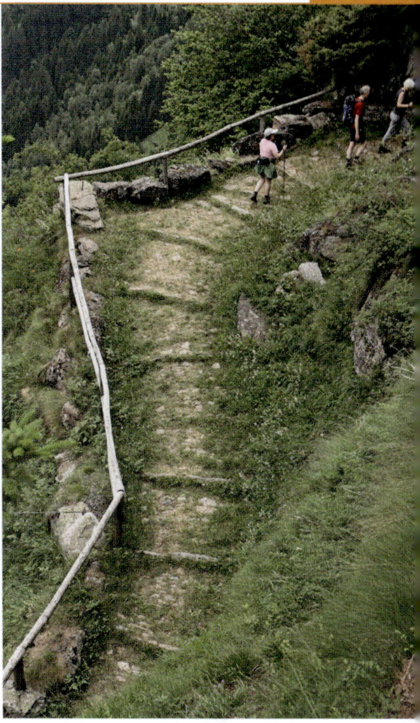

Der Saumweg von Goglio zur Alpe Devero ist besonders gut erhalten und lohnt einen Abstecher.

zahlreiche lohnende Ziele für Tagesausflüge (Monte del Sangiatto, Piano della Rossa, Valdeserta). Von der Frazione Ai Ponti (direkt am großen Parkplatz) führt ein außergewöhnlich gut erhaltener und durchgehend gepflasterter Saumweg (Hoo) hinab ins Valle Devero, der für Wanderer ein großes Erlebnis darstellt. Der Abstieg bis zur Frazione Goglio, 1133 m, dauert etwa 1 h; für den Rückweg kann man den Bus nehmen (nur im Sommer).

Die Alpe Devero ist eine sehr eindrückliche Landschaft: Der Felsriegel, auf dem der kleine Ort Ai Ponti liegt, hatte nach der Eiszeit einen großen See aufgestaut, der im Laufe der Zeit zugeschüttet wurde, sodass eine große, ebene Alpfläche entstand, die auf drei Seiten von hohen Bergen eingeschlossen und vom Monte Cervandone, 3211 m, gekrönt wird. Diese außergewöhnliche Alp wurde früh touristisch entdeckt, und 1910 entstand hier das Grand Hotel Cervandone (1972 geschlossen, 2015 abgebrannt), dessen Ruine unübersehbar ist. Zuerst wurde eine kleine Seilbahn gebaut, um den sehr steilen Zugang zu erleichtern, sehr viel später eine kleine Fahrstraße, die kurz unterhalb von Ai Ponti endet (Parkplatz und Parkhaus), sodass die Alpe Devero autofrei ist. Im Laufe der Zeit entstanden hier eine Reihe von Ferienhäusern, aber keine flächenhafte Zersiedlung.

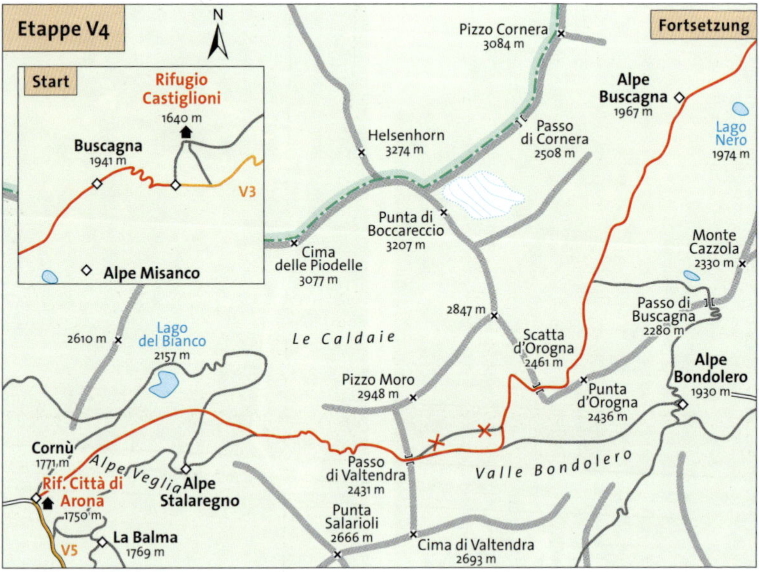

V4 Rifugio Castiglioni, 1640 m – Rifugio Città di Arona, 1750 m

Von der Alpe Devero, 1631 m, über die Scatta d'Orogna, 2461 m, und den Passo di Valtendra, 2431 m, ins Cairasca-Tal zur Alpe Veglia, 1769 m.

Höhendifferenz: ↗ 1100 m, ↘ 950 m
Markierung: rot-weiß-rot
Gehzeit: 6 h / Gegenrichtung: 6 h 30

Vom Rifugio Castiglioni geht man auf dem Asphaltsträßchen zum Ortsteil Ai Ponti. Nach der Überquerung einer Brücke hält man sich rechts (Wegweiser GTA), beim Albergo La Lanca überquert man eine weitere Brücke nach rechts, dann geht man nach links weiter zum Ortsteil Pedemonte, 1644 m. Man steigt im Wald (nördlich des Wasserfalls) nach Buscagna, 1941 m, auf und kommt aus dem Wald heraus in das weitläufige Alpgebiet der Alpe Buscagna. Nach der Überquerung eines Geröllfeldes erst leicht, später steil bergauf zur Scatta d'Orogna, 2461 m (tolle Aussicht).

Im Buscagna-Seitental trifft man auf eine stark von eiszeitlichen Gletschern geprägte Landschaft: Zwischen der Frazione Ai Ponti und der Scatta d'Orogna durchquert man 14 Endmoränenwälle von ehemaligen Gletschern.

Hinter dem Pass muss man auf einem schmalen Weg beinahe 200 Höhenmeter absteigen, dann erfolgt der interessante Anstieg zum Passo di Valtendra, 2431 m. Dabei muss unterhalb der Felsen des Pizzo Moro ein steiler Hang gequert werden, was besonders bei Nässe Vorsicht und Trittsicherheit erfordert, eine ausgesetzte Stelle ist mit einer Kette gesichert. Dieser Wegabschnitt ist inzwischen gesperrt, aber es ist eine Umleitung eingerichtet: Man muss zusätzlich 100 Höhenmeter ab- und dann auf dem Weg H99 zum Pass auf-

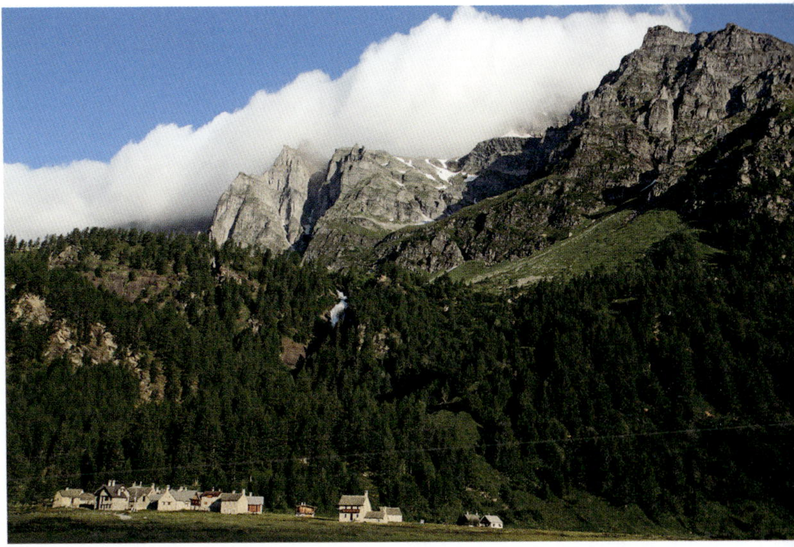

Die Frazione Pedemonte auf der Alpe Devero. Im Hintergrund die Abhänge des Monte Cervadone, 3211 m.

steigen. Wegen des möglichen Steinschlags wird empfohlen, dieses Wegstück zügig zu durchqueren und hier nicht zu rasten. Vom Pass geht es steil hinunter in Richtung Westen. In etwa 2050 Meter Höhe gabelt sich der Weg, und man geht rechts abwärts (Weg F99), überquert den Rio Frua und gelangt direkt zum Rifugio Città di Arona im Weiler Cornù. Lebensmittel und weitere Übernachtungsmöglichkeiten gibt es im Ortsteil Isola, weitere Informationen unter www.alpeveglia.it.

Abstecher: Auch die Alpe Veglia bietet zahlreiche Möglichkeiten für Tagesausflüge (Lago del Bianco, Aurona-Tal, Lago d'Avino, Sentiero panoramico dei Fiori).

Die Alpe Buscagna, 1967 m, auf der Alpe Devero im Naturpark Veglia-Devero, an der man auf Etappe V4 vorbeikommt

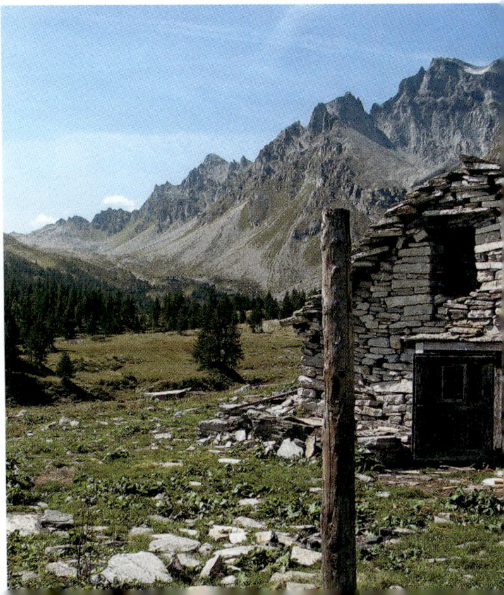

V5 Rifugio Città di Arona, 1750 m – Varzo, 586 m

Von der Alpe Veglia Abstieg durchs Cairasca-Seitental und dann über den Passo delle Possette, 2179 m, und durch Trasquera nach Varzo.

Höhendifferenz: ↗ 830 m, ↘ 1600 m
Markierung: rot-weiß-rot
Gehzeit: 7 h 30 / Gegenrichtung: 9 h 30

Alternativen: Diese lange Etappe kann man auf verschiedene Weise verkürzen: Man steigt von der Alpe Veglia auf der kleinen Fahrstraße bis zum Ortsteil Ponte Campo, 1320 m, ab, von wo aus man mit dem Bus nach Varzo fahren kann. Oder man folgt der GTA über den Passo delle Possette bis nach Bugliaga bzw. Trasquera, von wo aus man mit dem Bus nach Varzo fahren kann, wodurch sich die Etappe V5 um 2 h bzw. 1 h 30 verkürzt (ab Bugliaga nur Rufbus, der am Tag vorher bestellt werden muss). Oder man übernachtet etwas oberhalb von Trasquera. Und am Ende dieser Etappe wird eine neue Alternative vorgestellt, die auf relativ bequeme Weise nach Varzo führt.

Direkt vor dem Rifugio Città di Arona folgt man links dem Fußweg, überquert einige Brücken, und gelangt dann auf den kleinen Fahrweg talabwärts, der nach San Domenico führt (gesperrt für öffentlichen Verkehr). Am Haus des Naturparks (hier Infomaterial erhältlich) vorbei und auf der unasphaltierten Straße abwärts. Etwa 40 Min. nach dem Rifugio geht zwischen der Capella del Groppallo, 1713 m, und dem Ende des schluchtartigen Talabschnittes rechts ein Weg zum Passo delle Possette ab (Wegweiser »Sentiero dei scinc«). Dieser Weg ist ausgesetzt und mit Seilen gesichert und stellt eine Abkürzung für den Weg zum Passo delle Possette dar, aber er sollte wegen seiner Schwierigkeiten nicht genommen werden.

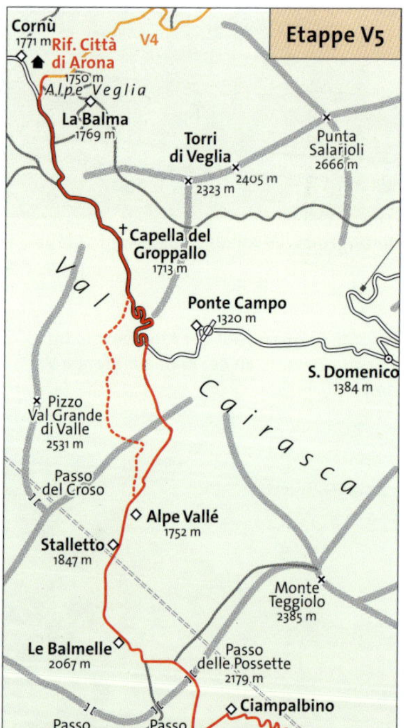

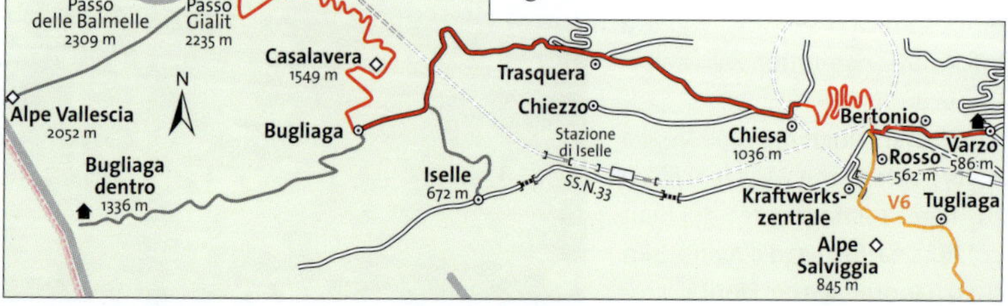

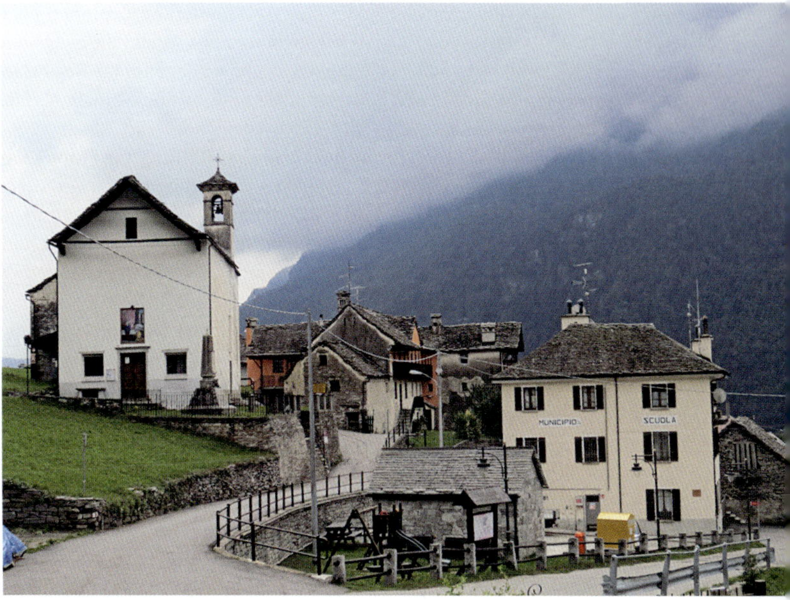

Das Zentrum der Gemeinde Trasquera.

Die GTA folgt der kleinen Fahrstraße bis zum Ende des schluchtartigen Talabschnitts. Hier zweigt nach kurzer Zeit in etwa 1450 Meter Höhe eine kleine Straße nach rechts ab (wer mit dem Bus nach Varzo fahren will, geht geradeaus weiter), die hinauf zur Alpe Vallé, 1752 m, führt. Ab hier geht es auf einem Fußweg ohne Schwierigkeiten zuerst in südlicher, später südöstlicher Richtung über Le Balmelle, 2067 m, zum Passo delle Possette, 2179 m. Kurz vor dem Pass zweigt der Weg F97a nach links ab, der zum aussichtsreichen Monte Teggiolo, 2385 m, führt (mit Biwakhütte am Gipfel).

Der Abstieg vom Pass ist ebenfalls unschwierig und führt über Ciampalbino, 1920 m, und Casalavera, 1549 m, zum kleinen Bergdorf Bugliaga, 1325 m.

Wer das weitläufige Alpgebiet zwischen Bugliaga und der Schweizer Grenze mit seiner großen Artenvielfalt – darunter die seltene Südalpine Tulpe (Tulipano alpino) – erkunden möchte, kann dies mit den Wegen F42 und F44 tun und dabei in Bugliaga dentro, 1336 m, übernachten.

Bugliaga liegt sehr aussichtsreich oberhalb einer steilen Felswand im Valle Divedro. Von hier aus geht es auf einer kleinen Fahrstraße nach Osten, und man erreicht nach einem Kilometer den Ponte del Diavolo, eine exponierte Brücke über eine sehr tiefe Schlucht, die jedoch trotz ihres Namens erst 1880 gebaut wurde (von der Brücke aus sieht man weit unten die Reste der alten Brücke). Nach einem weiteren Kilometer erreicht man das Dorf Trasquera (zwei Übernachtungsmöglichkeiten sind ausgeschildert), 1143 m, und man folgt weiter der Straße talabwärts, bis man zu einer einzeln liegenden Kirche kommt.

Dies ist die Pfarrkirche von Trasquera, und sie liegt in landschaftsdominierender Position in 1036 Meter Höhe auf einem Felssporn, der die flache Talterrasse von Trasquera nach Osten hin begrenzt. Die Kirche ist sehr alt (schon die Statuten des Valle Divedro aus dem Jahr 1321 erwähnen sie), aber sie wurde im 16. und 17. Jahrhundert erheblich erweitert und verändert.

Hinter der Kirche geht es ein kurzes Stück auf der Straße abwärts, dann zweigt nach rechts der Saumweg »Mulattiera di Brocc« ab (eindrückliche Weganlage), der steil hinab nach Bertonio führt. Von hier aus auf Nebenstraßen zum Ortskern von Varzo, 586 m.

Da Varzo mit dem Bus gut erreichbar ist (Züge halten hier nur selten), kann man hier die GTA-Wanderung beginnen oder beenden. Allerdings spricht die Länge der Etappen V5 und V6 gegen einen Beginn an dieser Stelle – sie sind beide nicht als Einlaufetappen geeignet.

Alternative Wegführung für Etappe V5: Dieser Weg (230 Höhenmeter Aufstieg, 1400 Höhenmeter Abstieg, insgesamt 7 h), sollte im Rifugio P. Crosta unterbrochen werden; dann wird daraus ein bequemer Abstieg.

Man verlässt die Frazione Cornù in südlicher Richtung. Noch im Bereich der Alpe Veglia wendet man sich nach links und steigt auf dem Weg F50a oder F22a zur Alp La Balma, 1770 m, auf. Von hier aus geht es auf dem Weg F50 bergauf in Richtung Süden, bis man in etwa 1980 Meter Höhe einen markanten Grat mit einer sehr schönen Aussicht erreicht (1 h ab Cornù).

Ab hier verläuft der Weg (nicht nach 300

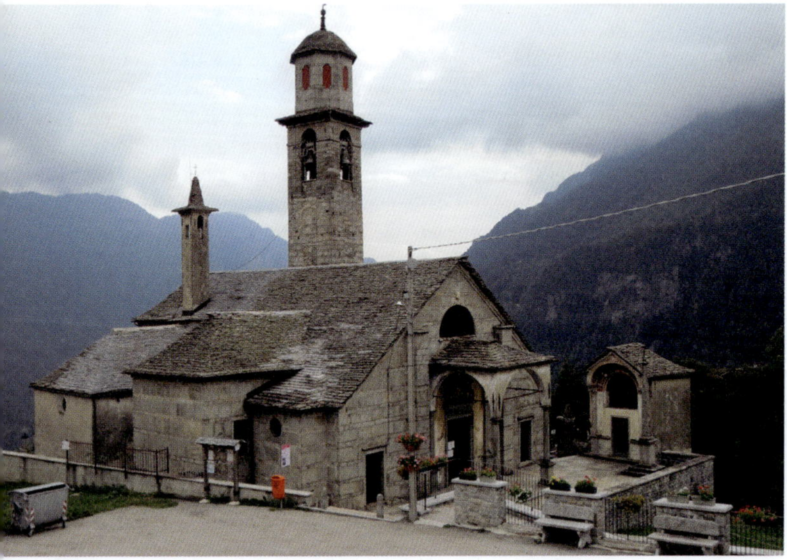

Die Kirche von Trasquera liegt abseits des Ortes in einer landschaftsdominierenden Position.

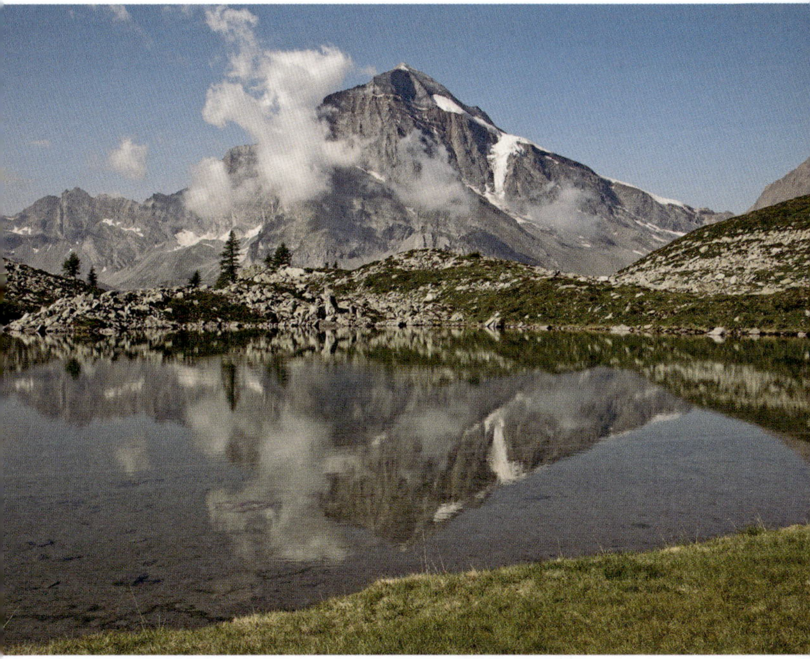

Der gewaltige Monte Leone, 3553 m, dominiert die gesamte Alpe Veglia; hier mit dem Lago del Bianco, 2157 m, im Vordergrund, der ein schönes Ausflugsziel darstellt.

Metern nach rechts absteigen) höhenlinienparallel und aussichtsreich bis zur Alpe Ciamporino, wo es das Rifugio 2000 (Übernachtung) und ein kleines Skigebiet gibt (1 h ab Grat). Da der Sessellift auch im Sommer fährt (im August täglich, im Juli und in der ersten Septemberhälfte an den Wochenenden), kann man mit ihm nach San Domenico hinabfahren und dort den Bus nehmen.

Von der Alpe Ciamporino führt der Weg als Weg F50b aussichtsreich in Richtung Südosten und verliert nur langsam Höhe. Er geht oberhalb der Alpen Moiero und Coate vorbei und erreicht schließlich 7,5 Kilometer hinter der Alp Ciamporino (2 h 30) die Alpe Solcio mit dem Rifugio P. Crosta, wo man übernachtet.

Erst hier beginnt der steile Abstieg nach Varzo (1165 Meter Höhenunterschied). Man geht vom Rifugio zur Alpe Solcio und steigt dann auf dem Weg F06 ab. Immer wieder wechseln sich kleine Rodungsinseln und Alpgebäude mit längeren Waldstrecken ab. Unterhalb des Weilers Dreuza, 999 m, wird der Weg F06 zum Weg F04, führt weiter steil abwärts, quert den Weiler La Colla (mit dem B&B »Alpe Veglia«) und endet dann im Zentrum von Varzo (2 h 30 vom Rifugio Crosta).

V6 Varzo, 586 m – Rifugio San Bernardo, 1628 m

Von Varzo Aufstieg im Divedro-Tal und über den Passo di Variola, 2252 m, ins Bognanco-Tal.

Höhendifferenz: ↗ 1700 m, ↘ 750 m
Markierung: rot-weiß-rot
Gehzeit: 7 h 30 / Gegenrichtung: 7 h

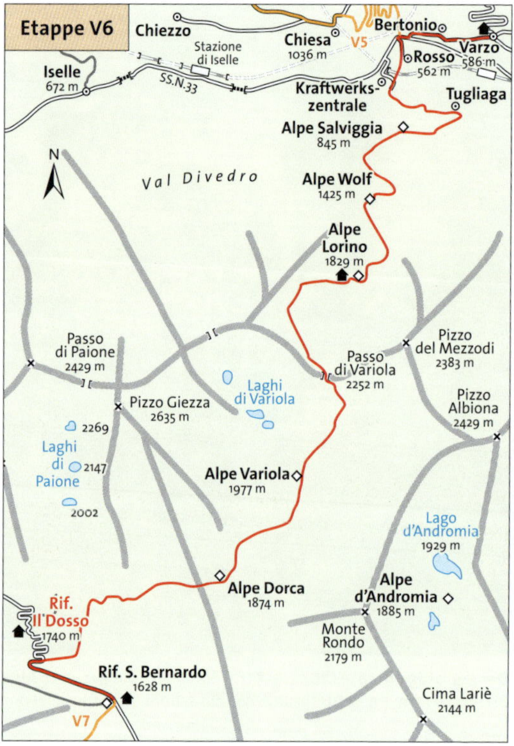

Hinweis: Da diese Etappe sehr lang ist, kann man von Varzo aus mit dem Bus nach Domodossola und von dort aus mit dem Bus ins Bognanco-Tal bis San Lorenzo fahren. Oder man übernachtet im Biwak auf der Alpe Lorino.

Man geht von Varzo aus das letzte Stück der Etappe V5 zurück bis Bertonio und überquert die Brücke über den Cairasca-Fluss. Direkt hinter der Brücke zweigt eine kleine Fahrstraße nach Süden ab, die zum Ort Rosso, 562 m, führt und der man folgt. Im Ort zweigt nach rechts ein Weg ab, der weiter direkt nach Süden führt und der dann den Diveria-Fluss überquert. Hinter der Brücke führt die GTA direkt rechts neben einem Tunnel den Hang hinauf (Abzweig ist leicht zu übersehen; nicht die Fahrstraße weitergehen).

Anfangs geht es im Wald auf einer alten Mulattiera bergauf, es wird eine Alpstraße gekreuzt und auch einige Serpentinen auf dieser begangen.

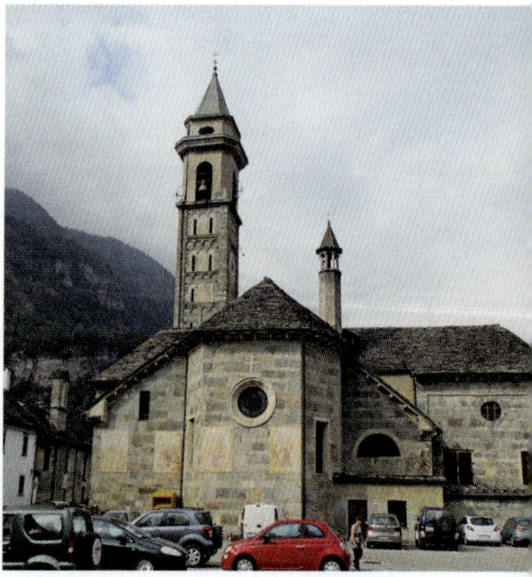

Die Pfarrkirche im Zentrum von Varzo.

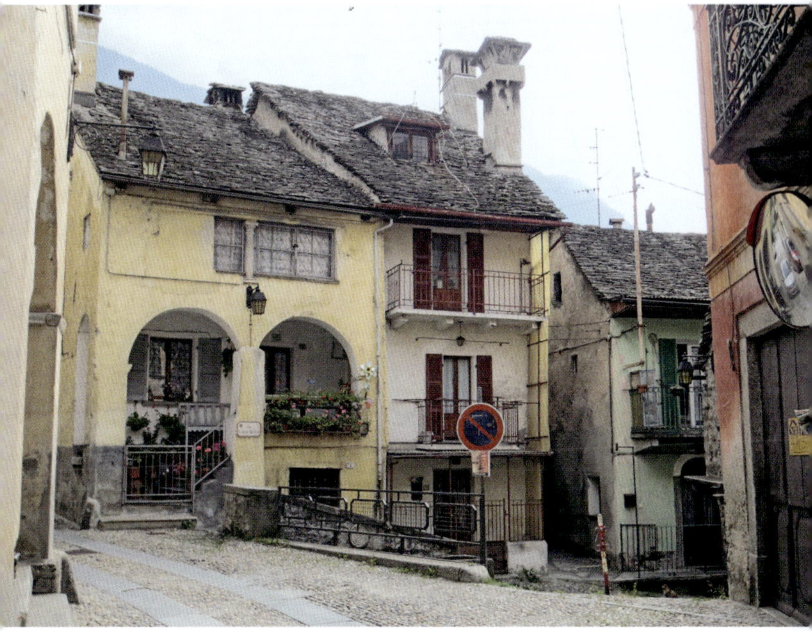

Gasse im Zentrum von Varzo.

Nachdem die Alpstraße längere Zeit nach Westen geführt hat, wendet sie sich bei der Alpe Salviggia, 845 m, nach Südosten. An dieser Stelle verlässt die GTA die Alpstraße und führt als Weg zuerst in südlicher, später östlicher Richtung im Wald aufwärts. Bei der Alpe Selvanera di dentro, 1169 m, geht es in Richtung Südwesten weiter aufwärts bis zur Alpe Wolf, 1425 m. Ab hier wird der Weg steiler und anstrengender und ist teilweise von der üppigen Vegetation überwuchert, bleibt jedoch gut markiert und erkennbar. Nach der Alpe Lorino, 1829 m, hält man sich rechts und geht an einem kleinen Kamm entlang. Vor dem Passo di Variola, 2252 m, müssen noch zwei grobblockige Geröllfelder gequert werden.

Beim Abstieg vom Pass hält man sich nach etwa 15 Min. zur rechten Talseite hin und geht beinahe höhenparallel sanft absteigend über mehrere Alpen. Nach der Alpe Dorca, 1874 m, geht es zwischen den Gebäuden der Alpe Casariola hindurch und in der Nähe der Alpe Paione vorbei, bis man in einen Wald kommt, wo es steil abwärts geht und wo man auf eine kleine Fahrstraße trifft. Hier kann man in 30 Min. zum Rifugio Il Dosso aufsteigen, oder man geht auf der Fahrstraße weiter abwärts bis zum Rifugio San Bernardo, dem Endpunkt dieser Etappe.

Wer die GTA hier verlassen will, kann auf dem Weg Doo (historischer Simplon-Saumweg) entweder bis San Lorenzo (Bus) oder bis nach Domodossola absteigen.

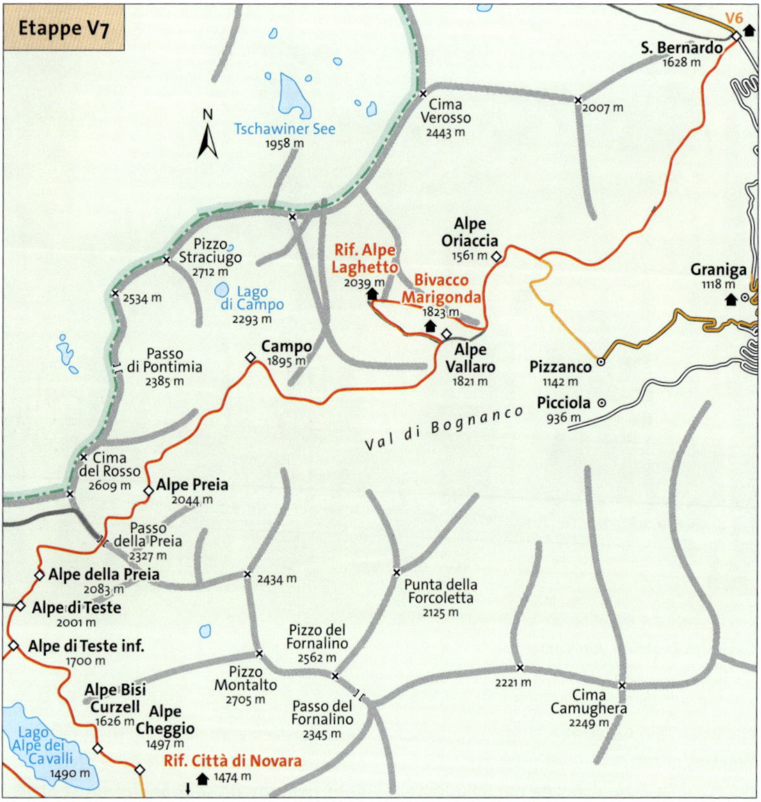

V7 Rif. San Bernardo, 1628 m – Rif. Città di Novara (Alpe Cheggio), 1474 m

Von San Bernardo über den Passo della Preia, 2327 m, ins Antrona-Tal zum Rifugio Città di Novara, 1474 m.

Höhendifferenz: ↗ 900 m, ↘ 950 m
Markierung: rot-weiß(-rot)
Gehzeit: 7 h / Gegenrichtung: 7 h

Hinweis 1: Diese lange Etappe lässt sich leicht unterteilen (siehe Hinweise im Text).
Hinweis 2: Wer mit dem Bus ins Bognanco-Tal kommt, kann in San Lorenzo, 980 m (hier Endstation des Busses), oder in Graniga, 1118 m (hier schöneres Ortsbild), übernachten. Die Etappe V7 lässt sich von hier aus leicht erreichen, indem man auf dem Weg Doo bis zum Rifugio San Bernardo aufsteigt (2 h 15) oder indem man von San Lorenzo aus der kleinen Fahrstraße Richtung Westen folgt bzw. von Graniga aus den Fußweg am westlichen Dorfende Richtung Westen nimmt, der bald auf diese Fahrstraße stößt. Nach 1 h erreicht man das schön renovierte Bergdorf Pizzanco, 1142 m. Hier nicht dem Weg in Richtung

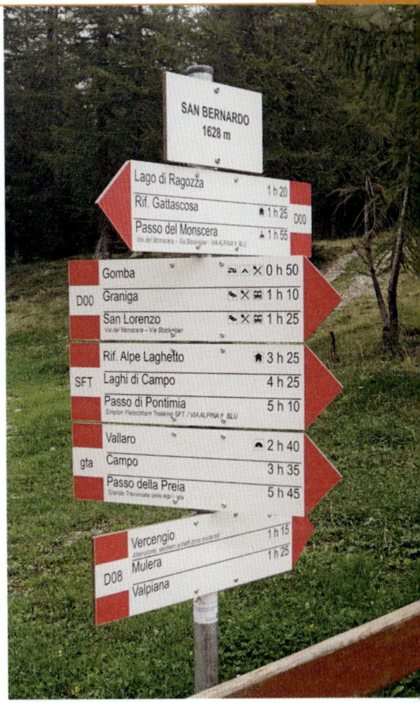

Bei San Bernardo treffen zahlreiche Wanderwege aufeinander.

Südwesten folgen (er ist weiter oben unpassierbar), sondern auf dem Weg D18 in Richtung Nordwesten entlang des Rio Oriaccia aufsteigen, wo man nach 1 h 15 auf die GTA trifft.

Das Bognanco-Tal wird »il paese delle cento cascate« (die Gegend der 100 Wasserfälle) genannt: In seinem oberen Teil war es in den Eiszeiten stark vergletschert, wovon heute viele Wasserfälle, viele kleine Seen und weite Alpflächen zeugen. Das Rifugio San Bernardo ist mit einer kleinen öffentlichen Fahrstraße erreichbar, weshalb es für die Bewohner des Toce-Tales vor allem an den Wochenenden ein beliebtes Ausflugsziel ist (große Parkplätze, viele Picknickplätze). An dieser Stelle treffen sich die Weitwanderwege Via Alpina, Via Stockalper und Simplon-Fletschhorn-Trekking. GTA und SFT sind bis zur Alpe Vallaro und GTA und Via Alpina ab hier für längere Zeit identisch.

Vom Rifugio San Bernardo geht es ein kurzes Stück in nordöstliche Richtung, wo man auf eine kleine Fahrstraße trifft. Man wendet sich hier nach rechts, geht an der Kapelle vorbei und biegt dann (Wegweiser) nach rechts in einen Fußweg, der zuerst in Richtung Südwesten, später in Richtung Süden führt.

Wer ins Bognanco-Tal nach Graniga zum Bus absteigen will, nimmt nach etwa einem Kilometer den Weg, der nach links abzweigt (Via Stockalper, als D00 markiert) und der direkt nach Graniga führt (70 Min. von S. Bernardo bis Graniga).

Die GTA führt weiter hangparallel nach Südwesten bzw. leicht fallend entlang der Berghänge des Monte del Dente (Weg D98). Im Süden dieses Berges biegt der Weg nach Westen um, trifft auf den Weg D18, der von Pizzanco herauf kommt, und erreicht bald darauf die Alpe Oriaccia, 1561 m. Es geht an dieser Alp vorbei, kurz darauf wird ein Grat mit Kreuz, Steinmännchen und Erinnerungstafel überquert und geradeaus vor einem liegt die Alpe Vallaro, 1821 m, rechts davon das Bivacco Marigonda, 1823 m (nicht bewirtschaftet, immer offen, Kochgelegenheit, Wasser, Decken).

Wer die lange Etappe V7 unterteilen will, kann hier die GTA nach rechts (Nordwesten, Weg D18) verlassen und in etwa 40 Min. zum Rifugio Alpe Laghetto, 2039 m, aufsteigen. Am nächsten Tag geht es auf dem gleichen Weg zurück zur GTA (oder auf direktem, aber nicht gut markiertem Weg zur Alpe Campo).

Hinter der Alp Vallaro geht man auf schmalem Weg (weiterhin D98) beinahe höhenparallel über weite Alpgebiete, bis

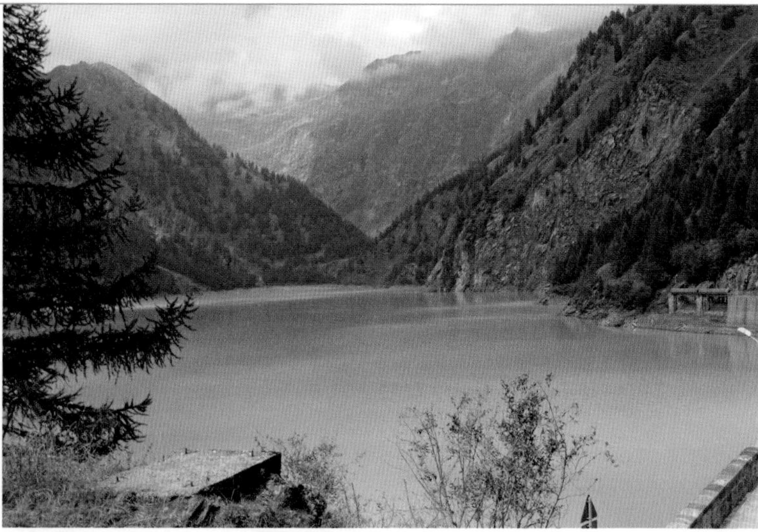

Der Stausee Lago Alpe dei Cavalli im obersten Antrona-Tal. Die GTA verläuft am rechten Bildrand oberhalb der Felsen durch steile Hänge, weshalb der Weg auf der anderen Seeseite empfohlen wird.

die Alp Campo, 1895 m, und dann die Alpe Preia, 2044 m, erreicht wird. Hinter dieser Alpe geht man ein kurzes Stück auf einem Kamm, dann geht es nach rechts in eine Rinne, die hinauf zum Passo della Preia, 2327 m, führt.

Direkt auf dem Pass verzweigt sich der Weg: Nach rechts führt ein Weg, der schnell Höhe gewinnt und der seit einiger Zeit vom CAI neu als GTA markiert wird; da er größere Schwierigkeiten als die GTA aufweist, wird er hier nicht beschrieben. Die »alte« GTA, der wir folgen, führt vom Pass aus direkt abwärts (C98) und ist von jetzt ab bis Alagna (Etappe 7) als Sentiero Italia ausgeschildert.

Vom Pass aus geht es abwärts (Richtung Südwesten/Westen), und man folgt den gut sichtbaren Markierungen durch ein Alpgebiet, bis man die Alpe della Preia, 2001 m, erreicht (ab hier: C26a). Anschließend geht es weiter bergab, wobei kurz nach der Alpe della Preia der Bergbach überquert wird, und man kommt zuerst zur Alpe di Teste, 2001 m, und dann zur Alpe di Teste Inferiore, 1700 m (weißes Schild mit Namen am Felsen). Hier teilt sich der Weg: Die GTA führt höhenparallel oberhalb des Lago Alpe dei Cavalli in südöstliche Richtung, erst durch Grünerlen, dann durch schütteren Lärchenwald. An der Alpe Bisi, 1626 m, beginnt der steile Abstieg zur Alpe Cheggio, 1497 m. Das Rifugio Città di Novara, 1474 m, befindet sich am unteren Ortsrand.

Achtung: Der letzte Teil dieses Weges (oberhalb des Stausees) führt durch steile Grashänge, die bei Nässe sehr heikel sind, sowie durch einige steile Bachbetten, in denen sehr lange Schnee liegt, was ihre Querung schwierig macht. Obwohl dieses Wegstück inzwischen verbreitert wurde, empfehlen wir die folgende Alternative: An der Alpe Teste Inferiore, 1700 m, auf dem Weg C27a direkt ins Tal absteigen. Im Talboden des Torrente Loranco trifft man auf den Weg C27, auf dem man weiter abwärts bald das Ufer des Lago Alpe dei Cavalli erreicht (Bademöglichkeit) und dann am Westufer des Sees zur Staumauer und zum Alpdorf Cheggio gelangt.

Das obere Antrona-Tal wird intensiv wasserwirtschaftlich genutzt, und der Lago Alpe dei Cavalli (erbaut 1922–1926) ist einer von vier künstlich angelegten Stauseen, während der fünfte See, der Lago di Antrona, 1073 m, im Jahr 1642 durch eine gewaltige Mure entstand. Das Wasser dieser fünf Seen wird in der Zentrale von Rovesca, 782 m, zur Stromproduktion genutzt. Früher befand sich an der Stelle des Stausees die große Alpe dei Cavalli, auf der die zahlreichen Saumtiere der wichtigen Strada Antronesca (siehe Etappe V8) das Weiderecht besaßen.

Das Antrona-Tal, das auf uns heute sehr naturnah wirkt, wurde als »Tal des Eisens« lange Zeit stark vom Bergbau geprägt: Vom 13. bis zum 19. Jahrhundert wurde hier Eisenerz in mehreren Bergwerken gewerblich abgebaut, ab dem Ende des 19. Jahrhunderts gab es dann sogar eine industrielle Erzgewinnung, die erst 1945 eingestellt wurde. Der Eisenerzreichtum des Antrona-Tales war die Ursache für die Entstehung einer Eisenindustrie in Villadossola, deren Relikte heute noch sichtbar sind.

Im Jahr 2009 wurde im oberen Antrona-Tal der Parco Naturale Alta Valle Antrona mit einer Fläche von 7444 Hektar gegründet, an dessen Rand die GTA zwischen dem Passo della Preia und dem Lago Alpe dei Cavalli verläuft. Wie so oft wurde auch hier erst dann ein Schutzgebiet eingerichtet, als die Wasserwirtschaft längst installiert war, aber immerhin besteht jetzt ein Schutz gegenüber neuen Großprojekten. Das Naturparkgebiet liegt in großer Höhe und besitzt 18 natürliche Seen, die alle oberhalb von 2000 m liegen. Für Ausflüge in diesen Naturpark stellt das Rifugio Città di Novara einen guten Standort dar.

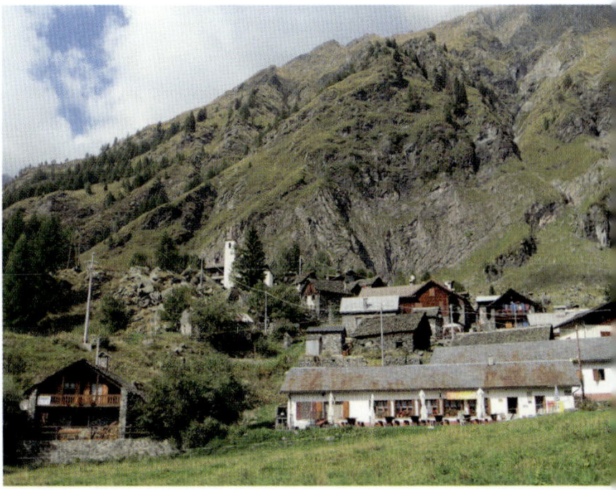

Das Rifugio Città di Novara am unteren Ende des Alpdorfes Cheggio.

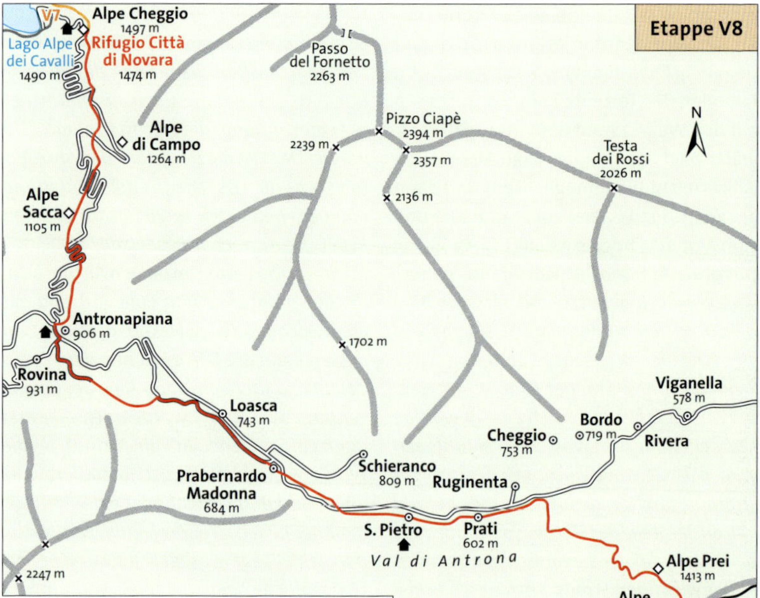

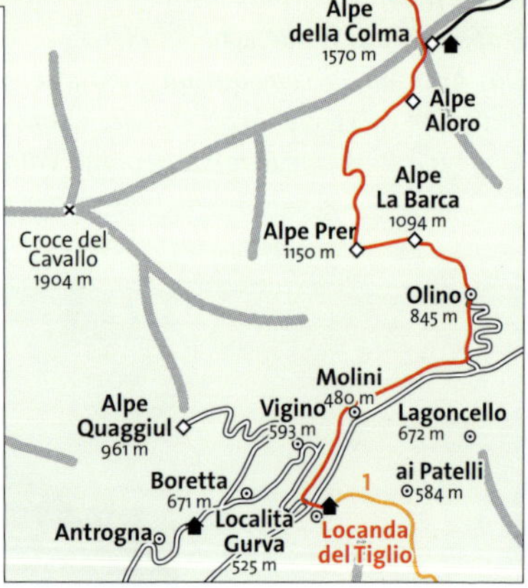

V8 Rif. Città di Novara, 1474 m – Gurva/Molini di Calasca, 480 m

Vom Antrona-Tal über den Bergrücken La Colma, 1570 m, nach Gurva im Anzasca-Tal.

Höhendifferenz: ↗ 1000 m, ↘ 1800 m
Markierung: rot-weiß-rot
Gehzeit: 7 h / Gegenrichtung: 8 h

Der Abstieg vom Alpdorf Cheggio nach Antronapiana, 906 m, erfolgt auf der alten Mulattiera (weiterhin Sentiero Italia, zugleich Weg C27 und SFT), die Asphaltstraße wird dabei abgekürzt und gelegentlich gekreuzt. Der Ort Antronapiana (Übernachtungsmöglichkeit) besitzt einige interessante Gebäude, ist aber nicht sehr sehenswert. Am südlichen Ortsende überquert man auf einer Brücke den Torrente Troncone. Hier trifft man auf den Weg Coo (identisch mit SI), dem man für längere Zeit talabwärts folgt (meist getrennt von der Fahrstraße).

Der Weg Coo ist mit der historischen Strada Antronesca identisch, die von Villadossola aus durch das gesamte Antrona-Tal über den Passo di Saas oder Antrona-Pass,

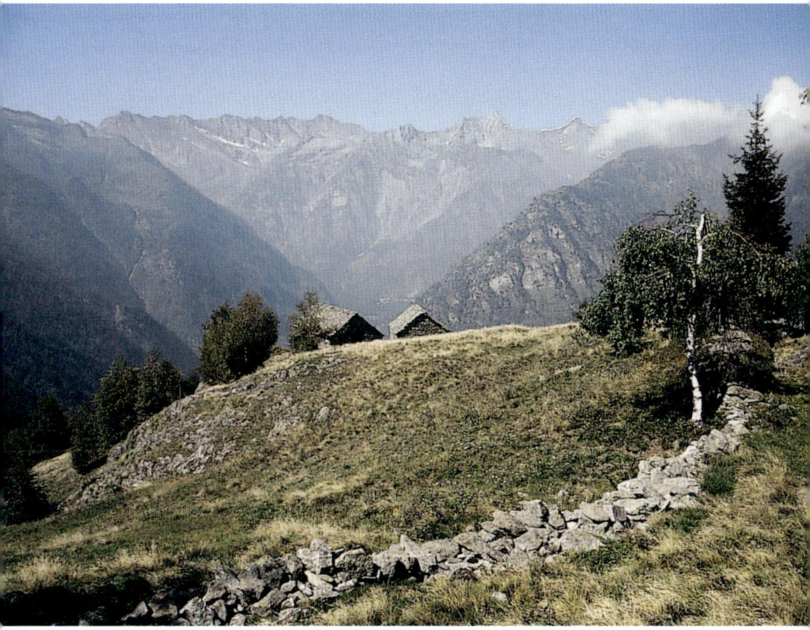

Die Alpe Prei, 1413 m, die in der Nähe der Wasserscheide zwischen Antrona- und Anzasca-Tal liegt, ermöglicht weite Fernblicke.

2838 m, ins Saastal und weiter nach Visp und ins Unterwallis führt. Diese Wegführung, die uns aus heutiger Sicht für einen Handelsweg wegen des extrem hohen Passes sehr unlogisch vorkommt, erklärt sich nur daraus, dass auf diese Weise der wesentlich niedrigere Simplonpass mit seinen hohen Abgaben umgangen werden konnte.

Hinter der Brücke über den Torrente Troncone wendet man sich nach links, geht an einer Fläche mit vielen Bildstöcken vorbei und folgt dem Weg weiter in südöstliche Richtung bis zur Frazione Locasca, 728 m. Weiter geht es – meist neben der Talstraße – in Richtung Osten. Man durchquert die Frazioni Prabernardo Madonna, 684 m, und San Pietro, 649 m (hier Übernachtungsmöglichkeit), und gelangt zur kleinen Frazione Prati. Hier zweigt der Weg Coo nach links ab, GTA und SI führen aber weiter geradeaus. Etwa 750 Meter östlich von Prati passiert man die Reste einer alten Eisenerzaufbereitung und wenig später verlässt der Weg den Talboden und führt steil den Hang hinauf (Weg C96). Diese Stelle ist mit einer großen Informationstafel, an der man rechts vorbeigeht, nicht zu übersehen.

Nach etwa 3 h Aufstieg wird der Gratrücken La Colma, 1570 m (verfallene und renovierte Alpgebäude, Blick in beide Täler, Fernblicke), erreicht. Hier wurde inzwischen das Rifugio La Colma ausgebaut, und es ist sehr empfehlenswert, die Wanderung an diesem aussichtsreichen Punkt zu unterbrechen. Dabei bietet sich ein Abstecher zum Croce del Cavallo, 1904 m, an, von dem aus man bei gutem Wetter das Monte-Rosa-Massiv sehen kann (etwa 1 h 30 vom Rifugio).

Nach der Alpe La Colma geht man auf einem kleinen Weg (B96) zuerst Richtung Süden durch Farne und dann ein Stück höhenparallel Richtung Südwesten. Dann führt der Weg auf einer teils gepflasterten Mulattiera im Zickzack steil durch den Wald abwärts. Man trifft auf die Alpe Prer, 1150 m, geht von ihr aus nahezu höhenparallel zur Alpe la Barca, 1094 m, und weiter im Wald abwärts. Oberhalb des Ortes Olino, 842 m, trifft man bereits auf eine kleine Fahrstraße, die hier endet. Der Weg B96 kreuzt diese Straße und führt direkt abwärts durch den Ort Olino hindurch und dann in direkter Wegführung abwärts (nur kurze Stücke auf der Straße) bis zur schön gelegenen Frazione Porcareccia, 596 m. Von hier aus nicht auf der Fahrstraße ins Tal absteigen, sondern den Fußweg nehmen (SI und B00), der höhenparallel (im letzten Teil kleine Fahrstraße) weiterführt und erst ganz am Schluss ins Tal direkt zur Località Gurva (Ausgangspunkt Etappe 1 der GTA), 480 m, absteigt.

Wer nicht mit dem Bus nach Domodossola zurückfahren möchte, kann den historischen Saumweg nehmen, der durch das ganze Anzasca-Tal führt und als B00 markiert ist. Man trifft ihn oberhalb von Porcareccia und folgt ihm talwärts bis Piedimulera im Toce-Tal (2 h).

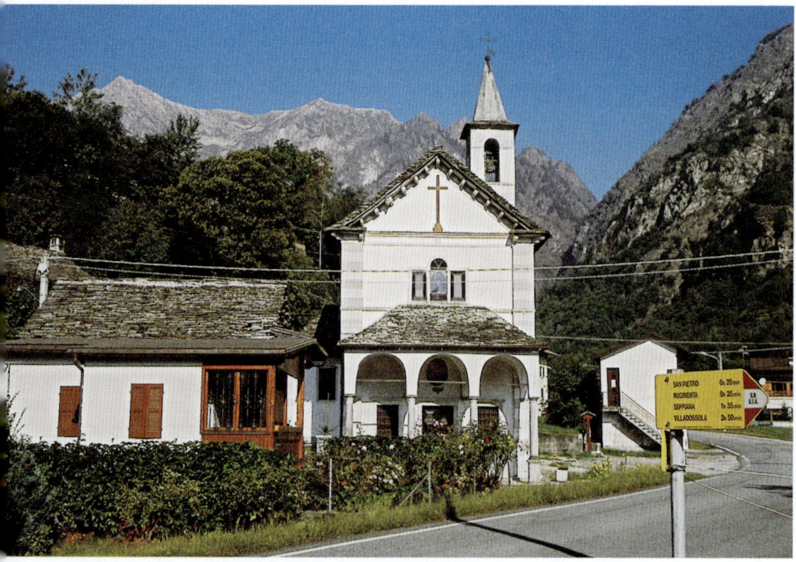

Prabernardo Madonna, 684 m, im Antrona-Tal (Etappe V8).

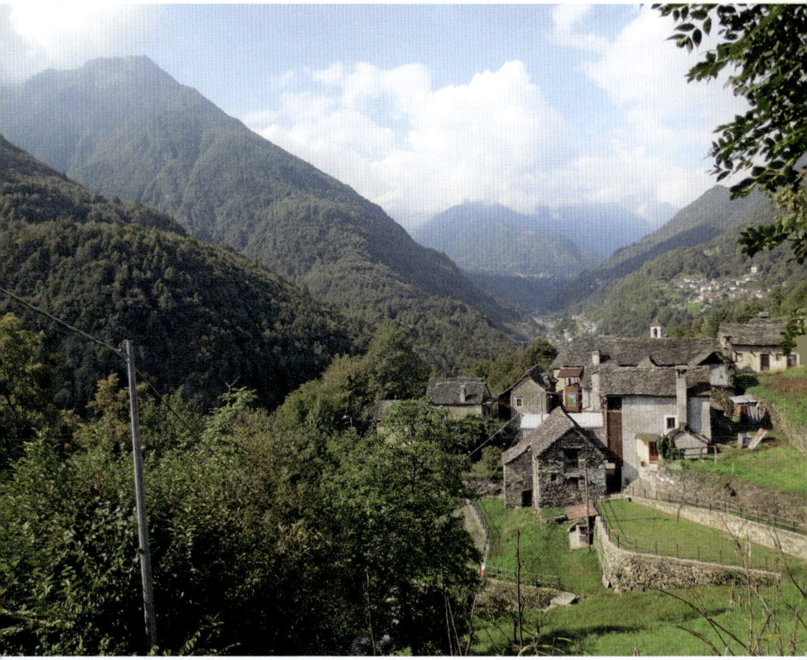

Der Weiler Porcareccia mit Blick hinauf ins Anzasca-Tal. Links das stark bewaldete Segnara-Seitental, durch das die GTA-Etappe 1 führt.

Z2 Saas Almagell – Macugnaga – Alagna (V9–V10)

Vom Bahnhof Brig aus (Lötschberg-Simplon-Linie) fahren Busse im Stundentakt nach Saas Almagell, das daher leicht erreichbar ist. Mit diesem Zugang sind zwar sehr große Höhenunterschiede und sehr lange Wanderzeiten zu bewältigen (beide Etappen lassen sich jedoch gut unterteilen), aber er bietet besondere Ausblicke auf die zahlreichen 4000er-Gipfel der Monte-Rosa-Gruppe und der Walliser Alpen, die zu den großartigsten der gesamten Alpen zählen.

V9 Saas Almagell, 1673 m – Macugnaga, 1327 m

Übergang vom Saastal über den Monte-Moro-Pass, 2868 m, nach Macugnaga im Anzasca-Tal.

Höhendifferenz: ↗ 1200 m, ↘ 1550 m
Gehzeit: 8 h

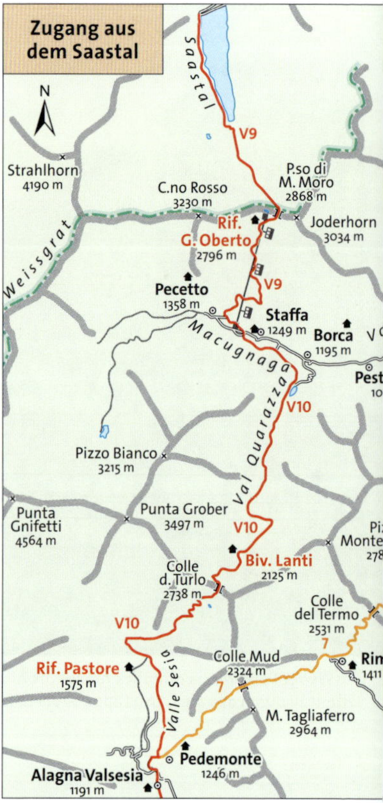

Hinweis: Diese lange Etappe lässt sich wie folgt abkürzen: Mit dem Bus von Saas Almagell zum Stausee Mattmark, 2197 m (nur im Sommer). Dann kann man in der Nähe der Passhöhe am Monte-Moro-Pass im Rifugio G. Oberto übernachten (wegen Panorama sehr zu empfehlen) und auf der italienischen Seite mit der Seilbahn nach Macugnaga hinunterfahren.

Der gut markierte Wanderweg führt von Saas Almagell in 2 h zur Staumauer des 1965 erbauten Mattmark-Stausees (Bushaltestelle und Restaurant). Dann hinauf zur Staumauer (15 Min.) und an der Westseite des Sees nach Süden. Der Weg zum Monte-Moro-Pass (4 Std. ab Staumauer) ist nicht zu verfehlen, weil die Trasse auf dem historischen Walsersaumweg verläuft – seit dem Jahr 1250 ist dieser Übergang einer der wichtigsten Walserpässe.

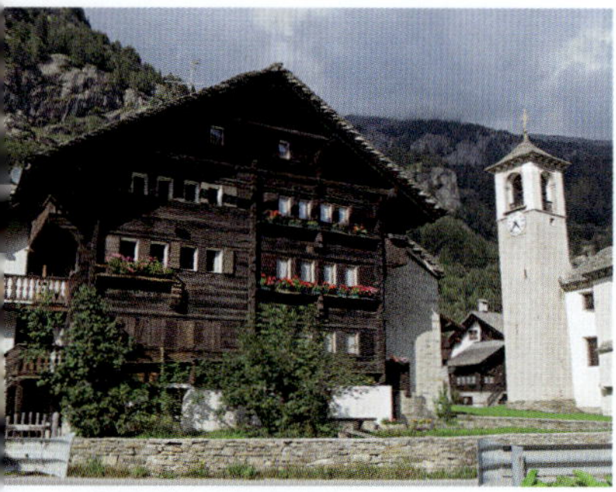

Traditionelles Walserhaus in Macugnaga (Frazione Pecetto).

Gut 1 h vor der Passhöhe trifft man bereits auf die GTA-Markierungen (es handelt sich um eine Art Alta Via, die am Passo della Preia, Etappe V7, beginnt), denen man bis Alagna folgt.

Auf der Passhöhe steht eine riesige Madonnenstatue, die bereits von weitem zu sehen ist, und in der Nähe des Rifugio G. Oberto befindet sich die Bergstation der Seilbahn. Der Weg B99 geht am Rifugio vorbei und ohne Probleme und gut markiert abwärts, wo er in der Nähe der sehenswerten Chiesa Vecchia (Alte Kirche) mit ihrem Bergsteigerfriedhof und der al-

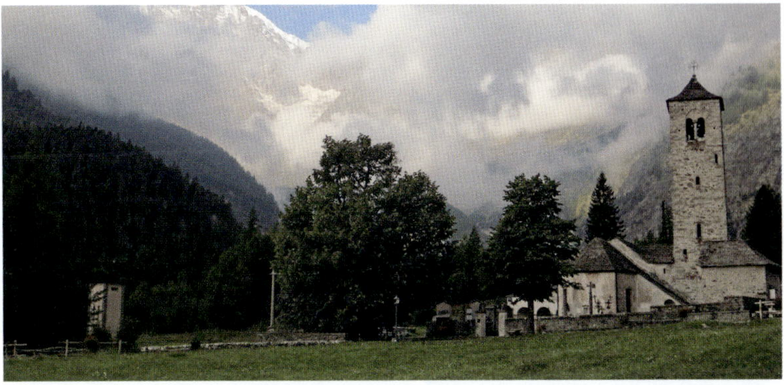

Die alte Kirche von Macugnaga mit dem Lindenbaum aus dem 14. Jahrhundert (Bildmitte) und dem Monte-Rosa-Massiv im Hintergrund.

ten Linde (Vecchio Tiglio) auf den Talboden der Gemeinde Macugnaga trifft (viele Übernachtungsmöglichkeiten in den zahlreichen Frazioni der Gemeinde).

Das Gebiet der heutigen Gemeinde Macugnaga war längere Zeit Alpgebiet der Pfarrkirche von Brebia (auf dem rechten Ufer des Lago Maggiore, östlich von Ispra), es kam im Jahr 999 u. Z. in den Besitz des Klosters San Graciniano in Arona (am südwestlichen Ende des Lago Maggiore), das es weiterhin als Alp nutzte. Im Jahr 1250 wurde hier eine der ersten Walserkolonien am Monte Rosa vom Saastal aus gegründet, die dann zur Muttersiedlung für Tochterkolonien im Sesia-Tal wurde. Während die alte Kirche (Chiesa Vecchia) bewusst dezentral zwischen den Weilern Pecetto und Staffa errichtet wurde, steht die neue, barocke Kirche im Zentrum von Staffa. Da in Macugnaga lange Zeit ein Viehmarkt mit überregionaler Bedeutung abgehalten wurde, war der Monte-Moro-Pass auch für den Saumverkehr von erheblicher Bedeutung.

In den einzelnen Frazioni gibt es noch zahlreiche sehenswerte Walserhäuser, allerdings wurde der Tourismus ab den 1960er Jahren auf eine chaotische Weise stark ausgebaut (sehr viele Zweitwohnungskomplexe), wodurch das einmalige Orts- und Landschaftsbild sehr belastet wurde. Heute gibt es weit über 1000 touristische Betten bei 526 Einwohnern, aber die Übernachtungszahlen sind seit längerer Zeit rückläufig, besonders im Winter. Deshalb plant die Gemeinde seit einigen Jahren, ein völlig neues touristisches Angebot aufzubauen. Kernstück soll der »Walser-Express« werden, eine unterirdische Bahn zwischen Macugnaga und Zermatt, deren Realisierung derzeit aber völlig ungewiss ist. Abgesehen von den Umweltbelastungen würde eine solche Bahn das wirtschaftsschwache Macugnaga in die Abhängigkeit der reichen Gemeinde Zermatt bringen, was die Probleme der Gemeinde Macugnaga noch vergrößern würde.

In der Frazione Borca, 1195 m, gibt es das sehenswerte Walsermuseum »Alts Walserhüüs« (www.museowalser.it), das in einem Walserhaus aus dem Jahr 1610 eingerichtet wurde.

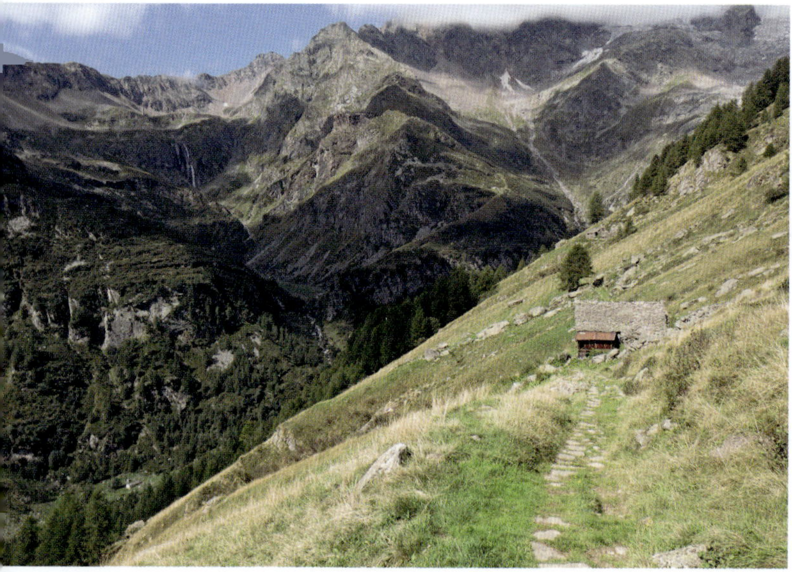

Abstieg vom Turlo-Pass nach Alagna in der Nähe der Alpe Mittlenthail, 1943 m. Das Seitental links mit den Wasserfällen ist das Vallone delle Pisse.

V10 Macugnaga, 1327 m – Alagna Valsesia, 1191 m

Aufstieg im Quarazza-Seitental und über den Colle di Turlo, 2738 m, nach Alagna im Sesia-Tal

Höhendifferenz: ↗ 1500 m, ↘ 1650 m
Gehzeit: 9 h

Zur Fortsetzung des Weges nach Alagna folgt man den Wegweisern zum »Lago delle Fate« (erster Hinweis in Staffa beim Hotel Monte Moro). Man verlässt die Frazione Staffa auf einer kleinen Straße, die östlich von Kirche und Post abwärts führt und dann auf einer Brücke den Torrente Anza überquert (hier trifft man auf den Weg Boo), biegt etwas später vor dem kleinen Ort Isella, 1226 m, nach rechts ab und geht dann hangparallel bis zum Ort Quarazza, der direkt am Lago delle Fate, 1309 m, liegt (zwei Restaurants). Hier beginnt das Quarazza-Seitental (»Kratzer-Tal«) mit dem Weg B98, an dessen Ende der Colle del Turlo (walserisch »ds Türli«) liegt.

Etwa 1,5 Kilometer hinter dem Stausee passiert man die »Città Morta« (tote Stadt, eine verlassene Goldgräbersiedlung, in deren Nähe im 19. und 20. Jahrhundert Gold gewonnen wurde, Schließung 1947) und gelangt nach weiteren 2 Kilometern zur Alpe La Piana, 1613 m. Ab hier wird der Weg deutlich steiler, man wandert auf einem Militär-Saumweg, der 1930 fertiggestellt wurde, wie eine Tafel am Pass verrät.

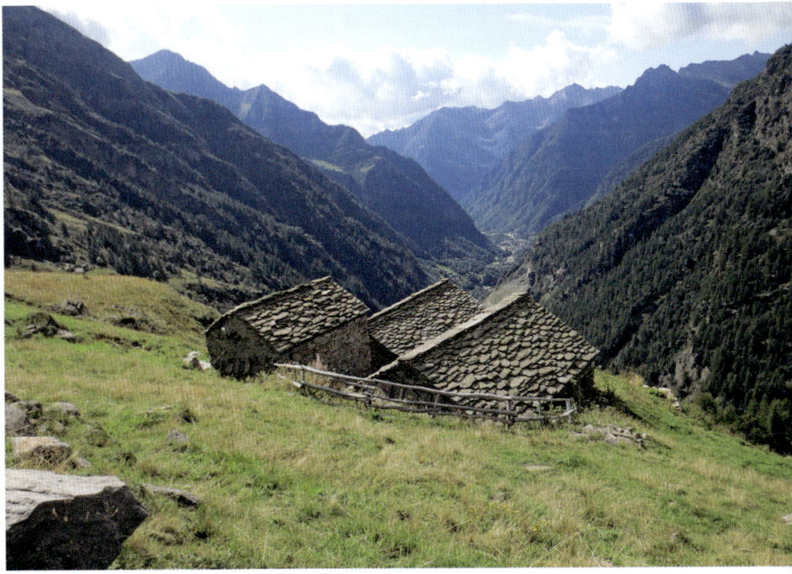

Blick beim Abstieg vom Turlo-Pass hinab ins oberste Sesia-Tal mit dem Ort Alagna (Bildmitte). Im Vordergrund die Alpe Faller, 1984 m.

Beim Aufstieg kommt man am Bivacco Lanti, 2125 m, vorbei. Da zwischen Macugnaga und Alagna 1500 Meter Auf- und Abstieg zu bewältigen sind, empfiehlt es sich, hier zu übernachten.

Hinter dem Pass geht es auf einem schönen Militär-Saumweg (sehr eindeutige Wegführung, Weg 207a) abwärts ins Sesia-Tal nach Alagna, wobei man an verschiedenen Alpen mit schönen Walserhäusern vorbeikommt. Am Parkplatz am Wasserfall Cascata dell'Acqua Bianca erreicht man eine kleine Fahrstraße, die direkt nach Alagna führt (ab hier fährt im August ein Kleinbus nach Alagna). Kurz vor dem Ort trifft man auf die GTA (Etappe 7). Oder man biegt einen halben Kilometer vor dem Parkplatz am Wasserfall (deutliche Wegweiser) nach rechts zum Rifugio Pastore, 1575 m, ab, wo man übernachten kann.

Z3 Omegna – Valstrona – Campello Monti (V11)

Dies ist der schnellste, einfachste und bequemste Zugang zur GTA, allerdings landschaftlich deutlich weniger attraktiv als die beiden anderen Zugänge.
Das alte Städtchen Omegna, 300 m, erreicht man mit Bahn (in Domodossola umsteigen, Nebenstrecke Domodossola–Novara) oder Bus. Es liegt sehr schön am Orta-See, einem zu Unrecht wenig bekannten Alpenrandsee. Eine kulturhistorische Sehenswürdigkeit ersten Ranges ist die Insel und der Ort Orta San Giulio im Südteil des Sees.
Von Omegna aus fährt ein Bus bis Forno Valstrona, 892 m, im Strona-Tal. Dort Übernachtungs- und Einkaufsmöglichkeit.

V11 Forno, 892 m – Campello Monti, 1305 m

Talwanderung im Strona-Tal.

Höhendifferenz: ↗ 400 m, ↘ –
Markierung: rot-weiß
Gehzeit: 2 h / Gegenrichtung: 1 h 30

Von Forno aus wandert man auf dem alten Talweg des Strona-Tales, der von Jörg Klingenfuß im Mai 2001 wieder freigeschlagen und durchgehend markiert wurde (Z00), immer in der Nähe des Torrente Strona talaufwärts bis Campello Monti, dem Endpunkt der Etappe 2 der GTA. Da die Etappe 3 der GTA mit 3 h 30 Wanderzeit ebenfalls recht kurz ist, könnte man sie eigentlich am gleichen Tag mit zurücklegen. Aber wir empfehlen sehr, dies nicht zu machen, sondern die kurzen Wanderzeiten dazu zu nutzen, um sich im Strona-Tal und in Campello Monti in aller Ruhe umzusehen und sich so langsam an diese fremde Welt anzunähern und sich allmählich – klimatisch wie kulturell – zu akklimatisieren.

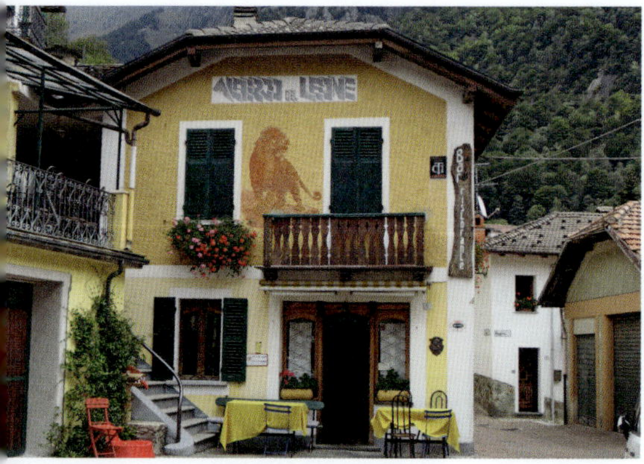

Das Albergo Leone in Forno im Strona-Tal.

Der Naturpark Veglia-Devero

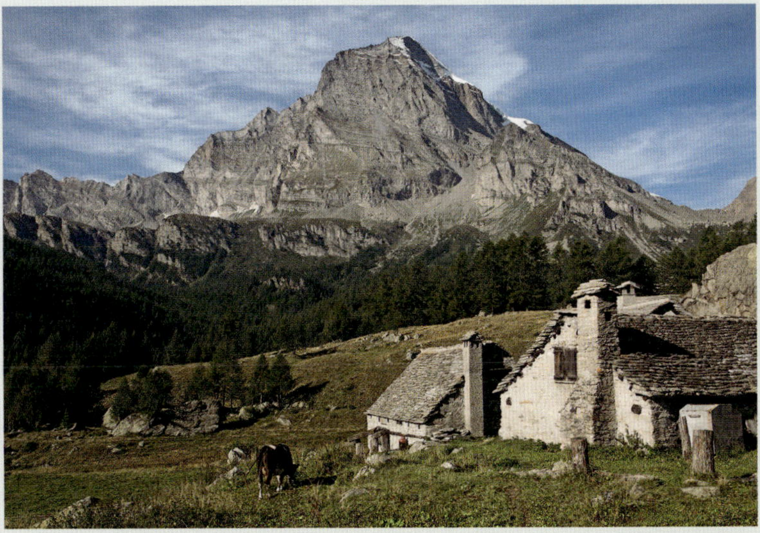

Die Frazione La Balma, 1769 m, auf der Alpe Veglia, die wie die gesamte Alpe Veglia vom Monte Leone, 3553 m, dominiert wird.

Das Parkgebiet des Naturparks der Alpe Veglia und der Alpe Devero, das auf den Etappen V3–V5 durchquert wird, umfasst die obersten Teile (die sogenannten Talschlüsse) der beiden benachbarten Täler Val Cairasca und Valle Devero, und es wird in Richtung Nordwesten vom Alpenhauptkamm begrenzt, der zugleich die Grenze zur Schweiz bildet. Beide Täler besitzen hier große und weite Hochflächen – auf der Alpe Veglia in etwa 1750 Meter, auf der Alpe Devero in etwa 1640 Meter Höhe –, die talabwärts durch steile Felspartien und schluchtartige Engstellen begrenzt werden, sodass sie den Eindruck einer »Welt für sich« vermitteln.

Diese Hochflächen sind von zahllosen Wasserläufen durchzogen, besitzen einige Seen und größere Wälder und werden von vergletscherten Dreitausendern – der höchste ist der Monte Leone, 3553 m – eingerahmt, sodass sie eine sehr eindrucksvolle Hochgebirgslandschaft darstellen.

Die ältesten Spuren des Menschen stammen aus der Zeit um 8000 v. u. Z., als Jäger im Sommer auf der Alpe Veglia Hirsche und Steinböcke jagten und bei Ciamciavero Steinwerkzeuge herstellten. Die Alpnutzung begann hier wegen der günstigen Umweltbedingungen bereits sehr früh und wurde ab dem Mittelalter immer mehr ausgeweitet, was zu jahrhundertelangen Streitigkeiten um die Alprechte führte, die erst am Ende des 19. Jahrhunderts gerichtlich beendet wurden. Erst diese Alpnutzung schuf das heutige Landschaftsbild mit dem charakteristischen Wechsel von Alpweiden und Wäldern,

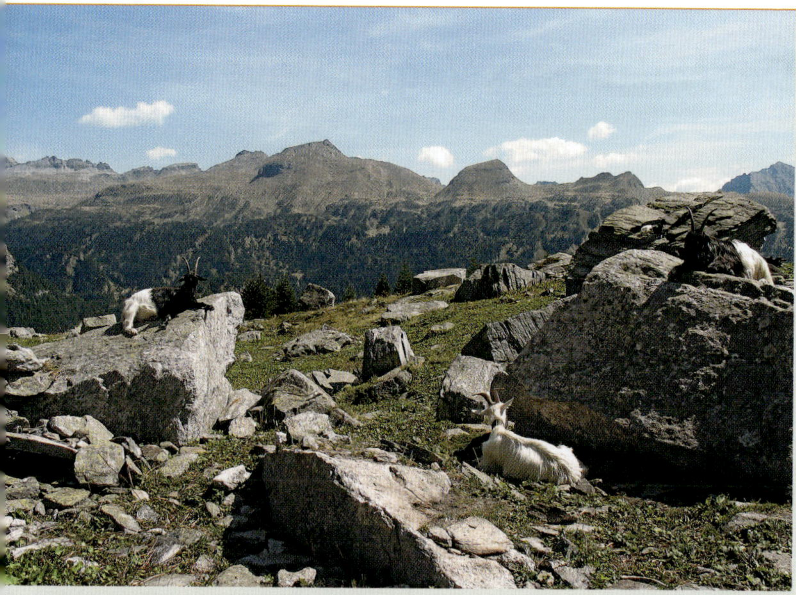

Ziegen auf der Alpe Buscagna im Naturpark Veglia-Devero.

denn im Naturzustand waren diese Hochflächen – abgesehen von den ebenen Feuchtflächen – bis in eine Höhe von 2200 Metern bewaldet.

Trotz der abgeschiedenen und schwer erreichbaren Lage wurde die Alpe Veglia bereits 1875 vom Tourismus entdeckt, und 1884 entstand hier das erste kleine Hotel. Auch wenn der Tourismus nach dem Zweiten Weltkrieg stark zunahm, sorgten die Alpgenossenschaften doch dafür, dass sich um die Alpsiedlungen herum keine unkontrollierte Zersiedlung im großen Stil ausbreitete und hier keine touristischen Großprojekte realisiert wurden.

Die Gefahr kam von einer anderen Seite: Ende der 1960er Jahre legte die staatliche Elektrizitätsgesellschaft ENEL Pläne vor, in der Groppallo-Schlucht einen großen Staudamm zu errichten, um die gesamte Alpe Veglia in einen riesigen Stausee zu verwandeln. Dies weckte Befürchtungen, dass dadurch der genau darunter verlaufende Simplontunnel gefährdet werden könnte, aber vor allem erwuchs ein sehr heftiger Widerstand vor Ort und in ganz Piemont wegen der Zerstörung dieser einmalig schönen Hochgebirgslandschaft. Dadurch wurde der Stausee verhindert und in der Folge – zum dauerhaften Schutz dieses Gebiets – im Jahr 1978 der Parco Naturale dell'Alpe Veglia mit einer Fläche von 4135 Hektar eingerichtet. Dies war der erste Parco Naturale (Naturpark), der in Piemont ausgewiesen wurde. Im Unterschied zum Parco Nazionale (Nationalpark) steht beim Parco Naturale der Schutz einer vom Menschen geprägten vielfältigen Kulturlandschaft im Zentrum, weshalb die Schutzziele Naturschutz, umweltverträgliche Alpwirtschaft und umweltverträglicher Tourismus gleichberechtigt nebeneinander stehen. Damit entwickelte die Region Piemont neben dem Nationalpark sehr früh eine zweite Schutzgebietskategorie, bei der die umweltverträgliche Regionalentwicklung im Zentrum steht, und in den folgenden drei bis vier Jahren wurden weitere Naturparks ausgewiesen, von denen die GTA in ihrem weiteren Verlauf einige durchquert. Im Jahr 1990 wurde der Parco Naturale dell'Alpe Devero mit 6588 Hektar Fläche eingerichtet (im Rahmen einer zweiten Phase von Ausweisungen von Naturparks in ganz Piemont). Hier wurde allerdings das Gebiet der Alpsiedlungen in der Naturparkfläche ausgespart, aber als »zona di salvaguardia« im Sinne einer Pufferzone geschützt. Im Jahr 1995 wurden dann beide Naturparks zusammengelegt, sie werden seitdem gemeinsam verwaltet und betreut. Und im Jahr 2009 wurde der Parco Naturale Alta Valle Antrona (Etappen V7 und V8) ausgewiesen, dessen Verwaltung dem Naturpark Veglia-Devero übertragen wurde.

Die Alpwirtschaft hatte ihren Höhepunkt am Ende des 19. Jahrhunderts, als auf der Alpe Veglia etwa 1000, auf der Alpe Devero etwa 800 Rinder sowie Tausende von Schafen gesömmert wurden. Heute ist die Alpnutzung stark zurückgegangen und umfasst auf der Alpe Veglia noch etwa 400, auf der Alpe Devero noch etwa 200 Rinder. Auf beiden Alpen verkaufen heute einige Bergbauern ihre Alpprodukte (Käse, Butter, Milch) direkt an Besucher. Die Überreste der früheren Alpnutzung sind heute noch an vielen Stellen direkt in der Landschaft zu sehen, nämlich in Form der Lägerflur: Auf den überdüngten Liegeplätzen des Viehs entsteht eine artenarme, aber sehr dichte Hochstaudenflur (meist Alpenampfer), die selbst Jahrzehnte nach der Nutzungseinstellung erhalten bleibt und die auf die frühere Alpnutzung verweist.

Während die Alpe Devero mit dem Pkw erreichbar ist, ist die Groppallo-Schlucht für den privaten Verkehr gesperrt, sodass Besucher von der Endhaltestelle des Busses in Ponte Campo einen 1,5-stündigen Fußweg zur Alpe Veglia zurücklegen müssen. Im Vergleich zu den anderen GTA-Etappen sind beide Alpgebiete stark besucht und im August fast schon überlaufen.

Informationen zum Park

- Ente Parco Naturale dell'Alpe Veglia e dell'Alpe Devero (Parkverwaltung): Viale Pieri 27, Villa Gentinetta, I-28868 Varzo, www.parks.it/parco.alpe.veglia.devero.
- Besucherzentrum Terme di Crodo im Ortsteil Bagni der Gemeinde Crodo, 544 m (12 km nördlich von Domodossola), mit Ausstellung speziell zur Fauna.
- Besucherzentrum La Porteia am Beginn der Alpe Veglia: geöffnet Juli/Aug. von 9–12 Uhr, Tel. 0324 72 574.
- Besucherzentrum Cornù mit Ausstellung zur Geschichte des Menschen im Parkgebiet: nur im Sommer geöffnet.

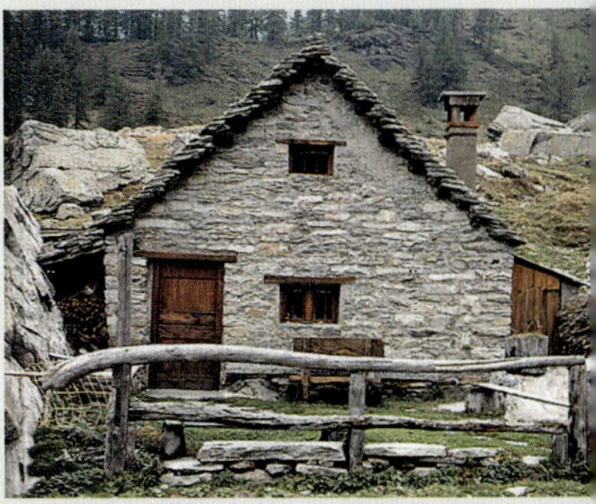

Ein typisches Alpgebäude dieser Region, hier auf der Alpe Veglia.

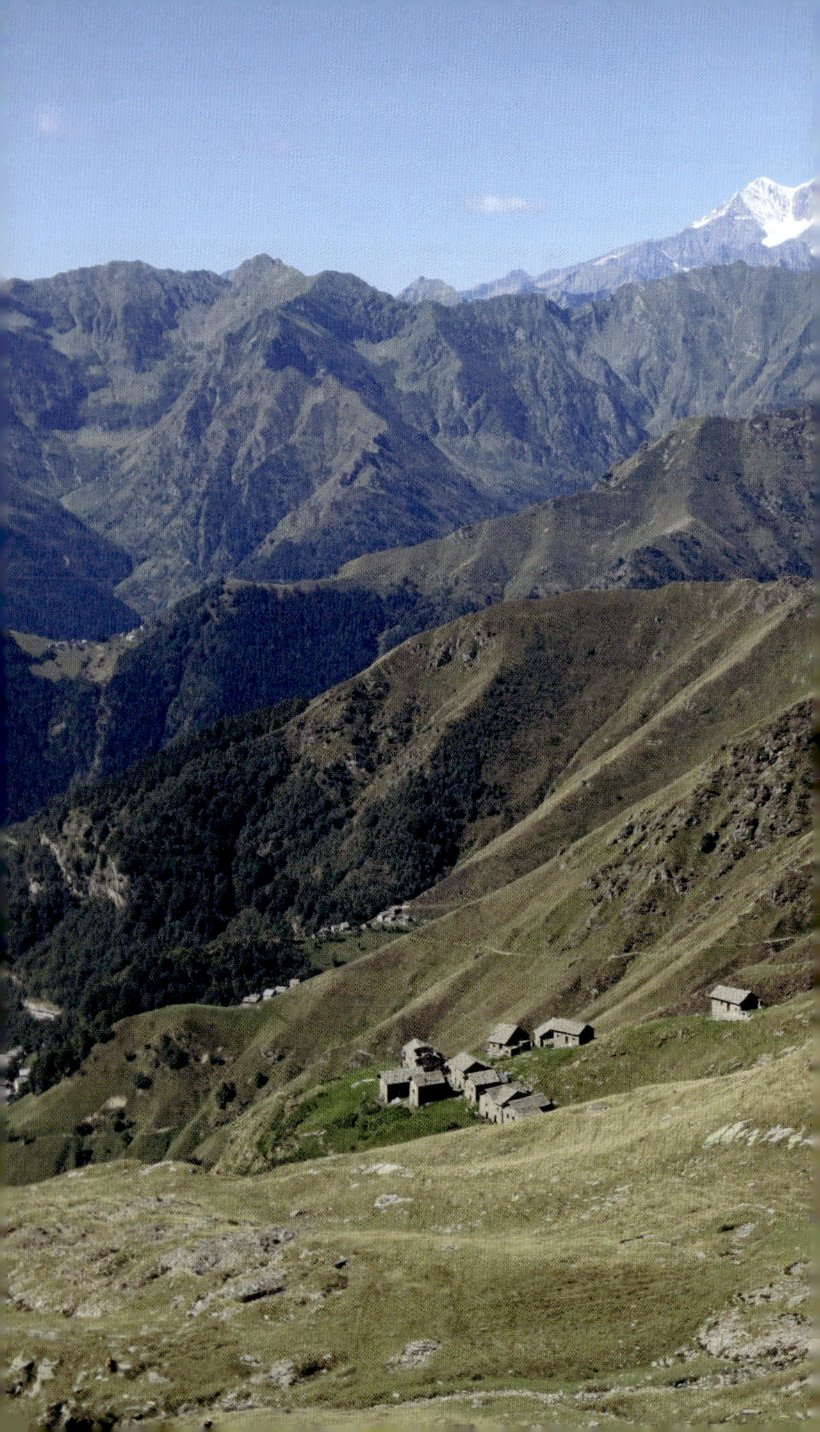

2

Auf alten Walserwegen

In 7 Tagen vom Anzasca-Tal über 7 Pässe ins Sesia-Tal

Wie an einer Perlenkette aufgereiht liegen in den hintersten Talschlüssen der Walliser Alpen alte Walserdörfer über den piemontesischen Siedlungen. Die GTA nutzt die traditionellen Walserwege zur Durchquerung dieser Region.

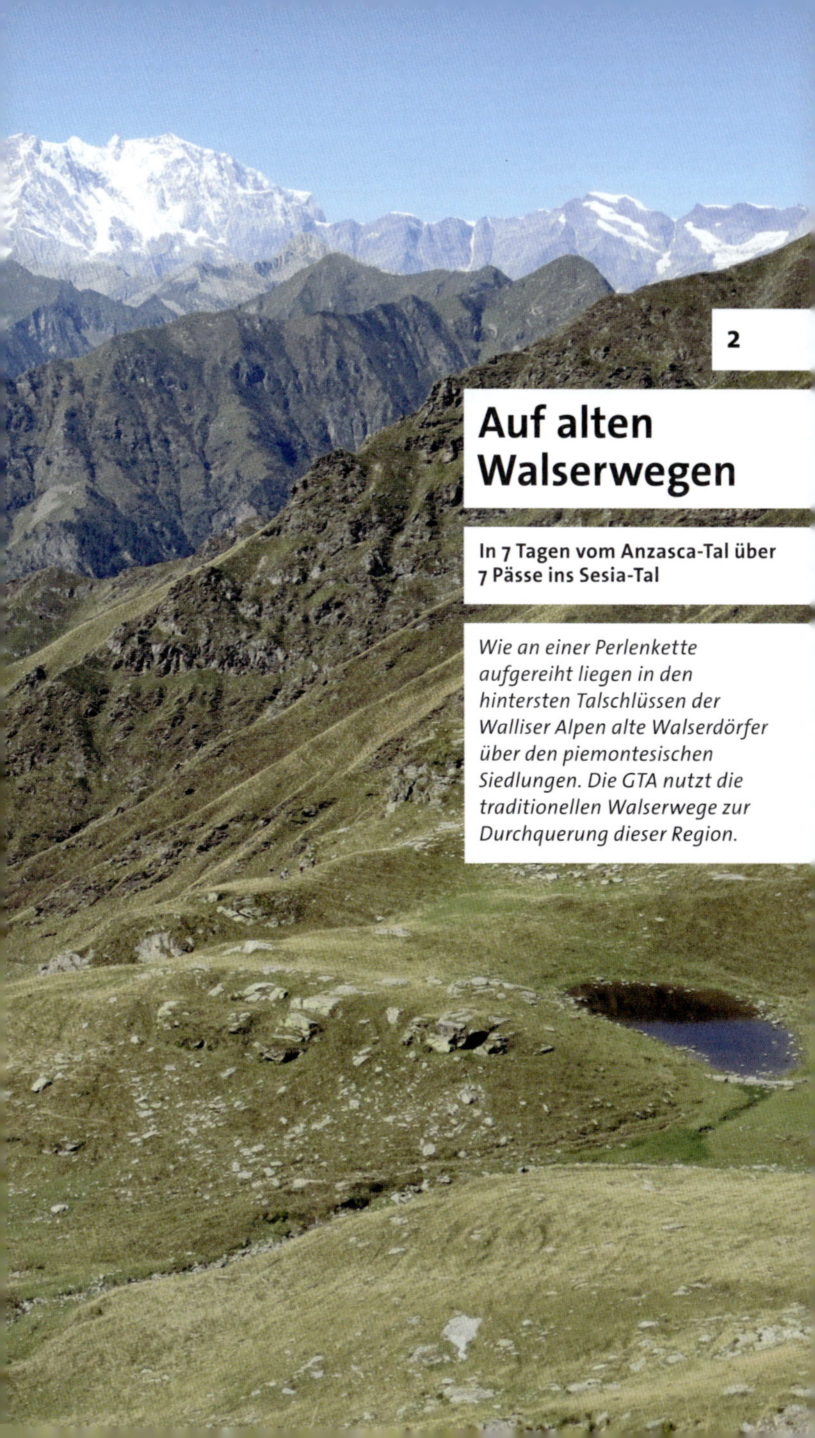

S. 78/79: Von den weiten Alpflächen an der Bocchetta di Campello Monti hat man weite Fernblicke: vorn die Alpe Pianello, darüber der Monte Rosa und links das Enderwasser-Tal mit der Frazione San Gottardo (ganz links am Bildrand) und den Alpen Werch und Selletta (links hinten).

Die Etappen 1–7 führen an jedem Tag von einem kleinen Seitental über einen meist hohen Pass zum nächsten Seitental. In Etappe 1 und 2 entwässern die Bäche in den Fiume Toce und in den Lago Maggiore, ab Etappe 3 in den Fiume Sesia, einen der Hauptflüsse dieser Alpenregion, auf den man dann im großartigen Talkessel von Alagna direkt trifft. Da der 4634 Meter hohe Monte Rosa und die 200 Meter hoch gelegene Po-Ebene hier nur gut 40 Kilometer voneinander entfernt sind, hat sich ein sehr steiles Relief ausgebildet, das die GTA-Wanderer zwar zu großen Auf- und Abstiegen zwingt, das dafür aber an vielen Stellen fantastische Fernblicke auf die Monte-Rosa-Gruppe und auf die benachbarten Gebirgsgruppen ermöglicht. Die kulturelle Besonderheit dieser Etappen liegt in den Walserdörfern, die durchwandert werden, in denen aber der alte Walserdialekt heute immer seltener zu hören ist. Da man von Alagna über den Colle del Turlo nach Macugnaga ins Anzasca-Tal gehen kann (von dort aus gute Busverbindung nach Domodossola oder zu Fuß über den Monte-Moro-Pass nach Saas Almagell im Wallis), gibt es die attraktive Möglichkeit einer 8-tägigen Rundwanderung auf Walserpfaden.

Öffentlicher Verkehr

Bahn

- Mailand–Novara–Turin: für Etappen 3–7 (die ehemaligen Nebenstrecken wurden stillgelegt).

Bus

- Domodossola–Località Gurva: www.comazzibus.com > linee ed orari > Domodossola–Macugnaga: für Etappe 1. Die Busse fahren direkt am Bahnhof (FS) ab, Haltestelle »Località Gurva«.
- Milano–Novara–Varallo–Alagna: www.baranzelli.it > orari e tariffe linee > Milano-Novara-Varallo-Alagna: für Etappen 3–7. Die Busse fahren in Mailand am Busbahnhof Lampugnano (Via Giulio Natta) ab, halten an den Bahnhöfen in Novara und Varallo und enden in Alagna auf der Piazza Mercato.
- Vercelli–Varallo–Alagna: www.atapspa.it > utenti > orari > linee extraurbane > linea 50: für Etappen 3–7. Abfahrt in Vercelli: Autostazione Corso Gastaldi.
- Novara–Varallo: www.baranzelli.it > orari e tariffe linee > Novara-Varallo: für Etappen 3 und 4 (umsteigen in Romagnano).
- Turin–Varallo: www.canovaspa.it > servizi > orari > linee extraurbane > linea 201.
- Varallo–Rimella bzw. Fobello: www.gtaweb.de > Rimella; Anreise: für Etappen 3 und 4.
- Varallo–Rima bzw. Carcoforo: Die ATAP-Linienbusse wurden eingestellt und durch einen Rufbus (»Flexibus«) ersetzt: www.klingenfuss.org/busplan.pdf: für Etappen 5 und 6.
- Kein Bus ins Vogna-Tal: Etappe 7.

Unterkunft

Etappe 1

Bivacco A. Pirozzini auf der Alpe del Lago, 1545 m (CAI Macugnaga), 9 Betten, nicht bewirtschaftet, Decken, keine Dusche, keine Heizung, Kochgelegenheit.

Weitere Unterkünfte

Località Gurva, 480 m (Frazione Molini di Calasca), I-28873 Calasca Castiglione: **Locanda del Tiglio,** Via Gurva 7/B, 14 Betten, ganzjährig geöffnet (Mi Ruhetag), Restaurant, Lebensmittel, Tel. 0324 81122.

Duiamen, 540 m: **B&B Casa Shanty,** Tel. 351 9818 795 (400 m westlich der Locanda del Tiglio).

Pontegrande, 526 m, I-28871 Bannio Anzino: **B&B La Residenza dello Scoiattolo,** Via San Pietro 21, Tel. 0324 89698.

Cimamulera, 450 m, I-28885 Piedimulera: **Hotel Pizzo Castello*,** Località Grazione Cimamulera, Tel. 0324 83269.

Etappe 2

Campello Monti, 1305 m, I-28897 Valstrona: **Posto tappa im Albergo Nigritella,** Via Zamponi 4, 20 Betten, von Anfang Mai bis Ende Oktober geöffnet, Tel. 339 2988 893.

La Vetta del Capezzone, Via Zamponi 5, 20 Betten, geöffnet Juni bis Sept., Restaurant, Tel. 0323 885 113 oder 0323 885 142. Im Restaurant sind auch Lebensmittel erhältlich.

Weitere Unterkünfte

Bivacco Alpe Pian Lago, 1743 m, 4 Betten und 2 Notlager, nicht bewirtschaftet, keine Decken, keine Dusche, Kochgelegenheit.

Etappe 3

Rimella, 1176 m, I-13020 Rimella, Lebensmittel, Post:

Albergo Fontana, Frazione Chiesa, 1176 m, 13 Betten, geöffnet Ende Mai bis Ende Sept. (evtl. auch länger, wetterabhängig), Restaurant (ganzjährig geöffnet), Voranmeldung dringend empfohlen, Tel. 0163 55200.

Weitere Unterkünfte

San Gottardo, 1329 m (Frazione von Rimella): **Rifugio Walser,** 12 Betten, geöffnet von Ende März bis Ende Okt., Tel. 0163 55257 oder 342 5324 194 oder 342 9131 691.

Sella, 1287 m (Frazione von Rimella): **Resort Walserhouse,** Via per San Gottardo 24, 5 Suiten, ganzjährig geöffnet, Tel. 0163 55258 oder 347 3663 960.

Etappe 4

Rifugio Alpe Baranca, 1600 m, I-13025 Fobello: Übernachtung auf der Alp, 18 Betten, geöffnet 1. Juni bis 30. Sept., Restaurant, Tel. 0163 55 161 oder 347 8659 385.

Weitere Unterkünfte direkt an der GTA

Roncaccio sup., 1205 m, I-13020 Rimella: **Rifugio Obru Huüsch,** 8 Betten, nicht immer geöffnet, Tel. 393 7569 591 oder 0041 (0)79 391 4195.

La Res, 1419 m, I-13025 Fobello: **B&B Il Passaggio,** 8 Betten, ganzjährig offen, Tel. 349 4092 941.

Piana di Campelli, 1060 m (südlich von Belvedere): **B&B La Squara,** Tel. 0163 55 095 oder 340 1202 759.

La Piana, 1032 m, I-13025 Fobello: **Osteria della Piana,** 8 Betten, ganzjährig geöffnet außer montags, Tel. 346 0206 177.

S. Maria, 1106 m, I-13025 Fabello: **Ristorante Rododendro,** 15 Betten, geöffnet 7. Juni bis 15. Okt., Restaurant, Dusche, Tel. 0163 55147.

Etappe 5

Carcoforo, 1304 m, I-13026 Carcoforo: **Posto tappa im Hotel Alpenrose**,** Località Tetto Minocco (am unteren Ortsrand), 42 Betten, ganzjährig geöffnet (Do Ruhetag), Tel. 0163 174 0608 oder 349 3623 587. Im Ort Lebensmittel.

Weitere Unterkünfte

Rifugio Alpe Selle am Col Baranca, 1824 m, 10 Betten, Anfang Juni bis Ende Sept., Tel. 347 2622 880.

Carcoforo, 1304 m: **B&B La Casa del Folletto,** Via Centro 14, Tel. 348 1459 416.

Bivacco Volpone-Sesone am Colle d'Egua, 2245 m: 12 Plätze, unbewirtschaftet, keine Decken, keine Dusche, Kochgelegenheit.

Rifugio Boffalora, 1685 m (CAI Boffalora): 40 Betten, bewirtschaftet 20. Juli bis 20. Aug. sowie Juni bis Sept. an den Wochenenden, Winterraum mit 5 Betten, Tel. 0163 95645.

Alpe Brüc, 1500 m (am Weg nach S. Maria): **Agriturismo Brüc,** Tel. 0163 95600.

Località Molino, 1087 m (3 km talabwärts): **Azienda Agricola Val d'Egua,** von März bis Oktober geöffnet, Tel. 347 8821 103 (GTA-Wanderer werden in Carcoforo abgeholt und dorthin zurückgebracht).

Etappe 6

Rima, 1411 m, I-13020 Alto Sermenza:
Posto tappa »Obru Matu«, 20 Betten, von Mai bis September geöffnet, Tel. 328 4424 913.

Weitere Unterkünfte in Rima
Ristorante Alpino (am Hauptplatz), 6 Betten, von Juni bis September geöffnet, Tel. 0163 1740 608 oder 333 1976 614.
Locanda Tagliaferro Camere, Località Rima 4, 8 Betten, geöffnet 1.6.–30.9, Tel. 0163 95002 oder 333 8885 924.

Unterkünfte außerhalb von Rima
Rifugio La Brusà, 1350 m, 1,5 km südöstlich von Rima (Casa del Parco Naturale Alta Valsesia): 11 Betten, bewirtschaftet Juni bis Okt., Tel. 346 6347 687 oder 328 1236 617.
San Giuseppe, 1113 m (4 km talabwärts):
Albergo Alpenresort Nonay, Località Piemoncucco 1, I-13020 Rima, Frazione San Giuseppe, Tel. 0163 95161 oder 333 1976 614 (Besitzer holt GTA-Wanderer in Rima ab).

Etappe 7

Sant'Antonio, 1381 m, I-13020 Riva Valdobbia:
Posto tappa im Rifugio Valle Vogna, 16 Betten, ganzjährig geöffnet, Restaurant, einige Lebensmittel erhältlich, Tel. 0163 91918.

Weitere Unterkünfte
Rifugio S. Ferioli (CAI Olgiate Olona) auf der Alpe Mud, 2264 m: 24 Betten, Winterraum mit 6 Betten, bewirtschaftet im Juli und Aug. sowie an den Wochenenden im Juni und Sept., Restaurant, Tel. 0163 91207 oder 360 7227 744.
Rifugio Pastore, 1575 m (CAI Varallo), auf der Alpe Pile, 62 Betten, bewirtschaftet 1. Juni bis 30. Sept. sowie im Mai und Okt. an den Wochenenden, kein Winterraum, Restaurant, Tel. 0163 91220.
Frazione Pedemonte, 1246 m (direkt am Abstieg vom Colle Mud):
Albergo Montagna di Luce, 20 Betten, ganzjährig geöffnet, Tel. 0163 922 820.
Alagna Valsesia, 1154 m, Lebensmittelläden, Bank, Post:
Tourismusbüro Piazza Grober: Tel. 0163 922 988.
Hotel Monterosa*,** Piazza degli Alberghi, 60 Betten, ganzjährig geöffnet, Tel. 0163 923 209.
Hotel Cristallo, Piazza degli Alberghi, 40 Betten, ganzjährig geöffnet, Tel. 0163 326 460.
Pensione Genzianella, Via per Casa Prati 2, 28 Betten, ganzjährig offen, Tel. 0163 923 205.
B&B Borgo dei Folli, Via dei Walser 39 (unterer Ort), 5 Betten, ganzjährig geöffnet, Tel. 334 1329 879 (in großbürgerlicher Villa von 1923).
B&B Zimmer Casa Prati, Frazione Casa Prati 7 (oberer Ortsrand), 6 Betten, ganzjährig geöffnet, Tel. 0163 922 802.

Unterkünfte im Otro-Tal
Rifugio Zar Senni, 1664 m, Frazione Follu, 14 Betten, bewirtschaftet Ende Juni bis Mitte Sept., Tel. 0163 922 952.
Riva Valdobbia, 1112 m, Lebensmittelladen, Bank, Post:
B&B Tre Alberi Liberi, Via Nicolao Sottile 7, 10 Betten, geöffnet Juni bis Okt., Tel. 0163 91847 oder 349 5176 388.

Unterkunft im unteren Vogna-Tal
Resort Casa Alpina Regina Margherita, Frazione Cà di Janzo, 1354 m, 30 Betten, geöffnet 1. Mai bis 31. Okt., Tel. 0163 91075 (Jugendstil-Hotel).

Karten

1:50 000
- IGC Blatt 10 »Monte Rosa, Alagna e Macugnaga«: Etappen 1–8 (1. Teil).

1:25 000
- Geo4Map Blatt 116 »Val Strona«: Etappen 1–3.
- Geo4Map Blatt 103 »Valsesia Nord-Est«: Etappen 2 (2. Teil) bis 5 (1. Teil).
- Geo4Map Blatt 104 »Valsesia Nord-Ovest«: Etappen 5 (2. Teil) bis 7.

1 Località Gurva, 480 m – Biv. Pirozzini, 1545 m

Aus dem Anzasca-Tal durch das kleine, teilweise dicht bewaldete Seitental des Rio Segnara hinauf zur Alpe del Lago mit der als Biwak genutzten Hütte.

Höhendifferenz: ↗ 1165 m, ↘ 100 m
Markierung: rot-weiß-(gelb-)rot
Gehzeit: 4 h / Gegenrichtung: 3 h 30

Der Ausgangspunkt der GTA liegt im Anzasca-Tal, gut 6 Kilometer westlich des Ortes Piedimulera. Von Domodossola aus fährt ein Autobus ins Anzasca-Tal (Fahrtzeit bis Gurva etwa 40 Min. Bedarfshaltestelle, also dem Fahrer Bescheid sagen). Direkt am Ausgangspunkt gibt es mit der Locanda del Tiglio eine Unterkunft (weitere in Piedimulera und Bannio Anzino). Da man auf der ersten Etappe mehr als 1000 Höhenmeter bewältigen und alle benötigten Lebensmittel für die ersten beiden Etappen mitnehmen muss, wird empfohlen, in Gurva Lebensmittel einzukaufen (in der Locanda) und dort zu übernachten und erst am nächsten Morgen aufzubrechen. Man kann den Schluss von Etappe V8 gut nutzen, um sich einzulaufen und sich zu akklimatisieren.

Alternative: Man fährt mit dem Bus nur bis Piedimulera, 247 m. Ab hier nimmt man den historischen Saumweg durch das Anzasca-Tal (B00), der oberhalb der Fahrstraße durch zahlreiche kleine Orte bis zur Località Gurva führt (2 h 30).

Von der Locanda del Tiglio geht man knapp 100 Meter auf der Talstraße in Richtung Südwesten. Hier zweigt die GTA von der Straße ab und führt zum Torrente Anza hinunter. Diese Stelle ist leicht zu übersehen, weil der Weg mit einer Treppe direkt hinter einer Hauswand beginnt. An dieser Hauswand hängt zwar eine große Tafel zur Via Alpina (die GTA ist hier neu als Via Alpina und Sentiero Italia beschildert, siehe dazu den Beginn des Kapitels »Der Einstieg«), die aber nur ins Auge fällt, wenn man aus der Gegenrichtung kommt. Aber es gibt ein braunes Schild »Santuario Madonna della Gurva«, das nach links

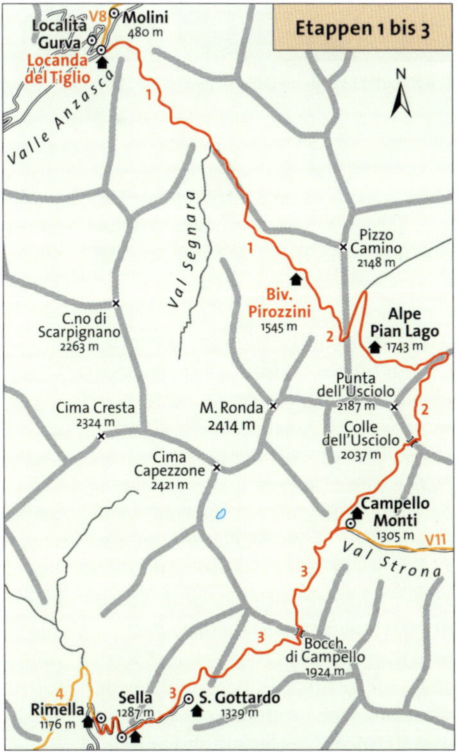

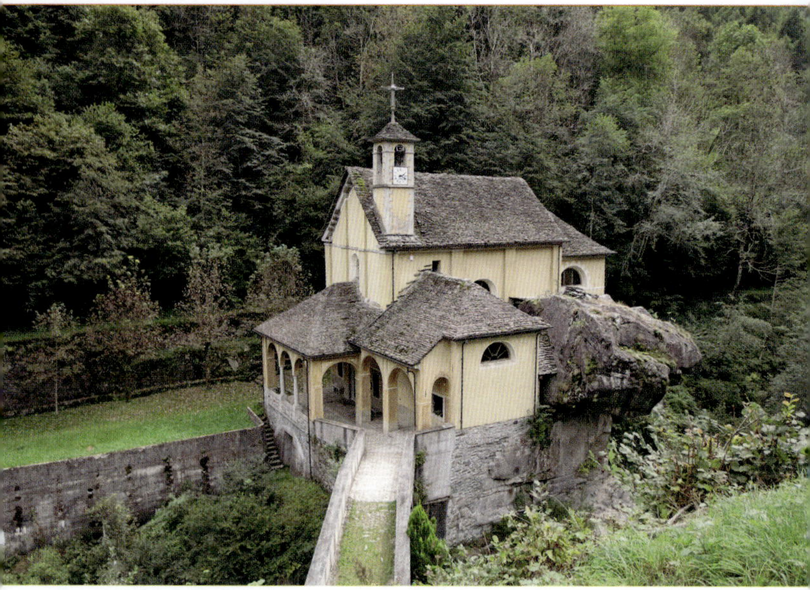

Die Kapelle Madonna della Gurva, die an bzw. über einem großen Felsblock errichtet wurde.

weist und nicht zu übersehen ist. Man geht auf einem Saumweg hinab zum Fluss, überquert ihn und steht vor der Wallfahrtskapelle Madonna della Gurva.

Diese Kapelle, die im 17. Jahrhundert erbaut wurde, steht direkt an bzw. über einem großen erratischen Felsblock, einem Relikt der Eiszeit. Es ist zu vermuten, dass dieser ungewöhnliche Ort für eine Kapelle damit zusammenhängt, dass der große Felsblock früher einmal eine religiöse Bedeutung hatte, die später christlich überprägt wurde, indem zuerst ein Marienbild an einer Mauer angebracht wurde, das man später in die Kapelle integriert hat. Feiertag der Kapelle ist der 15. August (Mariä Himmelfahrt).

Man überquert den Platz vor der Kapelle, steigt einige Treppen hoch und wendet sich dann nach rechts, wo der alte Saumweg steil den Hang hinaufführt (aber gut markiert und problemlos zu finden). Nach kurzer Zeit trifft man auf eine kleine Alpstraße, der man nach links (bergauf) folgt. Hinter einer hohen Steinbrücke, die über den Rio Segnara führt, nimmt man den rechten Weg (lokale Bezeichnung B05, die GTA ist jetzt für sehr lange Zeit zugleich Via Alpina und Sentiero Italia), der entlang des Baches nach Süden führt. Etwa 2 Kilometer hinter der Brücke verlässt die GTA den Bach und gewinnt auf einem Geländerücken Höhe (jetzt Weg B97, weiterhin VA und SI). In 1136 Meter Höhe passiert man die Alpe Pozzetto (kein Trinkwasser), etwas später die Alpe Camino. Von hier aus weiter in aussichtsreicher Wegführung, am Schluss überraschenderweise 100 Höhenmeter bergab zur Alpe del Lago, wo sich das Bivacco A. Pirozzini befindet.

2 Alpe del Lago, 1545 m – Campello Monti, 1305 m

Umrundung der Punta dell'Usciolo, 2187 m, wobei man drei hoch gelegene Talschlüsse von kleinen Seitentälern quert und dann zum Ort Campello Monti im Talschluss des Strona-Tales hinabsteigt.

Höhendifferenz: ↗ 640 m, ↘ 880 m
Markierung: rot-weiß-(gelb-)rot, allerdings seltener werdend
Gehzeit: 5 h / Gegenrichtung: 6 h

Vom Biwak aus geht man auf der orografisch rechten Seite des Baches auf einem Weg (weiterhin B97) hinauf in den Kessel nordöstlich des Monte Ronda. Der teils sehr schmal werdende und talseitig verwachsene Weg führt in zwei großen Serpentinen auf den Grat südlich des leicht zu besteigenden Pizzo Camino, der einen sehr guten Aussichtspunkt darstellt. Der schmale und verwachsene Weg führt zunächst weiter in nordöstlicher Richtung steil ins Val Arsa hinab. Dann biegt er jedoch in einer scharfen Serpentine in eine südliche Richtung um. Diese Stelle ist leicht zu übersehen, da der besser sichtbare Weg (A45) weiter in der gleichen Richtung bergab führt (falsch). Die GTA verläuft dann höhenparallel bzw. leicht auf und ab und führt an der Alpe Pian Lago (ca. 1 h 20 ab Alpe del Lago) vorbei. Hier hat die CAI-Sektion Pieve Vergonte in einer der Alphütten ein Biwak eingerichtet (stets offen).

Von hier aus überblickt man bei gutem Wetter das Gebiet des Nationalparks Val Grande (jenseits des Fiume Toce in nordöstlicher Richtung): Dies ist das größte Wildnisschutzgebiet der gesamten Alpen. Obwohl die Berge hier nicht besonders hoch sind,

Blick auf den Colle dell'Usciolo (ganz links) mit dem Abstieg der GTA vom Pass nach Campello Monti (unten links). In der Bildmitte der Monte Massone, der oberhalb von Forno liegt.

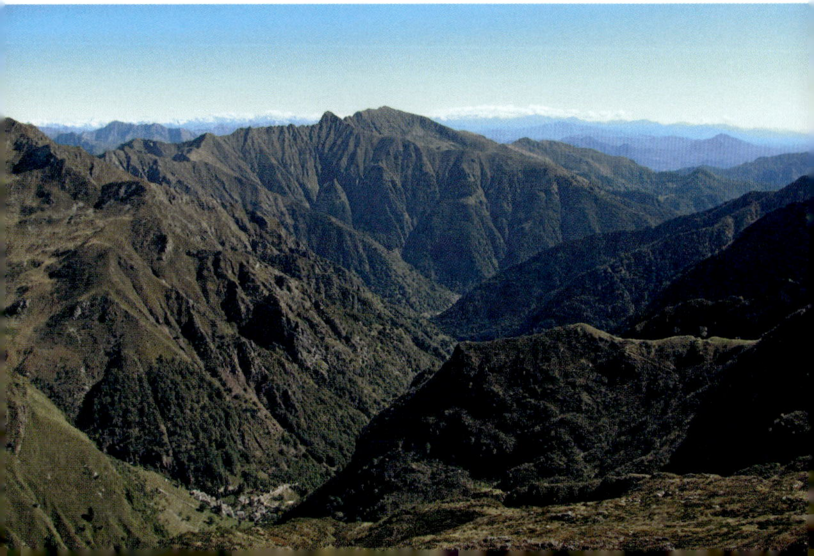

sind Relief, Boden und Niederschläge für eine menschliche Nutzung sehr ungünstig. In den 1950er Jahren zogen sich die Menschen aus diesem Gebiet vollständig zurück, und dank der geringen Höhenlage setzte hier sehr schnell Verbuschung und Verwaldung ein, sodass die ehemaligen Spuren des Wirtschaftens weitgehend verwischt sind. Es gibt einige Texte in deutscher Sprache (siehe Literaturverzeichnis). Informationen: www.parcovalgrande.it

Nach der Alpe Pian Lago geht es weiter durch schöne Kare (mehrfach Trinkwasser) und schließlich durch Gebüsch zum aussichtsreichen Sattel auf dem Nordostgrat der Punta dell'Usciolo, etwa 1840 m. Hier nicht dem gut sichtbaren Weg auf dem Grat folgen, sondern den Weg nehmen, der scharf nach rechts führt. Nun folgt eine etwa 2 Kilometer lange Querung der Ostflanke dieses Berges; darauf folgt man einem ersten Graben hinauf zum Lago di Ravinella, 1970 m, dann einem zweiten Graben hinauf zum Colle dell'Usciolo, 2037 m. Hier bietet sich ein Abstecher zum Aussichtspunkt Cima Ravinella, 2103 m, an. Hinter dem Pass geht es auf einem guten Weg (Z99) vorbei an mehreren Alpen direkt an der nordöstlichen Seite des Alpkessels hinab. In etwa 1450 Meter Höhe überquert man den Bach (Blick auf alte Nickelminen im Gegenhang, die im 19. Jahrhundert aufgegeben wurden) und geht weiter nach Süden bzw. später nach Südwesten. Erst jetzt zweigt der Weg scharf nach links ab und man erreicht Campello Monti von Südwesten her (auf IGC-Karte 10 falsch, auf Geo4Map Blatt 16 richtig eingezeichnet; der Weg ist gut markiert).

Der Posto tappa befindet sich nicht mehr in der alten Schule, sondern im neu eröffneten Albergo Nigritella, das am unteren Ortsrand liegt.

Am oberen Ortsrand von Campello Monti fällt ein ungewöhnliches Gebäude auf: Es ist die Villa Bordo, die in der Gründerzeit im florentinischen Stil als Ferienhaus errichtet wurde. Entlang der GTA trifft man immer wieder auf solche großbürgerlichen Ferienhäuser, und ganz besonders zahlreich sind sie in den Lanzo-Tälern.

Auf Etappe 2 (beginnend am Abstieg vom Nordostgrat der Punta dell'Usciolo) und Etappe 3 (endend an der Frazione Sella der Gemeinde Rimella) wandert man direkt auf oder ganz in der Nähe der sogenannten Periadriatischen Naht, der großen Störungslinie, die die Südalpen im geologischen Sinn vom übrigen Alpenkörper trennt. Diese Störung entstand erst vor 35 Millionen Jahren, als der nach Norden gerichtete Druck der Afrikanischen Platte zu einer immer stärkeren Einengung des Gebirgskörpers geführt hatte, sodass sich auf der Südseite der Alpen eine Rückfaltung gegen Süden auszubilden begann. Deshalb sind die Gesteine der Südalpen nach Süden hin gefaltet, während sie im gesamten übrigen Alpenraum nach Norden hin gefaltet und überschoben werden. Während die Periadriatische Naht zwischen Lago Maggiore und dem östlichen Alpenrand meist sehr deutlich in der Landschaft zu sehen ist (Adda-, Puster-, Gail- und Drautal), ist ihr Abschnitt zwischen Lago Maggiore und Biella eher undeutlich ausgeprägt, zumal sich auf beiden Seiten ganz ähnliche kristalline Gesteine erstrecken. Wer sich für die Geologie der Alpen interessiert, kann hier viele interessante Details entdecken.

In Campello Monti trifft die GTA auf die erste Walsersiedlung, die im 14. Jahrhundert von Rimella (Etappe 3) aus besiedelt wurde – zuvor war Campello Monti lediglich eine Alpsiedlung. Deshalb gehörte der Talkessel von Campello Monti lange Zeit zur Gemein-

de Rimella, und erst seit 1816 verlaufen die Gemeindegrenzen entlang der Wasserscheide. Seit 1980 der letzte dort ganzjährig lebende Bauer gestorben ist, wird Campello Monti nur noch im Sommer von wenigen Menschen bewohnt.
Der Landschaftswandel, der im Strona-Tal durch Abwanderung und den Rückgang der Landwirtschaft stattfindet, wurde von Susanne Lehringer sehr detailliert analysiert (Höchtl/Lehringer/Konold 2005). Im Jahr 2012 wurde das 548 Hektar große obere Strona-Tal als Schutzgebiet ausgewiesen und in den Naturpark Alta Valsesia integriert. Dies wäre für einen umweltverträglichen Wandertourismus und für die Regionalentwicklung eigentlich positiv, aber leider fehlt derzeit jede Umsetzung, und die alten Pläne für eine Wasserkraftnutzung sind immer noch nicht vom Tisch.

Wenn man das Strona-Tal am Talende auf der GTA quert, dann wirkt dieses Tal sehr abgeschieden und ländlich. Trotzdem ist es eines der Alpentäler mit einer sehr langen gewerblichen Tradition: Der Name Forno (Schmelzofen) verweist auf die traditionelle Erz- und Metallverarbeitung, die jahrhundertelang auf Familienbasis ausgeübt wurde. Daneben hat die Produktion von Holzgegenständen eine so große Tradition, dass das Strona-Tal auch »Pinocchio-Tal« oder Tal der »Grata Gamul« (Holzkochlöffelhersteller) genannt wird. Die lange gewerbliche Tradition hat dazu geführt, dass es noch heute eine Reihe von solchen Familienbetrieben im Strona-Tal gibt.

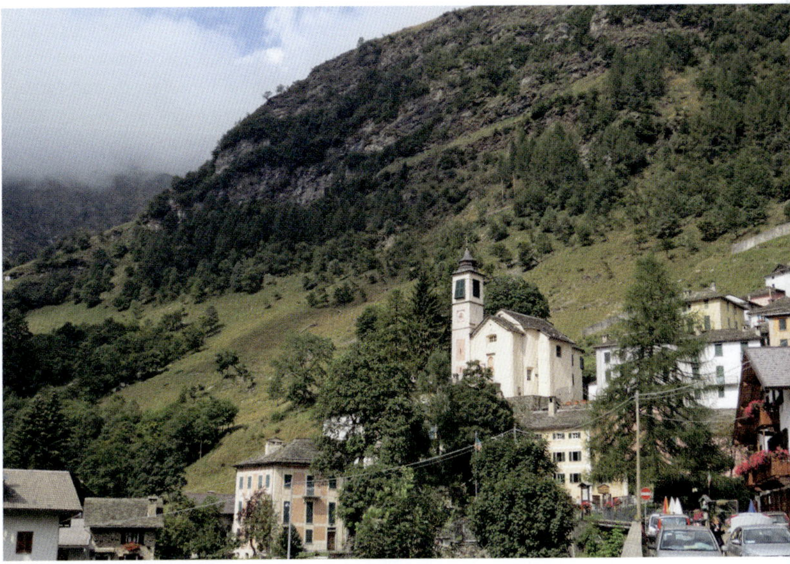

Der Ort Campello Monti. Die alte Schule (der ehemalige Posto tappa) liegt direkt unterhalb der Kirche (das Gebäude mit den offenen Fenstern).

3 Campello Monti, 1305 m – Rimella, 1176 m

Vom Strona-Tal über die Bocchetta di Campello, 1924 m, ins Mastallone-Tal.

Höhendifferenz: ↗ 620 m, ↘ 750 m
Markierung: rot-weiß-(gelb-)rot, Weg 548
Gehzeit: 3 h 15 / Gegenrichtung: 3 h 30

Auf dem schon bekannten Weg geht es zurück bis zur Abzweigung des gestrigen Abstiegs; hier geht man geradeaus weiter in Richtung Südwesten bzw. Süden, kommt an mehreren Alpen vorbei (Abzweigungen nach rechts, nach Norden, bleiben unberücksichtigt) und erreicht schließlich die Bocchetta di Campello, 1924 m (mit Gedenkkreuz für gefallene Alpini). Die weite Aussicht von diesem Pass, unter anderem auf die nahe Monte-Rosa-Gruppe, wurde schon im 19. Jahrhundert hoch gelobt, und sie lässt sich durch einen Abstecher auf den nahen Grasberg östlich des Passes, 2046 m, noch erweitern (Achtung: sehr steile Grashänge, bei Nässe meiden!). Oder man erkundet weglos die weitläufigen Alpflächen südlich und südöstlich des Passes, die sehr schöne Fernblicke ermöglichen.

Nach der Bocchetta führt der Weg zunächst etwa 150 Meter geradeaus weiter nach Süden. Dann biegt man scharf nach rechts ab (die auf der Alpe Pianello eingezeichnete Capanna Sociale Città di Borgomanero ist nicht öffentlich zugänglich) und folgt dem Weg, der gleichmäßig und mit zwei Serpentinen abwärts führt.

Der weitere Abstieg erfolgt auf einem breiteren Saumweg, der oberhalb der Alpen Werch und Wan sehr gleichmäßig Höhe verliert. An der Alpe Selle, 1461 m, berührt die GTA die obersten Häuser der Alpe. Hier zweigt ein Weg nach unten ab, der direkt zum großen Weiler San Gottardo, 1329 m, führt (Frazione von Rimella, Unterkunft). Die GTA geht geradeaus weiter hinein in ein Bachbett und verläuft dann lange Zeit im Wald, wobei man nach 500 Metern an einer Kapelle, einer »posa dei morti« vorbeikommt. Anschließend zweigt man nach links ab und erreicht die kleine Fahrstraße nach San Gottardo. Hier geht es etwa 500 Meter leicht abwärts, dann zweigt die GTA von der Fahrstraße nach links ab und führt in den Weiler Sella, 1287 m (Unterkunft). Man geht durch Sella hindurch, anschließend auf einem Fußweg steil den Hang hinab und nimmt dann die kleine Fahrstraße, die nach dem Friedhof zu einem großen Parkplatz führt, hinter dem die Kirche von Rimella steht.

Die Gemeinde Rimella besteht aus vielen Weilern: Vom Parkplatz aus gesehen liegt rechts oben am Hang der Weiler Prati (noch weiter darüber Villa superiore), der Weiler mit der Kirche heißt Chiesa, und hier befindet sich das Albergo Fontana (unterhalb von Chiesa liegen noch die Weiler Villa inferiore und Grondo – im Maßstab 1:50 000 ist dies nicht darstellbar).

Vom Parkplatz aus geht man auf der linken Seite an der Kirche vorbei und durch einen Torbogen hindurch; unmittelbar dahinter geht man auf vielen Treppenstufen abwärts, bis man fast am Ende des Dorfes auf das Albergo Fontana trifft (auf der rechten Seite).

Da die Etappe 3 relativ kurz ist, bietet es sich an, durch die zahlreichen Weiler von Rimella zu wandern und weitere Ziele im Gemeindegebiet zu erkunden.

Wie verschiedene Namen – zum Beispiel Wan oder Werch – bereits andeuten, befinden wir uns hier im Gebiet der Walser, die die Orte Campello Monti und Rimella gegründet haben. Da Campello Monti in der

Anfangszeit weder Kirche noch Friedhof besaß, mussten die Toten auf der heutigen GTA-Route jeweils nach Rimella zur Beerdigung getragen werden. Wegen der Anstrengungen bei diesen Leichenzügen entstanden sogenannte »pose dei morti« (walserisch Töturaste), also Raststellen der Leichenträger. Im Winter war ein Transport meistens nicht möglich, und die Leichen blieben dann an diesen Plätzen bis zum Frühjahr aufgebahrt. Erst am 21. April 1551 endete diese Tradition mit der Errichtung eines eigenen Friedhofs in Campello Monti. Rimella (auf Walserdeutsch: Rémaljo) wurde am 27. August 1256 gegründet und gilt zusammen mit Campello Monti als die isolierteste Sprachinsel in Piemont. Der Sprachwissenschaftler Marco Bauen hat den »sprachgemischten Mundartausdruck in Rimella« 1978 in einer Monografie analysiert. Heute leben hier noch etwa 130 Personen, davon aber nur 50 auch im Winter, von denen die älteren noch Walserdeutsch sprechen.

Jörg Klingenfuß hat auf einer GTA-Wanderung Rimella kennengelernt und war vom Ort und seiner Umgebung so begeistert, dass er die »Initiative Pro Rimella« gründete, die sich seit langem für den Aufbau eines umwelt- und sozialverträglichen Tourismus engagiert. Zu diesem Zweck werden alte Wege freigeschlagen, markiert und mit GPS vermessen, und es werden geführte Wanderwochen mit Standort Rimella angeboten. Kontakt: www.gtaweb.de oder www.rimella.de.

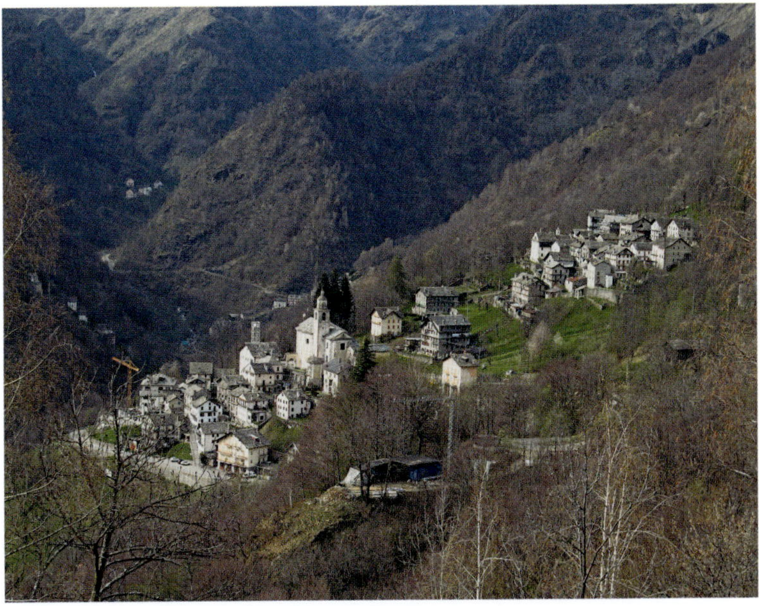

Die Frazioni Prati (rechts oben) und Chiesa (links unten) der Gemeinde Rimella.

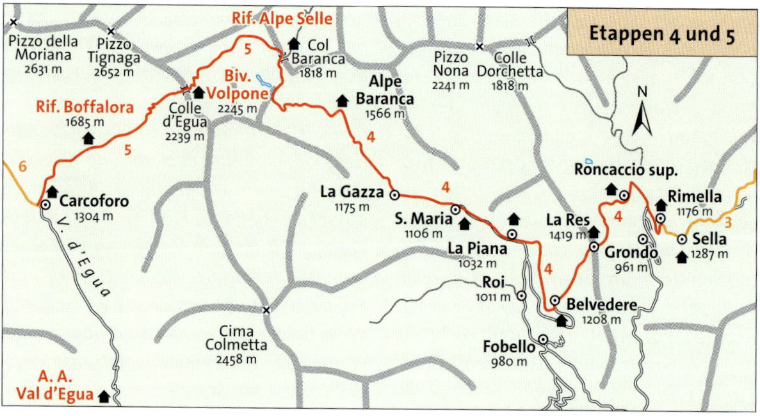

4 Rimella, 1176 m – Alpe Baranca, 1566 m

Kürzere Etappe im Mastallone-Tal.

Höhendifferenz: ↗ 920 m, ↘ 500 m
Markierung: rot-weiß-(gelb-)rot, Weg 538 und 517
Gehzeit: 4 h 45 / Gegenrichtung: 4 h 15

Das Mastallone-Tal teilt sich oberhalb eines engen und felsigen Talabschnitts in zwei Quelltäler, in das Tal des Rio Mastallone im Westen (das zum Col Baranca führt) mit dem Ort Santa Maria (Gemeinde Fobello) und in das von Walsern besiedelte Rimella-Tal im Osten. Unser Weg führt von Rimella über den Gratrücken von La Res, 1419 m, über Santa Maria zur Alpe Baranca.

Man verlässt den Weiler Chiesa am unteren Ortsende und geht auf der Fahrstraße 500 Meter abwärts. Hier trifft man auf eine Serpentine, in der direkt nach Norden eine kleine Fahrstraße abzweigt. Genau an dieser Stelle verlässt die GTA die Fahrstraße und führt in nordwestlicher Richtung hinab zum Fluss. Man überquert den Fluss und steigt steil hinauf zu den Weilern Roncaccio inferiore (1124 m, vor dem Ort gibt es einen Brunnen) und superiore (1205 m, Unterkunft). Der Buschwald, durch den man seit Überquerung des Flusses wandert, ist erst im 20. Jahrhundert gewachsen, wie historische Fotos belegen; zuvor waren große Teile dieses Hanges Wiesen- und Weideflächen. Am obersten Haus von Roncaccio superiore geht es links aufwärts. Der weitere Weg zur auf der Grathöhe gelegenen Siedlung La Res führt durch einige Tobel auf und ab. Am oberen Waldrand – man sieht schon die Häuser von La Res – ist der Weg nur eine schwache unmarkierte Spur im niedergetretenen Gras. In La Res gibt es einen Brunnen und ein B&B.

An dieser Stelle erreicht man die Gemeinde Fobello, aus der der bekannte Automobilbauer und Rennfahrer Vincenzo Lancia (1881–1937) stammt. Er lebte und arbeitete zwar seit 1899 in Turin, blieb aber seiner Heimatgemeinde stets eng verbunden. Im Hauptort der Gemeinde gibt es im zweiten Stock der ehemaligen Schule (deren Bau von Lancia unterstützt wurde) ein kleines Museum, und der »Valsesia Lancia story Club« hält die Erinnerung an Vincenzo Lancia lebendig.

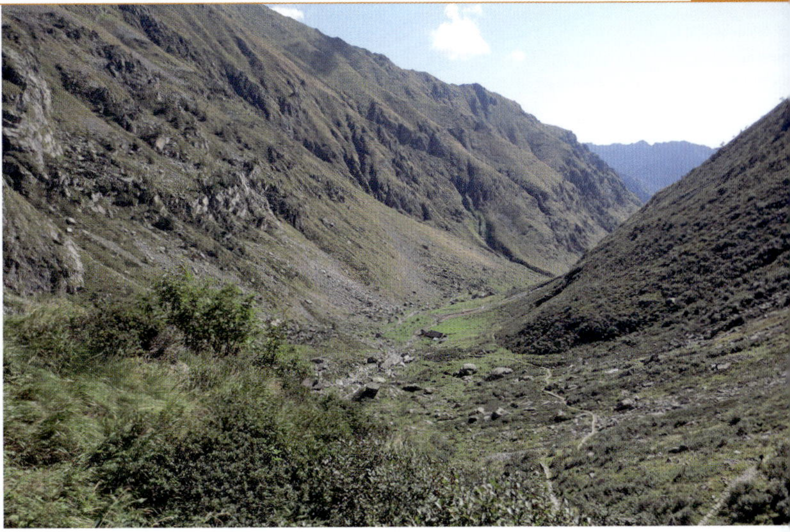

Das obere Mastallone-Tal mit der Alpe Baranca (Bildmitte) und dem sorgfältig gebauten Saumweg (Etappe 4/5).

Man verlässt La Res hinter der Kapelle und folgt dem Weg abwärts zu dem kleinen Ort Belvedere, 1208 m.

Früher führte die GTA noch vor dem Ort hangparallel durch Wiesen nach Norden und dann steil abwärts nach Boco superiore; dieser Weg ist inzwischen zugewachsen und nicht mehr zu begehen.

Deshalb geht man jetzt durch den sehr aussichtsreich gelegenen Ort Belvedere hindurch (immer abwärts) und kommt unterhalb des Ortes auf die kleine Fahrstraße, der man talwärts folgt. Bald darauf macht sie eine große Serpentine nach Norden, und wenig später zweigt von ihr eine Stichstraße nach Norden ab, die nach Boco sup. führt. Am Ende dieser Straße führt der untere Weg am Waldrand hinab zu einer Kapelle; hier beginnt der Weg, der abwärts zum Ort La Piana, 1032 m, führt (hier kann man in der Osteria übernachten). Hinter diesem Weiler erreicht man die Talstraße, der man talaufwärts bis zum Weiler Santa Maria di Fobello, 1106 m (Unterkunft), folgt. An der Kapelle hängt eine Marmortafel, auf der sich die Bewohner von La Piana und Santa Maria bei Vincenzo Lancia und seiner Witwe für den Bau der Fahrstraße im Jahr 1939 bedanken.

Die GTA führt hinter Santa Maria weiter auf der Talstraße bis zu den Häusern von La Gazza, 1175 m. Vor dem Ort teilt sich der Weg (Wegweiser), und man nimmt den rechten Weg, der hinter den Häusern steil den Hang hinaufführt. Während der Weg zu Beginn ein ausgetretener Fußweg ist, wird er bald immer deutlicher als ein gebauter Saumweg erkennbar. In etwa 1350 Meter Höhe wechselt der Weg auf die andere Seite des Torrente Mastallone, und in etwa 1550 Meter Höhe erreicht man die ebene Alpfläche. Die Alpe Baranca ist nicht die erste Alp im Talboden, auf die man stößt, sondern die zweite.

5 Alpe Baranca, 1566 m – Carcoforo, 1304 m

Übergang vom Mastallone-Tal über den Colle d'Egua, 2239 m, ins Egua-Tal.

Höhendifferenz: ↗ 700 m, ↘ 940 m
Markierung: gut markiert als Weg 517 und 122
Gehzeit: 5 h / Gegenrichtung: 5 h 30

Von der Alpe Baranca geht man hinauf zum Saumweg, der oberhalb der Alpe dem Hang entlang führt (Weg 517) und der ab jetzt gut erhalten ist. Er überwindet mit zwei weit ausholenden Serpentinen die Steilstufe, über die der Torrente Mastallone als Wasserfall herabstürzt. Am oberen Ende der Steilstufe liegt der Lago di Baranca, 1770 m. Der Weg führt am Osthang hinauf zum breiten Sattel des Col Baranca, 1818 m, hinter dem gleich die Alpe Selle, 1824 m, liegt, wo es eine neue Unterkunft gibt (attraktive Lage).

Abstecher: Hinter der Alpe Selle führt ein Fußweg höhenparallel nach Westen zu einem Ruinengebäude, das auf einer großen Steinplattform steht. Es handelt sich um die Ruinen der Villa Aprilia von Vincenzo Lancia, die von deutschen Truppen 1944 gesprengt wurde, damit sie Partisanen nicht als Unterkunft dienen konnte. Dieser Ort lohnt nicht nur wegen der Aussicht, sondern auch wegen seiner Atmosphäre einen Besuch (die Ruinen dürfen seit kurzem wegen Einsturzgefahr nicht mehr betreten werden).

Hinter der Alpe Selle geht es in nordwestlicher Richtung in einem großen Bogen über Alpwiesen bergauf. Etwa 1 h nach der Alpe Selle geht man nicht geradeaus zu einem gut sichtbaren Steinmann, sondern biegt nach links ab und überquert einen Bach (Markierungen hier schlecht). Kurz darauf gibt es wieder Markierungen, die zum aussichtsreichen Colle d'Egua, 2239 m, führen,

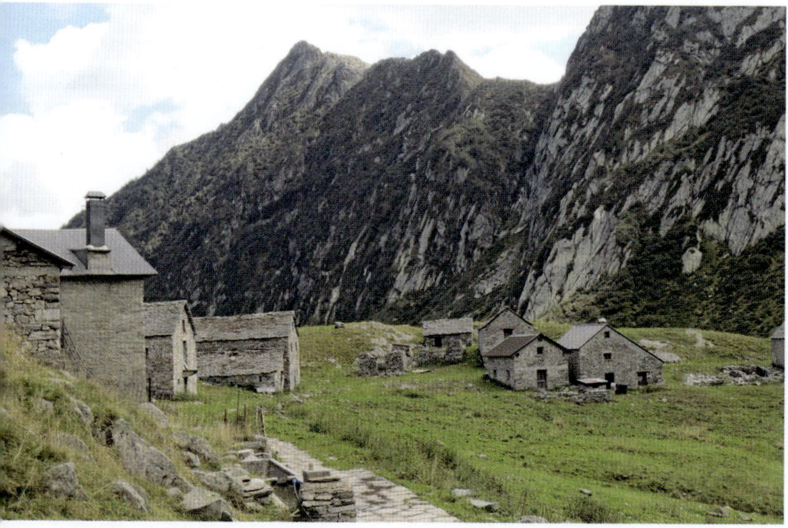

Die Alpe Selle am Col Baranca.

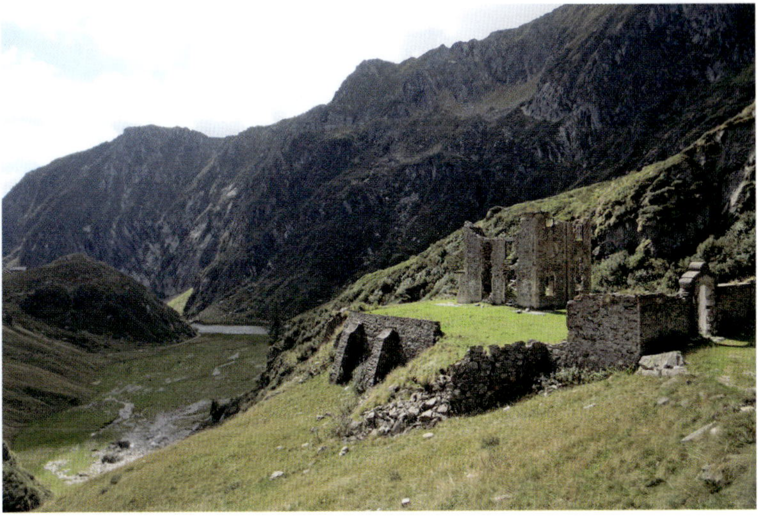

Die Ruinen der Villa Aprilia von Vincenzo Lancia.

wo es etwas oberhalb (vom Pass aus nicht sichtbar) ein Biwak gibt. Der Ausblick kann durch die Besteigung des Gipfels Il Cimone, 2453 m, noch sehr deutlich verbessert werden; auf ihn führt kurz nach dem Pass ein kleiner Pfad.

Auf dieser Etappe gibt es eine hydrologische Besonderheit: Ursprünglich floss der Bach auf der Nordseite des Colle d'Egua durch die Alpe Selle nach Norden ins Anzasca-Tal. Dann aber fraß sich der Rio Mastallone wegen seines stärkeren Gefälles immer weiter nach Norden zurück, bis er schließlich den Bach auf der anderen Seite »anzapfte« und dieser nun nach Süden abfließt. Erst dadurch entstanden der Col Baranca sowie der Wasserfall an der Steilstufe oberhalb der Lancia-Villa.

Der Abstieg (jetzt Weg 122) führt in südwestlicher Richtung ziemlich direkt in den weiten Alpkessel der Alpe Egua, 1799 m, hinab. Beim weiteren Abstieg in den Talkessel von Carcofo, der zum Teil als Naturpark Alta Sesia ausgewiesen ist, kommt man etwas oberhalb der Alpe Piovale am Rifugio Boffalora (nicht öffentlich zugänglich) vorbei. Weiter geht es über Alpgebiete abwärts. Kurz vor Carcoforo erreicht man einen Bildstock, von wo der Überblick über den Ort und das gesamte Tal sehr schön ist. Von hier aus kann man bereits das Ziel dieser Etappe, das Hotel Alpenrose (am unteren Ortsrand), erkennen. Man geht mehr oder weniger in Falllinie durch das Dorf hindurch und an der Kirche vorbei, anschließend auf der Fahrstraße 200 Meter talwärts und steht dann vor dem Hotel Alpenrose.

Auch Carcoforo ist eine Walsersiedlung. Die ersten Siedler kamen im 15. Jahrhundert aus Riva und Alagna hierher und machten aus den Alpflächen ganzjährig bewohnte und landwirtschaftlich genutzte Flächen.

6 Carcoforo, 1304 m – Rima, 1411 m

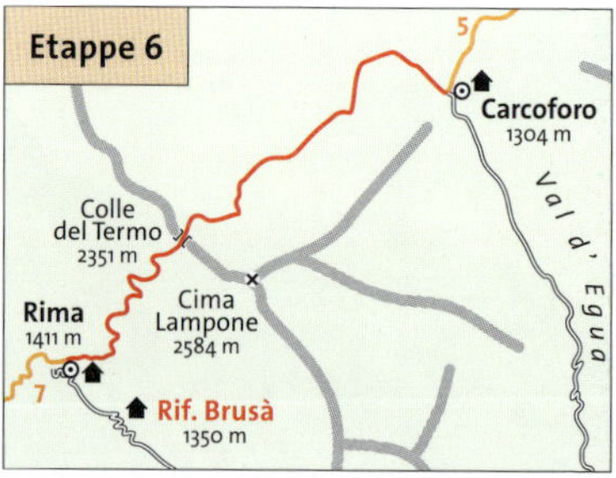

Übergang vom Egua-Tal über den Colle del Termo, 2351 m, ins Sermenza-Tal.

Höhendifferenz: ↗ 1050 m, ↘ 940 m
Markierung: Die gesamte Etappe ist gut markiert. Der Aufstieg bis zum Colle ist rot-weiß-rot markiert (Weg 112), der Abstieg nach Rima rot-gelb-rot (Weg 93)
Gehzeit: 6 h / Gegenrichtung: 6 h 30

Vom Relief her haben wir hier die gleiche Struktur wie bei Etappe 3 und 4: Der Torrente Sermenza, der bei Balmuccia in den Fiume Sesia mündet, teilt sich bei Rimasco, 906 m, in zwei etwa gleich große Quelltäler, nämlich in das Val d'Egua mit Carcoforo als letztem Ort und in das Val Sermenza mit Rima als letztem Ort.

Vom Hotel Alpenrose aus geht man die kleine Fahrstraße wieder aufwärts und an Carcoforo vorbei und folgt ihr bis zum Ende (Weg 112). Dort steht ein GTA-Schild, das nach links über zwei Brücken weist, dann ein Holzschild der Naturparkverwaltung, das links zum Colle del Termo zeigt. Obwohl es nur wenige Markierungen gibt, ist der weitere Weg eindeutig. Es geht hinauf zur Alpe del Termo, 2081 m. Auf etwa 2160 Meter Höhe geht man nach Westen über Geröll auf ein rot-gelb-rotes Schild an einer Felswand zu, wo man wieder auf den eindeutigen Weg zum Colle del Termo trifft. Von der Passhöhe, 2351 m, ist die nicht besonders schwierige Besteigung der Cima del Tiglio, 2546 m, lohnend.

Von der Passhöhe geht es auf dem rot-

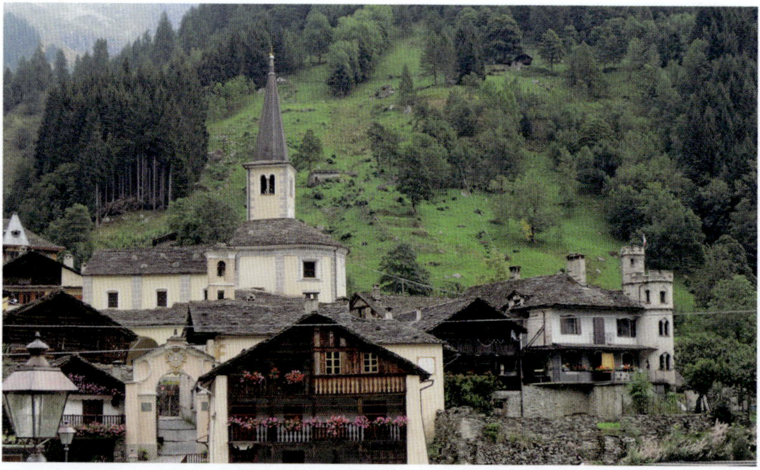

Der Ort Carcoforo im Egua-Tal.

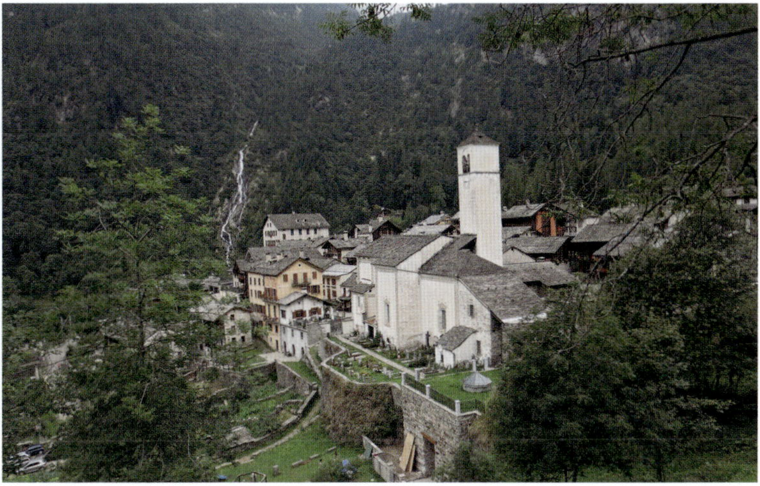

Der Ort Rima im Sermenza-Tal. Hinten der Torrente Valmontasca.

gelb-rot markierten Weg 93 abwärts über die Alpe Chiaffera, 1706 m, ins Tal. Kurz vor Erreichen von Rima hat man auch hier einen schönen Überblick über diesen Ort und erblickt auf der gegenüberliegenden Talseite die Wasserfälle des Torrente Valmontasca, in dessen Nähe man auf Etappe 7 aufsteigt. Man betritt den Ort auf der Ostseite, geht geradeaus an der Kirche vorbei zum Hauptplatz und trifft hier auf ein großes Schild, das nach rechts zum Posta tappa der GTA weist.

Rima ist an den traditionellen Holzhäusern und an seinen Orts- und Flurnamen eindeutig als Walserort erkennbar. Auch auf den Etappen 6 bis 8 (erste Hälfte) wandert man durch eine von Walsern geprägte Kulturlandschaft.

Von Rima aus bietet sich ein Abstecher in den Naturpark Alta Sesia und zum aussichtsreichen Colle Altare, 2627 m, an, allerdings ist der Höhenunterschied sehr groß.

Die Männer von Rima arbeiteten früher traditionellerweise als Stuckateure in ganz Oberitalien und im benachbarten Ausland und kehrten nach langer Berufstätigkeit in ihren Heimatort zurück. In der Zeit zwischen 1850 und 1914 wurden ihre großen Erfahrungen mit künstlichem Marmor (oder Stuckmarmor) im Rahmen des Baubooms klassizistischer und historistischer Gebäude auf einmal in ganz Europa nachgefragt, und die Stuckateure aus Rima erhielten große Aufträge in Berlin (Museumsinsel), St. Petersburg, Budapest und in vielen anderen Städten. Seit 2004 gibt es in Rima einen Verein mit einem Museo Laboratorio del Marmo artificiale, der an diese inzwischen vergessene Tradition erinnert und der sich für eine Wiederaufwertung dieses Handwerks engagiert. Weiterhin gibt es in Rima ein kleines Museum (Gipsoteca), das dem Bildhauer Pietro Della Vedova gewidmet ist, der aus Rima stammte und in Turin arbeitete.

7 Rima, 1411 m – Sant'Antonio di Val Vogna, 1381 m

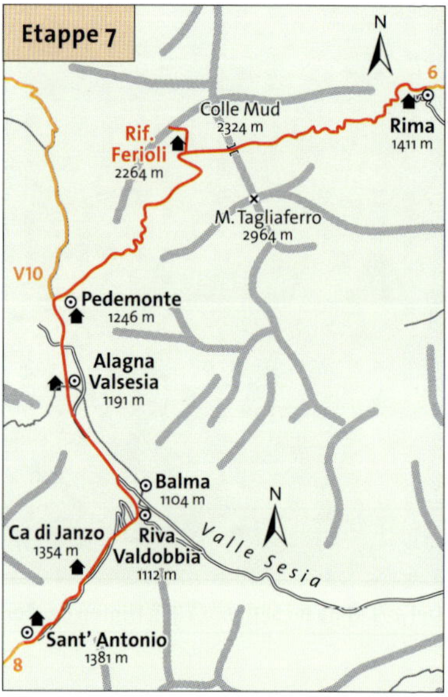

Übergang vom Sermenza-Tal in den gewaltigen gletschergesäumten Talkessel von Alagna Valsesia und Aufstieg ins Vogna-Seitental.

Höhendifferenz: ↗ 1200 m, ↘ 1130 m
Markierung: rot-weiß, Weg 96 und 8, am Schluss 201
Gehzeit: 7 h 30 / Gegenrichtung: 7 h 30

Diese Etappe stellt einen der landschaftlichen Höhepunkte des nördlichen Abschnittes der GTA dar, weil das Monte-Rosa-Massiv hier von 4554 Meter unvermittelt auf 1500 Meter Höhe abfällt. Natürlich zieht dieser gewaltige Talschluss große Menschenmengen an. So zählt Alagna Valsesia zu den bekannten Touristenorten der italienischen Alpen. Die GTA quert hier zum ersten Mal ein durch Seilbahnen und zahlreiche Berghütten erschlossenes Gebiet, doch ein anderer Routenverlauf war hier nicht möglich.

Man verlässt Rima am westlichen Ortsrand, wo der Weg 96 kurz hinab zum Torrente Lanciole und dann gleich wieder leicht aufwärts führt. Am ersten Abzweig hält man sich rechts, am zweiten links, und dann geht es steil den Berghang in Richtung Südwesten hinauf. Nachdem der Wald durchquert ist, gelangt man zur Alpe Valmontasca, 1821 m. Etwas oberhalb davon steht auf einem Felssporn ein kleines weißes Haus, wo sich der Bildhauer Dellavedova im Sommer aufhielt. Weiter geht es unproblematisch über die Alpe Vorcu, 2075 m, aufwärts, bis man auf dem Colle Mud, 2324 m, steht.

Da vom Colle Mud aus das Monte-Rosa-Massiv nicht zu sehen ist, empfehlen wir folgende Variante: Man steigt vom Pass auf dem Weg 8 bis auf etwa 2280 Meter Höhe ab und nimmt hier den Weg, der nach rechts abzweigt und zur Alpe Mud di sopra, 2264 m, führt (hier wurde ein Alpgebäude zum Rifugio Feriolo umgebaut). Westlich der Alp führen Wegspuren zuerst steil den Hang hinauf und dann höhenparallel nach Westen, bis man zum Punkt 2456 m im Grat Cresta Sassi Bianchi gelangt, dem »Belvedere«, der einen fantastischen Ausblick auf das Monte-Rosa-Massiv ermöglicht (30 Min. vom Rifugio aus).

Die Alpe Mud besitzt eine besonders lange Nutzungsgeschichte, denn sie wurde bereits im Jahr 1025 erwähnt. Zu dieser Zeit war der gesamte Talboden von Alagna noch Alpgebiet und nicht dauerhaft besiedelt.

Anschließend geht es zurück zur Alpe Mud di sopra und durch Alpweiden abwärts über die Alpe Venghi und die Alpe Mud di mezzo, 1895 m (mit Tiefblicken auf Alagna), bis zum Z'ise Hus, 1627 m. Diese typischen Walserhäuser (eines trug die Jahreszahl 1790) standen hier seit Jahrhunderten, und sie wurden beide am 29. April 1986 um 13.30 Uhr durch eine außergewöhnlich große Lawine zerstört und sind seitdem Ruinen.

Etwas unterhalb von diesen Ruinen führt der Weg mit einem 180-Grad-Bogen nach links hinein in den Wald und hinab zum Rivo Mud. Er führt in der Nähe dieses Baches weiter abwärts, geht dann vom Bach weg höhenparallel nach Nordwesten, überquert einen kleinen Bach (der von Z'ise Hus kommt), und dann geht es auf der Nordseite dieses Baches sehr steil abwärts, wobei der Weg oft aus einer Art großen Steintreppe besteht. Ganz am Schluss trifft man auf eine kleine Fahrstraße, die im Norden des kleinen Dorfes Pedemonte (Weiler der Gemeinde Alagna), 1246 m, vorbeiführt.

In Pedemonte gibt es ein Restaurant und Hotel, und es bietet sich sehr an, hier zu übernachten bzw. eine längere Pause zu machen. Der Ort besteht aus alten, schön renovierten Walserhäusern und besitzt ein sehr schönes Ortsbild. Außerdem ist hier in einem Haus von 1628 das sehenswerte Walsermuseum (Museo Walser) untergebracht; es ist ein vollständig eingerichtetes traditionelles Walserhaus mit mehr als 2000 Exponaten, das einen guten Eindruck der früheren Lebens- und Wirtschaftsweisen vermittelt.

Von Pedemonte aus geht man auf der kleinen Fahrstraße weiter abwärts, überquert die Sesia, wendet sich nach links und erreicht nach kurzer Zeit das Zentrum von Alagna (walserdeutsch »im Land«) mit der Kirche (zahlreiche Unterkünfte). Es empfiehlt sich, den Ort auf der Hauptstraße (Via Centro) zu durchqueren und sich dabei aufmerksam umzusehen.

Es lassen sich vier Bauphasen in Alagna erkennen: Es gibt noch zahlreiche alte Walserhäuser, die allerdings nicht dorfartig zusammengebaut sind, sondern über eine größere Fläche verteilt sind. Dann gibt es die touristischen Bauten aus der Belle Époque (1880–1914, vereinzelt 1920er Jahre), die entweder aus großen bzw. kleineren Hotels oder aus großbürgerlichen Villen (private Ferienhäuser) bestehen. Weiterhin sieht man zahlreiche große und kleinere Eigentumswohnungskomplexe aus den 1960er bis 1980er Jahren, die auf uns heute besonders hässlich wirken. Und die neueste Phase (teilweise noch im Bau oder gerade fertiggestellt) besteht aus großen Eigentumswohnungskomplexen in Holzbauweise (aber mit Betonkern), die traditionelle Walserhäuser zu fingieren versuchen. Diese wilde Mischung gegensätzlichster Baustile lohnt durchaus einen Besuch von Alagna.

Man durchquert Alagna auf der Via Cen-

Die Alpe Mud di mezzo oberhalb von Alagna (vorn) und Alpe Campo (links oberhalb des Alpgebäudes). Das tiefe Tal, in das man direkt hineinschaut, ist das Sesia-Tal, hinten rechts ist das Otro-Seitental zu sehen und ganz hinten links ist das Vogna-Seitental zu ahnen.

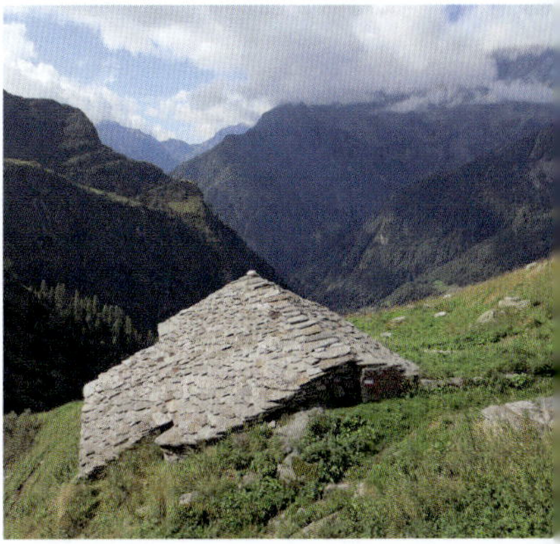

tro, trifft am südlichen Ortsrand einen Kreisverkehr, geht geradeaus auf der stark befahrenen Talstraße weiter und erreicht nach 2 Kilometern den Ort Riva Valdobbia, 1112 m. Dies ist die offizielle Wegführung der GTA, die aber nicht überzeugend ist. Man kann zwar auch von Alagna bis Riva mit dem Bus fahren (Abfahrt an der Piazza Mercato in der Nähe der Kirche), aber da die Busse nicht häufig fahren, macht dies nicht immer Sinn.

Wir schlagen daher folgende Alternative vor: Im unteren Ortsteil von Alagna biegt man von der Via Centro nach links in die Via Tenente Pilota Pietro Farinetti ein, trifft dann auf die Umgehungsstraße, der man ein kleines Stück nach rechts (Süden) folgt und biegt dann nach links ab, wo eine Brücke über die Sesia führt. Auf der anderen Flussseite führt dann ein Güterweg immer in Flussnähe nach Süden, bis man die Frazione Balma, 1104 m, erreicht. Hinter diesem Ort biegt man auf einer kleinen Fahrstraße nach rechts ab, überquert die Sesia und kommt direkt nach Riva Valdobbia (Unterkunft).

Der Ort Riva ist von seiner Architektur her eine verkleinerte Ausgabe von Alagna (auch hier gibt es die vier Bauphasen). Der Unterschied besteht lediglich darin, dass sich die Häuser in Riva auf dem Schwemmkegel des Torrente Vogna dicht ballen, während sie in Alagna über eine große Fläche verteilt sind.

Von Riva aus geht es im Ort aufwärts, bis man die kleine Fahrstraße ins Vogna-Seitental erreicht. Ihre großen Serpentinen zu Beginn können durch einen Fußweg (Via delle Capelle) abgekürzt werden, aber dann muss man die nächsten 4 Kilometer diese Fahrstraße benutzen. Allerdings endet die öffentliche Straße an der Frazione Ca' di Janzo, 1354 m (hier Hotel), sodass der letzte Teil der Straße angenehmer zu begehen ist. Der Posto tappa liegt im Weiler Sant'Antonio, dem »Hauptort« dieses Seitentales (Gemeinde Riva Valdobbia), in der ehemaligen Schule neben der Kirche.

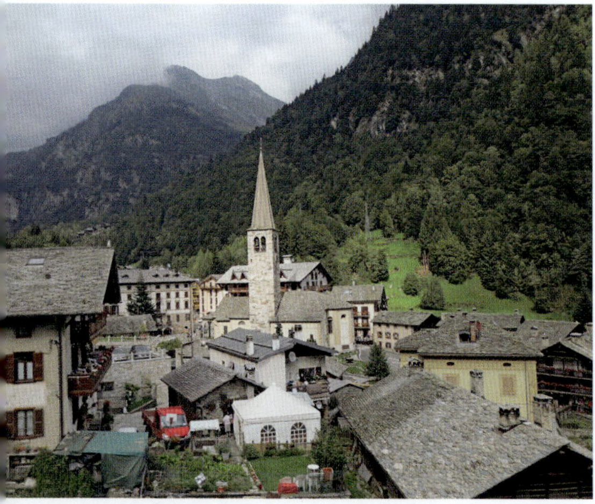

Das Zentrum von Alagna mit der Kirche, einigen Walserhäusern und dem berühmten Hotel Monte Rosa (links neben der Kirche).

Wer die GTA hier verlassen möchte, der kann dies am einfachsten in Alagna tun, denn ab hier fahren Busse direkt nach Vercelli, Novara und Mailand.

Tagesausflüge: Da das oberste Sesia-Tal landschaftlich besonders attraktiv ist, möchten wir zwei Tagesausflüge vorschlagen:

Steilabfall des Monte-Rosa-Massivs ins Sesia-Tal: Man folgt der asphaltierten Talstraße von Alagna aus nach Norden, die nach kurzer Zeit für den

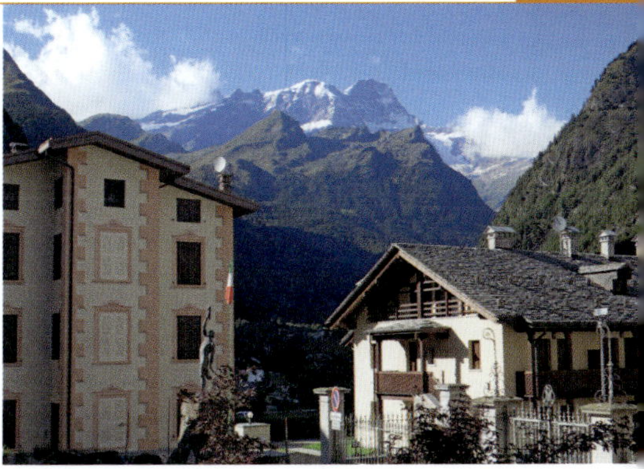

Das Ortszentrum von Riva Valdobbia mit dem Monte Rosa im Hintergrund.

öffentlichen Verkehr gesperrt ist und die bis zu einem Parkplatz an der Cascata dell'Acqua Bianca führt (bis hierher fährt im August ein Kleinbus). Ab hier nimmt man den gut erhaltenen Militär-Saumweg in Richtung Colle del Turlo (Etappe V10) bis zur Alpe Mittlenthail, 1943 m. Hier biegt man nach links ab (Weg 207d), gewinnt auf einem etwas verfallenem Saumweg schnell Höhe und erreicht die Alpe Testanera, 2260 m. Der Saumweg führt weiter nach oben und endet bald an einem einzeln stehenden Gebäude, etwa 2300 m, mit einer beeindruckenden Aussicht. Der Rückweg erfolgt auf dem Hinweg oder über das Rifugio Barba-Ferrero.

Otro-Seitental: Im unteren Ortsteil von Alagna führt eine kleine Fahrstraße hinauf zur Frazione Reale. Von dieser Straße zweigt der Weg 203 ins Valle d'Otro ab. Es ist ein Saumweg, der im steilen Gelände als riesige Steintreppe mit Serpentinen angelegt ist. Nach 1 h 30 Aufstieg verlässt man das steile, waldbestandene Gelände und erreicht die flacheren Talbereiche in 1650 bis 1750 Meter Höhe, die nur über den Saumweg und eine Materialseilbahn, nicht aber über eine Fahrstraße erreichbar sind. Hier gibt es fünf kleine Weiler (in einem befindet sich das Rifugio Zar Senni), weite Wiesen und Weiden sowie schöne Ausblicke auf die nahen Dreitausender. Kurt Wanner beschreibt diese Weiler in seinem Buch *Unterwegs auf Walserpfaden* als »die vermutlich schönste und am besten erhaltene Walsersiedlung im ganzen Alpenraum«. Anschließend geht es weiter zur Alpe Pianmisura, 1854 m, die ebenfalls ein lohnendes Ziel darstellt. Der Rückweg erfolgt auf dem Hinweg.

Varianten zur GTA: Da Alagna ein Knotenpunkt verschiedenster Wege ist, gibt es hier mehrere Möglichkeiten, von der GTA auf andere Weitwanderwege überzuwechseln:

- Nach *Norden* führt der Große Walserweg über den Colle del Turlo nach Macugnaga im Anzasca-Tal (Rundwandermöglichkeit zurück zum Ausgangspunkt der GTA, siehe Etappen V9 und V10) und dann durch die Schweiz (Saastal) bis ins Kleinwalsertal. Dieser Weg ist auf diesem Abschnitt mit der Tour Monte Rosa identisch, einem hochalpinen Weg rund um die Monte-Rosa-Gruppe in 9 Tagesetappen (www.tmr-matterhorn.ch).
- Nach *Westen* führt die Tour Monte Rosa durch das Otro-Tal zum Col d'Olen, 2881 m, und weiter ins obere Gressoney-Tal.
- Nach *Südwesten* führen der Große Walserweg und die Via Alpina durch das Vogna-Seitental über den Colle di Valdobbia, 2480 m, ins mittlere Gressoney-Tal.

Modifikation der GTA-Etappen 7 und 8: Da die Etappen 7 und 8 sehr lang sind und gleichzeitig mehrere Unterkünfte zur Verfügung stehen, schlagen wir folgende Änderungen bei der Etappeneinteilung vor:

- Man beendet die Etappe 7 in Pedemonte, wodurch sich diese Etappe auf 5 h verkürzt.
- Man geht am nächsten Tag durch Alagna und Riva Valdobbia und steigt ins Vogna-Seitental hinauf. Kurz vor dem Weiler Ca' di Janzo, 1354 m, nimmt man den Fußweg in Richtung Nordwesten, der steil den Hang hinaufführt (an der Straße mit Wegweisern sehr deutlich markiert), hält sich nach kurzer Zeit an einem Abzweig nach rechts und erreicht dann den Weiler Selveglio, 1536 m. Ab hier folgt man dem Sentiero dell'Arte, der weitgehend höhenparallel mit leichtem Auf und Ab in Richtung Südwesten führt und der dabei die traditionellen Walsersiedlungen des Vogna-Tals durchquert, die fast alle gut erhalten sind und keinen Fahrstraßenanschluss besitzen. Wer darüber mehr wissen möchte, sei auf die eindrucksvollen Bücher von Eberhard Neubronner über das Vogna-Tal verwiesen. Am Schluss führt dieser Weg zum Weiler Peccia, 1449 m, wo man am Ende der kleinen Fahrstraße wieder auf die GTA trifft (Etappe 8) und wo man in einem alten Walserhaus übernachten kann (4 h von Pedemonte bis Peccia).
- Man beginnt die Etappe 8 in Peccia, wodurch sich diese Etappe um 1 h verkürzt.

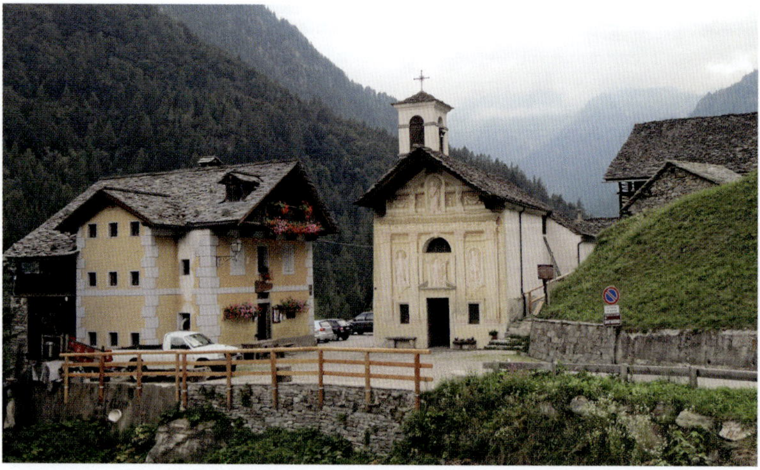

Der Weiler Sant'Antonio im Vogna-Tal mit dem Posto tappa links der Kapelle.

Varallo – eine Kleinstadt in den Alpen

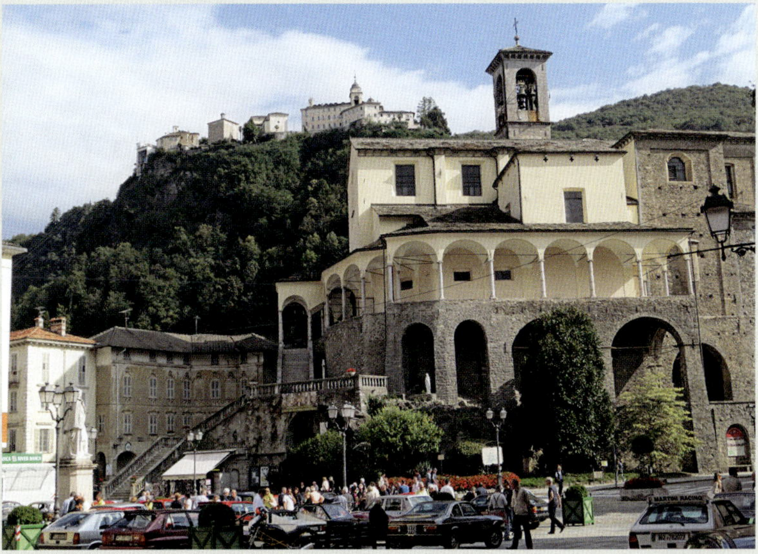

Die Pfarrkirche San Gaudenzio in Varallo mit dem Sacro Monte di Varallo (über der Kirche).

Die meisten Wanderer, die auf den GTA-Etappen 3–7 unterwegs sind, werden wohl mit der Kleinstadt Varallo in Kontakt kommen – sei es, dass sie hier auf der An-/Abreise umsteigen, sei es, dass sie sie bei einem Regentag als Ausflugsziel wählen. Es lohnt sich sehr, dieses bei uns völlig unbekannte Städtchen näher kennenzulernen.

Varallo (walserdeutsch: Vrol) liegt mit seinen knapp 7000 Einwohnern gut 15 Kilometer vom Alpenrand entfernt in 450 Meter Höhe im Sesia-Tal an der Stelle, wo der Torrente Mastallone in die Sesia mündet. Die Berge der direkten Umgebung sind alle zwischen 1000 und 1600 Meter hoch, sodass Varallo *in* den Alpen und nicht *an* den Alpen liegt.

Der Kern der Altstadt liegt zwischen Fiume Sesia, Torrente Mastallone und einem Felsriegel, der sich von Norden her fast bis zur Sesia erstreckt und auf dessen unterstem Teil die Pfarrkirche San Gaudenzio steht. Diese geschützte Lage sowie die Kontrolle über die wichtige Brücke über den Mastallone waren der Grund, Varallo im Jahr 1025 genau an dieser Stelle zu errichten.

Die Geschichte der Stadt ist von Anfang an eng mit der des gesamten Sesia-Tales verbunden; hier gab es wichtige Märkte, spezialisierte Handwerker, das Gericht und

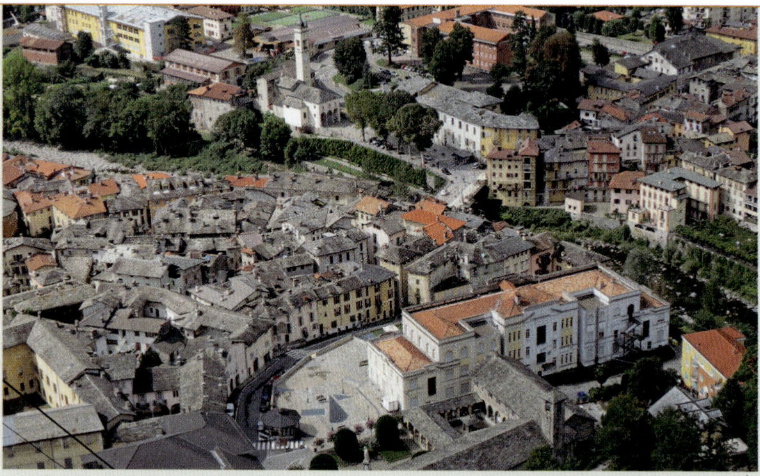

Der westliche Teil der Altstadt von Varallo mit der Brücke über den Mastallone (Bildmitte).

die Verwaltung für das gesamte Tal. Im Mittelalter gehörte diese Region den Grafen von Biandrate, aber Varallo und viele Berggemeinden hatten wichtige Freiheitsrechte. Später geriet die Stadt unter die Herrschaft der Visconti aus Mailand, und erst 1814 kam sie endgültig zu Piemont.

Die historische Altstadt zeigt heute noch den Wohlstand des früheren Zentrums. Auch aus der Gründerzeit gibt es bemerkenswerte Bauten (Villen und Fabrikanlagen), die deutlich machen, dass die italienische Industrialisierung ab 1880 auch hier zu einem gewissen wirtschaftlichen Aufschwung führte. Die Entwicklung nach 1945 lässt aber Varallo links liegen, genauso wie viele andere Alpenstädte abseits der Transitrouten. Ausdruck dessen ist ein leichter Bevölkerungsrückgang und die Stilllegung der Bahnstrecke Varallo–Novara im Jahr 2014, die die Stadt weiter entwertet.

Trotzdem hat Varallo seinen Charme und seine kulturelle Lebendigkeit bewahrt. Die sehenswerte Altstadt ist voll von Restaurants, Cafés und Läden aller Art, jeweils am Dienstagvormittag findet der große Wochenmarkt statt, und immer wieder treffen sich Mitglieder des Lancia-Clubs mit ihren Oldtimern auf dem zentralen Platz vor der Kirche.

Ausgesprochene Sehenswürdigkeiten sind die Pinakothek in der Via Pio Franzani 2 (www.pinacotecadivarallo.it) und der Sacro Monte di Varallo (siehe auch S. 130), zu dem eine Seilbahn und ein Kreuzweg hinaufführt.

Nützliche Adressen

- Tourismusbüro: Corso Roma 38, Tel. 0163 564 404 (sehr viele Informationen).
- Buchhandlung: G. Regaldi, Via Umberto I 39 (alle Wanderkarten, sehr viele Titel über das Sesia-Tal).
- Regionale Spezialitäten: La Casera, Via Camaschella.

Übernachtung

- Albergo Italia***, Corso Roma 6, Tel. 0163 511 06 (sehr stilvoll).
- Albergo Monte Rosa*, Via Regaldi 4, Tel. 0163 51100 (Jugendstilgebäude).
- Ostello D'Adda, Via Scarognini 37, Tel. 0163 1900 830 (einfach).

Die Walser in Piemont

Als Walser werden die deutschsprachigen Siedler aus dem Oberwallis bezeichnet, die sich zwischen 1200 und 1400 u. Z. in hoch gelegenen Alpenregionen zwischen Montblanc und Arlberg niederlassen und Alpweiden in Dauersiedlungen umwandeln. Dies ist die jüngste Siedlungsphase im Alpenraum, und sie ist ein Teil der sogenannten Binnenkolonisation, die gleichzeitig in ganz Europa abläuft.

Ursache dieser Siedlungsbewegung sind nicht mehr bäuerliche Interessen – dazu sind die Alpen bereits zu dicht besiedelt und territorial fest aufgeteilt –, sondern die Interessen der regionalen Grundherren: Durch die Ansiedlung der Walser versprechen sie sich höhere wirtschaftliche Erträge und dank der dichteren Besiedlung auch eine bessere militärische Sicherung ihres Territoriums, vor allem im Bereich der strategisch so wichtigen Passübergänge. Um die Besiedlung der schwer zu bewirtschaftenden Höhenlagen zu fördern, erhalten die Walser erhebliche Rechte und Freiheiten zugesichert, müssen sich dafür anderseits aber zum Waffendienst verpflichten.

Da die Bauerngesellschaften der piemontesischen Alpen Ackerbau und Viehwirtschaft gleichgewichtig betreiben, können sie ihre Dauersiedlungen nur dort anlegen, wo man um das Dorf herum Ackerbau betreiben kann, und damit liegt ihre Siedlungsobergrenze in dieser Region oft nur bei 1000 Metern. Die hoch gelegenen Talschlüsse mit ihren großen und günstigen Nutzflächen können deshalb von ihnen nur als Alpflächen extensiv genutzt werden. Die Walser dagegen konzentrieren sich fast vollständig auf die Viehwirtschaft, die sie mit Tätigkeiten als (Vieh-) Händler oder mit Saisonarbeiten außer-

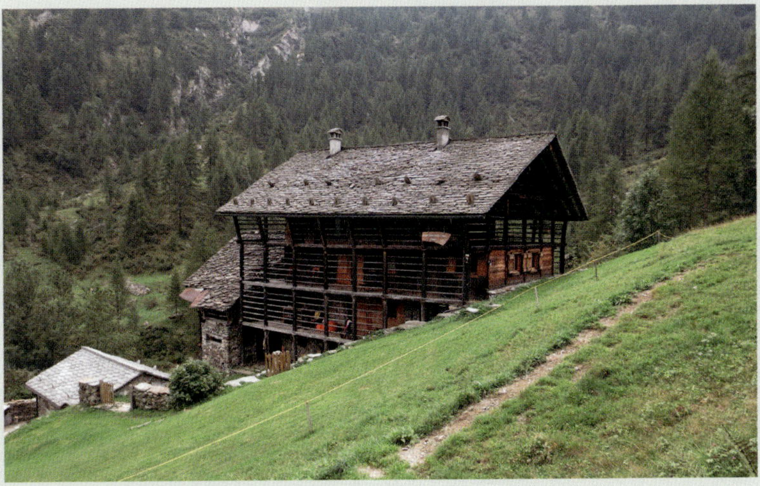

Walserhaus aus dem Jahr 1600 in der Frazione Peccia im Vogna-Tal.

halb der Alpen ergänzen, und können so diese Alpflächen zum Dauersiedlungsraum umwandeln (ganzjährig bewohnte Dörfer mit Wiesen- und Weideflächen und etwas Ackerbau).

Die Walserkolonisation beginnt um 1200 im Gebiet des Formazza-Tals (walserdeutsch: Pomatt), das sehr umfangreiche Höhenlagen über 1400 m aufweist. Dabei liegt früh ein Schwerpunkt an der Simplonstraße, wo die Walserorte Simplon Dorf, Gondo, Zwischbergen heute noch politisch zur Schweiz gehören, obwohl sie orografisch dem Toce-Tal zuzurechnen sind. Vierzig bis fünfzig Jahre später beginnt die Walserkolonisation im Monte-Rosa-Gebiet, wobei Macugnaga im Anzasca-Tal und Gressoney im gleichnamigen Tal (walserdeutsch: Krämertal, wegen der hohen Zahl von Wanderhändlern) die frühesten Siedlungen sind, von denen aus dann weitere gegründet werden. Einige Jahrzehnte später entstehen zahlreiche Walsersiedlungen in Graubünden, und zum Schluss erreichen die Walser Liechtenstein und Vorarlberg, wobei das Kleine Walsertal im Allgäu den Endpunkt darstellt.

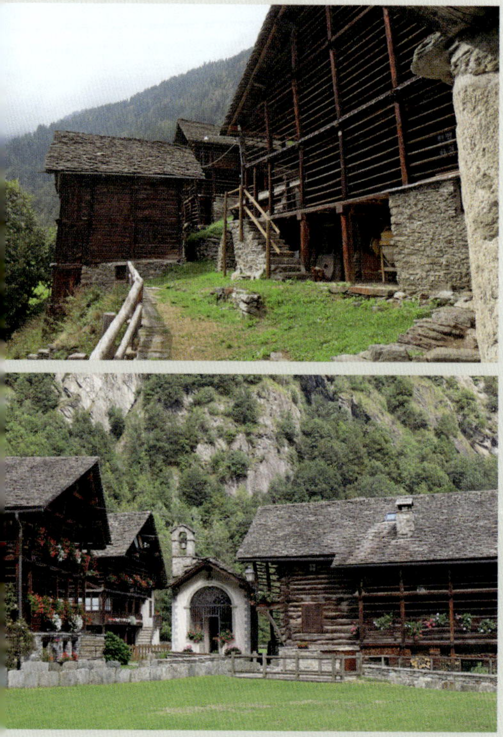

Walserhäuser in der Frazione Rabernardo im Vogna-Tal (oben) und Walserhäuser in Alagna (unten).

Dass für die Siedlungsverdichtung in Piemont deutschsprachige Oberwalliser und keine Bauern aus den mittleren und unteren Abschnitten der piemontesischen Alpentäler geholt werden, hängt einerseits mit dem hohen Stellenwert der Viehwirtschaft und einem hohen Bevölkerungsdruck im Oberwallis zusammen, anderseits mit den engen grundherrschaftlichen Verflechtungen zwischen Wallis, Aosta-Tal und Nordpiemont: Die Grafen von Biandrate, die die Walseransiedlung im Monte-Rosa-Gebiet fördern, haben um 1200 sowohl im Sesia- und Anzasca-Tal als auch gleichzeitig im Wallis (ihnen gehörte das ganze Saastal) große Besitzungen. Und so liegt es für sie offenbar nahe, dort Siedler anzuwerben.

Auf den ersten sieben Etappen der GTA kann man die typische Form der Walserausbreitung gut nachvollziehen, die fast

Walsersiedlungen und Walserwanderungen in den Alpen

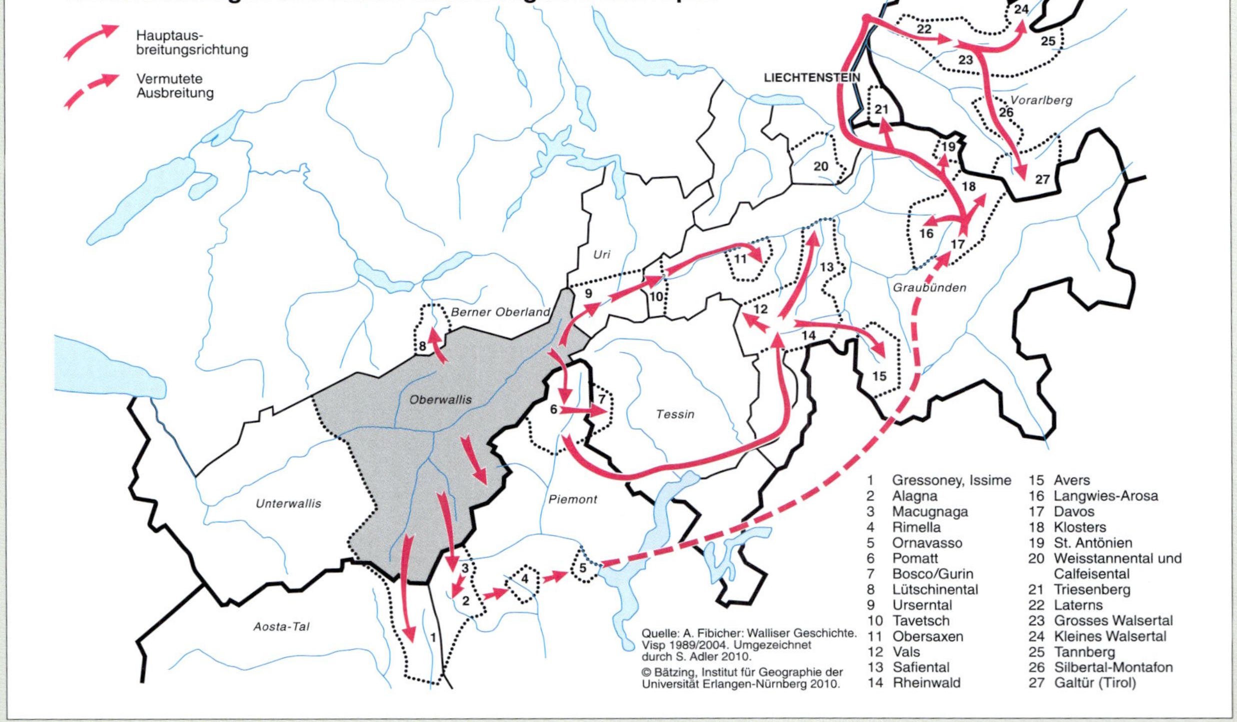

Quelle: A. Fibicher: Walliser Geschichte. Visp 1989/2004. Umgezeichnet durch S. Adler 2010.

© Bätzing, Institut für Geographie der Universität Erlangen-Nürnberg 2010.

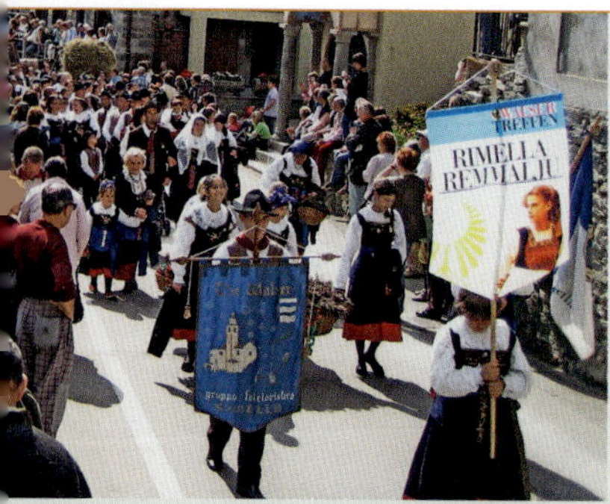

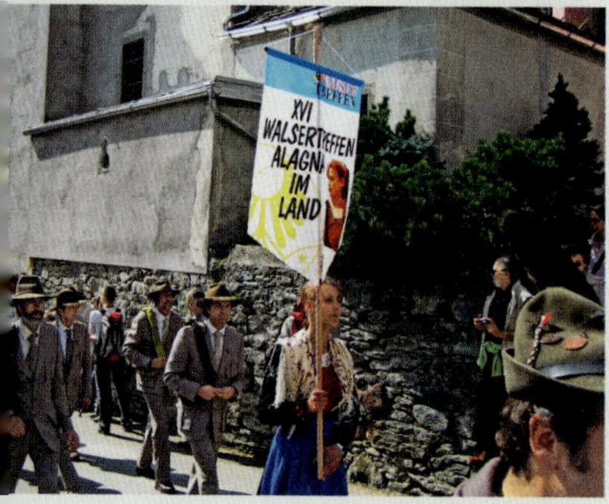

Alle drei Jahre findet das Internationale Walsertreffen statt, im Jahr 2007 war Alagna der Austragungsort.

immer über hoch gelegene Pässe und sehr selten entlang der Täler verlief. Anhand von Vegetationsbeobachtungen kann man sich unterwegs leicht klarmachen, dass der wärmebedürftige Ackerbau in diesen Talschlüssen kaum möglich war. Und vielleicht gelingt es ja auch, sich von einem schönen Aussichtspunkt aus vorzustellen, wie ein solcher Talschluss im Naturzustand (fast vollständig bewaldet) um das Jahr 1150 als Alp (Talboden vollständig als Weide genutzt, Hänge meist durch Waldweide aufgelichtet) und um das Jahr 1350 als Walsersiedlung (Tal bis auf kleine Waldstücke fast vollständig waldfrei) ausgesehen haben könnte.

Die Walser im Monte-Rosa-Gebiet führten ihr traditionelles Leben bis zu Beginn des 20. Jahrhunderts. Im Sommer, so lauten verschiedene erstaunte Berichte von Augenzeugen aus dem 19. Jahrhundert, gebe es in diesen Walserorten keinen einzigen Mann außer dem Pfarrer, da alle Männer auswärts arbeiten, während die gesamte Last der Landwirtschaft auf den Schultern der Frauen liegt. Da diese Walserorte zumeist sehr abgeschlossen in den hintersten Tälern liegen, war der Kontakt zur deutschsprachigen Heimat jahrhundertelang enger als zu den piemontesischen Orten weiter talwärts. Und die Walser grenzten sich auch bewusst gegen die Piemontesen ab, indem sie z. B. ihre Frauen nur in anderen Walserdörfern bzw. im Oberwallis suchten und ihr Brauchtum und ihre Sprache bewusst pflegten.

Mit dem Zusammenbruch der traditionellen Welt der Alpen im Gefolge der Industrialisierung Europas verschwand auch das charakteristische Walsertum: Die sehr hoch gelegenen Walserorte wurden von der Krise der Berglandwirtschaft besonders intensiv erfasst, sodass die Zahl der Walser in den piemontesischen Alpen von 10 000 im Jahr 1880 auf heute knapp 1500 zurückging. Daneben veränderte der Tourismus einige Walserorte aufgrund ihrer besonderen Lage und überprägte sie tief greifend, wie man es am Beispiel von Alagna gut nachvollziehen kann. Und ab 1880 begann der erst 1860 entstandene italienische Staat auf seine »italianità« Wert zu legen und überall den Gebrauch der italienischen Sprache zu forcieren; Mussolini setzte dies ab 1923 mit Gewalt und Zwang fort. Die Schließung der Grenze zur Schweiz traf dann die Walser besonders schwer, weil nun die Kontakte zur Heimat unmöglich wurden. Nach 1945 waren dann die Grenzen zwar wieder offen, aber da sich weder der italienische Staat noch die Region Piemont für die Walsersprache und -kultur interessierten und da sich die Abwanderung aus den Walserorten in den Zeiten des Wirtschaftswunders noch verstärkte, riss an vielen Orten die Walsertradition ab.

Eine gezielte Wiederaufwertung, die anfangs stark von der Deutschschweiz und vom Wallis aus unterstützt wurde, setzte erst in den 1980er Jahren ein: 1983 wurde die Fondazione Enrico Monti mit Sitz in Anzola d'Ossola gegründet, die regelmäßig Tagungen durchführt, zahlreiche Publikationen zum Thema Walser (oft in italienischer Sprache, manchmal auch auf Deutsch) herausgibt und wichtige Öffentlichkeitsarbeit macht. Aber es dauerte noch einmal gut 10 bis 15 Jahre, bis auch dezentral in vielen Walserdörfern Aufwertungen von Walsersprache und -traditionen einsetzten – und heute können GTA-Wanderer auf den Etappen 3–7 immer wieder einmal auf solche Aktivitäten stoßen.

Ob diese Aufwertungen langfristig dazu beitragen, dass die Walserkultur nicht verschwindet, muss die Zukunft zeigen. Ein Ergebnis des Zusammenbruchs der traditionellen Walserwelt kann der Wanderer aber heute überall sehen: die starke Verbuschung und Verwaldung großer Teile der Landschaft, die früher nahezu waldfrei gewesen war.

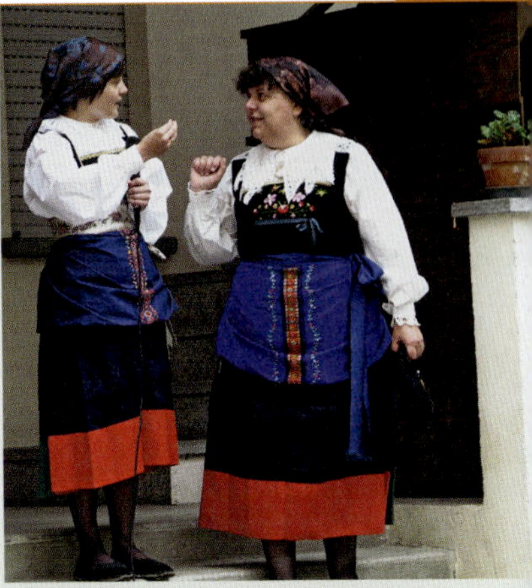

Die Walsertracht war nach dem Zweiten Weltkrieg fast überall verschwunden; heute wird sie an Festtagen wieder stolz gezeigt (hier die Sonntagstracht von Rimella).

Literatur zum Thema Walser

Paul Zinsli, *Walser Volkstum in der Schweiz, in Vorarlberg, Liechtenstein und Piemont. Erbe, Dasein, Wesen*, Verlag Bündner Monatsblatt, Chur 1968, 2002[7], 566 S. Dies ist das Standardwerk zur Walser-Thematik vom bekannten Schweizer Volkskundler, das alle Bereiche abdeckt.

Enrico Rizzi, *Geschichte der Walser*, Chur 1993, 247 S. Großformatiger Band mit zahlreichen Fotos, Karten, Dokumenten, hg. von der Fondazione Enrico Monti, mit Schwerpunkt auf der Geschichte.

Johannes Führer, *Die Südwalser im 20. Jahrhundert. Transformation, Assimilation und Affirmation der Walser im Aosta-Tal, im Piemont, im Tessin und im Wallis*, Monheim am Rhein 2002, 310 S. (mit umfangreichen Literaturhinweisen). Detailreiche und gut zu lesende geografische Dissertation über den aktuellen Wandel in den Walsersiedlungen.

Enrico Rizzi, *Atlante delle Alpi Walser*, 3 Bände, hg. von der Fondazione Enrico Monti, Anzola d'Ossola 2003–2005, zus. 700 S. Sehr detaillierte Gesamtdarstellung der Geschichte der Walser in italienischer Sprache, wegen der zahlreichen Abbildungen auch interessant für die, die nicht gut Italienisch können. Bd. 1: Allgemeines, Bd. 2: Die Walser im Westen, Bd. 3: Die Walser im Osten.

Mit Tradition, Geschichte und Gegenwart der Walser beschäftigt sich die Internationale Vereinigung für Walsertum (www.wir-walser.ch); auf dieser Website weitere wichtige Links zum Thema.

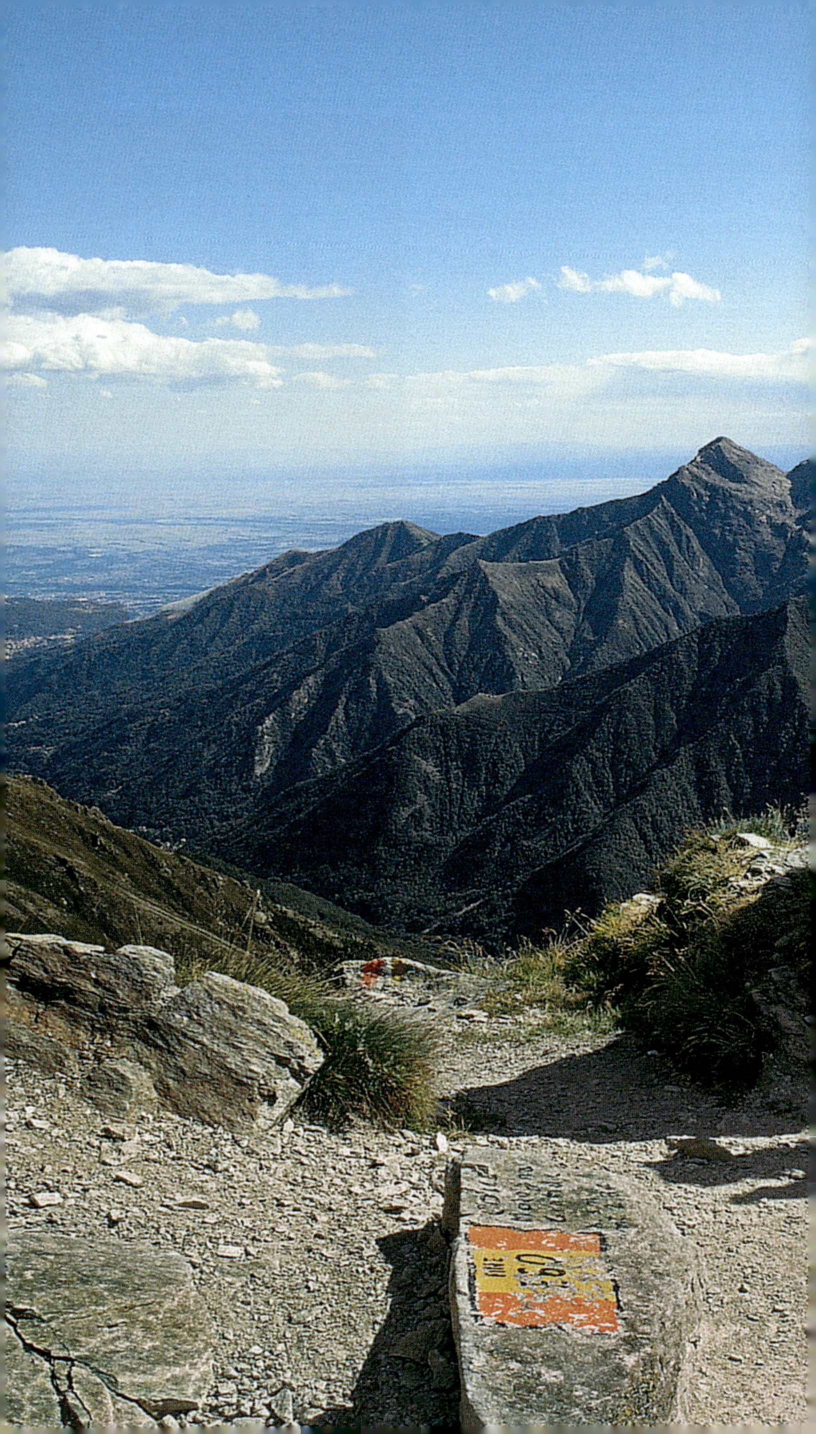

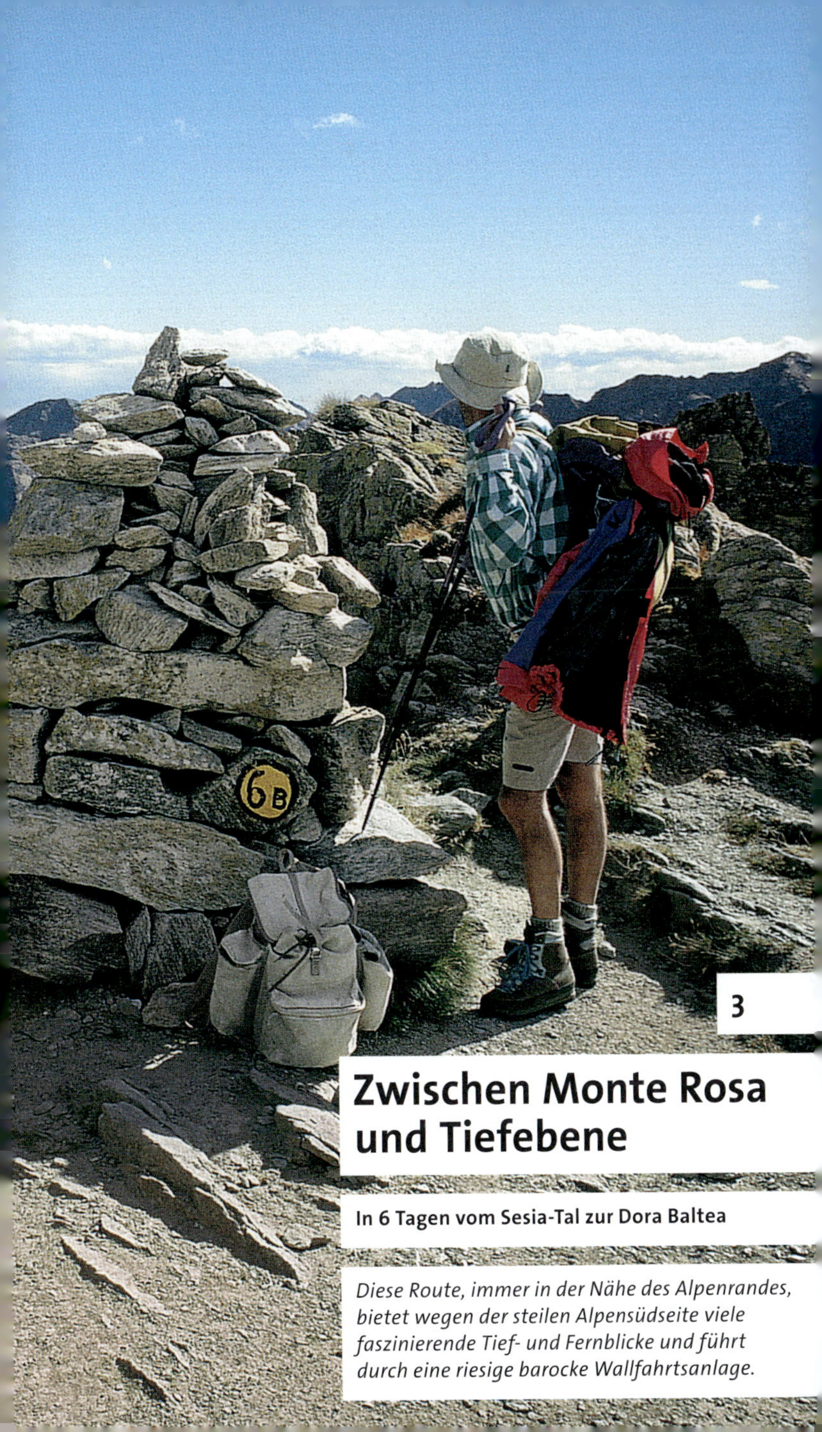

3

Zwischen Monte Rosa und Tiefebene

In 6 Tagen vom Sesia-Tal zur Dora Baltea

Diese Route, immer in der Nähe des Alpenrandes, bietet wegen der steilen Alpensüdseite viele faszinierende Tief- und Fernblicke und führt durch eine riesige barocke Wallfahrtsanlage.

S. 108/109: Am Colle della Mologna Grande oberhalb des Rifugio Rivetti öffnet sich plötzlich der Tiefblick in die Po-Ebene.

Der Alpenrand ist auf der Südseite der Alpen sehr viel steiler und abrupter ausgeprägt als auf der Nordseite. Deshalb bieten die 2300 bis 2500 Meter hohen Gipfel, die man auf diesem Abschnitt der GTA leicht mitnehmen kann, besondere Ausblicke in die nahe Tiefebene (nur 10 Kilometer Luftlinie, aber mehr als 2000 Meter Höhendifferenz) und auf die 4000er der Walliser Alpen.

Die Etappen 8–13 queren auch hier wieder die Talschlüsse verschiedener Alpentäler. Wegen der Nähe des Alpenrandes handelt es sich bei ihnen jetzt nicht mehr um Seitentäler eines größeren Alpentals, sondern um kurze Täler, die direkt in die Po-Ebene münden. Die traditionelle Landwirtschaft ist hier fast völlig verschwunden, und die GTA-Wanderer werden am stärksten durch zwei Wallfahrtsorte mit der traditionellen Welt dieser Region konfrontiert. Da die Industriestädte Biella und Ivrea in unmittelbarer Nähe liegen, sind diese Alpentäler seit langer Zeit industriell geprägt, sei es, dass hier kleine Familienbetriebe arbeiten, sei es, dass die Bewohner täglich zur Arbeit in die Po-Ebene pendeln.

Da Anfangs- und Endpunkt dieses GTA-Abschnittes gut mit öffentlichen Verkehrsmitteln erreichbar sind, ist er für eine einwöchige Wanderung sehr geeignet. Dabei ist es sinnvoll, von Norden nach Süden zu gehen, weil man so auf 1381 Meter Höhe beginnt und auf nur 283 Meter – am tiefsten Punkt der gesamten GTA – endet. Und da unterwegs oft weitere Unterkünfte existieren, kann man hier die Etappeneinteilungen besonders variabel gestalten.

Eine schöne Rundwandermöglichkeit ergibt sich, wenn man mit öffentlichen Verkehrsmitteln vom Endpunkt dieses Abschnittes über Pont-Saint-Martin ins nahe Gressoney-Tal fährt und dann von Valdobbia, 1379 m (kurz vor Gressoney St-Jean), auf dem Großen Walserweg über den Colle Valdobbia, 2480 m, ins Vogna-Tal zurückwandert.

Öffentlicher Verkehr

Bahn

- Milano–Novara–Santhia–Torino: für Etappen 8, 9 und 13.
- Santhia–Biella San Paolo: für Etappe 9.
- Torino–Ivrea (umsteigen)–Aosta (hält nur in Pont-Saint-Martin): für Etappe 13.

Bus

- Bus nach Riva Valdobbia (siehe Kapitel 2 unter Alagna): für Etappe 8.
- Bus Mailand (stazione MM1)–Biella: www.atapspa.it > utenti > orari > linee extraurbane > linea 500: für Etappen 9 und 10.
- Bus Biella–Piedicavallo: www.atapspa.it > utenti > orari > linee extraurbane > linea 340: für Etappe 9.
- Bus Biella–Oropa: www.atapspa.it > utenti > orari > linee extraurbane > linea 360: für Etappen 10 und 11.
- Bus Biella–Sordevole: www.atapspa.it > utenti > orari > linee extraurbane > linea 350: für Etappen 11 und 12
- Bus Ivrea–Pont-St-Martin (hält in Settimo Vittone, Quincinetto und Carema): www.sadem.it > viaggia con noi > orari e percorsi > nord > scopri (Linea 265): für Etappe 13.
- Bus Pont-Saint-Martin–Gressoney: www.vitagroup.it > linee Valle d'Aosta > 3. PDF-Datei von oben: für Rundwanderung.

Unterkunft

Etappe 8

Rifugio Rivetti (CAI Biella), 2201 m, I-13812 Piedicavallo, 50 Betten (Matratzenlager und Vierbettzimmer), geöffnet 15. Juni bis 15. Sept., Winterraum mit 8 Betten, Restaurant, Tel. 015 2476141 oder 334 1179 011. Informationen außerhalb der Saison: Alessandro Zoia, Tel. 015 748282.

Weitere Unterkünfte

Frazione Peccia, 1449 m, I-13020 Riva Valdobbia:
Affittacamere Baita Prato della Croce, 13 Betten, Mitte Juni bis Mitte Sept. geöffnet, Tel. 347 2458 219.
Agriturismo Edelweiss, 4 Betten, 15.6.–30.9. geöffnet, Tel. 349 0618 821

Alpe Larecchio, 1900 m (Richtung Colle di Valdobbia):
Azienda Agrituristica Alpe Larecchio, 6 Betten, Ende Juni bis Mitte Sept. bewirtschaftet, Tel. 349 0618 821.
Alpe Buzzo inferiore, 1638 m, 10 Betten, Tel. 0163 326151 abends (nicht immer geöffnet).
Alpe Maccagno, 2188 m, Notunterkunft bei den Hirten.

Niel, 1535 m, I-11020 Gaby:
B&B La Gruba (privat), Località Gruba 8, 16 Betten, ganzjährig geöffnet, Küche, Tel. 340 8270 110.

Etappe 9

Santuario di San Giovanni d'Andorno, 1020 m, I-13812 Campiglia Cervo:

Posto tappa im Wallfahrtsgebäude im Albergo Ristorante Cadafè, Via Santuario di San Giovanni 2, 90 Betten, 1. Juni bis 15. Okt. geöffnet, Restaurant, Tel. 015 60 319.

Weitere Unterkünfte

Piedicavallo, 1049 m, I-13812 Piedicavallo, Lebensmittelladen, Bank, Post:
Albergo La Rosa Bianca, Via Roma 10, 20 Betten, ganzjährig geöffnet, Restaurant, Tel. 015 609100 oder 339 4222 933.

Madonna della Neve, 1480 m, I-13815 Rosazza:
Rifugio Madonna della Neve (privat), 15 Betten, geöffnet Ende Mai bis Ende Okt., Restaurant, Tel. 015 6097000. Information im Winter Tel. 015 609211 (Piedicavallo).

Rosazza, 895 m, I-13815 Rosazza, Lebensmittelladen, Bank, Post:
Affittacamere Vecchie Scuole, 12 Betten, im Zentrum, ganzjährig geöffnet, Tel. 015 609 7759 oder 333 3307 646.

Etappe 10

Santuario di Oropa, 1160 m, I-13900 Biella: Posto tappa in den Pilgerunterkünften des Klosters, Via Santuario di Oropa 480, Anmeldung im Ufficio Accoglienza nahe dem Haupteingang, 700 Betten von »Host« (einfach) und »Comfort« bis hin zu kleinen und großen Suiten, ganzjährig geöffnet, 13 Restaurants, Tel. 015 2555 1200. Lebensmittel, Bank, Post.

Weitere Unterkünfte

Galleria di Rosazza, 1488 m, I-13812 Campiglia Cervo:
Locanda della Galleria Rosazza, unmittelbar vor dem Tunneleingang im Nordosten, 15 Betten, geöffnet 15. Juni bis 15. Sept. und an den Wochenenden Mitte April bis Ende Okt., Restaurant, Tel. 337 247440 oder 347 7256169, Reservierung nötig (auch schriftlich: Beatrice Costa, Via XX Settembre 24, I-13882 Cerrione).

Asmara, 790 m, I-13812 Campiglia Cervo:
Albergo Asmara, Frazione Asmara 4 (nördlich des Gemeindezentrums), Tel. 015 60021.

Riabella, 847 m, I-13812 Campiglia Cervo:
B&B Cà di Gedde, Frazione Riabella 11, 6 Betten, ganzjährig offen, Tel. 015 60168.

Etappe 11

Rifugio Coda, 2280 m, CAI Biella, I-13814 Pollone, 50 Betten, Winterraum, geöffnet Mitte Juli bis Anfang Sept. und an den Wochenenden vom 1. Juni bis 30. Sept., Restaurant, Tel. 015 2562 405 oder 393 5734 010

Weitere Unterkünfte

Oropa Sport, 1850 m, I-13900 Biella:
Rifugio Rosazza (privat), 1850 m, 27 Betten, geöffnet Juli bis August, Tel. 339 4602 133 oder 347 8601 106.
Rifugio Savoia (privat), 1960 m, derzeit geschlossen.

Monte Camino, 2391 m, I-13900 Biella:
Capanna Renata, 2390 m, mit Lift oder Weg ab Oropa Sport erreichbar, 22 Betten, geöffnet 1.–31. Aug., sonst an den Wochenenden, Restaurant, Tel. 015 20437 und 340 7636 364.

Lago Barma, 2062 m, I-11020 Fontainemore:
Rifugio Barma, 50 Betten, geöffnet 1. Juni bis 17. Sept., Tel. 0125 190 6240 oder 331 1087 009.

Sordevolo, 632 m, I-13817-Sordevolo:
Affittacamere Belvedere, Via Camillo Vercellone 44, 6 Betten, ganzjährig geöffnet, Tel. 338 3531 428.

Etappe 12a

Alpe Maletto, 1326 m, I-10010 Carema:
Locanda Maletto, 12 Betten, 1. Juni bis 30. Sept. geöffnet, Tel. 327 1219 725 oder 320 9092 744.

Etappe 12b

Trovinasse, 1374 m, I-10010 Settimo Vittone:
Agriturismo Belvedere, 10 Betten, immer geöffnet, Tel. 0125 658731 oder 333 2415 816.

Weitere Unterkünfte

Colma di Mombarone, 2371 m:
Rifugio Mombarone (privat), 2300 m, 25 Betten, Winterraum mit 6 Betten, Mitte Juli bis Anfang Sept. bewirtschaftet, Tel. 015 401960 oder 391 3515 056.

Località Nosy Trovinasse, 1277 m, I-10010 Settimo Vittone:
Agriturismo & Camping Nosy (etwas unterhalb von Trovinasse an der Straße), Tel. 0125 659 970.

Etappe 13

Quincinetto, 283 m, I-10010 Quincinetto, Restaurants, Lebensmittel, Bank, Post:
Mini Hotel,** Via Umberto I n. 5, ganzjährig geöffnet, Tel. 349 5125 990.

Weitere Unterkünfte

Quincinetto, 283 m:
B&B Casa Val, Via Val 8, 6 Betten, ganzjährig geöffnet, Tel. 347 6805315.
Casa Vacanze Quinci-Valle, Via Cialdini 8, 7 Betten, ganzjährig geöffnet, Tel. 342 0064419.

Torre Daniele, 284 m, I-10010 Settimo Vittone, direkt gegenüber von Quincinetto:
Albergo Nuovo Tripoli, Frazione Torre Daniele 57, 24 Betten, ganzjährig geöffnet, Tel. 0125 757 608 oder 347 7682 806.
Agriturismo LAS, 12 Betten, ganzjährig geöffnet, Tel. 348 7651 719.

Settimo Vittone, 292 m, I-10010 Settimo Vittone:
B&B Ospitalità del Castello, Piazza Conte Rinaldo 7 (im Castello Borgovecchio, 365 m), 6 Betten, ganzjährig geöffnet, Tel. 348 4527 017.

Carema, 379 m, I-10010 Carema:
B&B I Vigneti, Via Chianei Piano 1, Regione Noveletto (etwas oberhalb des Ortes), 12 Betten, ganzjährig geöffnet, Tel. 338 5841 441.
Rifugio Ospizio Sottile, Colle di Valdobbia, 2480 m, 20 Betten, geöffnet Anfang Juni bis Mitte Sept., Tel. 0163 326472 (für Rundwanderung).

Karten

1:50 000

- IGC Blatt 10 »Monte Rosa, Alagna e Macugnaga«: Etappe 8 (1. Teil).
- IGC Blatt 9 »Ivrea–Biella e Bassa Valle d'Aosta«: Etappen 8 (2. Teil) bis 13.

1:25 000

- Geo4Map Blatt 101 »Valsesia Sud-ovest«: Etappen 8–9 (1. Teil).
- Geo4Map Blatt 124 »Valsessera, Valle Cervo«: Etappen 8 (2. Teil) bis 11.
- Fraternali Blatt 38 »Bassa Valle di Gressoney«: Etappen 11–13.

8 Sant'Antonio di Val Vogna, 1381 m – Rifugio Rivetti, 2201 m

Überquerung von drei Pässen – Passo del Maccagno, 2495 m, Colle Lazoney, 2395 m, Colle della Mologna Grande, 2356 m –, dann kurzer Abstieg zur Rivetti-Hütte.

Höhendifferenz: ↗ 1250 m, ↘ 450 m
Markierung: rot-gelb und weiß; bis zur Abzweigung Ospizio Sottile Nr. 1, dann Nr. 5
Gehzeit: 7 h / Gegenrichtung: 6 h 30.

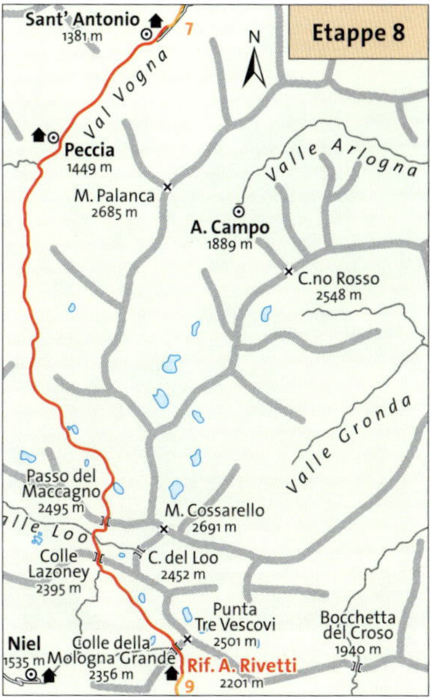

Hinweis: Da die Etappe 8 sehr lang ist, ist sie keine Einlaufetappe, und sie sollte auch nur bei gutem Wetter begangen werden. Wer die GTA hier beginnt, sollte sich am ersten Tag im Val Vogna akklimatisieren und es auf den Spuren von Eberhard Neubronner näher erkunden (siehe dazu die Hinweise am Ende von Etappe 7).

Vom Rifugio Valle Vogna folgt man der Schotterstraße etwa 2,5 Kilometer talaufwärts, bis sie auf einem Parkplatz unterhalb von Peccia, 1449 m, der letzten Dauersiedlung im Vogna-Seitental, endet. Da diese Straße in der Nähe des Torrente Vogna verläuft, hat man von ihr aus keine Aussicht. Deshalb empfehlen wir die folgende Variante, die sehr viel schöner ist und nur etwa 10 Min. länger dauert.

Variante: Man nimmt an der Kapelle Sant'Antonio, die gegenüber dem Rifugio steht, den Weg, der gleich rechts von ihr nach oben führt, zuerst durch Häuser, dann durch Wiesen und Büsche. Es geht steil hinauf zu den Häusern der Frazione Rabernardo, 1500 m. An den obersten Häusern trifft man auf einen Weg, der von Nordosten (Selveglio) her kommt und auf dem man nach links durch den Ort hindurchgeht.

Rabernardo ist ein sehr eindrücklicher Ort mit traditionellen Walserhäusern, der keine Fahrstraße besitzt. Das Dach der kleinen Kapelle überdeckt den Weg (der alte Hauptweg des Tals) und bietet so Menschen Schutz. Obwohl der Ort nicht so abgelegen ist wie die Orte im Otro-Tal (Etappe 7), wirkt er genauso ursprünglich wie diese.

Hinter dem Ort bleibt der markierte Weg (Wegweiser: Peccia) immer etwa in 1500 Meter Höhe, führt durch weitere Orte hindurch und ermöglicht stets weite Blicke über das Vogna-Tal, dessen Kulturlandschaft allmählich verbuscht und verwildert. Am Ende führt der Weg direkt oberhalb des Parkplatzes der Schotterstraße in den Weiler Peccia.

Vom Parkplatz aus folgt man Wegspuren nach rechts, wo man gleich auf den Weg stößt, der von Rabernardo kommt und als Saumweg durch den Ort hindurch führt. Auch Peccia ist ein sehr sehenswerter Ort mit zahlreichen alten Walserhäusern

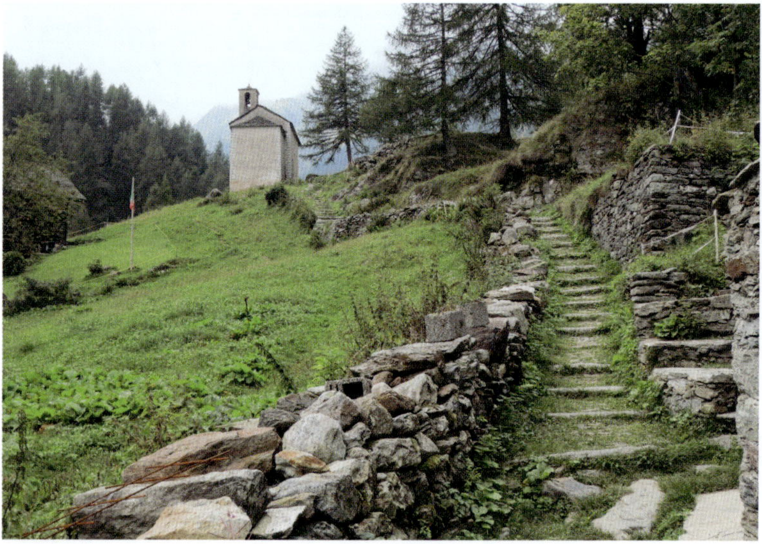

Am oberen Ortsende von Peccia führt der Weg auf einer Steintreppe hinauf zur Kapelle San Grato.

(zwei Übernachtungsmöglichkeiten), den man sich in Ruhe ansehen sollte. Am Ende des Ortes geht es auf einer Steintreppe steil hinauf zur Kapelle San Grato in markanter Position, und kurz darauf überschreitet man auf dem Ponte Napoleone (einer unscheinbaren Steinbrücke) den Sulino-Seitenbach.

Hinter dieser Brücke teilt sich der Weg: Der sorgfältig gebaute Saumweg führt zuerst geradeaus und dann sofort steil nach rechts ansteigend zum Colle di Valdobbia und ins Gressoney-Tal (Weg 201, Großer Walserweg und Via Alpina; auf der Alpe Larecchio, 1900 m, und am Pass, 2480 m, gibt es Übernachtungsmöglichkeiten), die GTA (Weg 205) nimmt dagegen den schmaleren Weg, der nach links kurz abwärts führt und auf einer Holzbrücke den Torrente Vogna überquert (nicht den Weg nehmen, der *vor* der Brücke auf der Westseite des Vogna-Baches das Tal hinaufführt). Auf der anderen Bachseite geht es jetzt in der Nähe des Wassers zuerst fast eben und später steiler aufwärts, bis man die Alpe Buzzo inferiore, 1638 m (auf der IGC-Karte: Buzzetto), erreicht. Hier steht neben den Alphütten (Übernachtungsmöglichkeit, wenn Älpler anwesend sind) eine Jurte.

Vom Ponte Napoleone bis hinauf zum Passo del Maccagno haben die Eiszeiten das obere Vogna-Tal in eine relativ regelmäßige Abfolge von längeren flacheren und kürzeren steileren Talstücken umgewandelt, wobei die Alpen Buzzo, Pioda, Camino und Maccagno jeweils auf den flacheren Talstücken liegen. Der gut zu gehende Alpweg verläuft lange Zeit auf der östlichen Bachseite, wechselt kurz oberhalb der Alpe Pioda da sopra auf die westliche Seite und führt dann zur Alpe Maccagno, 2188 m (Notunterkunft).

Diese Alpe ist namensgebend für den Toma di Maccagno geworden, einen in der gesamten Region sehr geschätzten Käse. Toma (französisch: tomme) ist ein Dialektausdruck, der wahrscheinlich auf den ligurischen Begriff für Käse zurückgeht. Er bezeichnet kleine halbfeste Käse, von denen es in den Alpen zwischen Genfersee und Turin früher eine sehr große Vielfalt gab. Seit dem Jahr 2000 versucht Slow Food Italia erfolgreich, diese Tradition wieder aufzuwerten.

Von der Alpe Maccagno geht es hinauf zum Lago Nero, 2322 m. Hier zweigt ein Weg zum Colle del Lago nach links ab (falsch); man folgt demjenigen Weg, der zum genau südlich liegenden Passo del Maccagno, 2495 m, führt (nicht zu verwechseln mit dem auf den Karten unbenannten, ebenfalls tief eingeschnittenen Pass im Westgrat des Monte Cossarello, der südöstlich davon liegt). Der Anstieg zum Passo del Maccagno ist am Ende kein reines Gehgelände mehr, sondern leichte Blockkletterei über große Blöcke und Platten, die bei Nässe rutschig sind.

Der Abstieg vom Passo del Maccagno ins weite Alptal des Torrente Loo (Region Valle d'Aosta) ist am Anfang felsig und steil und verlangt bei schwerem Rucksack Trittsicherheit. Man quert dieses Alptal (nicht talaufwärts zum Colle del Loo gehen), überschreitet den Bach – jenseits des Torrente Loo ist die GTA jetzt für einige Zeit

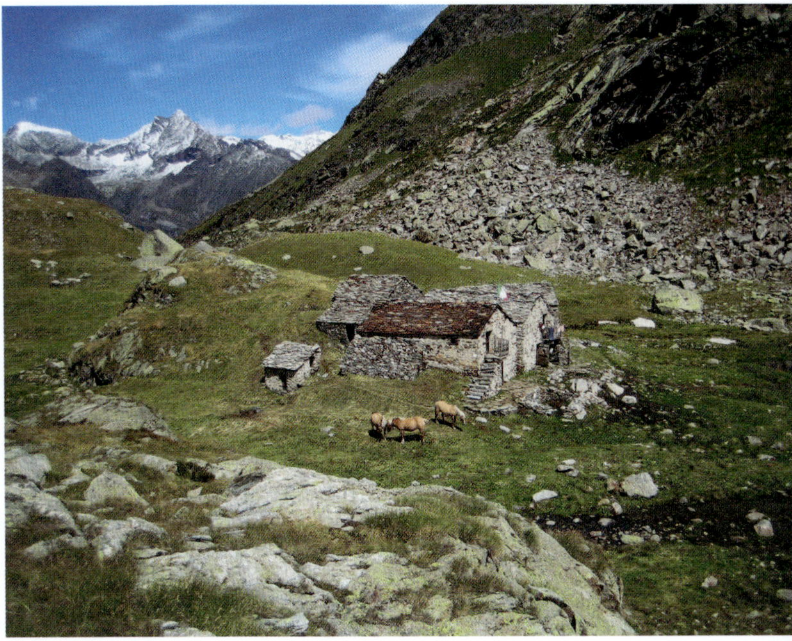

Die Alpe Maccagno mit den Walliser Alpen im Hintergrund.

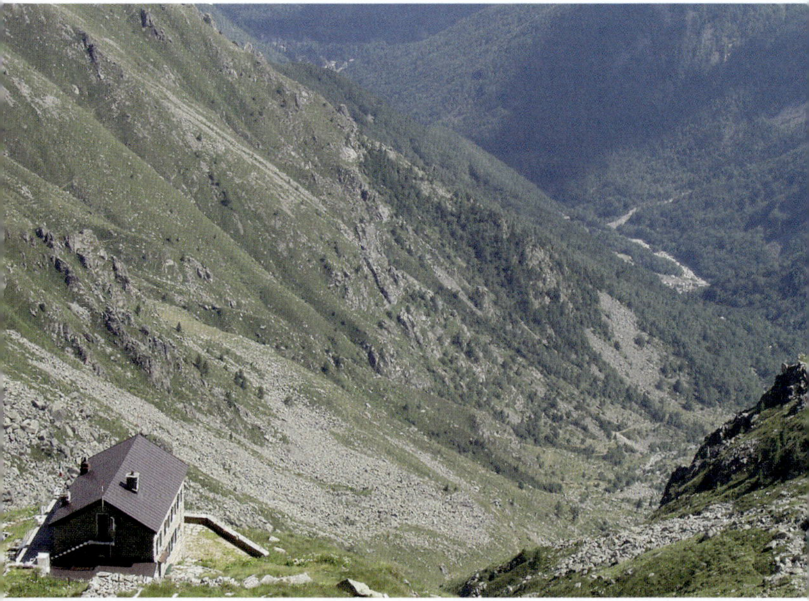

Das Rifugio Rivetti im obersten Cervo-Tal.

mit der Alta Via Valle d'Aosta Nr. 1 identisch – und erreicht in kurzem Gegenanstieg den Colle Lazoney, 2395 m. Kurz nach dem Colle Lazoney auf die Wegführung achten: Nicht den auffälligen, gelb-schwarz umrandeten Markierungen mit der Nr. 6 folgen, die hinab nach Niel, 1535 m (Unterkunft), führen (Notabstieg bei Wetterumsturz), sondern auf einem kleinen Steig (Weg 6a, gelbe Markierungen) südöstlich abbiegen. Bald tauchen wieder GTA-Zeichen auf. Die etwa 2 Kilometer lange, höhenparallele Querung zwischen dem Lazoney- und Mologna-Grande-Pass ist inzwischen zu einem gut erkennbaren, gelb markierten Weg geworden, der immer wieder durch grobe Block- und Plattenfelder führt; bei Nebel muss man aufpassen, dass man sich hier nicht verirrt. Kurz vor dem Colle della Mologna Grande, 2356 m, führt ein neuer, gut markierter Weg hinab nach Niel (Weg 6b, Alta Via Nr. 1), der breiter ist als der schmale, steil ansteigende GTA-Weg zum Colle und im Nebel mit diesem verwechselt werden kann. Nicht absteigen! Man geht über den Pass (Grenze Piemont–Valle d'Aosta) hinweg und auf gutem, wenn auch steilem Weg zum Rifugio Rivetti, 2201 m, hinab.

9 Rifugio Rivetti, 2201 m – San Giovanni d'Andorno, 1020 m

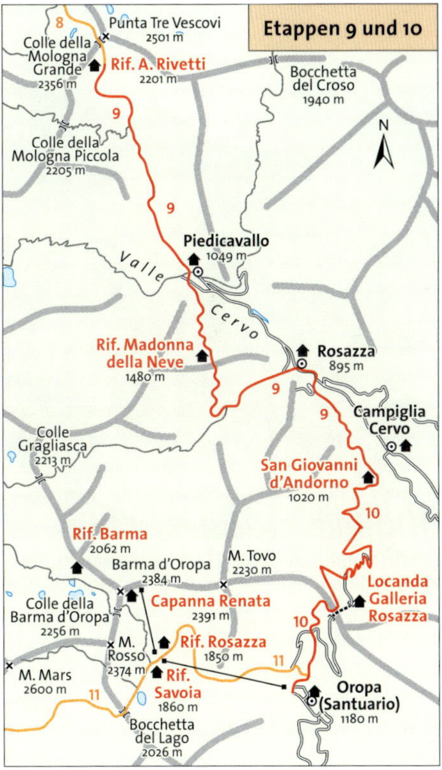

Vom Rifugio Rivetti hinab ins Cervo-Tal bis Piedicavallo, 1049 m. Von dort Aufstieg zu den Selle di Rosazza, 1480 m, und Abstieg nach Desate, 1101 m, dann hinab ins Haupttal nach Rosazza, 895 m, und von dort auf einer kleinen Fahrstraße auf der rechten Talseite über Gliondini nach S. Giovanni d'Andorno.

Höhendifferenz: ↗ 600 m, ↘ 1800 m
Markierung: rot
Gehzeit: 5 h 30 / Gegenrichtung: 7 h 20

Diese Etappe sollte variiert werden (es gibt unterwegs drei Unterkünfte), damit man vom Rifugio Rivetti aus am frühen Morgen auf die Punta Tre Vescovi, 2501 m (hier treffen die Grenzen dreier Bistümer aufeinander), steigen und dort das Panorama in Ruhe betrachten kann.

Beim Rifugio Rivetti nicht entlang des Baches direkt absteigen, sondern auf dem Weg E60 (zugleich GTA, SI und Alta Via delle Alpi Biellesi) zuerst in Richtung Westen, dann Süden – teilweise durch große Felsblöcke ziemlich steil und etwas ausgesetzt – und danach in großem Bogen nach Südosten und Osten absteigen. Man erreicht nach längerem Abstieg den Bach und kommt bald darauf zur Alpe Pianel, 1743 m. Hier sollte man einen Blick auf die alten Alpgebäude werfen, die zwar in schlechtem Zustand sind, aber trotzdem noch gut die charakteristische Balm-Anlage erkennen lassen. Das Wort »balm«, das sich in vielen alpinen Sprachen und Dialekten erhalten hat, ist offenbar vorrömischen Ursprungs und bezeichnet eine von einem Felsvorsprung geschützte und von Menschen als Unterkunft ausgebaute Stelle.

Im unteren Teil des Abstiegs wurde der Weg durch das Hochwasser vom Oktober 2020 teilweise weggerissen. Hier wurden Umgehungen angelegt, und es haben sich viele Trampelpfade gebildet. Der recht gewaltige Abstieg endet in Piedicavallo, 1049 m, dem historischen Zentrum des oberen Cervo-Tales, das einen kurzen Besuch lohnt (Unterkunft). Hier biegt die Via Alpina, die bisher mit der GTA identisch war, nach Westen ab und erreicht über

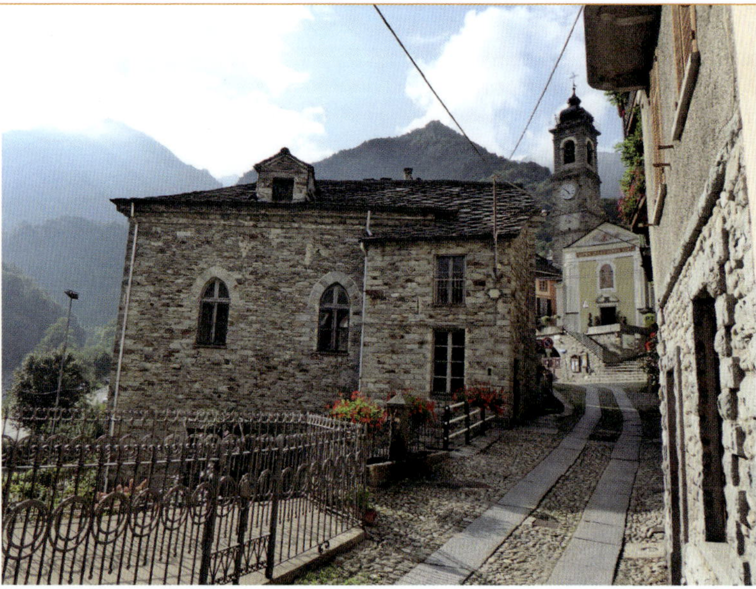

Der Ort Piedicavallo im oberen Cervo-Tal mit Waldensertempel (vorn) und der katholischen Kirche (hinten).

den Colle della Vecchia, 2187 m, das Gressoney-Tal.

Die GTA führt von Piedicavallo über die Cascina la Coda in südlicher Richtung hinauf zu den Selle di Rosazza (breiter Gratrücken, wörtlich »Sattel«) mit der Kapelle Madonna della Neve, 1480 m. In der Nähe liegt das gleichnamige Rifugio, in dem übernachtet werden kann. Der Abstieg verläuft durch das Pragnetta-Seitental, das bei Rosazza, 895 m (Unterkunft), in den Torrente Cervo mündet.

Wer direkt von Piedicavallo nach Rosazza (ohne den »Umweg« über die Madonna della Neve) gehen möchte, kann derzeit nicht den Fußweg am linken Ufer nehmen, da die Brücke in Rosazza beim Hochwasser im Oktober 2020 zerstört wurde. Daher bleibt vorerst nur der Weg auf der Straße. Etwas unterhalb von Rosazza biegt die GTA kurz vor dem Ponte Concresio nach Süden ab und verläuft die ersten 600 Meter auf der kleinen Fahrstraße, verlässt dann aber diese Straße und führt parallel zu ihr auf einer schönen alten Mulattiera mit verschiedenen Kapellen nach San Giovanni d'Andorno (zuletzt wieder ein kurzes Stück auf der Fahrstraße); alternativ kann man aber auch auf der Straße bleiben. Der GTA-Posto-tappa befindet sich im Santuario San Giovanni (Wallfahrtsort mit Hospiz).

Kulturell weist das Cervo-Tal eine Kulturmischung auf, wie wir sie in Grenzlagen in den Alpen oft finden: Der oberste Talteil weist von Norden her einen schwachen Walsereinfluss auf (Talname: Bürsch, hochdeutsch: Höhle, Haus), von Westen her gibt es aus dem Aosta-Tal schwache frankoprovenzalische Einflüsse, aber hauptsächlich ist dieses Tal doch von Süden, also von der piemontesischen Sprache und Kultur geprägt. Im Ort Rosazza gibt es in der Via Pietro Micca 25 eine sehenswerte »Casa Museo dell'Alta Valle del Cervo«, die diese Einflüsse dokumentiert (Tel. 338 3876 595).

Das Industriegebiet Ivrea–Biella hat mehrere weltbekannte Firmen hervorgebracht. Eine von ihnen ist der Edelkonfektionär Ermenegildo Zegna, ein Familienbetrieb, der heute in der vierten Generation geführt wird. Er hat seinen Ursprung in einer Wollweberei, die 1910 in Trivero bei Biella gegründet wurde. Ab den 1960er Jahren wurden eigene Herrenkollektionen entwickelt, ab den 1980er Jahren eigene exklusive Läden eröffnet. Heute ist die Firma E. Zegna Weltmarktführer in der Sparte hochwertiger Herrenmode mit 18 Fertigungsbetrieben in sechs Ländern und gut 400 eigenen Läden in fast allen Erdteilen. Im Gegensatz zu den typischen italienischen Industriebetrieben am Alpenrand, die oft aus zahlreichen, miteinander kooperierenden Kleinbetrieben bestehen (sogenannte Industrie-Cluster oder Firmennetzwerke), ist bei E. Zegna die gesamte Produktionskette vom Einkauf der Rohstoffe bis zum Verkauf im Besitz einer Firma. Die Firma ist mit ihrer Heimatregion immer noch eng verbunden. Die zum Zweck der Regionalentwicklung von ihr erbaute Strada Panoramica Zegna (aussichtsreiche Höhenstraße am Rande der Alpen) führt von Trivero, 739 m, in einer Höhe von 1300 bis 1400 Metern bis nach Rosazza im Cervo-Tal (www.oasizegna.it).

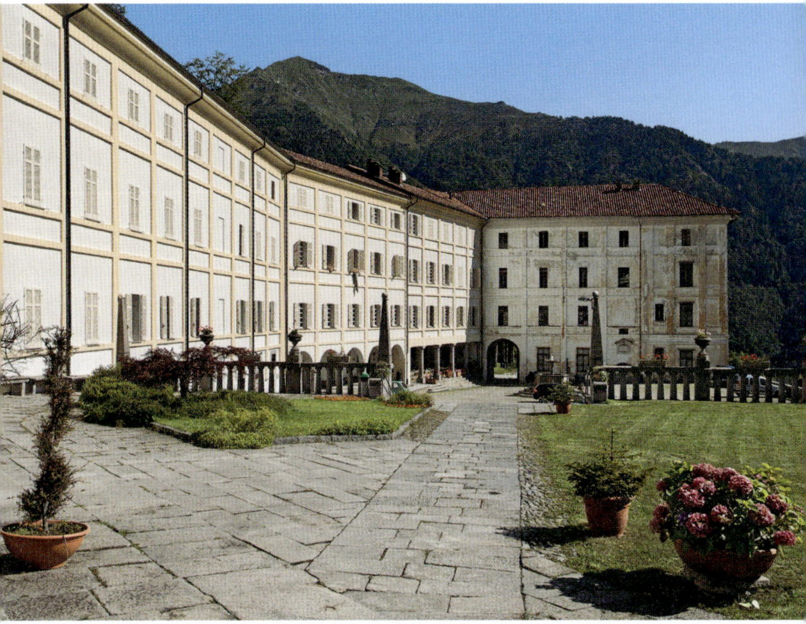

San Giovanni d'Andorno.

10 San Giovanni d'Andorno, 1020 m – Oropa, 1180 m

Kurze Etappe, die die beiden Wallfahrtsorte über den Colle della Colma verbindet.

Höhendifferenz: ↗ 650 m, ↘ 500 m
Markierung: rot-weiß-rot, aber spärlich
Gehzeit: 3 h 20 / Gegenrichtung: 3 h 15

Die GTA (zugleich Weg E29) verläuft vom Santuario aus längere Zeit auf der Fahrstraße. Bei den Case Gamma (erste Serpentine) verlässt sie sie für kurze Zeit und führt zuerst höhenlinienparallel, dann steil ansteigend nach Süden und trifft dann wieder auf die Fahrstraße. Man folgt ihr in vielen Serpentinen aufwärts. In etwa 1460 m Höhe (200 m vor dem Tunneleingang) verlässt die GTA diese Straße und führt als Saumweg hinauf zum Colle della Colma, 1622 m. Direkt am nordöstlichen Tunneleingang liegt die Locanda della Galleria Rosazza (Übernachtung).

Dieser Straßentunnel in 1466 Meter Höhe wurde im Jahr 1897 eröffnet, und seine Aufgabe war es, die beiden Wallfahrtsorte San Giovanni und Oropa für Kutschen und Fuhrwerke auf direktem Wege miteinander zu verbinden. Ein solcher Straßentunnel ist in den Alpen selten, weil für Kutschen und Fuhrwerke fast nie Tunnel gebaut wurden.

Beim Aufstieg auf dem Fußweg kommt man kurz vor der Passhöhe an den »Roccioni di Testette« vorbei, wild aufeinandergetürmten Felsblöcken, die jeden Augenblick zusammenzustürzen drohen. Auf der Passhöhe hat man ein hübsches Panorama, ein Abstecher (Weg D5) auf die nahe Cima Tressone, 1724 m, ist lohnend. Anschließend problemlos auf dem Weg D17 hinab zum riesigen Wallfahrtskomplex, in dem man übernachtet. Das Ufficio Accoglienza, das die Zimmer zuweist, liegt im untersten Hof der riesigen Anlage ganz links, nahe dem Hauptportal.

Alternative: Statt der GTA kann man auch die Alta Via della Fede nehmen, die ebenfalls von San Giovanni nach Oropa führt; sie macht zwar einen großem Umweg, aber dafür verläuft sie fast immer höhenparallel und im Wald (Dauer: 3 h 30). Eine große Übersichtskarte rechts der Einfahrt von San Giovanni gibt einen guten Überblick über ihren Verlauf. Man folgt der GTA bis über den Rio Colombaro, dann nimmt man den Weg, der von der GTA links talwärts abzweigt (E1 und E22) und der dann als E1 nach kurzer Zeit rechts abzweigt (auf IGC-Karte falsch), und folgt diesem höhenparallelen Weg lange Zeit bis in die Nähe der Cima Cucco. Hier wendet sich der Weg nach Westen (jetzt Weg D15, zugleich eine Etappe der Grande Traversata del Biellese, GTB) und führt direkt nach Oropa.

Oropa ist der bedeutendste Wallfahrtsort der italienischen Alpen und zugleich einer der vier größten des gesamten Alpenraums. Dieses Santuario (Wallfahrtsort) gilt als eine der ältesten und wichtigsten Stätten der Marienverehrung in ganz Italien. Der Ursprung der Verehrung der Schwarzen Madonna wird von der Tradition auf das Jahr 369 zurückgeführt, historisch fassbar ist jedoch die Marienverehrung erst ab dem 13. Jahrhundert, als um die kleine Naturhöhle herum, in der die Figur der Schwarzen Madonna aufbewahrt wurde, eine erste Kapelle entstand. Weil der Andrang von Pilgern in den folgenden Jahrzehnten immer größer wurde, wurden bald erste Pilgerunterkünfte und ab 1490 Pilgerhäuser für das Bielleser Patriziat, das sich an diesen Wallfahrten lebhaft beteiligte, gebaut. Anlässlich der Pest in Biella 1599 gelobte die Stadt den Neubau der Wallfahrtskapelle und den Bau einer Straße dorthin. Beides wurde

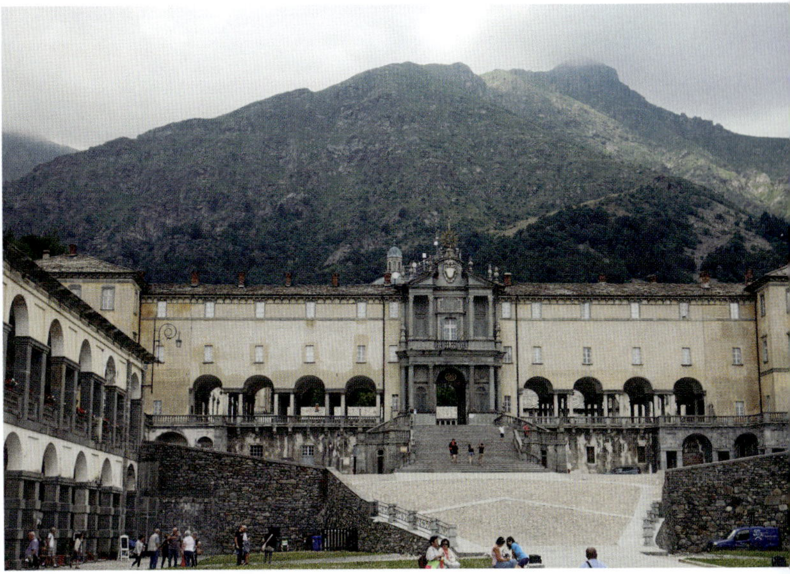

Der Eingang zum riesigen barocken Wallfahrtskomplex Oropa.

etwa 1640 fertiggestellt, wobei der Zufahrtsweg als Prozessionsweg mit 19 Kapellen versehen wurde. Aus der kleinen Kapelle wurde eine große Kirche, die Basilica Antica, in der heute noch die Holzstatue der Madonna aufbewahrt wird, und die direkte Umgebung wurde im Stile einer großen barocken Schlossanlage umgestaltet. Die Pracht der Gebäude hängt auch damit zusammen, dass die Herrscher von Savoyen oft hierherkamen, einen königlichen Pavillon errichten ließen und durch ihre Anwesenheit diesen Ort weiter aufwerteten (genauso wie die Habsburger den Wallfahrtsort Mariazell am Ostrand der Alpen auf ähnliche Weise aufwerteten).

Im 19. Jahrhundert wurde in der Nähe ein riesiger Friedhof angelegt (Cimiterio Monumentale). Im Jahr 1885 begann man mit dem Bau der Basilica Superiore, die heute die gesamte Anlage dominiert; dieser Barockbau nach Plänen aus dem 18. Jahrhunderts wurde aber erst 1960 fertiggestellt und bietet 3000 Besuchern Platz. Und von 1911 bis 1958 führte eine Straßenbahn aus dem Zentrum von Biella nach Oropa.

Wegen der großen religiösen Bedeutung wurde Oropa mehrmals Ziel einer Bergetappe des Giro d'Italia, seit 2002 gibt es einen Oropa-Weg von Biella entlang des Baches zum Santuario, und im Jahr 2014 wurde hier ein Museo della Montagna eingerichtet, das Alpinisten aus der Stadt und der Provinz Biella gewidmet ist. Und da Oropa zum Stadtgebiet von Biella gehört, versteht sich Biella seit einiger Zeit als Alpenstadt und wurde als »Alpenstadt des Jahres 2021« ausgezeichnet.

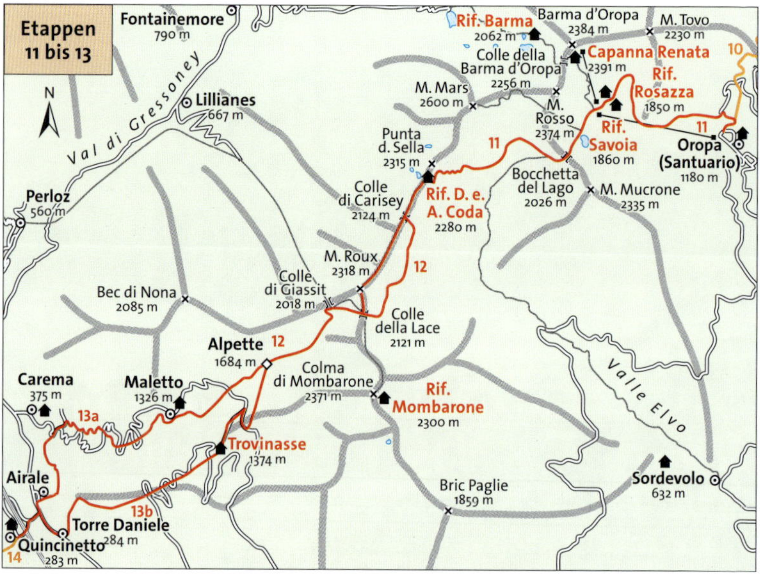

11 Oropa, 1180 m – Rifugio Coda, 2280 m

An mehreren Stellen gute Trittsicherheit voraussetzender Übergang vom Oropa-Tal über die Bocchetta del Lago, 2026 m, in den Talschluss des Elvo-Tales.

Höhendifferenz: ↗ 1250 m, ↘ 250 m
Markierung: rot, Weg D13 und C11
Gehzeit: 5 h / Gegenrichtung: 3 h 30

Man verlässt das Santuario an der Nordwestseite und folgt der kleinen Fahrstraße Richtung Galleria di Rosazza bzw. Santuario San Giovanni ein kurzes Stück. Hinter einer Serpentine zweigt nach links eine kleine Fahrstraße ab, der man folgt (D13 und GTA). Im Bereich der Alpe della Pissa, 1448 m, überschreitet man einen Bach und nimmt direkt dahinter einen Saumweg, der nach rechts abzweigt und mit Serpentinen in die Höhe führt. Nach gut 1 h erreicht man das Rifugio Rosazza, 1850 m (Unterkunft), und der Weg (nun D24) führt jetzt in südwestlicher Richtung teilweise höhenparallel, teilweise steigend am Rifugio Savoia, 1960 m, und am Lago di Mucrone, 1902 m, vorbei zur Bocchetta del Lago, 2026 m, wo man das Oropa-Tal verlässt.

Alternative 1: Man kann von Oropa aus auch die Seilbahn nehmen, die zur Bergstation Lago Coda (Oropa Sport) in der Nähe des Rifugio Rosazza führt: www.funiviedioropa.it > tariffe ed orari (derzeit geschlossen, Wiedereröffnung unklar).

Alternative 2: Vom Rifugio Rosazza aus führt der Weg D21 auf den Monte Camino, 2391 m, wo man sogar in der Capanna Renata übernachten kann. Hier oben hat man nach allen Seiten eine freie Aussicht (Walliser Alpen, Mont-Blanc-Massiv, Grajische Alpen, im Süden bis hin zum Apennin). In der Nähe, am Lago Barma, 2062 m (westlich des Monte Camino), gibt es ein neues Rifugio, was die Wandermöglichkeiten in diesem Gebiet erheblich verbessert. *Der Aufstieg von Oropa bis nach Oropa Sport ist Teil des alten Prozessionsweges von Fontainemore im Gressoney-Tal (Valle d'Aosta) über den Colle della Barma, 2256 m, nach Oropa. Die Prozession findet alle fünf Jahre (die nächste 2025) statt und beginnt um 23 Uhr in der Nacht vom 30. auf den 31. Juli. Die etwa 3000 Teilnehmer besuchen um 8 Uhr die Messe in Oropa und kehren dann nach Fontainemore zurück, wo sie gegen 19 Uhr eintreffen.*

Die Seilbahn von Oropa wurde bereits im Jahr 1926 erbaut und war damit die zweitälteste in ganz Italien. 1971 entstanden die Bahnen zum Monte Mucrone (1982 wieder abgebaut) und zum Monte Camino (seit Ende 2017 vollständig erneuert).

Von der Bocchetta del Lago aus führt der Weg kurz abwärts, dann längere Zeit höhenparallel über zahlreiche Blockfelder, wobei manchmal etwas luftige Bänder im steilen Schrofengelände genutzt werden; Vorsicht, wenn die Rinnen noch Schnee führen! An zwei Stellen erleichtern dicke und dünne Ketten sowie Seile das Vorankommen auf steilen Plattenbändern. Mit schwerem Rucksack ist Vorsicht geboten! Am Schluss führt ein angenehmer Serpentinensteig zum überaus aussichtsreich gelegenen Rifugio Coda. Den Spaziergang auf die nahe Punta della Sella, 2315 m, soll-

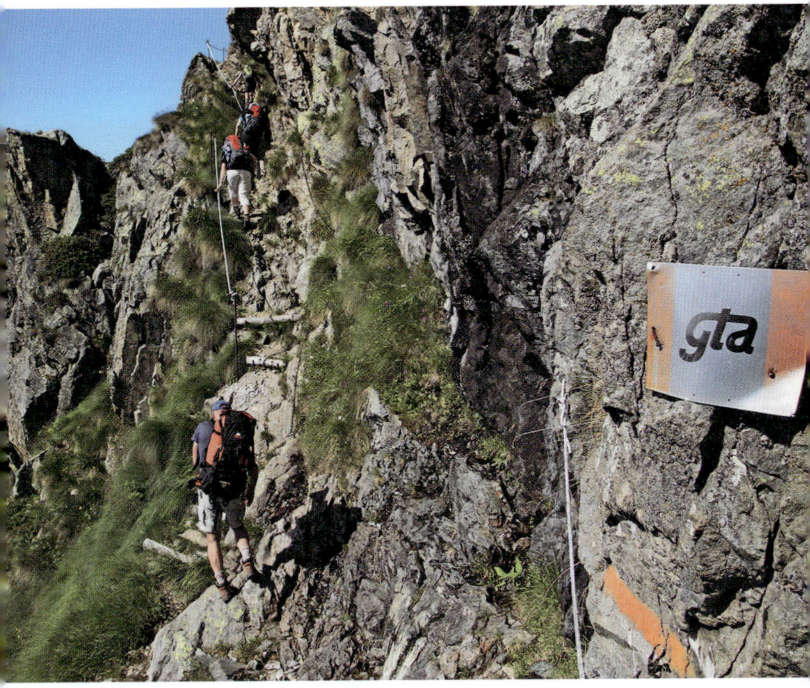

Bei der Querung im obersten Elvo-Tal gibt es einige Stellen, die mit Seilen gesichert sind.

te man sich nicht entgehen lassen. Von hier aus gibt es auch einen markierten Steig (mit einigen Fixseilen) auf den aussichtsreichen Monte Mars, 2600 m, den aber nur sehr Erfahrene nehmen sollten.

Kurz vor dem Rifugio Coda trifft man wieder auf die Alta Via Valle d'Aosta Nr. 1, die einen am nächsten Tag bis zum Colle di Giassit begleitet.

Achtung: Der Weg von der Bocchetta del Lago, der auf älteren Karten unterhalb des Rifugio Coda direkt zum Colle della Lace führen soll, existiert nicht.

Abstiegsalternative: Wer bei einem plötzlichen Wettersturz dieses exponierte Gebiet verlassen will, nimmt kurz hinter der Bocchetta del Lago den Weg C4, der nach links abzweigt, ins Valle Elvo hinabführt und weiter unten als Weg C3 direkt im Ort Sordevolo, 632 m (Unterkunft und Bus), endet. Diesen Weg erreicht man auch direkt vom Rifugio Coda.

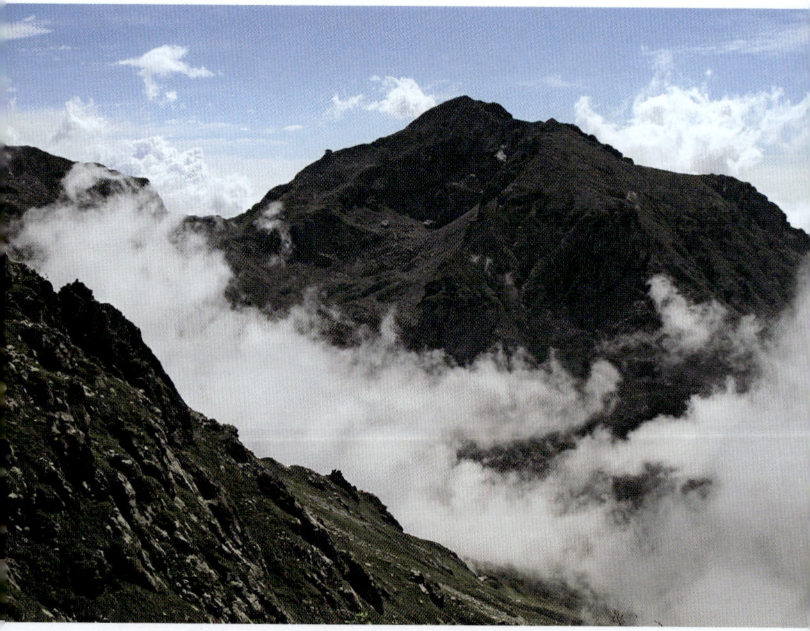

Blick vom Ende der Etappe 11 auf den Monte Mucrone, 2335 m (Bildmitte), und die Bocchetta del Lago (links, etwas in Wolken). Das deutlich sichtbare Gebäude auf dem Grat zwischen Pass und Gipfel ist die Ruine der Bergstation der ehemaligen Seilbahn.

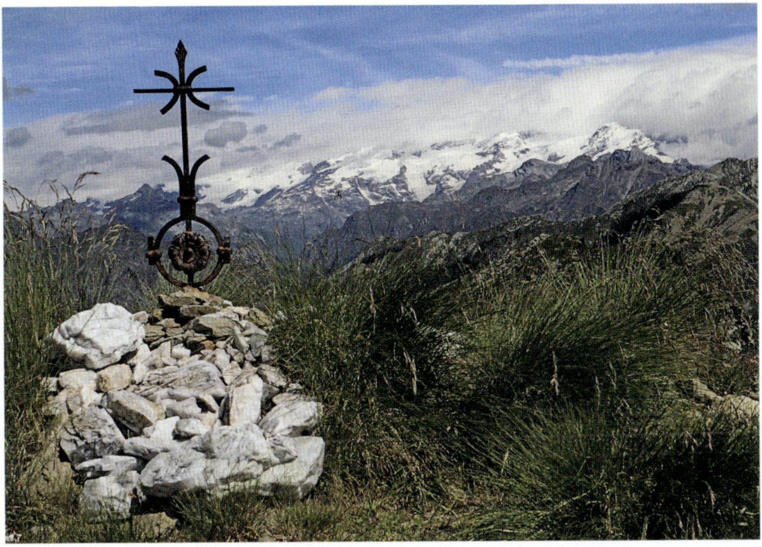

Blick von der Punta Sella oberhalb des Rifugio Coda auf das Monte-Rosa-Massiv.

12 Rifugio Coda, 2280 m – Maletto, 1326 m / Trovinasse, 1374 m

Aussichtsreiche Etappe in der Nähe der Wasserscheide zwischen Piemont und dem Aosta-Tal, dann Beginn des Abstiegs hinab ins Tal der Dora Baltea. Trittsicherheit erforderlich!

Höhendifferenz: ↗ 250 m, ↘ 1100 m
Markierung: rot-weiß (gelb) und rot, teils selten
Gehzeit: 3 h 30 / Gegenrichtung: 4 h 45

Vom Rifugio Coda aus geht man unmittelbar *auf* dem Gratrücken und folgt gelben und roten Markierungen und Steinmännchen in Richtung Südsüdwesten bis zu zwei großen Steinmännern. Weiter geht es auf markiertem Steig über eine Kuppe, dann am Grat bis zum Colle di Carisey, 2124 m. Kurz danach teilt sich der Weg:

a) Die GTA (und der Weg C12a) weicht dem Grat aus und führt nach links abwärts in den steilen Hang hinein, verläuft dann längere Zeit in etwa höhenparallel und führt dann wieder hinauf zum Colle della Lace, 2121 m. Obwohl dieser Weg immer wieder neu markiert wird, ist er stellenweise wieder zugewachsen und nicht leicht zu gehen. Und da die zu querenden Hänge steil sind, kann dieser Abschnit bei Nässe schnell problematisch werden. Bei Nebel und Nässe sollte dieser Weg keinesfalls begangen werden.

b) Die Alta Via del Biellese (und der Weg C12) folgt am Colle di Carisey direkt dem Grat und führt dann in permanentem Auf und Ab *über* den Monte Bechit, 2320 m, und *über* den Monte Roux, 2318 m, zum Colle della Lace, 2121 m. Dieser Weg ist teilweise mit Seilen gesichert und stellenwei-

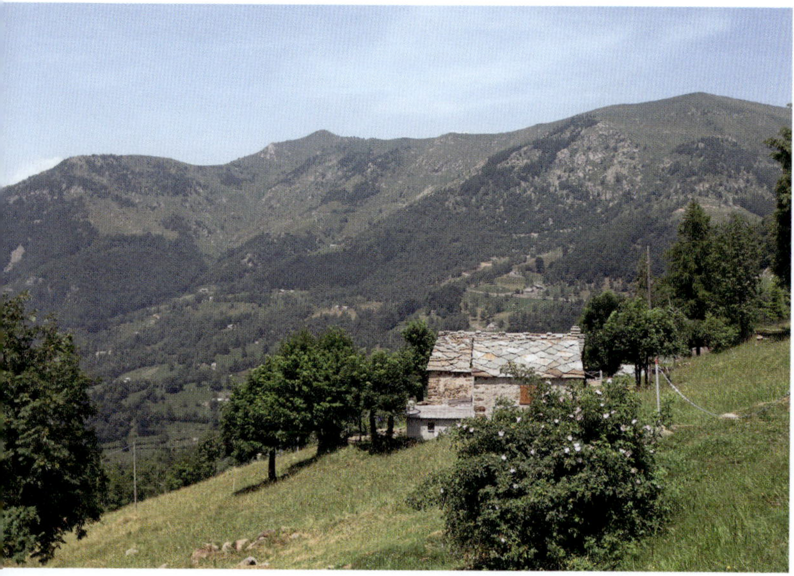

Die Region um Trovinasse (vorn) und Maletto (hinten). Der Berg etwas links der Bildmitte ist der Bec di Nona, 2085 m, und der Berg ganz rechts die Punta Cressa, 2061 m.

se ausgesetzt. Er besitzt zwar nicht den Charakter eines Klettersteigs, sollte aber nur von wirklich erfahrenen Wanderern benutzt werden.

Variante am Colle della Lace: Am Pass zweigt nach Süden ein Weg ab (C2a und Alta Via del Biellese), der direkt *auf* dem Grat und *über* die Punta Tre Vescovi, 2347 m, zur Colma di Mombarone, 2371 m, führt (teilweise etwas ausgesetzt). Hier hat man eine eindrückliche Fernsicht und vor allem einen extremen Tiefblick in die nahe Po-Ebene, die in nur 6 Kilometer Entfernung 2000 Höhenmeter unter einem liegt. Allerdings ist sie oft unter einer Nebel- oder Wolkendecke verborgen. Wenn man aber im Rifugio Mombarone übernachtet, das unterhalb des Gipfels liegt, dann kann man die Fern- und Tiefblicke am frühen Morgen genießen, wenn die Sicht am klarsten ist.

Am Colle della Lace, 2121 m, führt die GTA nicht direkt abwärts, sondern in etwa höhenlinienparallel nach Nordwesten zum Colle di Giasset, 2018 m. Erst hier geht es abwärts, zuerst in südlicher, dann in südwestlicher Richtung an verschiedenen Alpen vorbei. In dieses Seitental hinein wurde kürzlich eine neue Alpstraße gebaut, die im Jahr 2015 die Alpe Druer, 1765 m, erreicht hat und den alten Saumweg immer wieder quert und ihn teilweise zerstört. Man geht auf dieser Alpstraße abwärts bis zur Alpe Alpette, 1684 m, wo sich der Weg teilt.

Etappe 12a: Von Alpette aus geht man weiter abwärts auf der Alpstraße bis Maletto, oder man kürzt die Serpentinen der

Straße mit dem Weg 841 ab, der in der Nähe eines Baches verläuft.

Etappe 12b: Bei der Alpe Alpette, 1684 m, nimmt man den Weg 848, der nach links abwärts führt, nach kurzer Zeit den Bach überquert und dann fast geradeaus verläuft (Achtung: Dieser Wegabschnitt wurde durch ein Unwetter im Jahr 2020 zerstört). Nach etwa 40 Min. erreicht man eine kleine Fahrstraße, der man nach rechts talabwärts folgt; nach kurzer Zeit biegt man an einem Abzweig scharf nach links ab und ist wenig später beim Agriturismo.

Alternative bei schlechter Sicht: Man geht noch weiter abwärts bis zur Alpe Balmette, 1495 m, und biegt hier nach links auf die Alpstraße, die ebenfalls nach Trovinasse führt.

Die Wahl des Endpunktes dieser Etappe (egal, ob man hier übernachtet oder ob man wegen der Kürze die Etappen 12 und 13 zusammenlegt) hängt davon ab, wie die Wanderung nach dem Abstieg ins Tal der Dora Baltea weitergehen soll:

Etappen 12a/13a (Maletto)

- Wer die GTA-Wanderung hier beenden und den Zug nehmen will, muss berücksichtigen, dass der Bahnhof Quincinetto geschlossen ist und der nächste Bahnhof in Pont-Saint-Martin (4 Kilometer nördlich) liegt. Diesen Bahnhof erreicht man am einfachsten, indem man auf Etappe 13 nach Maletto absteigt und von hier aus auf der kleinen Fahrstraße – oder kürzer auf dem Weg 841 (GTA) und 841A – zum Weinort Carema, 379 m, absteigt (Unterkunft). Vom Ortszentrum ist es dann nur noch ein guter Kilometer bis zum Bahnhof, der im Südwesten von Pont-Saint-Martin liegt.
- Wer die zu Beginn genannte Rundwanderung machen will, steigt über Maletto nach Carema ab und geht von dort nach Pont-Saint-Martin weiter, wo der Bus ins Gressoney-Tal abfährt.

Etappen 12b/13b (Trovinasse)

- Wer auf der GTA weitergeht, der nimmt am besten den Weg über Trovinasse und steigt von dort ziemlich direkt nach Quincinetto ab.
- Wer die GTA-Wanderung hier beendet und den Bus nehmen will, steigt über Trovinasse direkt nach Quincinetto ab.

Da man auf diesem Abstieg eine sehr alte und interessante Kulturlandschaft durchquert, sollte man sich dafür Zeit lassen.

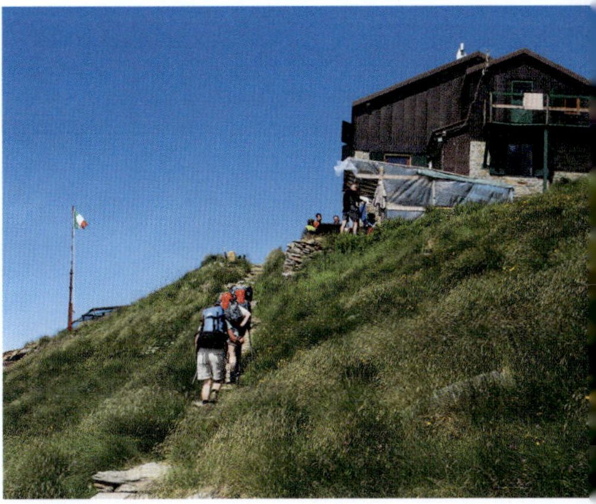

Das Rifugio Coda.

13 Maletto, 1326 m / Trovinasse, 1374 m – Quincinetto, 283 m

Abstieg aus den Walliser Alpen hinab ins Tal der Dora Baltea.

Höhendifferenz: ↗ –, ↘ 1040 m
Markierung: rot-weiß
Gehzeit: 2 h 30 / Gegenrichtung: 3 h 45

Etappe 13a

Von *Maletto* aus führt die GTA in westlicher Richtung als Weg 841 abwärts, verläuft am Ende ein Stück auf der Fahrstraße und wendet sich in etwa 500 Meter Höhe genau in einer Serpentine der kleinen Fahrstraße nach Süden; sie führt dann am Castello di Castruzzone, 542 m, vorbei und anschließend steil hinab durch Airale superiore und inferiore, wo man auf einer Brücke über die Dora Baltea geht und dann sofort in Quincinetto ist.

Etappe 13b

Vom *Agroturismo Belvedere* aus führt die GTA zuerst auf dem Weg 858 und dann (ab dem Weiler Trovinasse, 1374 m) auf dem Weg 854 (E4) in ziemlich direkter Wegführung steil hinab ins Tal, wo man am Schluss im Ort Torre Daniele, 284 m, herauskommt. Von hier aus geht man über die Brücke nach Quincinetto.
In Quincinetto hat man den tiefsten Punkt der GTA in ganz Piemont erreicht. Die Busse halten direkt hinter der Autobahnbrücke gegenüber der Tamoil-Tankstelle (Largo Europa 2).
Variante: Man verlässt den Agroturismo Belvedere auf dem Weg 858 und 854. In

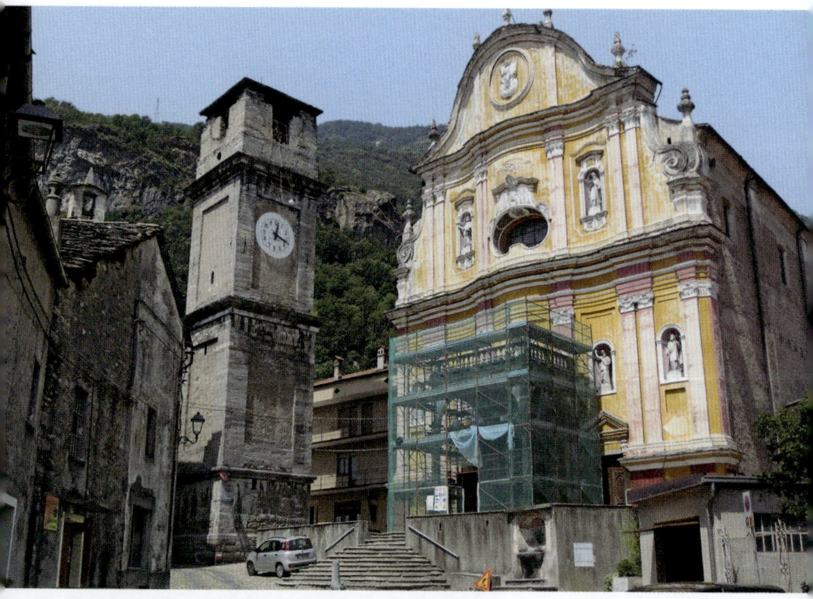

Der Ort Quincinetto mit der Pfarrkirche (ursprünglich romanisch, 1760-70 zu einer Barockkirche umgebaut) und dem mittelalterlichen Torre Campanaria.

etwa 1000 Meter Höhe nimmt man den Weg 853, der nach links abzweigt und zum Weiler Cornalei superiore, 602 m, führt. Hier geht man ein kurzes Stück die Fahrstraße abwärts und nimmt dann den Weg 853B, der hinab ins Bachbett und weiter abwärts führt. Er führt zu einer Barockkirche und zum Castello Borgovecchio, 365 m, wo man übernachten kann. Dies ist ein besonderer Ort: Es ist ein ehemals befestigter Felsen oberhalb des Tales, auf dem die Kirche San Lorenzo und das achteckige Baptisterium (Taufkirche) San Giovanni Battista (St. Johannes der Täufer) stehen, die beide im 9. Jahrhundert errichtet wurden und die heute zu den wichtigsten karolingischen Bauten in Piemont zählen (nur am Sonntag geöffnet). Es handelt sich bei diesem Ort um das alte Ortszentrum von Settimo Vittone und um einen Rastplatz der mittelalterlichen Via Francigena, die über den Großen St. Bernhard nach Ivrea (und weiter nach Rom) führte. Gleichzeitig trafen sich hier früher mehrere Saumwege, die von dieser Stelle aus in verschiedene Abschnitte des benachbarten Hanges führten. Die Aussicht von diesem Ort ist eindrücklich und umfasst auch die folgende GTA-Etappe.

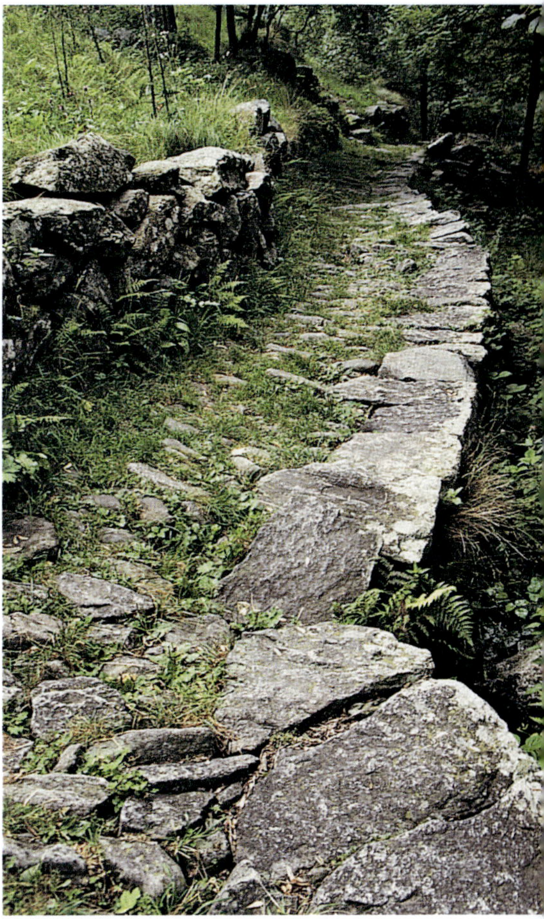

Sorgfältig gebaute Mulattiera zwischen Maletto und Quincinetto.

Vom Castello Borgovecchio aus geht man auf dem Weg 853B hinab ins Zentrum von Settimo Vittone (Unterkunft und Bus).

Sacri Monti

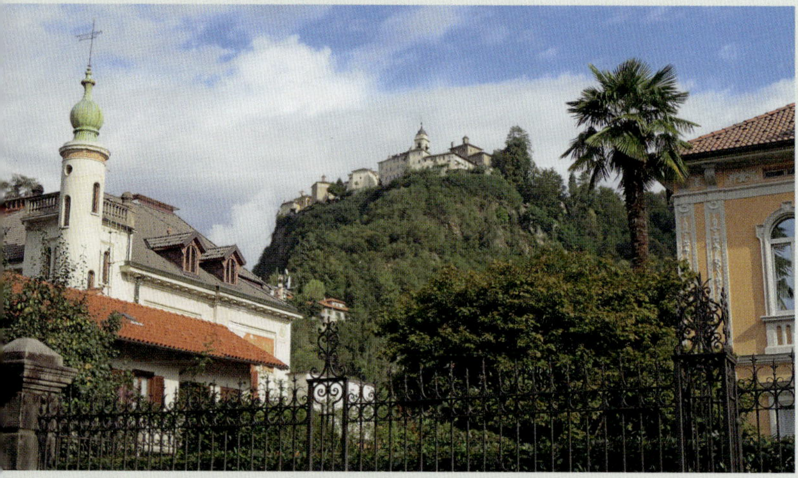

Der Sacro Monte di Varallo oberhalb der Altstadt.

Ein Sacro Monte (wörtlich: heiliger Berg) oder Kalvarienberg ist normalerweise ein Berg oder Hügel, auf den ein Kreuzweg zu einer Gipfelkapelle hinaufführt. Solche Berge sind im katholischen Europa sehr häufig. Im engen Sinne werden dagegen neun Sacri Monti in Oberitalien (7 in Piemont, 2 in der Lombardei) so bezeichnet. Diese gehören zu den bedeutenden Kunstwerken Italiens, stehen seit 2003 auf der Liste des UNESCO-Kulturerbes, sind aber in Deutschland ziemlich unbekannt. Da fünf von ihnen in der Nähe der GTA liegen, werden sie hier kurz vorgestellt.

Diese Sacri Monti sind isolierte Berge, auf die ein Kreuzweg mit zahlreichen Kapellen hinaufführt, und auf dem Gipfelplateau gibt es eine große Wallfahrtskirche, zahlreiche Kapellen, Pilgerunterkünfte, Andenkenläden und sonstige Gebäude. Auf diese Weise wird die gesamte Landschaft im Sinne eines Gesamtkunstwerkes religiös gestaltet.

Die theologische Leitidee, die vom Konzil von Trient (1545–1563) offiziell anerkannt wurde, bestand darin, den Gläubigen ein Ersatzziel für eine Pilgerfahrt ins Heilige Land anzubieten.

Jeder Sacro Monte besitzt einen eigenen Themenschwerpunkt (Erzählungen aus dem Alten und Neuen Testament und dem Leben von Heiligen), der sehr aufwendig dargestellt wird: In zahlreichen Kapellen werden die wichtigsten Ereignisse dieser Erzählung mit lebensgroßen, sehr realistisch gestalteten Figuren nachgestellt. Dabei sind die Wände so bemalt, dass man glaubt, in einen großen Innenraum oder in eine Landschaft hineinzusehen. Dieser Eindruck wird noch dadurch verstärkt, dass alle Kapellen mit einem Holzgitter abgeschlossen sind und man die Szenen nur durch relativ kleine Gucklöcher betrachten kann – man blickt also in eine andere Welt hinein, die durch ein geniales Zusammenspiel von Plastik, Malerei und Architektur extrem realistisch erscheint und die die virtuellen Welten unserer Gegenwart vorwegzunehmen scheint.

Mit Ausnahme des Sacro Monte di Varallo, der bereits ab 1497 erbaut wurde, entstanden diese Sacri Monti zwischen 1589 und 1712. Es handelt sich bei diesen barocken Gesamtkunstwerken um Werke der Gegenreformation, die die Menschen mit gewaltigen, landschaftsdominierenden Anlagen und mit hohem medialem Aufwand vom »richtigen« Glauben überzeugen sollten.

In den Jahren zwischen 1940 und 1980 begannen alle Anlagen langsam zu verfallen, aber ab 1980 wurden sie wieder renoviert und gepflegt. Alle neun Sacri Monti sind heute zusammen mit ihrer Umgebung als Riserva Speciale (Sondernaturschutzgebiet) geschützt, und sie werden gemeinsam von einer einzigen öffentlichen Verwaltung betreut.

In der Nähe der GTA trifft man auf folgende Sacri Monti:

- Sacro Monte di Domodossola: direkt südwestlich der Altstadt (An-/Abfahrt Etappen V5–V8 und 1).
- Sacro Monte di Orta: auf der Halbinsel Orta San Giulio am Ostufer des Orta-Sees (An-/Abfahrt Etappe V11).
- Sacro Monte di Varallo: direkt nördlich der Altstadt (An-/Abfahrt Etappen 3–8).
- Sacro Monte di Oropa: im Südwesten der großen Wallfahrtsanlage, die den Sacro Monte hier nicht zur Geltung kommen lässt (direkt an Etappe 10/11).
- Sacro Monte di Belmonte: oberhalb des Ortes Valperga, südlich von Cuorgnè am Torrente Orco (An-/Abfahrt Etappen 18–22).

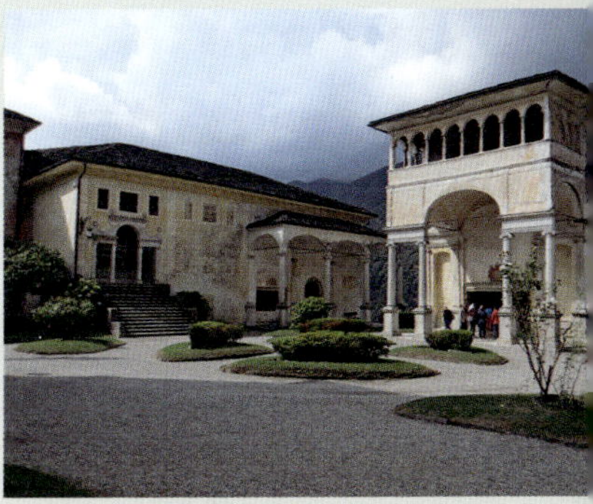

Einige der 45 Kapellen auf dem Gipfelplateau des Sacro Monte di Varallo.

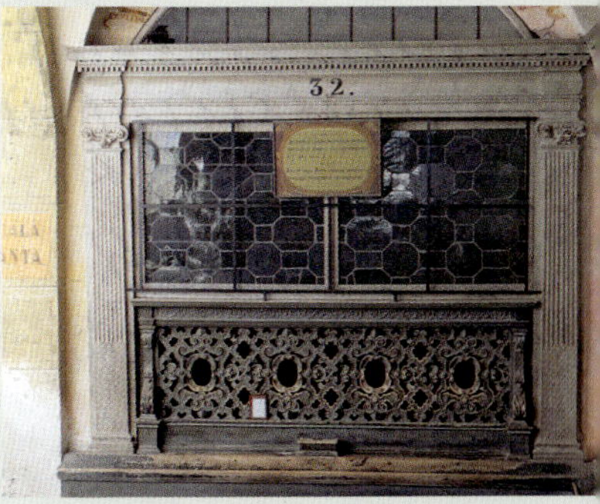

Die Kapellen sind nach außen hin durch Holzgitter abgetrennt, man kann nur durch ziemlich kleine Gucklöcher hineinsehen.

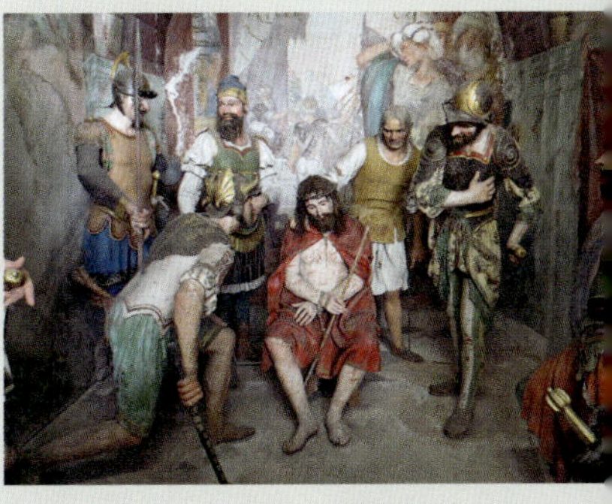

Das Innere einer Kapelle – die Verbindung von Plastik, Malerei und Architektur erzeugt einen sehr realitätsnahen Eindruck.

Kulturlandschaft im unteren Tal der Dora Baltea

Das untere Dora-Baltea-Tal lässt man wahrscheinlich bei Wanderplänen spontan unberücksichtigt: Was soll es in einem durch Autobahn, Staatsstraße und Eisenbahn dicht erschlossenen Tal in der Nähe des Alpenrandes noch Sehenswertes geben? Aber das ist ein großer Irrtum: Es geht diesem Tal wie vielen ähnlichen Alpentälern – der schmale, ebene Talboden wird sehr intensiv erschlossen, doch die steilen Berghänge werden von der modernen Entwicklung kaum berührt und bilden eine »vergessene« Region.

Zwei Besonderheiten zeichnen diese Alpenrandregion aus: der Weinbau und das besonders dichte Netz von Saumwegen.

Im unteren Dora-Baltea-Tal gibt es zahlreiche Weinberge, die sich vor allem auf der orografisch linken Talseite weit die Hänge hinaufziehen. Die umfangreichen Terrassenanlagen nutzen geschickt die kleinsten Geländeunebenheiten aus und überziehen oft ganze Hangbereiche; und gelegentlich hat man solche Anlagen auf blankem Fels errichtet, vom Talboden aus Erde hinaufgetragen und so steriles Ödland in einen Weinberg umgewandelt. Der Weinbau geht hier mindestens auf die Römer zurück (zur Römerzeit ist er dokumentiert, ein prähistorischer Weinbau kann vermutet werden) und erfolgt mittels der Pergola (»a pergolato«), waagerechten Holzgestellen, die von Stein- oder Holzpfosten getragen werden. Allerdings kann man auch feststellen, dass eine Reihe von Parzellen verbuschen und dass die Fläche der Weinberge zurückgeht.

Unter den Weinbauorten dieser Region ist der Ort Carema besonders bekannt: Er besitzt eine sehr lange Weinbautradition, und sein Wein wurde bereits im 16. und 17. Jahrhundert von verschiedenen Päpsten hoch gerühmt. Im Jahr 1960 wurde die Winzergenossenschaft gegründet, die heute hundert Mitglieder zählt (alles Teilzeitwinzer), 1967 wurde ihr Wein, der aus der Nebbiolo-Traube gewonnen wird, als »Denominazione di Origine Controllata / DOC« und 2010 als »Denominazione di Origine Controllata »Carema« bzw. »Carema Riserva« ausgezeichnet, und seit 2014 arbeitet man mit Slow Food Italia zusammen (»Presidio Slow Food«). Man kann diesen Wein in zahlreichen Restaurants der Region erhalten, oder man

Die Weinberge im unteren Dora-Baltea-Tal sind oft zwischen Felsen angelegt. Links das Castello di Castruzzone, das die wichtige Straße durch dieses Tal bewachte.

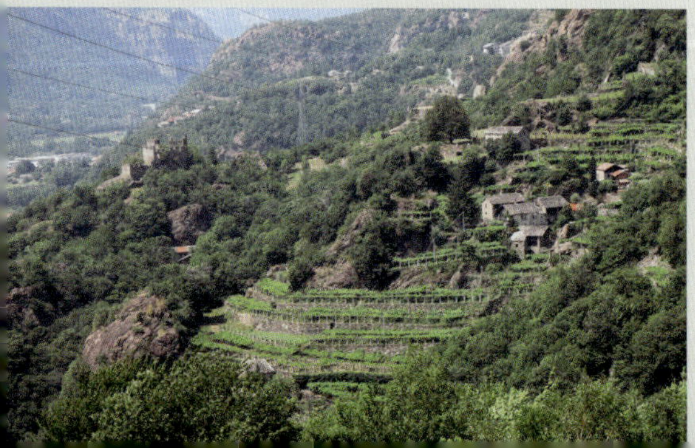

kann die Verkaufsstelle der Genossenschaft, die Bottega del Vino, in Carema besuchen (Via Nazionale 32, I-10010 Carema, unten an der Staatsstraße 26, Tel. 0125 8111 60, www.caremadoc.it).

Des Weiteren weist dieses Gebiet zahlreiche sorgfältig gebaute und gepflasterte Mulattiere (Saumwege) auf, die hier so zahlreich sind wie in kaum einer anderen Alpenregion. Die steilen und hohen Hänge, die früher sehr intensiv – unten für den Weinbau, darüber für Kastanien und Ackerbau und schließlich oben als Wald-, Weide- und Alpregion – genutzt wurden, mussten von den Einheimischen oft passiert werden; wegen der Steilheit des Geländes und der heftigen Niederschläge am Alpenrand konnte man sich nicht mit unbefestigten Wegen begnügen, denn das zu Tal stürzende Wasser hätte sie in kurzer Zeit zerstört. Daher wurden die Wege sorgfältig mit Natursteinen gepflastert, gegen das Kulturland mit Mauern abgegrenzt, zur leichteren Begehung oft mit unzähligen Treppenstufen versehen, und für das abfließende Wasser wurde ein eigenes Abflusssystem geschaffen. Die Breite dieser Wege richtete sich nach dem Platzbedarf eines bepackten Maultieres, des traditionellen Transportmittels dieser Region.

Angelegt wurden diese Straßen von den einzelnen Gemeinden, wobei dieses Wegenetz die Voraussetzung für die intensive Nutzung und Bewirtschaftung dieses Gebietes war. Der Wegebau wurde in Gemeinschaftsarbeit durchgeführt. Der Dialektausdruck »roide« bezeichnet im gesamten piemontesischen Alpenraum die Gemeinschaftsarbeiten, die durch die Dorfgemeinschaft genau festgelegt waren und an denen sich jede Familie beteiligen musste. Auf diese Weise wurden nicht

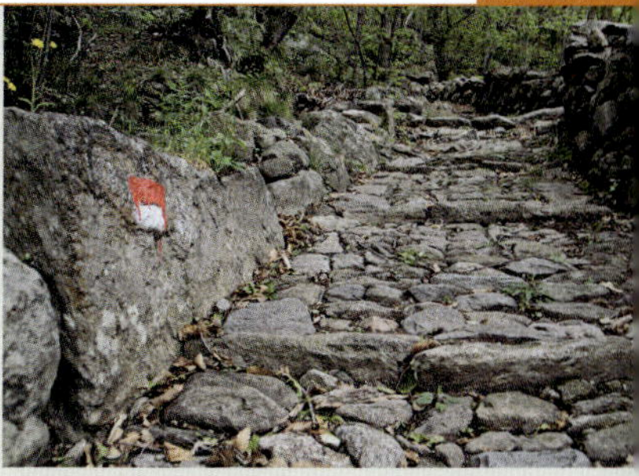

Einer der sorgfältig gebauten Saumwege im unteren Dora-Baltea-Tal.

nur die Straßen und Wege gebaut, erhalten und im Winter vom Schnee geräumt, sondern es wurden auch alle für die Gesamtheit des Dorfes wichtigen Arbeiten kollektiv erledigt, wie der Bau des Dorfbackofens, des Brunnens, der Dorfkapelle, die Sicherung und Verbauung der Wildbäche usw. Auf diese Weise besitzt die Dorfgemeinschaft – das ist im Übrigen für den gesamten Altsiedelraum der Alpen im Unterschied zum Jungsiedelraum charakteristisch – im Leben eines Dorfes einen sehr hohen Stellenwert.

Da derartige Weganlagen im Alpenraum heute selten geworden sind und zugleich ein bedeutendes Beispiel für eine alpenspezifische Technik und Infrastruktur darstellen, sind diese Weganlagen für kulturgeschichtlich interessierte Wanderer eine Sehenswürdigkeit ersten Ranges. Die GTA benutzt auf den Etappen 13 und 14 stellenweise solche Saumwege, doch wer daran interessiert ist, der sollte diese Gelegenheit nutzen und sich hier etwas intensiver umsehen. Als Zeitraum für eine Erkundung ist wegen der großen Hitze vom Hochsommer abzuraten, und wegen der geringen Höhenlage bestehen hier sogar im Winter gute Wandermöglichkeiten.

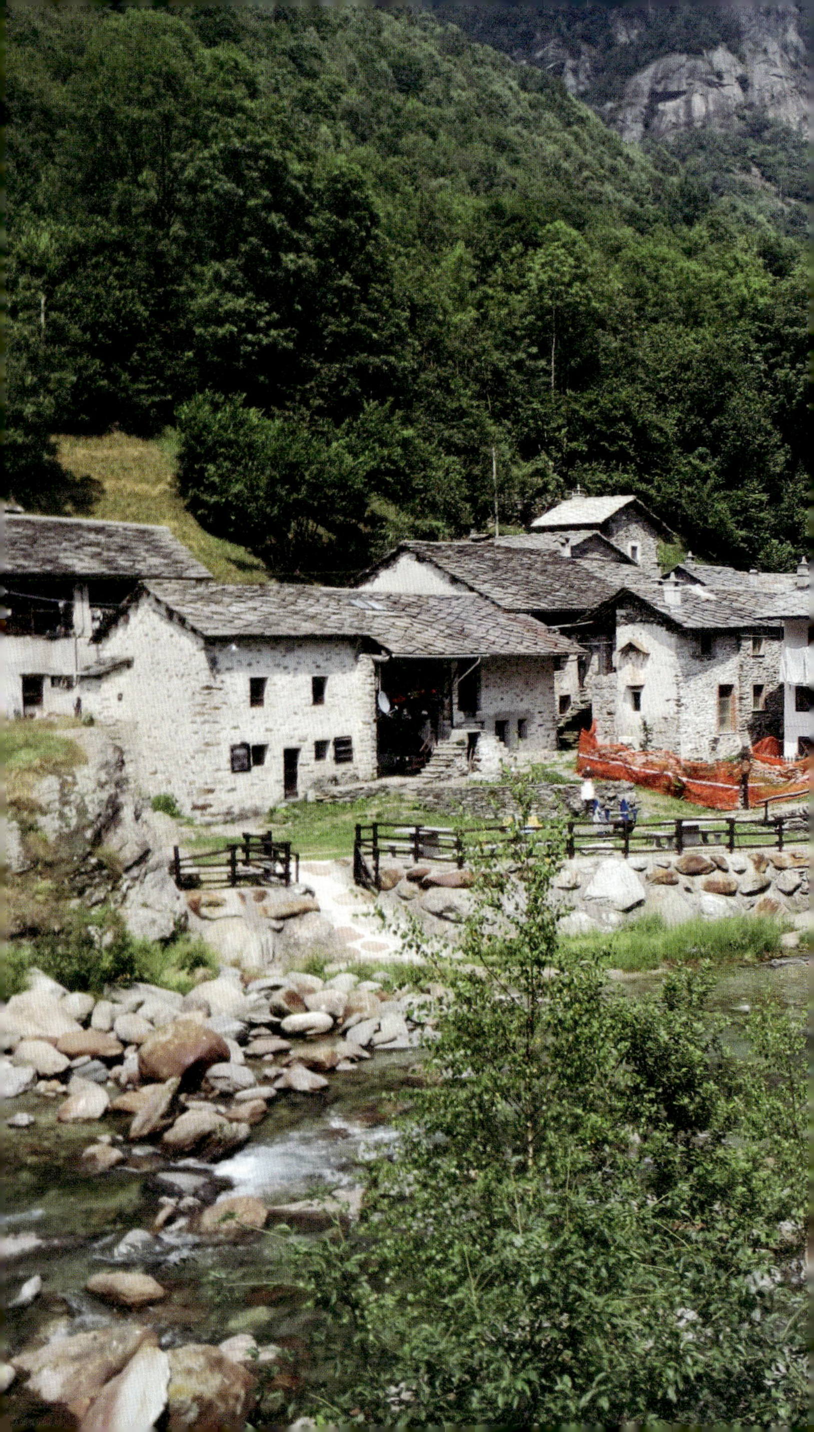

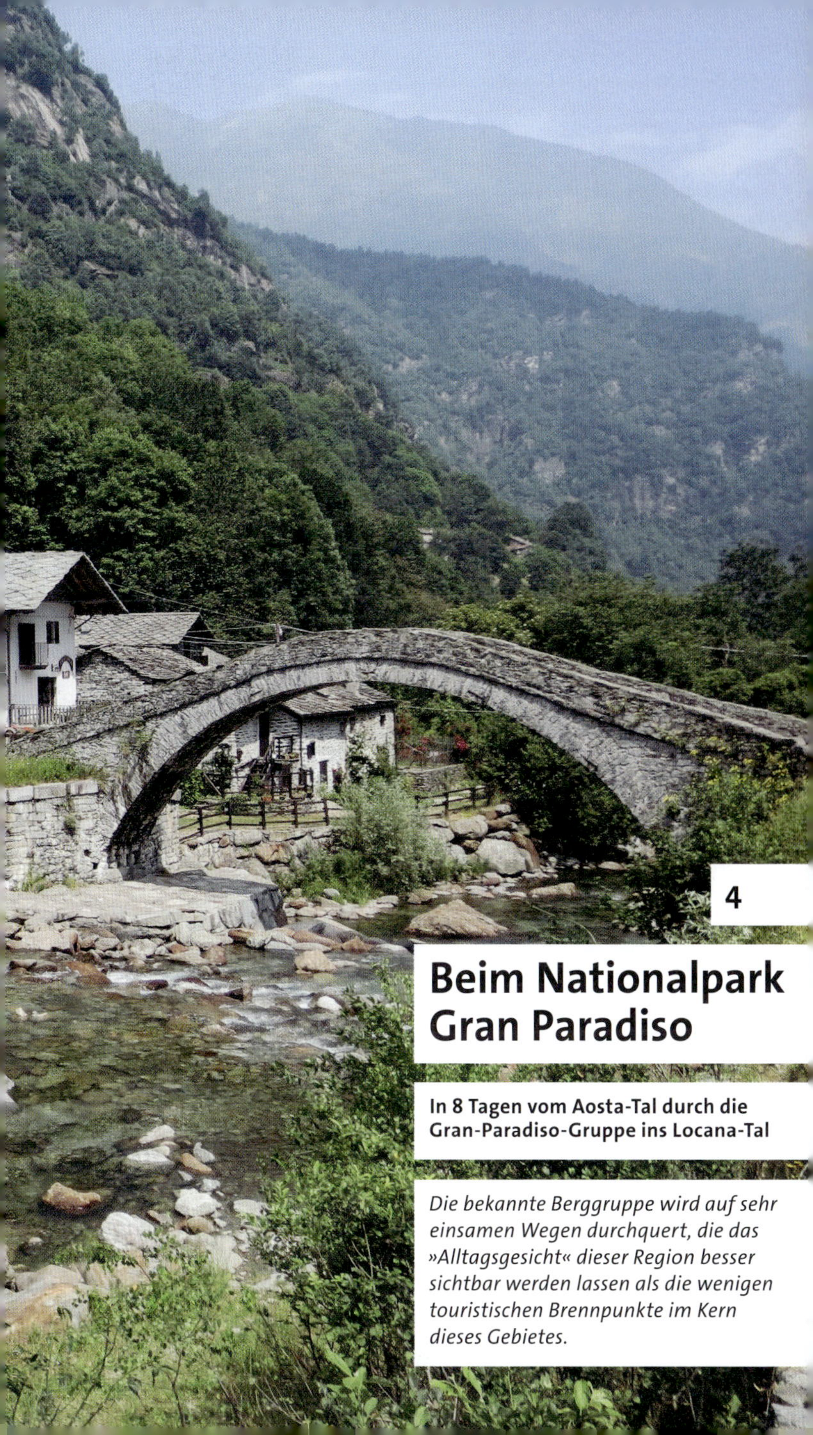

4

Beim Nationalpark Gran Paradiso

In 8 Tagen vom Aosta-Tal durch die Gran-Paradiso-Gruppe ins Locana-Tal

Die bekannte Berggruppe wird auf sehr einsamen Wegen durchquert, die das »Alltagsgesicht« dieser Region besser sichtbar werden lassen als die wenigen touristischen Brennpunkte im Kern dieses Gebietes.

S. 134/135: Der kleine Ort Fondo im Chiusella-Tal mit seiner markanten Bogenbrücke.

Während der nördliche Teil der Gran-Paradiso-Gruppe häufig besucht wird und touristisch erschlossen ist, führt die GTA durch ihren südlichen Teil, der – mit Ausnahme von Ceresole Reale – völlig unbekannt geblieben ist, sodass sehr einsame Täler durchquert werden.

Da die traditionelle Landwirtschaft fast verschwunden ist, der Tourismus kaum Arbeitsplätze geschaffen hat und die Arbeitsplätze am Alpenrand weit entfernt sind, sind die Bevölkerungszahlen hier sehr stark zurückgegangen, und die Landschaft verbuscht und verwaldet stark.

Ausgangs- und Endpunkt dieses Kapitels sind mit öffentlichen Verkehrsmitteln gut zu erreichen, sodass sich dieser Abschnitt für eine einwöchige Wanderung gut eignet. Allerdings ist zu beachten, dass die Etappen 16, 18 und 19 sehr lang sind, was bei der Tourenplanung berücksichtigt werden sollte. Nach der Etappe 21 wird von Ceresole Reale aus ein Abstecher ins Zentrum der Gran-Paradiso-Gruppe vorgeschlagen. Dieser ermöglicht es zugleich, die Alta Via Nr. 2 des Aosta-Tals zu erreichen und auf dieser innerhalb einer Woche nach Piamprato oder ins Dora-Baltea-Tal zurückzukehren, wodurch sich eine sehr attraktive 14-tägige Rundwanderung durch die Gran-Paradiso-Gruppe ergibt, die sowohl die völlig einsamen als auch die touristisch bekannten Teile berührt.

In Piamprato (Etappe 17) erreicht die GTA das Gebiet, das Michael Kleider und ich im Wanderbuch *Gran Paradiso* (2013) näher vorstellen. Die darin beschriebenen Touren lassen sich gut mit einer GTA-Wanderung kombinieren und ermöglichen so ein vertieftes Kennenlernen dieser völlig unbekannten Alpenregion.

Öffentlicher Verkehr

Bahn

- Torino–Ivrea (umsteigen)–Pont-St-Martin–Aosta: für Etappe 14.
- Torino Porta Susa–Rivarolo–Pont Canavese: www.gtt.to.it > linee ed orari > Provincia e Piemonte > sfm > sfm 1 (teilweise Bus zwischen Rivarolo und Pont): für Etappen 16–21.

Bus

- Ivrea–Pont Saint-Martin (hält in Quincinetto): www.sadem.it > Viaggia con noi > orari e percorsi > Nord > Scopri > 265: für Etappe 14.
- Ivrea–Traversella: www.gtt.to.it > linee ed orari > Provincia e Piemonte > rete extraurbana bus > blaues Band unten »Scegli la tua linea ...« anklicken > linea 4512: für Etappe 15.
- Pont Canavese–Valprato Soana (wenige Busse bis Piamprato): www.gtt.to.it > wie bei Bus Etappe 15 > linea 5140: für Etappen 16 und 17.
- Pont Canavese–Talosio: Rufbus (Provibus, 1 Tag im Voraus bestellen) Tel. 800 049 629: für Etappe 18.
- (Rivarolo–)Pont Canavese–Noasca–Ceresole Reale: www.gtt.to.it > wie bei Bus Etappe 15 > linea 5137: für Etappen 19–21.

Unterkunft

Etappe 14

Agriturismo Le Capanne, 1400 m, I-10017 Quincinetto, nahe bei Scalaro, 18 Betten, geöffnet von Ostern bis 31. Okt., Restaurant, Kochgelegenheit, Käse erhältlich, Tel. 0125 757397 oder 333 8279 078.

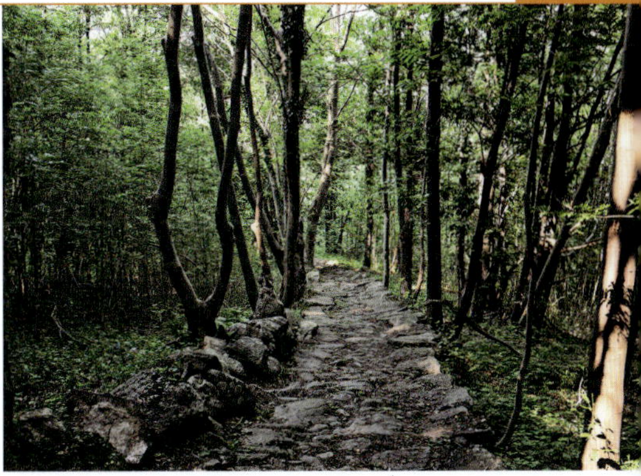

Der alte Saumweg von Quincinetto nach Scalaro, den die GTA auf Etappe 14 benutzt.

Etappe 15

Fondo, 1062 m, I-10080 Traversella:
Trattoria del Ponte, 6+10 Betten, Restaurant, Dusche, Tel. 0125 749124. Unbedingt vorher anmelden!

Weitere Unterkünfte

Rifugio Chiaromonte (privat), 2045 m, I-10080 Traversella, unbewirtschaftet und in der Regel verschlossen, 10 Betten, Kochgelegenheit, keine Dusche, Decken, Tel. 0125 74824.

Rifugio Bruno Piazza (CAI Ivrea), 1050 m, Frazione Balma Bianca, oberhalb von I-10080 Traversella, 25 Betten, geöffnet Mitte Juli bis Anfang Sept. und an den Wochenenden von Anfang April bis Ende November, Restaurant, Tel. 0125 749233 (CAI Ivrea: Tel. 0125 45065).

Traversella, 827 m, I-10080 Traversella:
Albergo Miniere, Piazza Martiri 4, 35 Betten, ganzjährig geöffnet, Restaurant, Tel. 0125 749005.
B&B La Traleua, Località Oltre l'Acqua, 6 Betten, Tel. 0125 749087 oder 349 8380 655.
B&B Il Tasso, Via Cali 294, 6 Betten, ganzjährig geöffnet, Tel. 346 3096 551 oder 338 1935 834.

Succinto, 1175 m, I-10080 Traversella:
Posto tappa der Associazione Club Amici Valchiusella neben der Kirche, 18 Betten, Restaurant, nicht immer geöffnet (unregelmäßig), Tel. 348 0662 697.

Etappe 16

Posto tappa Piamprato, 1551 m, I-10080 Valprato Soana:

Posto tappa in der alten Schule, 6 Betten, ganzjährig geöffnet, Kochgelegenheit, Schlüssel in der Locanda Aquila Bianca, Tel. 0124 812993.

Weitere Unterkünfte in Piamprato
Locanda Aquila Bianca, 24 Betten, ganzjährig geöffnet, Restaurant, Dusche, Tel. 0124 812993 oder 0124 68322.

Chalet Rosa dei Monti, 14 Betten, ganzjährig geöffnet, Restaurant, Tel. 0124 066335.
Affittacamere Rose Sollami (am oberen Ortsende), 8 Betten, Tel. 349 1092 084.

Etappe 17

Posto tappa in Ronco, 948 m, I-10080 Ronco Canavese:
Locanda della Luna, Via Alpetta, 18 Betten, ganzjährig geöffnet, Tel. 347 5502 896.

Weitere Unterkünfte

Bondone, 1116 m, I-10080 Valprato Soana:
Albergo Alpina, Frazione Bondone 22, 12 Betten, ganzjährig geöffnet, Tel. 0124 812929.

Ronco, 948 m:
Ostello Lo Bec, Via Garibaldi, 11 Betten, ganzjährig geöffnet, Tel. 349 3636 611.

Nivolastro, 1424 m:
Rifugio escursionistico Nivolastro, 4 Betten, Juli bis August geöffnet, Restaurant, Tel. 345 0778 235.

Weitere Unterkünfte für Rückfahrt

Pont Canavese, 451 m, Lebensmittel, Bank, Post:
Albergo Bergagna, Via Marconi 19, I-10085 Pont Canavese, ganzjährig geöffnet, Tel. 0124 85 153.

Cuorgnè, 414 m, Lebensmittel, Bank, Post:
Albergo Astoria*,** Via Don Minzoni 5, I-10082 Cuorgnè, Tel. 0124 666 001 (Nähe Bahnhof).

Etappe 18

Posto tappa Talosio, 1227 m, I-10080 Ribordone, Lebensmittel:

Posto tappa im ehemaligen Schulhaus, Schlüssel in der Trattoria Da Marina, Tel. 0124 818015 oder 340 9191 958.

Weitere Unterkunft in Talosio, 1227 m
Affittacamere La Velp, Frazione Talosio 9, Tel. 334 5499 597.

Etappe 19

San Lorenzo di Piantonetto, 1042 m, I-10080 Locana: Trattoria San Lorenzo, Frazione San Lorenzo 21, 13 Betten, ganzjährig geöffnet, Restaurant, Tel. 0124 800 213 oder 347 5925 546.

Etappe 20

Posto tappa Noasca, 1072 m, I-10080 Noasca, Lebensmittel, Post:

Posto tappa bei der Ristobar Gran Paradiso, Via Umberto I 2, 18 Betten, Mai bis Sept. geöffnet, Restaurant, Tel. 340 4729 334.

Weitere Unterkünfte in Noasca
Albergo Caccia Reale, Via Roma 14, 8 Betten, ganzjährig geöffnet, Tel. 349 2318 586.
Hotel La Cascata, Frazione Gera sopra, 30 Betten, ganzjährig geöffnet, Tel. 340 4729 334 oder 334 3721 183.

Pianchetto, 1188 m, I-10080 Noasca:
B&B Il Maiolandro, 8 Betten, ganzjährig geöffnet, Tel. 345 2790 649 (an alter Straße nach Ceresole, etwas abseits der GTA).

Etappe 21

Posto tappa Ceresole Reale, 1501 m, I-10080 Ceresole Reale:

Posto tappa beim Rifugio escursionistico Le Fonti Minerali, Frazione Fonti Minerali 1 (direkt südlich des Torrente Orco), 25 Betten, geöffnet Mai bis Sept., Restaurant, Tel. 0124 953117 oder 347 7110 309 oder 380 7380 639. Lebensmittel, Post und Bancomat in der Nähe.

Weitere Unterkünfte in Ceresole Reale
www.comune.ceresolereale.to.it > sito turistico > vivi > Dove dormire

Etappe 21a

Rifugio M. Mila, 1583 m, Borgata Villa di Ceresole 9 (am oberen Ende des Sees), 25 Betten, ganzjährig geöffnet, Restaurant, Kletterwand, Tel. 0124 953230.

Rifugio Muzio, 1667 m, Frazione Chiapili di sotto 6, 22 Betten, geöffnet Anfang Mai bis Ende Sept. und Wochenenden im Okt., Restaurant, Tel. 0124 442 455.

Rifugio Città di Chivasso am Col del Nivolet (Eigentümerin: Region Aosta), 2604 m, 34 Betten, geöffnet vom 20. Juni bis 20. Sept., Restaurant, große alpinistische Bibliothek, Tel. 0124 953150.

Rifugio Savoia am Col del Nivolet, 2532 m, 50 Betten, bewirtschaftet 15. Juni bis 13. Sept., Restaurant, Tel. 0165 94141 oder 95272.

Karten

1:50 000

- IGC Blatt 9 »Ivrea–Biella e Bassa Valle d'Aosta«: Etappen 14–17.
- Fraternali Blatt 50-5 »Gran Paradiso, Val Soana, Valle Orco, Valli di Lanzo«: für Etappen 16 (ab Tallorno) bis 21 und 21a.

1:25 000

- Fraternali Blatt 37 »Valle di Champorcher, Monte Avic, Valle Centrale«: Etappen 14, 15 (ohne zwei Wegschleifen) und 16 (bis zum Pass).
- Fraternali Blatt 25 »Valle Soana, Bassa Valle Orco«: Etappen 16–19 und 20 (Beginn).
- Fraternali Blatt 24 »Valle Orco, Gran Paradiso«: Etappen 19 (Schluss), 20–22 (bis Rivotti) und 21a.

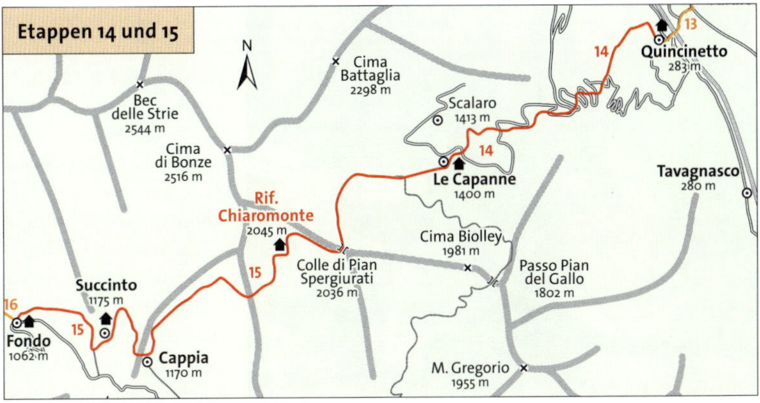

14 Quincinetto, 283 m – Le Capanne, 1400 m

Aufstieg aus dem Tal der Dora Baltea in den weiten Talkessel von Scalaro.

Höhendifferenz: ↗ 1105 m, ↘ –
Markierung: rot-weiß (gut markiert)
Gehzeit: 4 h / Gegenrichtung: 2 h 30

Da Quincinetto sehr tief liegt und es hier oft sehr heiß ist, empfiehlt es sich nicht, gleich noch am Anreisetag die Etappe 14 zu gehen. Stattdessen bietet es sich an, den Ort Quincinetto und seine Weinberge etwas zu erkunden. Und wenn man am nächsten Tag Etappe 14 beendet hat, dann gibt es im weiten Hochtalkessel von Scalaro zahlreiche lohnende Ziele, darunter den aussichtsreichen Ort Scalaro, 1413 m, und zahlreiche bewirtschaftete Alpen.

Von der Kirche in Quincinetto geht man zuerst ein kurzes Stück von Westen in die Via Umberto I, dann biegt man nach Norden in die Via San Giuseppe ein und kurz darauf in Richtung Nordosten in die Via Carlo Alberto. Nach einiger Zeit zweigt nach links (Nordwesten) die Via Santa Maria ab, der man folgt. Nach wenigen Häusern beginnen die Weinberge und nach gut 200 Metern der Wald. Der Weg führt nicht über den Bach, sondern wendet sich vor dem Bach scharf hinauf nach Südwesten. Der sorgfältig gebaute, teilweise gepflasterte und nicht zu verfehlende Weg ist der historische Saumweg hinauf nach Scalaro. Er ist als GTA, als Weg 831 und C1 markiert, bleibt jetzt für lange Zeit im Wald und führt auf dem steilen Hang immer steil nach oben.

In 700 Meter Höhe, also gut 1 h nach Verlassen des Ortes Quincinetto, trifft der Weg das erste Mal auf die kleine Fahrstraße nach Scalaro, die er jetzt mehrfach quert. In 915 Meter Höhe erreicht man die Häuser der Kapelle Santa Maria, und oberhalb von ihnen trifft man erneut auf die Fahrstraße, der man jetzt 500 Meter weit geradeaus aufwärts folgt. Dann macht diese Straße eine Serpentine nach rechts, und an dieser Stelle (1001 m) verlässt man die Straße nach links, überschreitet den Bach und geht weiter aufwärts. Nach einiger Zeit berührt man wieder kurz die Straße, später überquert man sie noch ein letztes Mal, und dann erreicht man nach einem letzten steilen Aufstieg plötzlich

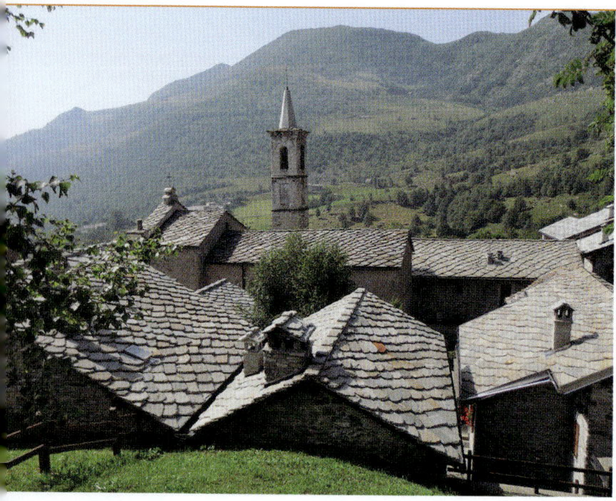

Der Ort Scalaro mit der Cima Biolley, 1981 m (oberhalb des Kirchturms).

ro-Tal »hängt« sozusagen bei der Einmündung ins Tal der Dora Baltea »in der Luft«.

Diese naturräumliche Situation ist typisch für viele Alpentäler, und sie sorgt für eine deutliche Distanz zwischen Berg und Tal: Während der flache Talboden unten in 300 Meter Höhe leicht vom Alpenvorland erreichbar ist und heute durch Autobahn und großen Gewerbe- und Wohngebiete stark städtisch geprägt ist, ist der flache und weite Talkessel des Hängetals in 1400 Meter Höhe nur mühsam zu erreichen, und hier oben gibt es noch Reste einer bäuerlich geprägten Welt, bei der die Stadt weit weg zu sein scheint. Dies ist der Grund, warum Scalaro heute bei vielen Einheimischen ein beliebtes Ausflugsziel ist.

Im Naturzustand war der weite Talkessel von Scalaro zwar bewaldet, aber man kann davon ausgehen, dass Lawinen, die regelmäßig von den umgebenden steilen Hängen abgingen, Schneisen in den Wald schlugen und ihn auflichteten. Die frühesten Funde einer menschlichen Nutzung stammen aus dem Jahr 4000 v. u. Z., als hier eine erste Alpwirtschaft begann. Der Name Scalaro soll sich übrigens von »scala« (Treppe) ableiten, weil der lange Weg hinauf oft einen treppenartigen Charakter besitzt.

die weite Hochfläche des Scalaro-Talkessels in 1400 Meter Höhe, die als Wiese und Weide genutzt wird.

Hier geht man noch ein kurzes Stück nach Westen, biegt dann vom Saumweg (der weiter zum Dorf Scalaro führt) nach links ab und ist schnell beim Agriturismo Le Capanne.

Auf Etappe 14 erlebt man hautnah, was ein Hängetal ist: Der eiszeitliche Dora-Baltea-Gletscher war sehr lang und sehr mächtig und daher in der Lage, sich sehr stark in seinen Untergrund einzutiefen. Die eiszeitlichen Seitengletscher wie der Scalaro-Gletscher dagegen waren nur kurz, und ihre Fließbewegung wurde auch noch vom Dora-Baltea-Gletscher gestoppt, sodass sie sich nicht stark eintiefen konnten. Nachdem das Eis abgeschmolzen ist, besteht daher das Haupttal aus einem sehr tiefen U-Tal, und in dieses münden die Seitentäler nun mit einer hohen Stufe. Deshalb endet der Scalaro-Talboden bei Le Capanne auf 1400 m, und dann folgt eine 1100 Meter hohe Steilstufe bis Quincinetto – das Scala-

15 Le Capanne, 1400 m – Fondo, 1062 m

Vom Scalaro-Talkessel aussichtsreich über den Colle di Pian Spergiurati, 2036 m, ins Chiusella-Tal.

Höhendifferenz: ↗ 750 m, ↘ 990 m
Markierung: rot-weiß
Gehzeit: 6 h 30 / Gegenrichtung: 7 h 15

Man geht auf der Ostseite des Stalls des Agriturismo bergauf und folgt einem Weg in südwestlicher Richtung. Nach kurzer Zeit biegt der Weg C1 nach links ab, während die GTA nach rechts geht, einen Bach quert und hinauf zur Alpe Cavanne, 1567 m, führt. Jetzt geht es am Hang weiter aufwärts (als GTA und Weg 831 markiert) und man passiert die Alpe Fumà inferiore (mit neuer Alpstraße) und superiore. Wenig später quert man die neue Alpstraße noch einmal, und der Weg wendet sich jetzt nach Südwesten und führt über die Alpe Valbona, 1774 m, hinauf zum Colle di Pian Spergiurati, 2036 m.
Hier erreicht man das Chiusella-Tal, und zwar das Viasca-Seitental, in das man jedoch nicht hinabsteigt, sondern das man aussichtsreich in etwa 2000 Meter Höhe quert, wobei der Weg jetzt neben der GTA die Nummer 719 trägt. Vom Pass aus geht es leicht abwärts zum Rifugio Chiaromonte, 2045 m, das nicht bewirtschaftet und inzwischen meist verschlossen ist. Die GTA quert den Südosthang der Punta Cavalcurt mit der Alpe Chiaromonte, 2045 m, höhenparallel (nicht mit Weg 719 ins Tal absteigen, sondern mit Weg 707 geradeaus weitergehen) und umrundet dann den Südgrat dieses Gipfels in etwa 1900 Meter

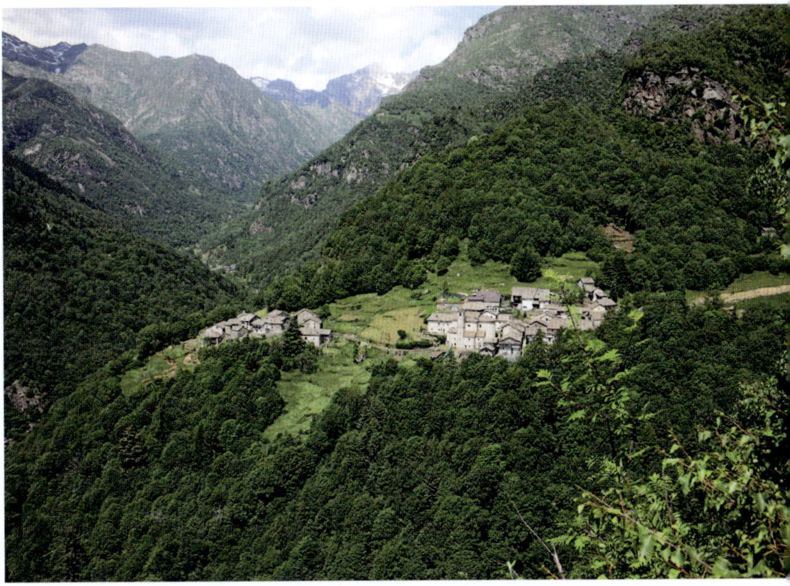

Blick vom Abstieg nach Cappia auf Succinto und ins Chiusella-Tal.

Höhe. Von hier aus können Geübte die Punta Cavalcurt, 2348 m, ersteigen (Fernsicht). Hinter dem Südgrat geht es fast höhenparallel bis zu den Case Binelli, 1948 m, weiter, und erst anschließend führt die GTA über ehemalige Alpen steil abwärts (recht mühsam wegen hohen Grases und verwachsenen Weges) bis in die Nähe des Ortes Cappia, 1170 m, den man von oben gut sieht.

Wer die Wanderung hier beenden und nach Traversella absteigen will, geht in den Ort Cappia hinab und anschließend auf dem Weg 730 bis nach Traversella (Unterkunft, Bus).

Die GTA dagegen wendet sich oberhalb von Cappia zuerst nach Westen und dann an einem Bildstock nach Norden und erreicht in einem großen Bogen, der durch das Tal des Torrente Tarva führt, den malerisch auf einem Felssporn gelegenen Ort Succinto, 1175 m.

Dieser Ort unterteilt sich in einen oberen und einen unteren Dorfteil, die beide sehenswert sind. Hier leben derzeit noch drei Personen auch im Winter. Es bietet sich sehr an, hier zu übernachten, allerdings ist die Unterkunft nicht immer geöffnet.

Man geht mitten durch das Oberdorf hindurch, an der Kirche vorbei und durch das Unterdorf hindurch. An dessen Ende führt ein Weg links hinab ins Tal, während sich die GTA nach rechts wendet. Man geht jetzt auf dem alten Saumweg Succinto–Fondo, der teilweise noch gut erhalten ist (Pflasterung, Steintreppen), teilweise etwas verfällt und der aufgrund des Reliefs stets leicht auf- und abwärts führt. Nachdem man die Alpe Lasassio, 1052 m, die exponiert am Steilhang liegt, passiert hat und kurz darauf den Rio Mares (Wasserfall) überquert hat, erreicht man das kleine Bergdorf Fondo, 1062 m.

Die Gemeinde Traversella hat hier ein lokales Wegenetz »la via dei cantoni« ausgewiesen, das zu den zahllosen Orten und Weilern des Chiusella-Tals führt und dabei die traditionellen Saumwege benutzt. Dies ist eine gute Möglichkeit, dieses Tal näher kennenzulernen, wenn man zwischen den Etappen 15 und 16 einen weniger anstrengenden Tag einlegen möchte.

Fondo gehört heute zur Gemeinde Traversella, war aber lange Zeit Mittelpunkt der selbständigen Gemeinde Valchiusella, die den gesamten oberen Talteil umfasste und die 1929 wegen der starken Abwanderung aufgelöst wurde. Der Ort besitzt eine große, exponierte Steinbogenbrücke aus dem Jahr 1727. Vom Mittelalter bis tief ins 19. Jahrhundert hinein wurden im Alpenraum genau in dieser Weise Brücken gebaut, sodass

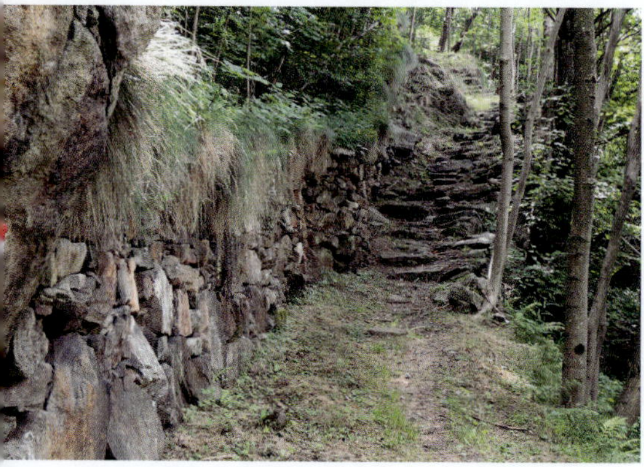

Der Saumweg Succinto–Fondo, auf dem die GTA verläuft.

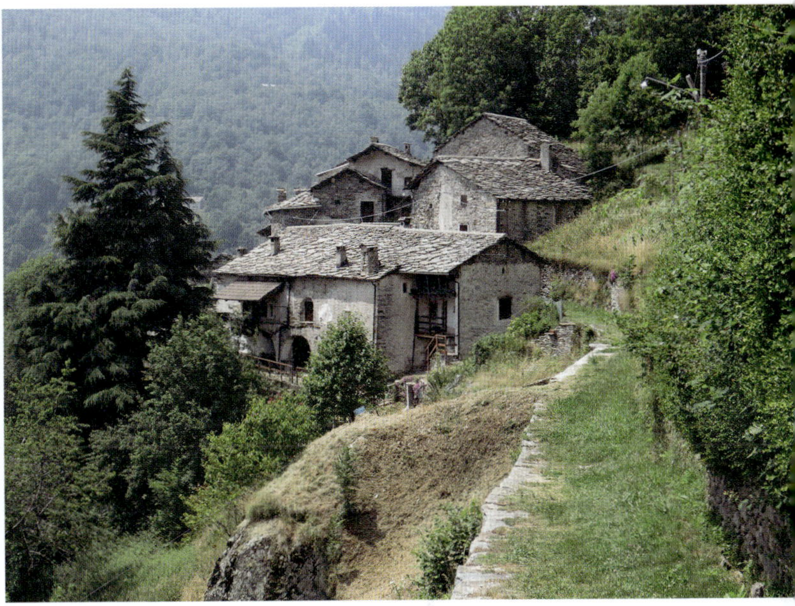

Der untere Ortsteil von Succinto mit dem alten Saumweg.

ihre Datierung oft schwerfällt; sie wirken oft älter, als sie eigentlich sind. Zur Unterscheidung: Noch aus der Römerzeit stammende Brücken, die sich im Alpenraum hier und da noch finden lassen, sind zwar auch in Bogenform gebaut, aber der über die Brücke führende Weg beschreibt auf der Brücke keinen Auf- und Abstieg, sondern verläuft völlig eben.

Das Chiusella-Tal, das die GTA durchquert, ist wenig siedlungsfreundlich, da sich der Torrente Chiusella relativ tief ins Gelände eingeschnitten hat und der Anteil an felsigem Ödland ziemlich hoch ist. Trotzdem stammen die frühesten Hinweise auf eine menschliche Nutzung aus der Zeit um 4000 v. u. Z. Die traditionell hohe Bevölkerungsdichte beruhte auf dem Vorkommen von Bodenschätzen (Magnesit, Pyrit), die hier mindestens seit römischer Zeit abgebaut wurden. Die wirtschaftliche Krise des Bergbaus führte Ende des 19. Jahrhunderts zur Schließung der Anlagen, wodurch zahlreiche Bewohner zur Abwanderung gezwungen wurden. Heute arbeitet der größte Teil der noch verbliebenen Einwohner in den nahen Industriebetrieben am Alpenrand, während Landwirtschaft nur noch im Neben- und Zuerwerb betrieben wird.

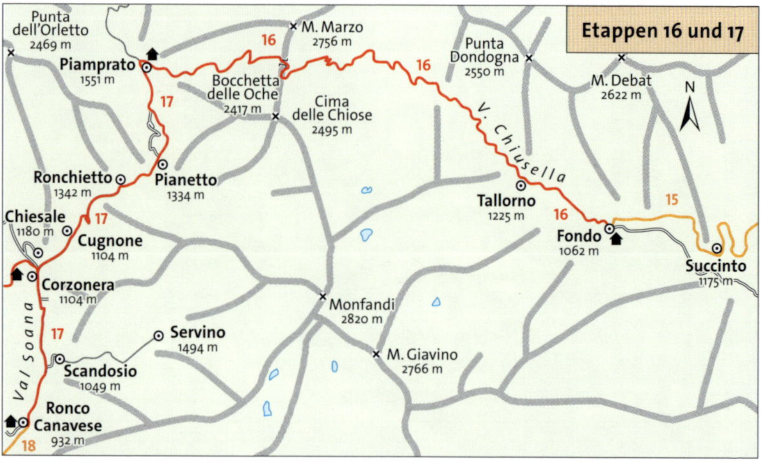

16 Fondo, 1062 m – Piamprato, 1551 m

Übergang vom Chiusella-Tal über die Bocchetta delle Oche, 2417 m, ins Soana-Tal.

Höhendifferenz: ↗ 1360 m, ↘ 960 m
Markierung: rot-weiß, teils nur rot
Gehzeit: 7 h / Gegenrichtung: 5 h 30

Hinweis: Diese Etappe ist sehr lang und enthält beim Abstieg vom Pass ein ausgesetztes Wegstück, das Erfahrung und Schwindelfreiheit erfordert. Leider lässt sie sich mit öffentlichen Verkehrsmitteln nur sehr mühsam umfahren: Bus von Traversella nach Castellamonte (GTT linea 4512, siehe »Öffentlicher Verkehr« zu Etappe 15), Bus von Castellamonte nach Rivarolo (GTT linea 3132), Bahn/Bus von Rivarolo bis Pont und zum Schluss Bus von Pont ins Soana- oder Orco-Tal.

Man bleibt in Fondo auf der nördlichen Talseite und geht auf einem schönen alten Saumweg talaufwärts nach Tallorno, 1225 m, der obersten Dauersiedlung dieses Tales, einem schön renovierten Ort. In Tallorno verlässt man das Dorf nicht in Richtung Norden am Hang aufwärts, sondern bleibt auf dem Weg entlang der Chiusella. Hinter der Alpe Pasquere, 1486 m, erreicht man die Alpe Prà, 1617 m, wo man nicht den Weg nach links über den Bach nimmt, sondern geradeaus weitergeht und erst hinter der Alpe Prà den Bach nach links überquert. Dann ist der Wegverlauf wieder eindeutig und führt über weitere Alpen bis zum Pass.

Auch das oberste Chiusella-Tal zerfällt in eine Reihe von Verebnungsflächen, auf denen die Alpen liegen, die durch Steilstufen voneinander getrennt sind. Dies ist das Ergebnis der eiszeitlichen Gletscher, die in mehreren Eiszeiten dieses typische Relief geschaffen haben.

Der oberste Teil des Abstiegs von der Bocchetta delle Oche, 2417 m, ist die schwierigste Stelle der gesamten GTA, weil sie hier aus einem sehr steilen Grassteig mit schrägen Platten besteht, bei dem die ausgesetztesten Stellen mit Ketten gesichert wurden. Bei Trockenheit kann diese Stelle mit hoher Konzentration gut begangen werden, bei Nässe ist sie jedoch sehr gefährlich. Im Jahr 2017 wurde dieses Wegstück endlich ausgebessert und etwas entschärft, aber es bleibt bei Nässe nach wie vor schwierig.

Dieses schwierige Wegstück beginnt auf etwa 2200 m und endet auf etwa 1850 m: Zuerst trifft man auf eine längere steile Wegpassage, die an drei exponierten Stellen mit Seilen gesichert ist. Dann folgt ein kurzes Blockgelände mit steileren Felspartien (bei Nässe heikel), und danach geht es durch einen kleinen Bach. In etwa 1890 Meter Höhe beginnt die gut 100 Meter lange, mit Ketten gesicherte Durchquerung einer Schlucht, die klettertechnisch leicht, aber sehr ausgesetzt ist. Danach gibt es noch einige schwierige Stellen mit glatten Felsen, die teilweise mit Gras durchsetzt sind und die nicht mit Seilen gesichert sind, bei denen es gleich neben dem schmalen Pfad fast senkrecht in die Schlucht geht, und dann sind die Schwierigkeiten zu Ende. Damit sich GTA-Wanderer ein konkretes Bild dieser Schwierigkeiten machen können, gibt es dazu auf der Website von Michael Kleider (www.michael-kleider.de > gta) eine Reihe von Fotos.

Der weitere Abstieg hinab nach Piamprato ist ohne Schwierigkeiten und problemlos zu finden.

Piamprato wurde übrigens erst im 17. Jahrhundert gegründet, als in der Nähe Erzlager entdeckt und ausgebeutet wurden. Hier trifft man jetzt erstmals auf den Rand des Parco Nazionale del Gran Paradiso, der die GTA bis zur Etappe 21 begleitet. Natürlich gibt es von hier aus bereits verschiedenste Möglichkeiten für Wanderungen im Nationalpark (siehe dazu unser *Gran Paradiso*-Wanderbuch), aber wir schlagen für GTA-Wanderer vor, erst von Ceresole Reale aus einen Abstecher in den Nationalpark zu machen.

Wer die zu Beginn genannte Rundwanderung durch die Gran-Paradiso-Gruppe machen möchte, kann am Rifugio Dondena, 2200 m, im Champorcher-Seitental die Alta Via Nr. 2 des Aosta-Tals verlassen und über den Colle Larissa, 2606 m, nach Piamprato zurückkehren. Diesen Weg nimmt auch die Via Alpina, die vom Colle Larissa kommend in Piamprato wieder auf die GTA stößt, die sie auf der Etappe 9 verlassen hat. Bis zur Etappe 26 sind jetzt GTA und Via Alpina wieder identisch.

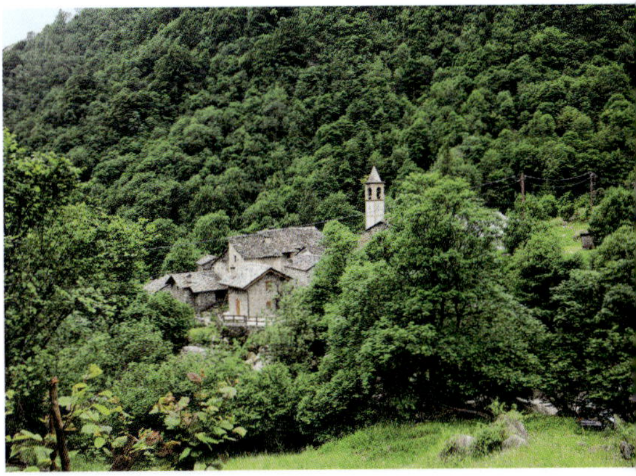

Der Ort Tallorno im obersten Chiusella-Tal, der heute fast vollständig im Wald liegt.

17 Piamprato, 1551 m – Ronco Canavese, 932 m

Kurze Etappe im oberen Talboden des Soana-Tals.

Höhendifferenz: ↗ 50 m, ↘ 650 m
Markierung: rot-weiß
Gehzeit: 2 h 25 / Gegenrichtung: 3 h

Hinweis: Seit kurzem wurde die GTA verlegt: Sie führt jetzt von Piamprato über den Colle della Borra, 2578 m, und den Ort Campiglia, 1335 m, nach Ronco. Da diese Etappe in unserem Wanderführer *Gran Paradiso* enthalten ist und zugleich die alte Wegstrecke durch das neue Rifugio Nivolastro sehr stark aufgewertet wird, wird hier weiterhin die bisherige Wegführung beschrieben.
Bei dieser kurzen Wanderung müssen teilweise Fahrstraßen benutzt werden. Man verlässt Piamprato in Richtung Süden und geht auf der Straße abwärts bis zur Kapelle Madonna della Neve, 1529 m. Hinter der Kapelle folgt man einer alten Asphaltstraße (für den öffentlichen Verkehr gesperrt; die frühere Talstraße), die nach links abgeht. Kurz hinter der zweiten Serpentine zweigt die GTA als Fußweg nach rechts ab und führt direkt nach Pianetto, 1334 m. Ab Pianetto führt die GTA dann gut 2 Kilometer lang auf der Fahrstraße abwärts, da der alte Saumweg zugewachsen ist und bis heute nicht freigeschlagen wurde. In Cugnone, 1161 m, verlässt die GTA die Fahrstraße, führt über den Fluss und auf der östlichen Flussseite im Wald nach Zurlera, 1101 m, und erreicht dann unterhalb an Scandosio vorbeigehend den Torrente Servino. Hier überquert man auf einer Straßenbrücke den Torrente Soana und erreicht nach einem Kilometer erneuter Fahrstraße den Ort Ronco Canavese.
Weil diese Etappe sehr kurz ist, schlagen wir zwei Alternativen vor:
Alternative 1: Anstatt unterhalb von Scandosio nach rechts über die Brücke zu gehen, wendet man sich nach links und erkundet das sehr eindrucksvolle Servino-Seitental, das keine Fahrstraße besitzt, mit den drei Weilern der Frazione Servino (zwischen 1423 m und 1550 m); hier ist besonders auf das Casaforte Gran Betun hinzuweisen, ein turmartiges Gebäude, das deutlich macht, dass dieses Tal früher nicht so abgelegen war wie heute (3 h zusätzliche Wanderzeit). Am Ende lohnt es sich, über den Weiler Scandosio, 1049 m, zurückzugehen und ihn sich näher anzusehen.
Alternative 2: Man geht in Cugnone weiter auf der Fahrstraße bis zum Ort Corzonera. Hier biegt

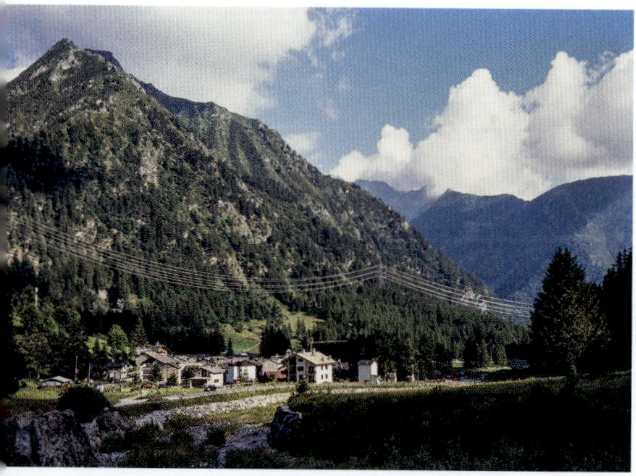
Der Ort Piamprato im obersten Soana-Tal von Norden her gesehen.

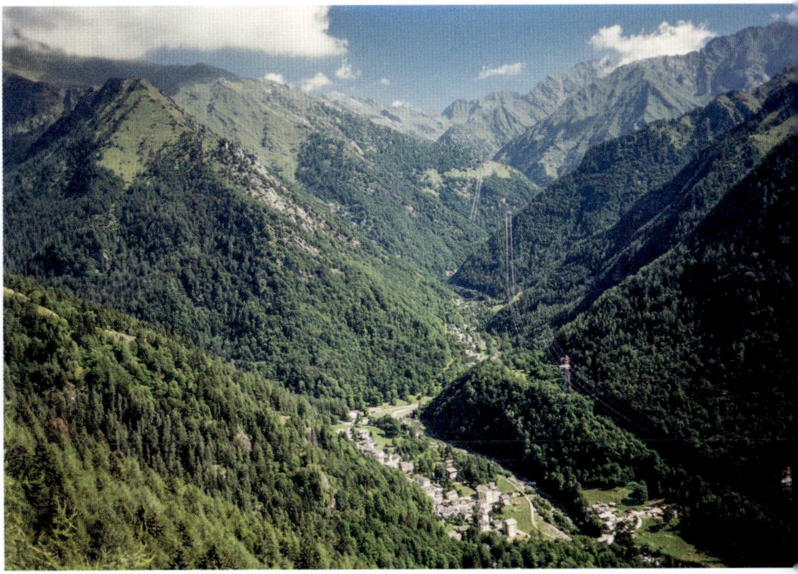

Das obere Soana-Tal mit den Frazioni Corzonera und Bordone (Bildmitte unten) und Zurlera (unten rechts). Auf diesem Bild überblickt man einen großen Teil von Etappe 17.

man nach rechts ab (Richtung Campiglia) und geht auf der Straße etwa 250 m leicht aufwärts. Hier biegt der Weg 629 scharf nach links ab und steigt im Wald zur aussichtsreich gelegenen Alpe Andonna, 1407 m, auf. Der Weg führt hinter der Alp hinab in das Tal des Rio Chiapetto, überquert den Bach auf einer Brücke und führt dann mehr oder weniger höhenlinienparallel durch Wald zum Ort Nivolastro, 1424 m. Dieser Ort bietet sehr schöne Aussichten, und man kann hier sogar seit kurzem übernachten. Anschließend führt der Weg in ein Bachbett und steil abwärts direkt nach Ronco Canavese.

Das alte Ortszentrum von Ronco Canavese mit der Kirche liegt etwas erhöht über der Straße, und es lohnt sich, hier durchzugehen. Etwas unterhalb des Ortszentrums liegt in der Via Alpette ein Besucherzentrum des Nationalparks Gran Paradiso, das viele Informationen bietet. Und etwas unterhalb von Ronco gibt es an der Einmündung des Torrente Forzo in den Torrente Soana auf der anderen Uferseite ein Ecomuseo Fucina di Rame (Kupferschmiede).

Charakteristisch für das obere Soana-Tal ist – ähnlich wie im Chiusella-Tal – die deutlich sichtbare Abwanderung der Einheimischen: verlassene Häuser, verwildernde Wiesen und Weiden, zuwachsende Saumwege, starke Ausbreitung des Waldes usw. Bei dieser Etappe, die nichts »Besonderes« bietet, sollte man sich Zeit lassen und sich in den verschiedenen Orten – vor allem in jenen, die nicht unmittelbar an der Straße liegen – aufmerksam umsehen.

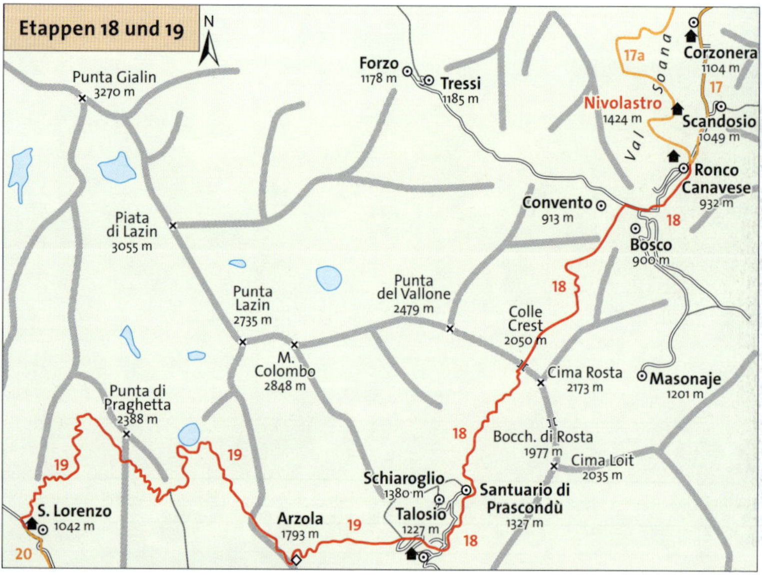

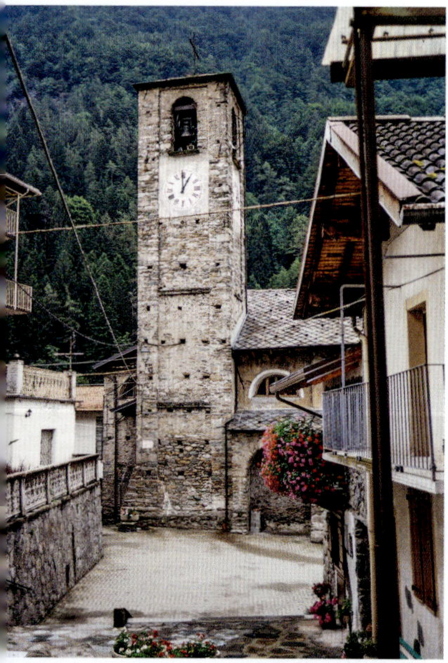
Der Kirchturm von Ronco Canavese.

18 Ronco Canavese, 932 m – Talosio, 1227 m

Übergang aus dem Soana-Tal über den Colle Crest, 2050 m, ins kurze Ribordone-Tal.

Höhendifferenz: ↗ 1150 m, ↘ 850 m
Markierung: dunkelrot
Gehzeit: 6 h / Gegenrichtung: 5 h 30

Hinweis: Die Etappen 18 und 19 sind sehr lang, können jedoch mit dem Bus relativ einfach umfahren werden (Bus von Ronco bis Pont, dann Bus von Pont in Richtung Ceresole). Seit kurzem wurde der lange Zeit nicht begehbare Weg über den Colle Crest freigeschlagen, sodass man jetzt auf dem direkten Weg von Ronco nach Talosio gehen kann und nicht mehr den Umweg über die Bocchetta di Rosta nehmen muß.

Von Ronco geht man auf der Talstraße abwärts, überquert den Torrente Forzo

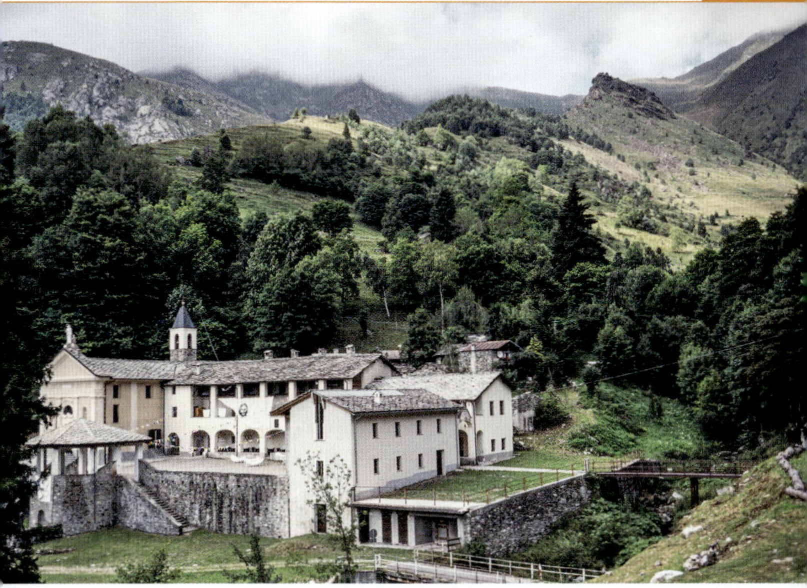

Das Santuario Madonna di Prascondù im Ribordone-Seitental mit dem Weg vom Colle Crest.

auf der Fahrstraße und biegt dann gleich hinter der Brücke nach rechts zur Frazione Convento, 913 m, ab. Noch vor diesem Ort geht man nach links auf einer kleinen Straße aufwärts (GTA und Weg 601, Wegweiser »Betasso«) und gelangt zum Weiler Betafin, 983 m (ohne Ortsschild). Hier wird die Straße zum Fußweg, der weiter bergauf führt, hinter der Alpe Combrat den Rio Fattinaive überquert und dann immer steiler im Wald und an der Alpe Ciavanassa, 1593 m, vorbei ansteigt. In 1800 Meter Höhe erreicht man einen Grat und trifft dann auf die Alpe Sionei, 1856 m, die man in südwestlicher Richtung überquert. Dann kommt man wieder in einen Wald, steigt zuerst, quert dann einen Hang und steigt zum Schluss steil zum Colle Crest, 2050 m, auf.

Am Colle Crest, 2050 m beginnt der Abstieg auf einem gut sichtbaren Alpweg, der unterhalb der Alpe Rocco, 1810 m, längere Zeit auf einem Gratrücken verläuft. Im Bereich der Alpe Barlan, 1467 m, führt der Weg scharf links in ein Bachbett hinein und dann in der Nähe des Baches hinab zum Santuario Madonna di Prascondù, 1327 m.

Vom Santuario geht es auf der kleinen Fahrstraße abwärts bis ins Zentrum Talosio, 1227 m (so die offizielle GTA). Man kann aber auch einen Fußweg nehmen: Man geht vom Santuario aus über den Bach zurück (oder man bleibt gleich auf der östlichen Bachseite, wenn man es nicht besuchen will) und geht Richtung Süden. Nach kurzer Zeit zweigt nach rechts ein Fußweg von der kleinen Fahrstraße ab, den man nimmt und der im Wald abwärts führt. Am Ende überschreitet man auf einer Brücke den Torrente Ribordone und ist schnell am oberen Ortsrand von Talosio.

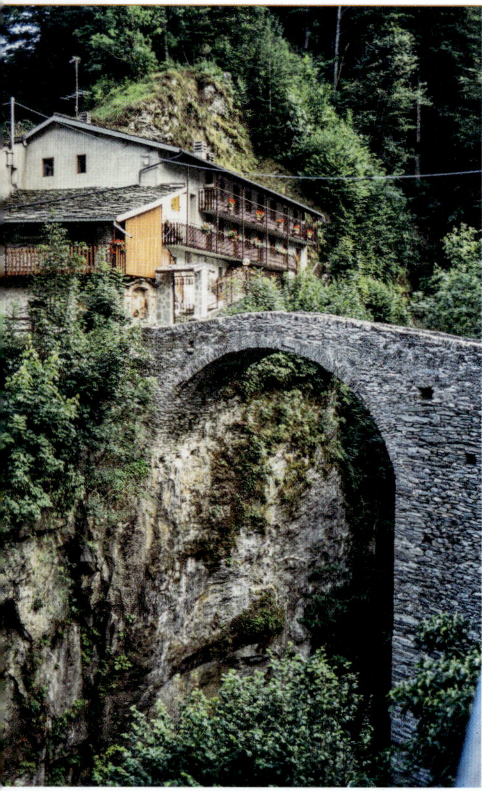

Die schluchtartige Engstelle des Ribordone-Seitentals beim Ort Ribordone, die von einer exponierten Bogenbrücke (»Ponte Romanico«) überwölbt wird.

Die Wallfahrtskirche Prascondù (prato nascosto: versteckte Wiese) 1327 m, gehört zu den wichtigsten Wallfahrtsorten der Region Canavese. Eine erste Kapelle wurde 1620 an dem Ort erbaut, an dem die Muttergottes einem Hirten aus Ribordone erschienen war (heute steht hier die kleine Cappella dell'Apparizione). Da diese Kapelle wenig später durch eine Lawine zerstört wurde, wurde sie an einer geschützten Stelle 1659 wesentlich gößer neu errichtet. Neben der Kirche befinden sich die für solche Wallfahrtsorte üblichen Pilgerunterkünfte. Derzeit beherbergt das Santuario das Museo della religiosità popolare (Museum der Volksfrömmigkeit), das vom Nationalpark Gran Paradiso initiiert wurde.

Das Dorf Talosio gehört zur Gemeinde Ribordone, die das Gebiet des gleichnamigen Seitentales umfasst. Da das Tal zwischen Sparone, 556 m, wo der Torrente Ribordone in den Orco mündet, und dem Gemeindezentrum Ribordone, 1023 m, schluchtartig eng ist, war es früher eine abgeschiedene Welt. Dies wurde noch dadurch verstärkt, dass der traditionelle Saumweg kurz vor Ribordone mittels einer exponierten Bogenbrücke über eine tiefe Schlucht führte, die leicht gesperrt werden konnte.

19 Talosio, 1227 m – San Lorenzo di Piantonetto, 1042 m

Übergang vom Ribordone-Tal über den Monte Arzola, 2158 m, ins oberste Eugio-Tal und von dort über die Alpe di Colla, 2171 m, ins Piantonetto-Tal.

Höhendifferenz: ↗ 1400 m, ↘ 1600 m
Markierung: rot-weiß, auch alte rote Zeichen
Gehzeit: 7 h 50 / Gegenrichtung: 8 h

Hinweis: Bei Nebel und unsicherem Wetter ist für diese Etappe äußerste Vorsicht geboten, denn die Markierungen sind dann im Bereich der Alpweiden nur schwer auszumachen.

In Talosio nimmt man den alten Saumweg, der direkt links neben der Bar bergauf führt, geht hinter der Kirche bei einem länglichen Haus durch einen Torbogen und erreicht bald die kleine Fahrstraße nach Posio. Nach etwa 30 Min. und einigen Serpentinen gelangt man hinter einer Kurve zu den ersten Häusern von Posio, 1327 m. Am Brunnen beginnt der markierte Weg. Man geht durch den Ort Posio hindurch und kommt auf einem gut rot-weiß markierten Alpweg durch Wald- und Wiesenflächen zur großen Alpe Arzola, 1793 m (Wasser). Anschließend nicht durch Felsen, sondern auf Wiesenwegen auf einen Grassattel, 1973 m, im Grat südöstlich des Monte Arzola. 300 Meter südöstlich befindet sich die Madonna della Neve, 1976 m, und eine große Statue des Erlösers (Il redentore) mit einem eindrucksvollen Blick in die Tiefe. Dort gibt es im stets offenen Biwak eine spartanische Übernachtungsmöglichkeit im Obergeschoss (ohne Wasser).

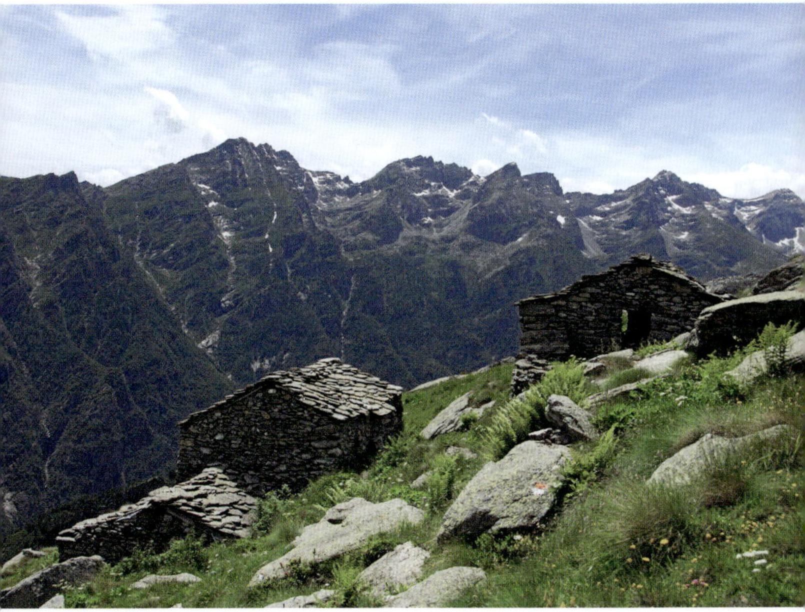

Die Alpe Praghetta oberhalb von San Lorenzo.

Von hier aus geht es weiter auf oder neben dem Gras- und Schrofenrücken des Süd-Ost-Grates des Monte Arzola, dann ganz in der Nähe des Gipfels über diesen hinweg und schließlich immer in der Nähe des Grates zum Pass Sella d'Oreggi, 2175 m (Panorama). Von hier aus erfolgt der Abstieg nach Nordwesten ins Eugio-Tal zum gleichnamigen Stausee, 1860 m. Nach einem kurzen Aufstieg über eine Treppe geht man über den linken seitlichen Staudamm und folgt einer kleinen Naturstraße in südlicher Richtung, bis man die Alpe Montagne di sopra, 1864 m, erreicht. Hier hält man sich rechts und steigt auf einem breiten Weg wenige Kehren bergauf. Kurz vor seinem Ende zweigt man von ihm nach rechts ab (Holzpfahl mit Markierung) und geht über Alpweiden auf einem schmalen, undeutlichen und steilen Weg Richtung Nordwesten bis zum Passo della Colla, 2171 m, und zur Alpe della Colla (Parkwächterhaus mit Wasserhahn an der Außenseite). Hier ist die Grenze zwischen dem Eugio- und dem Piantonetto-Seitental erreicht.

Hinter dem Pass geht es eine Weile höhenlinienparallel im steilen Grashang nach Norden bzw. Nordwesten zur Alpe Praghetta superiore, 2159 m. Im Bereich der Alp ist der Weg nicht zu erkennen, daher hält man auf den linken (unteren) der beiden großen Steinmänner zu, die von der Alp zu sehen sind (Richtung Süden). Nun geht es auf einem undeutlichen und steilen Weg (Steinmänner und Markierungen beachten) in Kehren hinunter zur Alpe Praghetta inferiore, 1969 m. Jetzt wird der Weg besser und führt zur Alpe La Cà, 1685 m. Wenige Meter nach der Alp knickt der Weg nach rechts ab und führt in den Wald. Man erreicht eine Weggabelung, bei der man sich rechts hält, und steigt steil in Serpentinen den Wald hinab. Man passiert Ciadagn, 1287 m, kommt an eine Gabelung, wo man sich links hält (Weg 560 A), und erreicht bald den Ort San Lorenzo, 1042 m. Wer die Wanderung hier beenden will, kann von San Lorenzo auf der kleinen Fahrstraße nach Rosone absteigen (0 h 45) und dort den Bus nehmen, der nach Pont fährt.

Man trifft auf dieser Etappe auf die großen Wasserkraftanlagen, die zwischen 1925 und 1962 errichtet wurden, um den großen Strombedarf der Industriestadt Turin zu decken. Insgesamt gibt es im Orco-Tal sechs Stauseen (weitere Stauseen trifft man auf Etappe 21 und 21a), 50 Kilometer Druckleitungen (unter einer geht man auf Etappe 20 hindurch) und fünf Kraftwerke, die pro Jahr im Durchschnitt etwa 700 Gigawattstunden Strom produzieren. Etwa 90 Prozent des aus dem Orco-Tal abfließenden Wassers werden wasserwirtschaftlich genutzt.

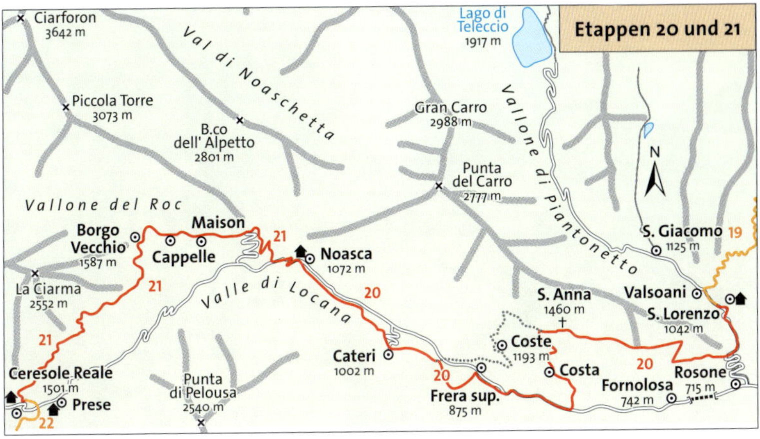

20 San Lorenzo di Piantonetto, 1042 m – Noasca, 1072 m

Verhältnismäßig flache, aber lange Etappe, die aus dem Piantonetto-Tal ins Haupttal des Orco-Flusses führt.

Höhendifferenz: ↗ 750 m, ↘ 750 m
Markierung: rot-weiß
Gehzeit: 5 h 45 / Gegenrichtung: 5 h 45

Von San Lorenzo geht man auf der kleinen Talstraße einen guten Kilometer bergab, bis man zum Ort Rocci, 972 m, kommt. Kurz hinter Rocci zweigt die GTA (zugleich Via Alpina) nach rechts von der Straße ab (Wegweiser). Es geht einige Minuten in mäßiger Steigung Richtung Südwesten, bis die Rohre der Druckleitung zum Wasserkraftwerk Rosone unterquert werden. Nun geht es auf einem Saumweg steil in Richtung Westen durch Laubmischwald hinauf, bis man den Weiler Bertodasco, 1197 m, erreicht. Man geht durch den Ort hinauf, weiter aufwärts durch Wald und kommt zu den verlassenen Häusern von Perebella, 1339 m. Hier biegt der Weg etwa 20 Meter nach dem Holzbrunnen nach rechts ab (Wegweiser) und führt in nördlicher Richtung bergauf, bis man in 1500 Meter Höhe eine kleine Naturstraße erreicht. Auf dieser Straße geht man höhenparallel und aussichtsreich nach Westen. Bald geht die Straße in einen Weg über, der einige Schuttfelder leicht absteigend quert (gute Pflasterung, daher unschwierig), dann geht es weiter in leichtem Auf und Ab nach Menardi und zur Wallfahrtskapelle Sant'Anna, 1460 m. Wenige Hundert Meter später kommt man an eine Weggabelung.

Achtung: Die GTA-Strecke, die nach der Weggabelung weiter nach Westen führt, war viele Jahre lang zugewachsen und nicht begehbar. Sie wurde zwar im Sommer 2015 wieder hergerichtet, aber Hochwasser haben die tief eingeschnittenen Bachbetten wieder völlig unpassierbar gemacht. Deshalb muss man an der genannten Weggabelung nach Süden absteigen. Dabei handelt es sich um den Weg, den die Pilger jedes Jahr nehmen, die nach Sant'Anna gehen, und der deshalb regelmäßig gepflegt wird.

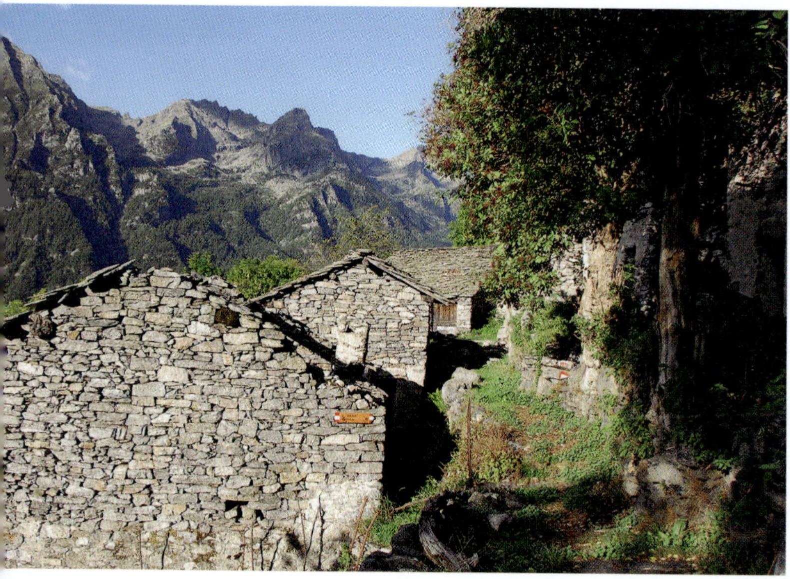

Der Ort Perebella. Im Hintergrund die Berge zwischen Orco-Tal und Val Grande.

An der Weggabelung westlich von Sant'-Anna geht man links (Richtung Süden). Es geht abwärts durch die Ruinendörfer Barcera, 1251 m, und Mesonette, 1057 m, und kurz vor Erreichen des Talbodens trifft man auf eine kleine Fahrstraße, der man nach rechts folgt. Man durchquert wenig später den kleinen Ort Fey, 826 m, und kommt auf die stark befahrene Talstraße. Dieser folgt man 1,5 Kilometer talaufwärts nach Frera superiore, 875 m. Hier verlässt man die Fahrstraße, geht auf einer Nebenstraße über den Torrente Orco zum Ort Jerener, 896 m. Hier führt ein Fußweg am Hang entlang durch Wald nach Prà. Hier folgt man einer Schotterstraße in nordwestlicher Richtung. Wenige Hundert Meter später zweigt gegenüber einem Bildstock ein Saumweg nach links ab, dem man folgt (Wegweiser). Wenig später hält man sich bei einer Weggabelung rechts und durchquert den Weiler Cateri. Hier trifft man auf eine kleine Asphaltstraße, der man abwärts folgt. Nach wenigen Metern gabelt sich diese und man hält sich links (Wegweiser). Nun noch etwa 250 Meter auf dieser Straße, und dann nimmt man einen Weg, der rechts abzweigt (Wegweiser) und der höhenparallel durch Laubwald führt. Dann erreicht man den Weiler Borno, 1024 m, und geht geradeaus weiter. Nach einiger Zeit zweigt ein Weg rechts ab, der hinunter zum Orco führt, den man aber nicht nimmt. Ab hier geht man auf dem Sentiero Natura des Gran-Paradiso-Nationalparks (zusätzliche rote Markierungen und Informationstafeln an den Bäumen) bis Noasca, 1072 m, das man an der Frazione Gere di sopra erreicht.

Auch in Noasca gibt es ein Informations-

zentrum des Nationalparks Gran Paradiso (in der Via Umberto I), das den Landschaftsformen gewidmet ist, und der Wasserfall des Torrente Noaschetta, der ganz in der Nähe des Ortszentrums ins Tal stürzt (auch dies eine Hängetal-Situation, siehe Etappe 14), ist eindrücklich. Von Noasca aus kann man in einer schönen Tageswanderung auf einem königlichen Jagdsteig eines der fünf Jagdhäuser erreichen, die der piemontesische König rund um den Gran Paradiso erbauen ließ (siehe dazu Bätzing/Kleider 2013, Tour 5a).

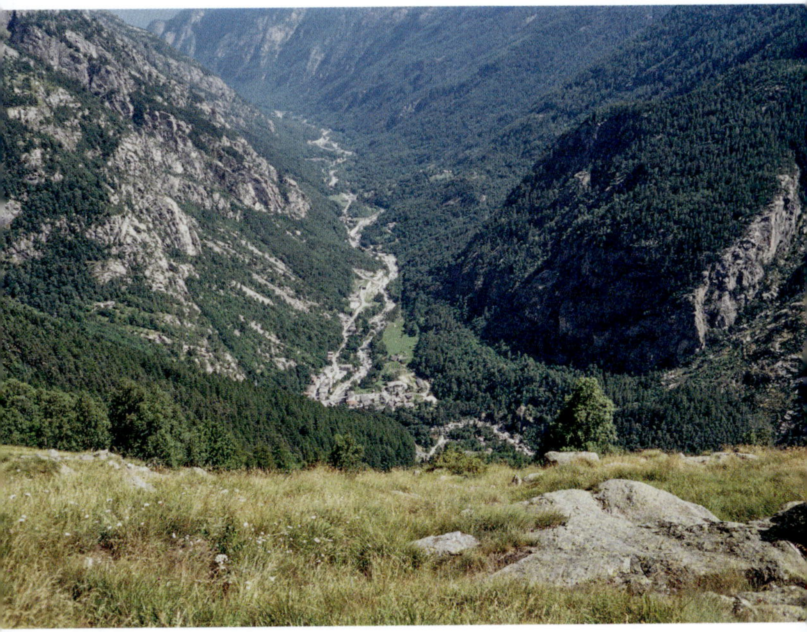

Das Orco-Tal mit dem Ort Noasca (Bildmitte unten). Durch die Einstellung der früheren Nutzungen ist dieses Tal inzwischen stark verwaldet.

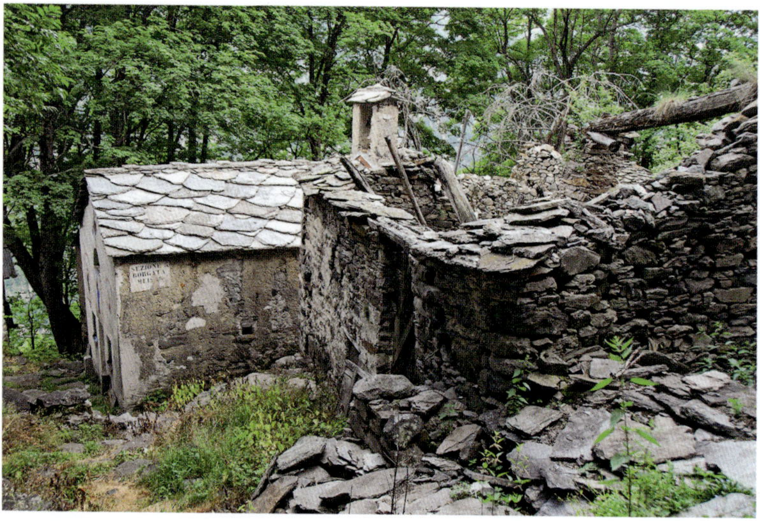

Der Weiler Maison, der früher ganzjährig bewohnt war, mit seiner Kapelle, an deren Mauer noch die alte Ortstafel zu erkennen ist.

21 Noasca, 1072 m – Ceresole Reale, 1501 m

Aufwärts im Locana-Tal, aussichtsreich auf der Talschulter, wobei man bis etwa 2000 m aufsteigt, um die steilen Felsflanken zu umgehen.

Höhendifferenz: ↗ 1000 m, ↘ 550 m
Markierung: rot-weiß
Gehzeit: 4 h 30 / Gegenrichtung: 4 h 20

Man verlässt Noasca auf der stark befahrenen Straße Richtung Ceresole (leider gibt es keine Alternative), geht die vier steilen Serpentinen der Straße hinauf, überschreitet den Torrente Ciamousseretto und biegt kurz danach nach rechts in einen Fußweg ein (Bushaltestelle, Wegweiser GTA). Es geht auf einem alten, steilen Saumweg durch Mischwald aufwärts, bis eine Asphaltstraße erreicht wird. Man folgt der Straße etwa 100 Meter, dann geht der Weg wieder rechts von der Straße ab (gegenüber den Häusern von Balmarossa di sopra, 1268 m). Man steigt einige Minuten entlang eines Sporns auf und benutzt dann erneut die Fahrstraße für etwa 20 Meter. Der Weg führt dann wieder rechts von der Straße weg und noch ein Stück weiter bergauf (ein Abzweig nach rechts bleibt unbeachtet), bis man am Ende der Fahrstraße angelangt ist (Parkplatz, Wegweiser). Jetzt führt der Weg noch ein kurzes Stück geradeaus aufwärts, wendet sich dann nach links und führt in mäßiger Steigung den Hang hinauf.

Da es an dieser Stelle Bauarbeiten gibt, kann es sein, dass die Verlängerung der Fahrstraße diese Situation etwas verändert. Sehr problematisch wäre es, wenn durch die Bauarbeiten der alte Saumweg zerstört würde, der hier noch sehr gut er-

halten ist und der eigentlich ein kulturhistorisches Denkmal darstellt.
Die GTA führt auf dem Saumweg etwas oberhalb des Weilers an Fragno vorbei, erreicht nach kurzer Zeit den Weiler Varda, 1525 m und dann den Weiler Maison, 1570 m. Hier gibt es das kleine Museum Vecchia Scuola di Maison (Alte Schule von Maison), das jedoch nur nach Voranmeldung und in Begleitung eines Parkführers besucht werden kann. Der Weg geht höhenlinienparallel weiter, bietet an den waldfreien Stellen schöne Panoramablicke und führt durch die Ortschaften Mola, Cappelle, Potes und – nach Überquerung des Torrente Roc – Borgo Vecchio, 1587 m.
Alle diese Orte waren früher ganzjährig bewohnt, und im Winter waren die Menschen hier oft wochenlang isoliert. Es lohnt sich, diese Orte etwas näher anzusehen, weil man hier viel entdecken kann.
Hinter Borgo Vecchio, 1587 m, wendet sich der Weg nach Süden, führt steil den Hang hinauf und erreicht auf etwa 1850 m einen aussichtsreichen Sattel. Dahinter führt der Weg zuerst leicht bergauf, dann höhenlinienparallel in Richtung Südwesten. Knapp 30 Min. nach dem Sattel erreicht man die Alpe Prà del Cres, 2011 m (Wegweiser, Wegkreuzung). Da diese Etappe nicht sehr lang ist, besteht die Möglichkeit, an dieser Alp in Richtung Norden bis zum Colle Sià, 2274 m, aufzusteigen, wodurch die Aussicht noch spürbar verbessert wird.
An der Alpe Prà del Cres hält man sich links (Süden) und geht in einen Lärchenwald hinein (ein Abzweig nach rechts bleibt unbeachtet). Wenig später erreicht man einen

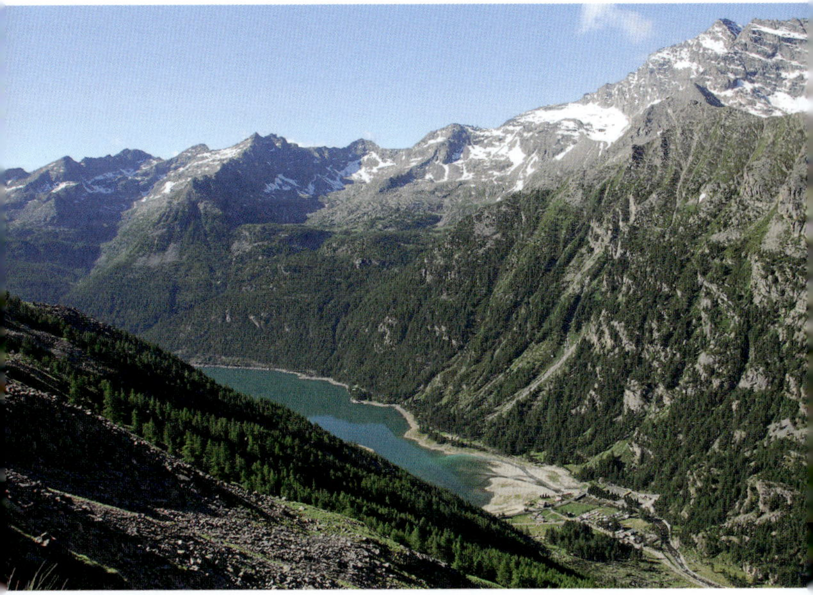

Das westliche Ende des Lago di Ceresole Reale mit den Ausläufern der Levanna Centrale (rechts oben).

baumlosen Kamm, auf dem die Gebäude der Alpe Casa Bianca, 1947 m, stehen. Hier kann man zum ersten Mal den Lago di Ceresole Reale sehen. An dieser Alpe gibt es eine Weggabelung mit Wegweiser. Man hält sich hier links, und ein breiter Saumweg führt in langen Serpentinen an mehreren Alpgebäuden vorbei abwärts. Ein Wegabzweig nach rechts bleibt unbeachtet, und am Schluss trifft man auf ein Sträßchen, dem man rechts bergab folgt und auf dem man bald die Talstraße erreicht.

Der Posto tappa der GTA »Fonti Minerali« liegt jenseits des Torrente Orco. Um dorthin zu gelangen, folgt man der Talstraße 100 Meter lang abwärts, biegt dann nach rechts in eine kleine Straße ein (Wegweiser), nimmt an der nächsten Kreuzung wieder die Straße nach rechts und überschreitet den Orco.

Der Ort Ceresole war bereits in prähistorischen Zeiten besiedelt und hier ist ein römerzeitlicher Bergbau dokumentiert. Der Bergbau brachte der Gemeinde auch im Mittelalter eine gewisse Wohlhabenheit. Seinen Beinamen »Reale« (königlich) erhielt der Ort im Jahr 1862 durch König Vittorio Emanuele II., der kurz vorher das Jagdrecht der Paradiso-Region gekauft hatte. In der Gründerzeit entwickelte sich hier aufgrund der königlichen Präsenz und der attraktiven Hochgebirgsumgebung ein blühender Tourismus mit zahlreichen Hotels – darunter sogar einem Grandhotel – und großbürgerlichen Villen, aber in den letzten 30 bis 40 Jahren ging der Tourismus wieder deutlich zurück. Der Ort wird zwar im August noch stark besucht und es gibt noch eine Reihe von Hotels, in denen man übernachten kann, aber die Zukunft des Tourismus sieht nicht sehr rosig aus. Im ehemaligen Grandhotel (im Weiler Prese im Osten des Ortes) ist heute das Nationalpark-Besucherzentrum untergebracht, das dem Thema »Homo et Ibex« (Mensch und Steinbock) gewidmet ist (www.pngp.it >attività >centri visitatori).

Der Lago di Ceresole Reale ist ein Stausee, der 1925 erbaut und 1940 vergrößert wurde. Für die Errichtung der beiden Stauseen Lago Serrù und Lago Agnel wurde zu Beginn der 1950er Jahre eine Fahrstraße von Ceresole bis hinauf zum Colle del Nivolet, 2615 m, gebaut. Anschließend lag es nahe, sie bis nach Pont im Aosta-Tal, also zum Endpunkt der Straße im Val Savarenche, zu verlängern. Dadurch wäre eine sehr attraktive Pkw-Ausflugsstrecke mitten durch den Kern des Nationalparks entstanden, von der man sich große touristische Impulse versprach. Aber dadurch wäre dieser Nationalpark völlig entwertet worden. Bis etwa 1985 gab es lange und sehr heftige Diskussionen über dieses Projekt (in manchen Autokarten wurde damals diese Straße bereits als »in Bau« eingezeichnet), aber heute ist dies kein Thema mehr.

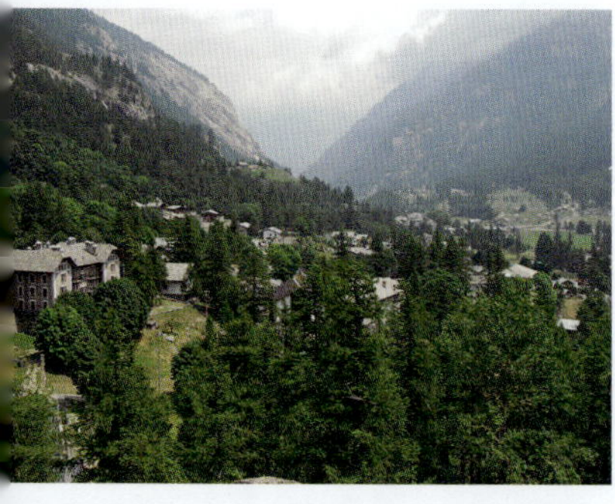

Der Ort Ceresole Reale. Im Hintergrund der Beginn der Schlucht zwischen Ceresole und Noasca.

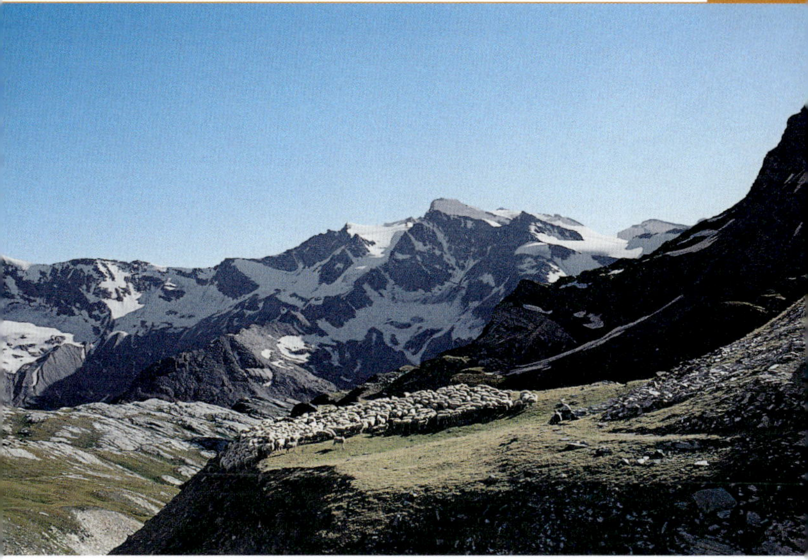

Schafherde im Nationalpark Gran Paradiso. Im Hintergrund die Aiguille Rousse, 3482 m, an der Grenze Nationalpark Gran Paradiso–Parc National de la Vanoise.

21a Ceresole Reale, 1501 m – Rifugio Savoia, 2532 m

Über den Colle del Nivolet, 2612 m, ins oberste Savarenche-Tal.

Höhendifferenz: ↗ 1100 m, ↘ 80 m
Gehzeit: 5 h 50 / Gegenrichtung: 3 h 50

Dieser Abstecher führt zur vielleicht schönsten Stelle im Gran-Paradiso-Nationalpark, genannt »Il cuore del parco« (das Herz des Parkes), und ermöglicht faszinierende Blicke auf den Gran Paradiso und viele vergletscherte 3000er-Gipfel. Allerdings ist dieses Gebiet deshalb an Wochenenden und Feiertagen im Sommer stark überlaufen.
Wegen des sehr starken Pkw-Ausflugsverkehrs gibt es auf der Straße zum Colle del Nivolet seit dem Jahr 2003 an Sonn- und Feiertagen vom 12. Juli bis zum 30. August auf den letzten 6 Kilometern (also ab dem Lago Serrù) ein Pkw-Fahrverbot (»A piedi tra le nuvole«: zu Fuß zwischen den Wolken). An diesen Tagen werden von Ceresole Reale aus Pendelbusse (navette) eingesetzt, mit denen man zur Passhöhe fahren kann. Diese Pendelbusse fahren im Juli und August auch täglich. Informationen (mit Fahrplänen): www.pngp.it > Conoscere il parco > Come arrivare.

Man geht zu Fuß auf der Fahrstraße nach Westen bis zum Weiler Chiapili di sopra, 1754 m (oder man nimmt den Pendelbus). Dabei kommt man zuerst am Rifugio Mila, 1583 m, und später am Rifugio Muzio, 1667 m, vorbei, die sich als Übernachtung für Etappe 21a anbieten. Kurz vor Chiapili di sopra zweigt nach rechts der Weg 539

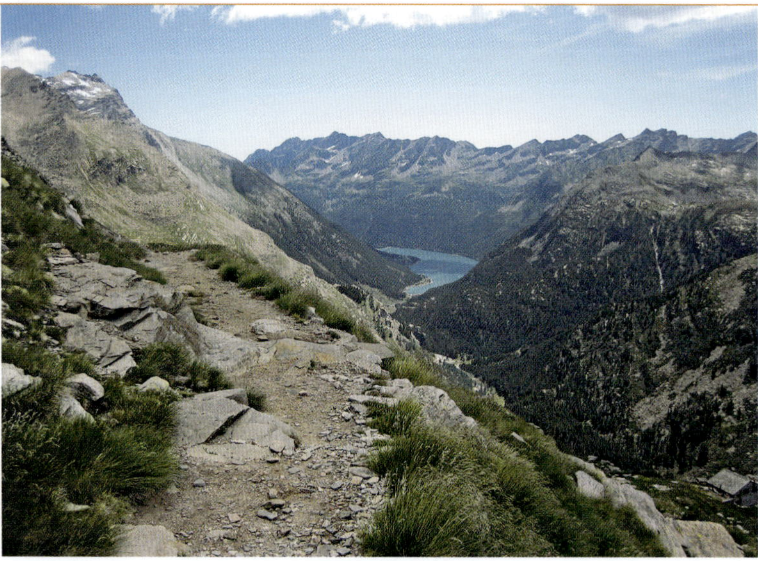

Der Sentiero del Re, ein königlicher Jagdsteig, beim Aufstieg zum Colle del Nivole, 2612 m, auf Etappe 21a. In der Bildmitte der Lago di Ceresole Reale.

ab, der gut markiert über die Alpen Fumetta und Pianass bis in die Nähe der Alpe Combra, 2555 m, führt. Hier trifft man auf einen königlichen Jagdweg (Weg 550), der sehr aussichtsreich zum Colle del Nivolet, 2615 m, führt. Gleich hinter dem Pass liegt das Rifugio Città di Chivasso, 2604 m, und etwas tiefer das Rifugio Savoia, 2532 m.

Oberhalb des Rifugio Savoia erstreckt sich die leicht gewellte und seenreiche Hochebene Piani di Rosset, etwa 2700 Meter hoch gelegen, die sicherlich zu den schönsten Alpgebieten der gesamten Alpen gehört. Eigentlich handelt es sich um eine strenge, völlig baum- und strauchlose Hochalpenlandschaft, doch der Charakter wird durch das kleinräumig gewellte, sanfte Relief mit zahlreichen verstreuten Seen aufgelockert. Diese Hochebene wird eingefasst im Westen und Norden durch die Felsabstürze der nahen Dreitausender, im Osten durch die vergletscherte Gipfelkette Herbetet–Gran Paradiso–Ciarforon und im Süden durch die vergletscherte Barriere Levanna–Aiguille Rousse. Es lohnt sich, sich allein für diese Hochebene mindestens einen Tag Zeit zu nehmen. Als außergewöhnlicher Aussichtsberg bietet sich der leicht zu besteigende Monte Taou Blanc, 3438 m, mit seinem umfassenden Panorama an (Wegbeschreibung in Bätzing/Kleider 2013, Tour 7a). Zur Bedeutung des Nivolet-Passes in der Zeit zwischen 1943 und 1945 siehe Bade/Mikuteit 2012.

Vom Rifugio Savoia aus kann man leicht die Alta Via Nr. 2 des Aosta-Tals erreichen, indem man nach Norden im Val Savarenche bis nach Eaux Rousses, 1667 m, absteigt. Von hier aus kann man in 6 bis 7 Tagen nach Pont-Saint-Martin ganz in der Nähe von Quincinetto zurückkehren (Beschreibung und Unterkünfte: Führer 2023).

Der Nationalpark Gran Paradiso

Das Gran-Paradiso-Gebiet war seit Jahrhunderten Jagdgebiet der Herrscher von Savoyen und Piemont, der späteren Könige von Italien. Im Jahr 1821 informierte der Forstinspekteur Zumstein den Hof in Turin darüber, dass die Steinböcke aufgrund der Jagd fast ausgestorben seien (es waren nur deutlich weniger als 100 Tiere übrig geblieben), und es erging noch im gleichen Jahr die Verfügung, dass im königlichen Jagdgebiet die Jagd auf Steinböcke verboten sei. Allerdings ging es dabei nicht um Naturschutz, sondern um den Erhalt der Steinböcke als Jagdbeute für den König. Im Jahr 1856 richtete der König die »Riserva reale di caccia del Gran Paradiso« ein: Er vergrößerte sein Jagdgebiet deutlich (er kaufte den Gemeinden Champorcher, Valsavarenche, Introd und Ceresole ihre Jagdrechte ab), schuf einen »Corpo di guardie« (Jagdwächter, meist aus den benachbarten Gemeinden), ließ 150 Kilometer Saumwege anlegen, um die Zugänglichkeit des Geländes für die großen Jagdgesellschaften zu verbessern, und ließ fünf herrschaftliche Unterkünfte (Case reali di caccia) für sich und sein Gefolge und 14 kleine Gebäude in großer Höhe für die Jagdwächter errichten. Bis 1913 spielte die königliche Jagd eine sehr große Rolle im Gran-Paradiso-Gebiet – sie war ein gesellschaftliches Ereignis ersten Ranges, brachte viel Geld in die armen Bergtäler

Der Gipfel des Ciarforon, 3642 m, südlich des Gran Paradiso.

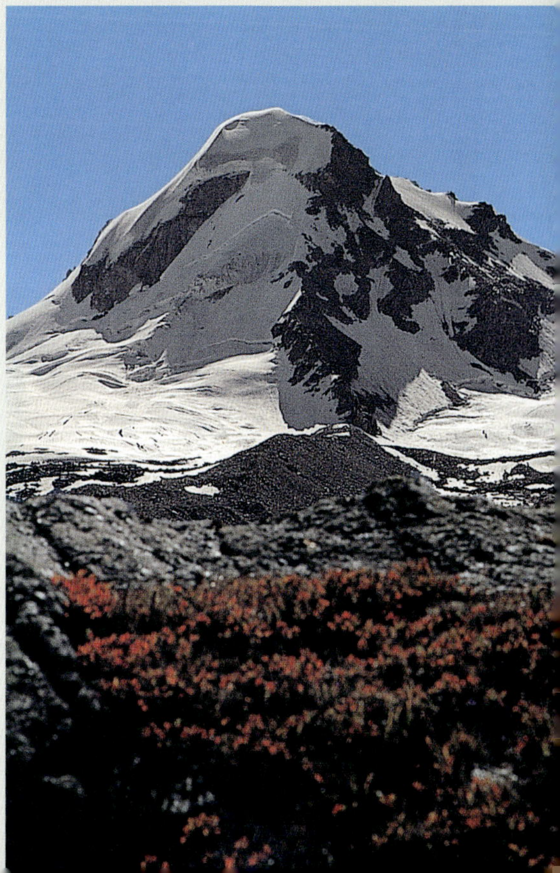

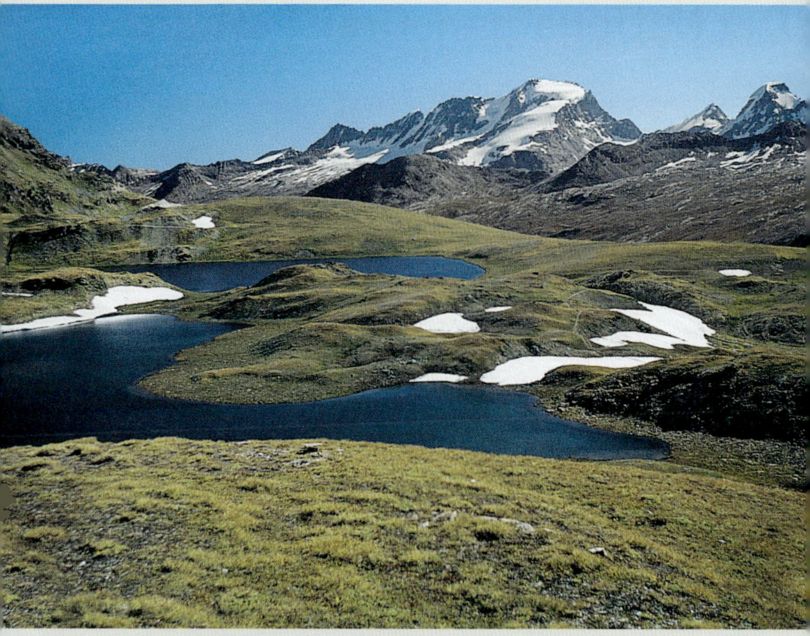

Die Hochebene Piani di Rosset in 2700 Meter Höhe mit Lago Leità und Lago Rosset. Im Hintergrund Gran Paradiso (Mitte) und La Tresenta (rechts).

und förderte den Tourismus, wohingegen das Erlegen von Tieren weniger bedeutend war. Die Steinböcke wurden im Laufe der Zeit wieder zahlreicher und erreichten gut 3000 Exemplare.

Nach dem Ersten Weltkrieg ordnete der König Emanuele III. seinen Besitz neu, und da er an der Jagd wenig interessiert war, bot er im Jahr 1919 sein Jagdgebiet von 2200 Hektar dem italienischen Staat unter der Bedingung an, daraus einen Nationalpark zu machen. Am 3. Dezember 1922 wurde der Nationalpark Gran Paradiso als erster Nationalpark in Italien per Gesetz eingerichtet, also praktisch zeitgleich mit dem Parco Nazionale d'Abruzzo. Europaweit gehört er damit in die früheste Phase der Entstehung von strengen Naturschutzgebieten.

Im Jahr 1934 wurde die bisherige Nationalparkverwaltung aufgelöst, und der Park wurde direkt dem faschistischen Staat unterstellt, der ihn eher ausplünderte als pflegte und schützte. 1945 gab es dann nur noch 400 Steinböcke.

1947 wurde eine neue, unabhängige Nationalparkverwaltung eingesetzt. Allerdings erhielt sie vom Staat nur unzureichende Mittel, die kaum einen effektiven Schutz und Pflege erlaubten. Und der Staat unterstützte den Park auch nicht politisch gegen die lokalen Politiker, die in ihm lange Zeit nur ein Mittel der Verhinderung (»vincolo«) einer Wirtschaftsent-

wicklung der armen Täler sahen und die hier große Wasserkraft-, Straßen- und Seilbahnprojekte usw. forderten.
Erst im Verlauf der 1980er Jahre festigte sich der Nationalpark so weit, dass er halbwegs ordentlich funktionieren konnte und die heftigsten Angriffe ausblieben. Und in den 1990er Jahren vollzieht auch dieser Park den Paradigmenwechsel im Naturschutz hin zur Nachhaltigkeit mit: Neben dem strengen Schutz der Natur – der weiterhin im Zentrum steht – engagiert sich jetzt der Park gezielt für ein umweltverträgliches Wirtschaften im Parkgebiet (Alpwirtschaft, Forstwirtschaft, Handwerk, Wandertourismus), wodurch sich seine Akzeptanz vor Ort noch einmal stark erhöht. Auf diese Weise wird der ursprünglich von außen installierte Park allmählich in das Alltagsleben der Region integriert. Die radikalen Kürzungen der staatlichen Gelder für den Park, die seit dem Jahr 2010 vom römischen Parlament beschlossen wurden, behindern aber seitdem die Arbeit des Parks sehr stark.
Wanderer auf der GTA werden sich vielleicht wundern, dass dieser berühmte Park im Landschaftsbild so wenig sichtbar ist, denn die Landschaft bleibt vor- und nachher ähnlich wie im Park selbst, wie die Etappen 15 bis 21 zeigen. Dies liegt daran, dass in den gesamten piemontesischen Alpen die Land-, Forst- und Alpwirtschaft sehr stark zurückgeht, sodass die Landschaft flächenhaft verbuscht, verwaldet und verwildert – egal, ob es sich um ein Schutzgebiet handelt oder nicht.

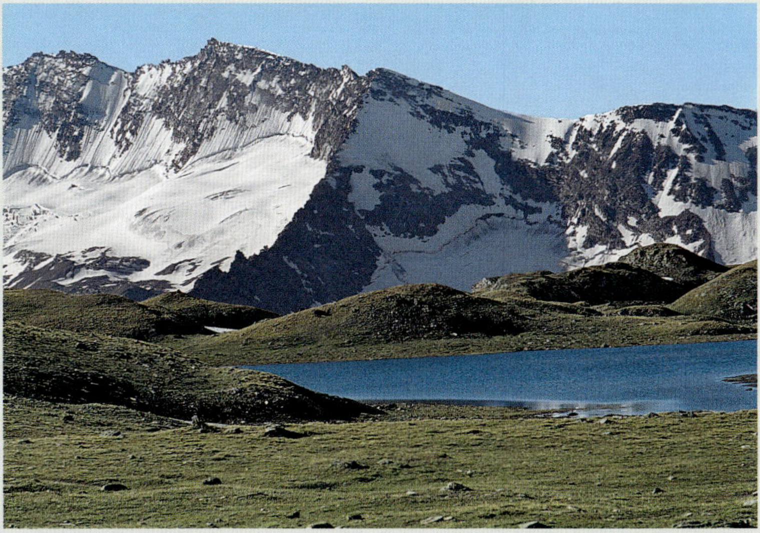

Der Lago Leità auf der Hochebene Piani di Rosset. Der markante Felsgrat in der Bildmitte ist die Costiera dell'Uja; ganz links die Levanna Occidentale.

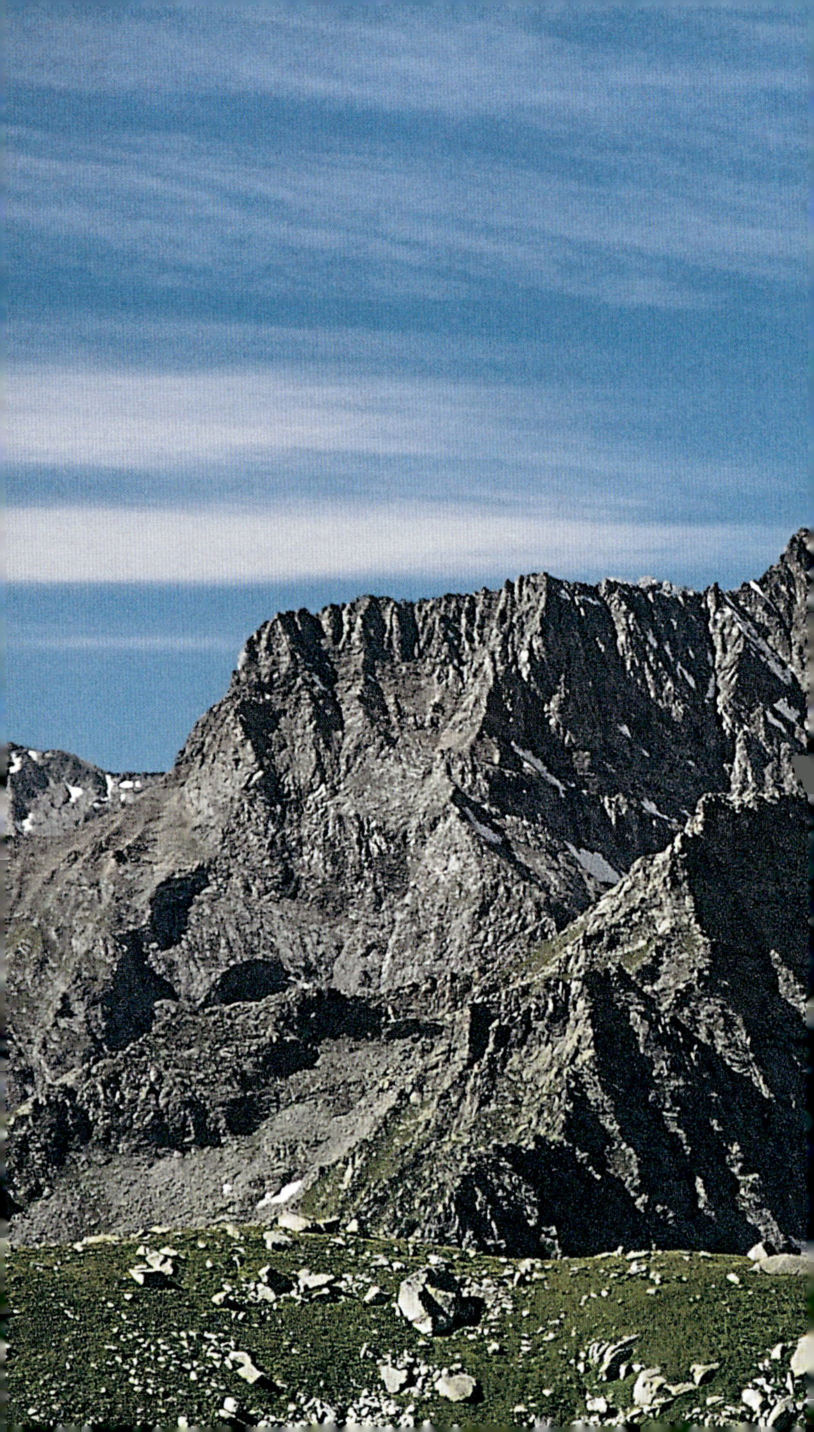

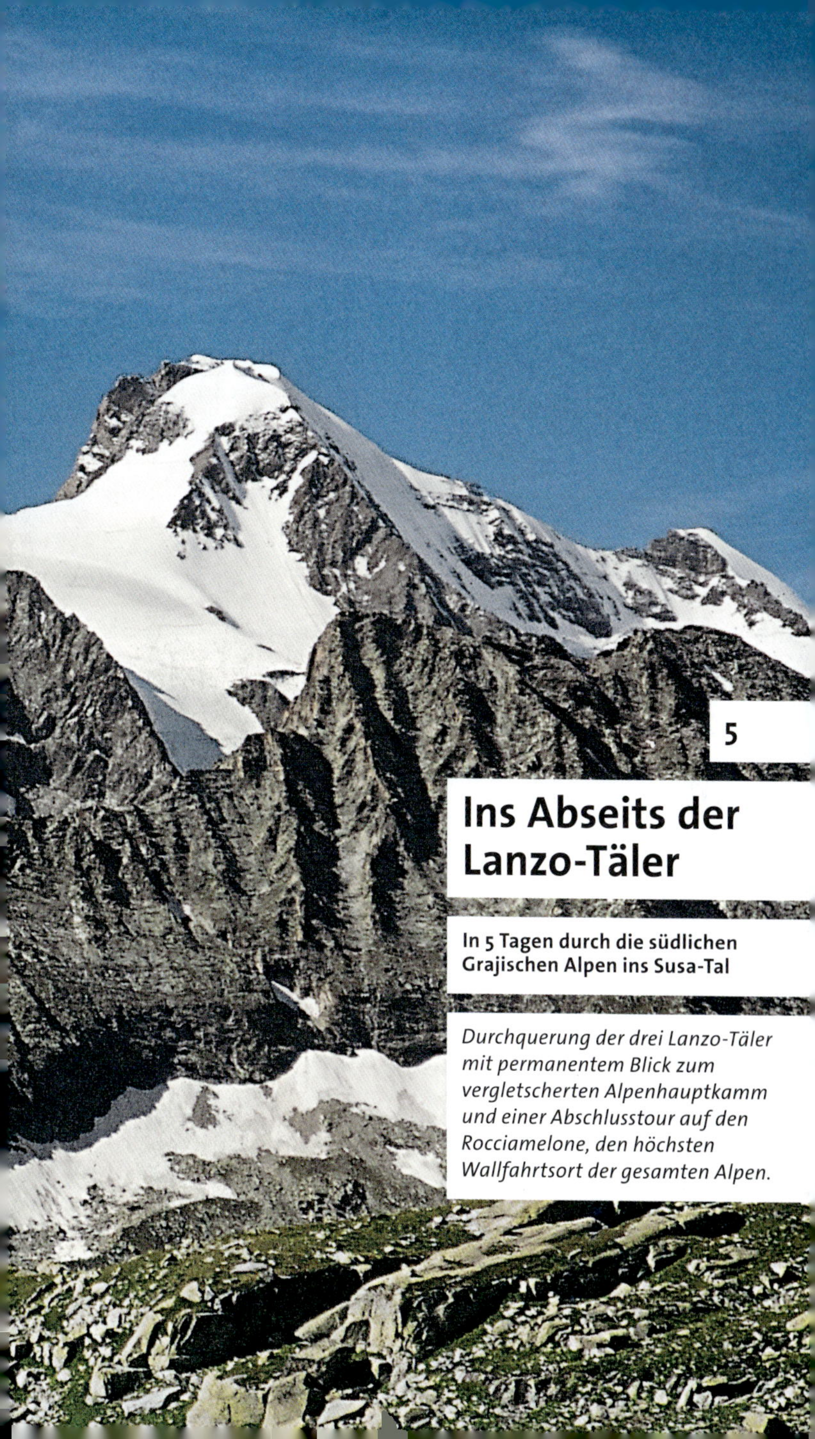

5

Ins Abseits der Lanzo-Täler

In 5 Tagen durch die südlichen Grajischen Alpen ins Susa-Tal

Durchquerung der drei Lanzo-Täler mit permanentem Blick zum vergletscherten Alpenhauptkamm und einer Abschlusstour auf den Rocciamelone, den höchsten Wallfahrtsort der gesamten Alpen.

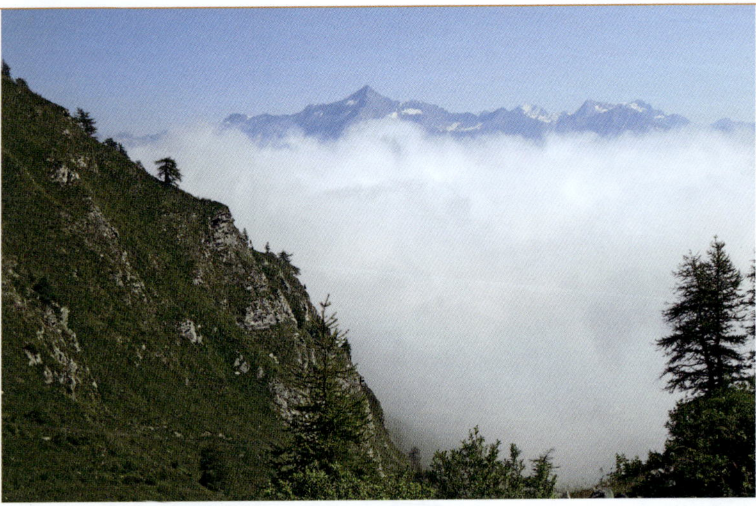

Der Rocciamelone (das markante Dreieck etwas links von der Bildmitte) von Süden her gesehen. Rechts vom Gipfel ist der Grat sehr gut zu erkennen, der über den Monte Palon hinab zum Colle Croce di Ferro (Etappe 25) läuft.

Der Alpenhauptkamm mit der Grenze Italien–Frankreich verläuft in dieser Region in Nord-Süd-Richtung immer in Höhen zwischen 3000 und 3600 m, und davon strahlen im rechten Winkel drei Täler ab – Val Grande, Val di Ala, Valle di Viù (alle Flüsse heißen hier Stura) –, die sich am Alpenrand in der Nähe der Kleinstadt Lanzo Torinese, 515 m, vereinigen. Deshalb wird diese Alpenregion Valli di Lanzo genannt.

Wegen der großen Höhe und der starken Vergletscherung kann der Alpenhauptkamm von Wanderern nur an einer einzigen Stelle überschritten werden. Die GTA quert die drei Täler jeweils im oberen Drittel, wobei stets große Höhenunterschiede zu bewältigen sind und nur Etappe 25 unterteilt werden kann. Daher wird hier am Ende jeder Etappe ein leicht erreichbares Ausflugsziel für einen ruhigeren Tag genannt, falls man die GTA-Wanderung unterbrechen möchte.

Da Anfangs- und Endpunkt dieses Abschnittes gut mit Bahn/Bus erreichbar sind, stellt die Durchquerung der Lanzo-Täler eine sehr schöne einwöchige Wanderung dar. Dafür sollte man unbedingt einen sechsten Tag für die Besteigung des Rocciamelone, 3537 m, einplanen, einen der Höhepunkte der gesamten GTA. Sinnvoll ist es auch, von Norden nach Süden zu gehen, weil dann der Ausgangspunkt 1000 Meter über dem Endpunkt liegt.

Die in unserem Wanderbuch *Die Lanzo-Täler* (Bätzing/Kleider 2015) vorgestellten Wandertouren kann man sehr gut mit GTA-Etappen zu verschiedenen Rundwanderungen verbinden.

Matthias Mandler kennt diese Region inzwischen sehr gut und hat dazu eine Vielzahl von Fotos ins Netz gestellt (www.piemontwandern.de).

S. 164/165: Die Uia di Ciamarella, 3676 m, ist der höchste Berg der Lanzo-Täler, hier gesehen von der Cima della Crocetta, 2824 m.

Öffentlicher Verkehr

Bahn

- Torino Porta Susa–Rivarolo–Pont Canavese: www.gtt.to.it > linee ed orari > Provincia e Piemonte > sfm > sfm 1 (Bahnhof Porta Susa: Corso V. Emanuele II oder Piazza XVIII dicembre, U-Bahn-Anschluss; zwischen Rivarolo und Pont teilweise Bus): für Beginn Etappe 22.
- Torino Dora–Aeroporto–Lanzo–Ceres: www.gtt.to.it (wie oben) > sfm A (Bahnhof Torino Dora: Piazza Baldissera): für Etappen 22–24.
- Torino Porta Nuova–Susa/Bardonecchia www.gtt.to.it (wie oben) > sfm 3 (Bahnhof Porta Nuova: der alte Hauptbahnhof): für Etappe 26.

Bus

- (Rivarolo–)Pont Canavese–Ceresole Reale: www.gtt.to.it > linee ed orari > Provincia e Piemonte > rete extraurbana bus > blaues Band unten »Scegli la tua linea …« anklicken > linea 5137: für Beginn Etappe 22.
- Ceres–Pialpetta: www.vigobus.it > autolinee > Ceres–Forno A.G., grün (Linea 173): für Etappen 22/23 (notfalls ins Suchfeld eingeben »autolinea 173 Ceres-Forno«).
- Ceres–Balme: www.cavourese.it/lines/48/pdf (im Hochsommer auch bis Pian della Mussa): für Etappen 23/24.
- Lanzo Torinese–Usseglio: www.gtt.to.it > (wie bei Etappe 22) > linea 3160: für Etappen 24/25.

Unterkunft

Etappe 22

Posto tappa in Pialpetta, 1060 m, I-10070 Groscavallo: 18 Betten, Via Vercellina (im Ortszentrum), geöffnet 1. Mai bis 31. Okt., Kochgelegenheit, Dusche, Schlüssel im Hotel Setugrino abholen: Corso Roma 10, Tel. 0123 81016. Im Ort Lebensmittel, Post.

Weitere Unterkünfte in Pialpetta
Hotel Setugrino,** 16 Betten, ganzjährig geöffnet, Via Ceriana 10, Tel. 0123 81016.
Hotel Pialpetta*,** 30 Betten, derzeit geschlossen.

Etappe 23

Posto tappa in Balme, 1426 m, I-10070 Balme: Les Montagnards, Frazione Cornetti 73 (200 m südlich von Balme), 20 Betten, ganzjährig geöffnet außer November, Restaurant, Tel. 0123 233 073 und 347 3634 082. Lebensmittel, Post.

Weitere Unterkünfte
Antico Albergo Camussot, Via Capoluogo 21, I-10070 Balme, abgebrannt.
B&B Gloria, Frazione Cornetti 83, I-10070 Balme, 6 Betten, geöffnet 10. Juni bis 10. Okt., Tel. 338 2471 376.
Villa Teja Guest House, Frazione Cornetti, Via Cornetti 71, 7 Betten, geöffnet von Mitte Juni bis Mitte September, Tel. 349 4478 557.

Etappe 24

Posto tappa in Usseglio, 1280 m, I-10070 Usseglio:

Albergo Furnasa, Frazione Villaretto, Via XXIV Maggio 16, 12 Betten, ganzjährig geöffnet, Tel. 0123 83788.

Weitere Unterkünfte
Bivacco Gandolfo e Giuliano, 2202 m (Regione Laghi Verdi), 8 Betten, immer offen, nicht bewirtschaftet, keine Dusche.

Lemie, 957 m, I-10070 Lemie:
Albergo Villa Margherita, Via San Giuseppe 2 (im Weiler Villa, 1,5 km östlich von Lemie), ganzjährig geöffnet, Tel. 0123 60225 und 0123 680982 (für Abstieg durch das Ovarda-Seitental).

Usseglio, 1280 m:
Albergo Rocciamelone, Frazione Cortevizio, Via Roma 37, 33 Betten, ganzjährig geöffnet, Tel. 0123 83743.
Albergo Gran'Usseglio, Frazione Cortevizio, Via Roma 21, 20 Betten, 1. Juni bis 30. Sept. geöffnet, Tel. 0123 83740.
Frazione Crot, 1296 m:
Albergo Meublé Stella Alpina,** Via Margone 10, 36 Betten, ganzjährig geöffnet, Tel. 0123 83745 oder 0123 83788.

Etappe 25

Posto tappa Il Truc, 1706 m, I-10059 Mompantero:
Rifugio escursionistico Il Truc, Località Trucco, 11 Betten, geöffnet Mitte Juni bis Ende Sept., Restaurant Tel. 0122 32963 und 349 8053 424.

Weitere Unterkünfte

Frazione Malciaussia, 1805 m, I-10070 Usseglio:
Rifugio escursionistico Vulpot, 24 Betten, geöffnet Juni bis Sept., Restaurant, Tel. 0123 83771 oder 389 7623 840.

Colle Croce di Ferro, 2546 m, I-10053 Bussoleno:
Capanna Aurelio Ravetto, 12 Betten, geöffnet Mitte Juli bis Ende Aug., Tel. 338 9007 813.
Località Pietracassa, 1900 m, I-10059 Mompantero:
Agriturismo La Darbunera, 8 Betten, Restaurant, geöffnet 15. Juni bis 15. Sept., Restaurant, Tel. 320 8468 830 oder 347 9648 152.

Etappe 25a

Rifugio Cà d'Asti, 2854 m (Diözese Susa, I-10059 Mompantero): 85 Betten, bewirtschaftet 1. Juli bis 15. Sept., Tel. 0122 33192. Außerhalb der Wandersaison: Tel. 011 9632015.

Weitere Unterkünfte

Rifugio La Riposa, 2185 m, I-10059 Mompantero, 30 Betten, geöffnet 15. Juni bis 15. Sept., Tel. 0122 675173.
Bivacco Santa Maria, 3527 m, 14 Betten, immer offen, nicht bewirtschaftet, keine Dusche, kein Wasser.

Etappe 26

Susa, 500 m, I-10059 Susa: Kein Posto tappa. Restaurants, Lebensmittel, Banken und Post.

Hotels in Susa

www.comune.susa.to.it > Vivere il commune > Dove dormire

B&B in Susa

B&B La Casa di Alice, Corso Francia 43, 5 Betten, ganzjährig geöffnet, Tel. 349 3432 383.
B&B L'Archivolto, Vicolo Gran Valentino 12, Tel. 349 6705 887.
B&B Rocciamelone, Via L. Agnes 21, Tel. 392 5863 805.
B&B Ex Convento San Francesco, Piazza San Francesco 3, Tel. 0122 622 548.
Frazione Berno (Venaus), 570 m (250 m westlich von San Giuseppe):
Agriturismo Prà di Muriet, 23 Betten, ganzjährig geöffnet, Tel. 320 2727 858.

Karten

1:50 000

- Fraternali Blatt 50-5 »Gran Paradiso, Val Soana, Valle Orco, Valli di Lanzo«: für Etappen 22–25 (bis Colle Croce di Ferro).
- Fraternali Blatt 50-1 »Alta Val Susa, Alta Val Chisone, Val Germanasca«: für Etappen 24 (ab Colle Costa Fiorita), 25, 25a und 26.

1:25 000

- Fraternali Blatt 8 »Valli di Lanzo«: für Etappen 22 (ab Colle della Crocetta) bis 25 (bis Alpe Arcella)
- Fraternali Blatt 3 »Val Susa, Val Cenischia, Rocciamelone, Val Chisone«: für Etappen 25 (ab Colle Croce di Ferro), 25a und 26

22 Ceresole Reale, 1501 m – Pialpetta, 1060 m

Übergang vom Orco-Tal über den Colle della Crocetta, 2641 m, ins Val Grande der Lanzo-Täler.

Höhendifferenz: ↗ 1140 m, ↘ 1570 m
Markierung: rot-weiß
Gehzeit: 7 h / Gegenrichtung: 7 h 15

Man verlässt den Posto tappa auf der kleinen Straße, die in Richtung Westen hinauf zur Staumauer und dann entlang des Südufers des Stausees führt. Etwa 750 Meter nach der Staumauer zweigt ein kleines Sträßchen nach links ab, dem man folgt, und nach weiteren 250 Metern beginnt auf der linken Seite der Weg, der hinauf zum Pass führt. Dieser Weg ist als GTA, AVC und Weg 520 deutlich markiert. Er führt durch Wald steil bergauf, überquert in 1870 Meter Höhe auf dem Ponte degli Alpini den Rio della Balma und gewinnt dann weiter Höhe, zuerst in südöstlicher und dann in östlicher Richtung. Im Bereich der Alpe Gran Ciavana, 2038 m, verlässt man den Wald und kommt in weite Alpflächen, wobei man die Alpe Fumanova, 2223 m, passiert. Knapp 150 Höhenmeter oberhalb dieser Alp erreicht man den Piano dei Morti (Ebene der Toten), eine Hochfläche mitten im Gebirge (eiszeitliches Kar).

An dieser Stelle sollen die verfeindeten Burschenschaften von Ceresole und Pialpetta um das Jahr 1800 miteinander gekämpft haben, wobei es Tote gegeben haben soll. Und auch im August 1944 gab es hier Kämpfe zwischen Partisanen und faschistischen Truppen (Bade/Mikuteit 2012, S. 83).

Nach kurzem steilem Anstieg erreicht man den Colle della Crocetta, 2641 m, mit einer schönen Aussicht. Am Pass zweigen nach links die AVC und der Weg 324 zum nahen Colle della Terra Fertà, 2721 m, ab. Von hier aus kann man weglos, aber unschwierig die nahe Cima della Crocetta, 2824 m, besteigen, wodurch die Fernsicht noch sehr deutlich verbessert wird.

Der Abstieg vom Colle della Crocetta durch das Vercellina-Seitental hinab nach Pialpetta ist neben der GTA als Weg 321 markiert und lange Zeit sehr aussichtsreich. Man erreicht nach kurzer Zeit den Lago Vercellina, 2465 m, und dann die Alpgebäude der Gias Nuovo, 2306 m, wo man weiter nach Süden absteigt (nicht den

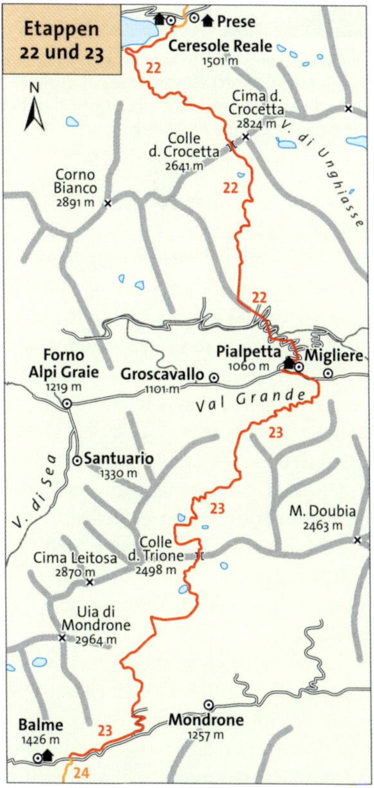

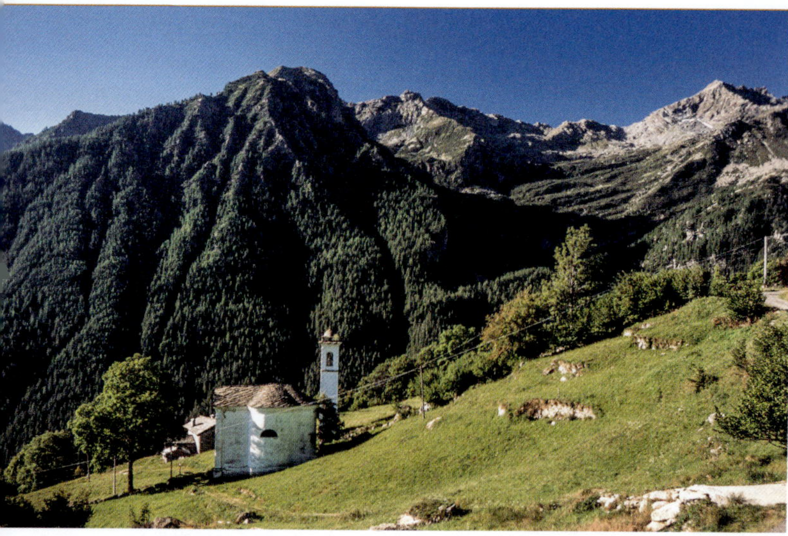

Die Kapelle von Rivotti, 1450 m, an der man beim Abstieg nach Pialpetta direkt vorbeikommt. Im Hintergrund rechts ist die Situation am Colle di Trione (Etappe 23) gut zu erkennen: Der Colle di Trione ist nicht der niedrigste Punkt im Gratverlauf rechts, sondern er liegt links davon, jenseits der kleinen Erhebung.

Weg nach rechts nehmen) und zur Gias di Mezzo, 2114 m, kommt. Der lange Abstieg verläuft weiter am rechten Hang des Rio Vercellina. An der Alpsiedlung Balmes, 1604 m (ohne Namen auf Karte und an den Häusern) quert man eine kleine Alpstraße. Auf dieser verläuft der aussichtsreiche Sentiero Balcone des Val Grande (siehe Bätzing/Kleider 2015, Tour 3 und 4). Die GTA quert diese Alpstraße und führt hinab in den Wald, wo sie erneut auf eine kleine Fahrstraße trifft. An dieser Stelle (in einer Rechtskurve) hat man einen schönen Tiefblick auf die Region Rivotti mit ihrer Barockkapelle (siehe das Umschlagbild dieses Buches).

An dieser Stelle kann man sich entscheiden, ob man auf der kleinen Fahrstraße hinab nach Pialpetta geht oder ob man den historischen Saumweg benutzt (für kürzere Stellen muss man immer wieder einmal die Straße benutzen): Er führt an der genannten Rechtskurve gleich steil abwärts, läuft direkt auf die Kapelle von Rivotti zu und genau vor ihr (Wegweiser) abwärts in Richtung des Ortes Rivotti. Vor den Häusern überquert er die Straße und geht weiter abwärts, wobei man immer wieder auf gut erhaltene Teile der alten Weganlage trifft. Ziemlich weit unten trifft man hinter einem großen weißen Gebäude (katholisches Ferienheim) auf die Piazzale Pina Pogliano und dann gleich auf die Fahrstraße. Ab hier ist es sinnvoll, sie für das letzte Stück abwärts zu benutzen.

Oberhalb des Ortes Pialpetta verlässt man die Fahrstraße und geht einen Weg hinab, der nach links abzweigt (Wegweiser) und der direkt in den Ort hineinführt. Man hält sich im Ort gleich rechts, kommt zu einem Torhaus, das man durchschreitet, geht

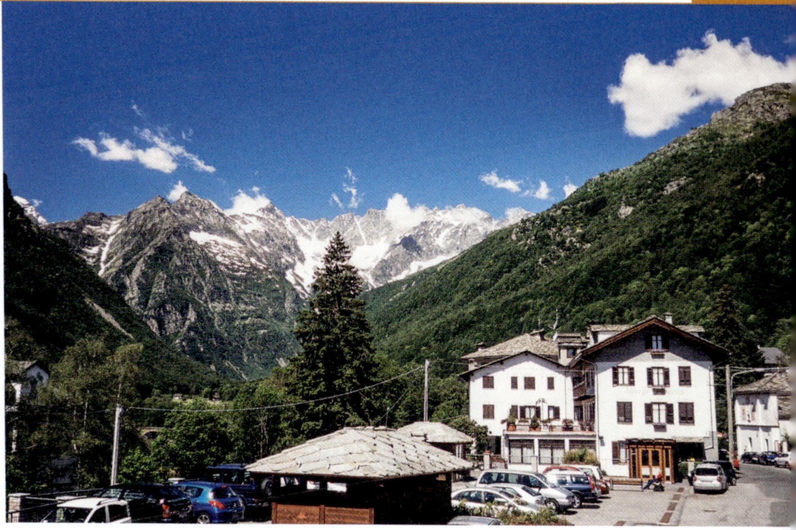

Der Ort Pialpetta mit dem 10 Kilometer entfernten Alpenhauptkamm, auf dem die Grenze Italien–Frankreich verläuft.

dann gleich rechts weiter abwärts, beim nächsten Abzweig dann links und ist in der Via Vercellina. In dieser Straße liegt der Posta tappa (auf der linken Seite; Schild), aber man muss erst zum Hotel Setugrino gehen, um den Schlüssel zu holen (auf der Via Vercellina geradeaus weiter, bis man auf die Talstraße kommt; hier dann 200 Meter nach links).

Wer die GTA-Wanderung hier beenden möchte, kann mit dem Bus bis Ceres (Zusammentreffen von Val Grande und Val di Ala) fahren und dann die Bahn nehmen.

Pialpetta ist ein Ort mit traditioneller Bausubstanz, der einen Rundgang lohnt. Dabei werden einige alte Villen auffallen, die so gar nicht in ein bäuerliches Dorf passen. Es handelt sich bei ihnen um luxuriöse Ferienhäuser, die Familien der Turiner Oberschicht hier in der Gründerzeit errichteten und in denen sie die Sommermonate verbrachten. Heute verfallen sie wegen Erbstreitigkeiten, oder sie werden von der dritten oder vierten Generation oder von neuen Eigentümern weiterhin zur Sommerfrische genutzt.

Abstecher: Da die Etappen 22 und 23 relativ lang sind, bietet es sich an, die Wanderung in Pialpetta für einen Tag zu unterbrechen und dieses Tal etwas näher zu erkunden. Das lohnendste Ziel ist das wilde und einsame Vallone di Sea und der Ort Forno Alpi Graie, 1219 m, 5 Kilometer westlich von Pialpetta, der auf eindrückliche Weise direkt unterhalb eines senkrechten Felsens erbaut wurde. Etwas südlich davon steht 100 Höhenmeter über dem Tal die kleine sehenswerte Wallfahrtskirche Santuario Madonna Nera di Loreto, von der aus man einen schönen Blick über das oberste Val Grande hat (nähere Angaben dazu in unserem Lanzo-Wanderbuch). Man erreicht Forno entweder auf einem bequemen Fußweg im Tal (1 h 30) oder mit dem Bus.

23 Pialpetta, 1060 m – Balme, 1426 m

Lange, aber aussichtsreiche Etappe, die vom Val Grande über den Colle di Trione, 2498 m, ins Val di Ala führt.

Höhendifferenz: ↗ 1450 m, ↘ 1100 m
Markierung: rot-weiß, orange
Gehzeit: 8 h 30 / Gegenrichtung: 8 h

Die Etappen 23 und 24 sind sehr lang und können notfalls – vor allem bei schlechtem Wetter – mit dem Bus umfahren werden (Pialpetta–Ceres mit Bus, Ceres–Lanzo mit Bahn, Lanzo–Usseglio mit Bus).
Von Pialpetta geht es auf der Talstraße etwa einen Kilometer talabwärts Richtung Migliere. Direkt hinter dem Ortsschild zweigt ein Weg nach rechts ab (Wegweiser), der leicht fallend hinab zur Stura führt und den Fluss auf einer Brücke überquert. Danach hält man sich ein kurzes Stück geradeaus und nimmt den Weg, der nach rechts im Wald bergauf führt (Wegweiser mit GTA, Via Alpina und Weg 305). Es geht in Richtung Südwesten ziemlich steil aufwärts, wobei einige Bäche gequert werden. Nach gut 1 h lässt die Steigung nach, und der Weg dreht langsam nach links Richtung Süden. Bald darauf ist die Alpe Trione, 1648 m, erreicht. Nun geht es wieder steiler weiter Richtung Süden, bis kurz vor der Alpe Gias nuovo, 1902 m, der Weg nach rechts (Westen) dreht. Kurz darauf passiert man die Gias di Mezzo, 1961 m, und der Weg wechselt wenig später erneut die Richtung und läuft in Richtung Süden hinauf zu den beiden Laghi di Trione, 2164 m. Hier geht man zwischen den beiden Seen hindurch und an der Gias dei Laghi vorbei ein kurzes Stück nach Süden.
Hier muss man aufpassen, weil der Weg eine Wendung macht, mit der man nicht rechnet, und weil er hier zugleich inmitten von zahlreichen Viehwegen nicht sehr deutlich zu erkennen ist: Der Weg führt *nicht* vom See aus direkt nach Süden zu einem gut sichtbaren Pass (auf der Fraternali-Karte nur als Höhe 2497 m eingezeichnet; das Umschlagbild dieses Buches und das Bild S. 170 zeigen diese Situation sehr deutlich), sondern der Colle di Trione liegt 500 Meter weiter östlich davon. Deshalb biegt der Weg etwa 100 Höhenmeter über den Seen in etwa 2280 Meter Höhe

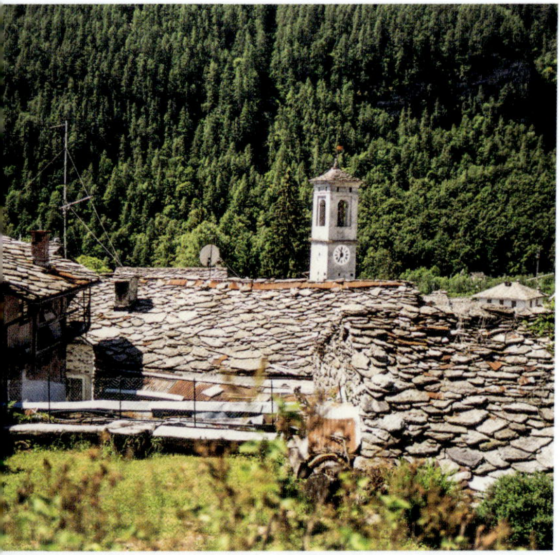

Pialpetta mit Kirchturm und Steindächern.

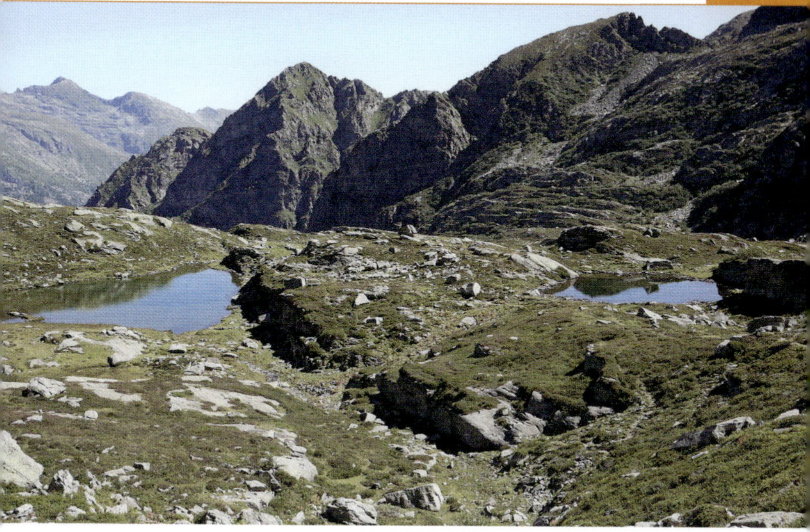

Die beiden Trione-Seen, zwischen denen die GTA hindurchläuft (der Weg ist vorn rechts zu erkennen).

überraschend nach links ab und führt gut 300 Meter lang nach Osten, ehe dann der letzte steile Aufstieg zum Colle di Trione, 2498 m, in Richtung Süden erfolgt.

Am Pass wechselt der Weg seine Nummer (jetzt 234 statt 305), und der gesamte Abstieg ist jetzt – mit Ausnahme der Stellen um die bewirtschafteten Alpen herum – wesentlich besser markiert. Man geht vom Pass aus hinab zum Lago Vasuero und trifft kurz darauf auf die Alpe Pian Lago, 2232 m, wo es eine Wegkreuzung gibt. Man nimmt den Weg, der geradeaus in Richtung Südosten führt und weiterhin schnell Höhe verliert. In einer Höhe von 2030 m zweigt der Weg 234, den man bisher benutzte, nach links ab, während die GTA jetzt als Weg 233A geradeaus weiterführt. Kurze Zeit später zweigt nach rechts ein Weg höhenparallel zur Alpe Vasuera di sopra, 2005 m, ab, den man nicht nimmt, obwohl er im Gelände deutlicher ausgeprägt ist. Die GTA führt an dieser Stelle vor einem Graben weiter nach Süden abwärts. Nach einiger Zeit (drei einzelne Lärchen stehen hier am Rand des Grabens) macht der Weg einen Bogen in Richtung Westen, überquert den Graben und führt hinab zur Alpe Vasuera di sotto, 1869 m. Im Bereich dieser Alp gibt es wieder viele Viehwege und die Markierungen sind spärlich. Hier geht man an der untersten Hütte in Richtung Westen vorbei, passiert einen Lesesteinhaufen und sieht wenig später eine Reihe von fünf Lärchen. Zwischen ihnen geht es hinab ins Bachbett des Rio della Chiesa und danach führt die GTA auf den nächsten kleinen Gratrücken, auf dem jetzt die Alpe Pian Prà, 1783 m, liegt. Etwas unterhalb dieser Alp erreicht man eine kleine Alpstraße, auf der die GTA knapp 500 Meter lang verläuft. Kurz vor dem nächsten Bach (Rio Maian) zweigt die GTA von der Alpstraße nach links ab und führt zur Alpe Pian Bosco, 1683 m, die auf der anderen Bachseite liegt.

An der Alpe Pian Bosco gibt es für kurze Zeit wieder viele Viehwege und die GTA ist jetzt mit dem Weg 233 identisch. Man geht direkt an der Westseite der Alpgebäude in Falllinie abwärts und erreicht wieder die kleine Alpstraße, die man weiter oben benutzt hat. Man verlässt sie nach wenigen Metern (Wegweiser) und nimmt den Weg abwärts (Richtung Süden), der durch Wiesen und Wald schließlich in etwa 1450 Meter Höhe auf eine kleine, asphaltierte Straße führt, der man weiter talwärts folgt (nicht mit dem Weg 233 zum Weiler Molette, 1341 m, absteigen). An einer kleinen Kreuzung im Talboden wendet man sich nach rechts und geht auf einer kleinen Fahrstraße oberhalb des Ortes Chialambertetto, 1358 m, weiter in Richtung Westen (Empfehlung: durch den Ort hindurchgehen). Nach kurzer Zeit erreicht man die Talstraße, der man etwa 500 Meter weit nach Westen (talaufwärts) folgt, bis man kurz vor Balme auf einen Straßenabzweig trifft.

In Balme gibt es eine Unterkunft mit einer ganz besonderen Atmosphäre: Der Posto tappa liegt in der Frazione Cornetti in der Villa Croveri, dem historischen Sommerhaus eines Turiner Generals aus dem Jahr 1925.

Man biegt vor Balme von der Talstraße auf eine kleine Fahrstraße nach Süden ab. Nach etwa 100 Metern leicht aufwärts liegt dann die Villa Croveri gleich rechts (mit Gartenmauer gegen die Straße abgetrennt).

Balme, 1426 m, ist der höchstgelegene Ort der Lanzo-Täler. Der historische Ortskern gruppierte sich ursprünglich ganz eng um das Casaforte del Rocias herum (das älteste Gebäude von Balme), in dessen unmittelbarer Nähe einige Gassen überdacht sind, sodass man wichtige öffentliche Plätze wie Brunnen oder Backofen erreichen konnte, ohne ins Freie zu treten. Als Grund für diese Bauweise nennen die Einheimischen die starken Schneefälle im Winter und die hohe Lawinengefahr. Die Kirche wurde ursprünglich auf freiem Feld genau zwischen mehreren Frazioni von Balme errichtet, aber das Wachstum der Bevölkerung im 18. und 19. Jahrhundert hat dazu geführt, dass entlang der Straße immer mehr Häuser errichtet wurden, sodass Balme heute wie ein Straßendorf wirkt. Im alten Rathaus von Balme gibt es ein kleines Ecomuseo, das der Geschichte der Gemeinde sowie den

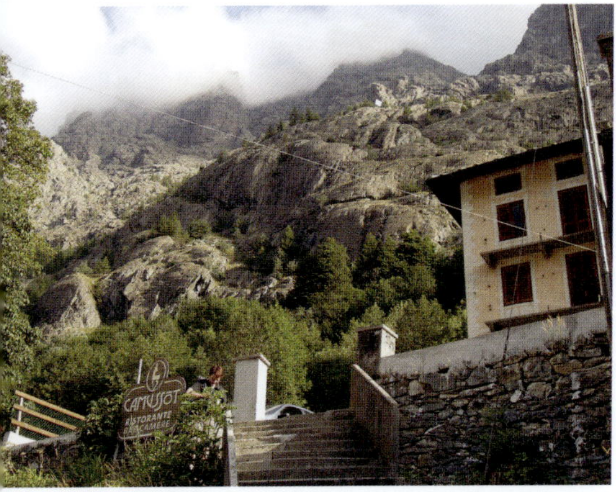

Das Antico Albergo Camussot in Balme (inzwischen abgebrannt). Direkt darüber sind die Felsbereiche zu sehen, die früher im Winter als Ziegenweide genutzt wurden.

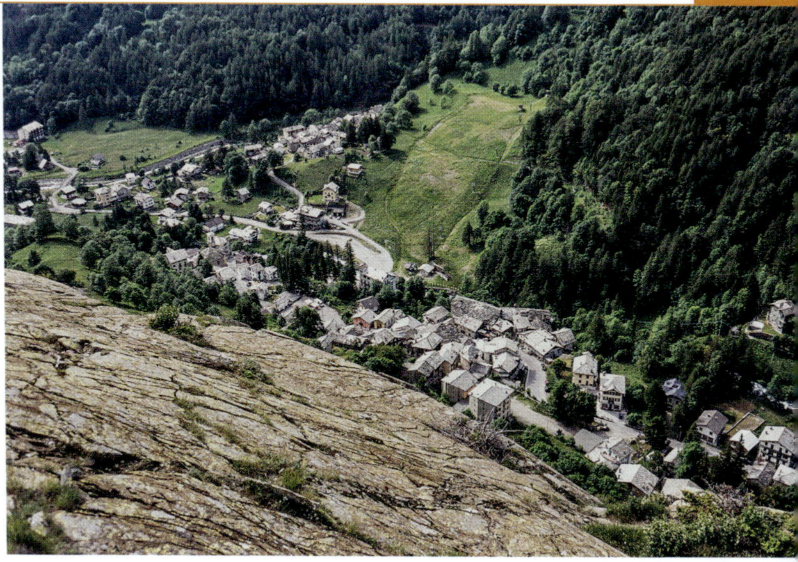

Der Ort Balme (direkt unterhalb der Felsen) und die Frazione Cornetti (hinten am Waldrand).

Bergführern der Lanzo-Täler gewidmet ist, die in der Gründerzeit eine wichtige Rolle gespielt haben. Seit 2021 gehört Balme zu den »Bergsteigerdörfern«, einer Initiative des Österreichischen Alpenvereins zur Förderung eines nachhaltigen Tourismus.

Direkt nördlich von Balme erheben sich sehr steile, mit Gras durchsetzte Felshänge. Da diese wegen ihrer südexponierten Position im Winter oft schneefrei sind, wurden sie früher von Kindern und Jugendlichen aus Balme im Winter als Weide für die Ziegen des Dorfes genutzt. Davon legen heute noch zahllose Felszeichnungen und -inschriften an Stellen Zeugnis ab, die »normale« Menschen nie erreichen können. Durch die Hütetätigkeit in diesem extremen Gelände erwarben sich die Einwohner von Balme eine so große Sicherheit im Fels, dass sie mit dem Beginn des Tourismus in den Lanzo-Tälern zu sehr gesuchten Bergführern wurden. Heute führen verschiedene Steige in diesen Hang, die schnell extrem ausgesetzt werden.

Abstecher: Von Balme aus kann man in einem Tagesausflug zu Fuß (oder mit dem Bus) den Pian della Mussa, 1800 m, erreichen, einen der eindrucksvollsten Talschlüsse der Grajischen Alpen, der jedoch an Sommerwochenenden stark vom Pkw-Ausflugstourismus belastet wird. Der ebene, sehr wasserreiche Talboden ist durch Verlandung eines ehemaligen Endmoränensees entstanden und wird im Halbrund von den vergletscherten Steilabfällen des Alpenhauptkamms mit der dominierenden Uia di Ciamarella, 3676 m, eingerahmt. Von hier aus bieten sich verschiedene, sehr attraktive Wandermöglichkeiten in hochalpiner Umgebung an, und es gibt hier mehrere Übernachtungsmöglichkeiten und Restaurants (siehe Bätzing/Kleider 2015, Touren 6 und 7).

24 Balme, 1426 m – Usseglio, 1280 m

Übergang vom Val di Ala über zwei Pässe – Passo Paschiet, 2431 m, und Colletto di Costa Fiorita, 2445 m – ins Viù-Tal.

Höhendifferenz: ↗ 1250 m, ↘ 1400 m
Markierung: rot-weiß
Gehzeit: 8 h / Gegenrichtung: 8 h 30

Hinweis: Dieser Übergang erfordert in seinem Südteil (zwischen Colletto di Costa Fiorita und Usseglio) Trittsicherheit, Erfahrung im Begehen von steilen Grashängen und ein gutes Orientierungsvermögen; anderseits bietet diese Etappe auch besondere landschaftliche Höhepunkte (chaotische Felsstrukturen, schöne Seen und Alpen, Ausblicke).

Man geht auf der kleinen Fahrstraße, die vor Balme von der Talstraße nach Süden abzweigt, leicht aufwärts durch den Ort Cornetti hindurch in Richtung des Ortes I Frè. Wo diese Straße eine Serpentine nach rechts macht, verlässt man sie, geht auf einer Brücke über den Rio Paschiet und folgt den sehr deutlichen Markierungen (GTA, Via Alpina, Weg 214) bis zur Alpe Pian Salè, 1572 m. Hier biegt man bei einem Wegweiser nicht nach rechts ab, sondern geht geradeaus in Richtung Süden weiter. Das Tal wird enger, und es geht steil hinauf zuerst durch Wald und dann durch die Weideflächen der Alpe Garavela, 1719 m. Der Weg bleibt in der Nähe des Baches und führt weiter steil bergauf. In der Nähe der Alpe Pian Buet, 2018 m, gibt es eine Weggabelung: Während der Weg 215 nach links in Richtung Osten führt, führt die GTA ab hier Richtung Süden, überwindet unschwierig einen felsigen Grat und erreicht dann die Laghi Verdi, 2142 m. Kurz vor dem zweiten See zweigt nach rechts ein Weg ab, den man nicht beachtet, man geht Richtung Süden weiter, wo man bald auf das Bivacco Gandolfo, 2202 m, trifft (Notunterkunft). Kurz vor dem Bivacco geht es in einer felsgeprägten Landschaft weiter Richtung Süden, später Südosten hinauf zum Passo Paschiet, 2431 m. Durch einen Abstecher auf die nahe Punta Golai,

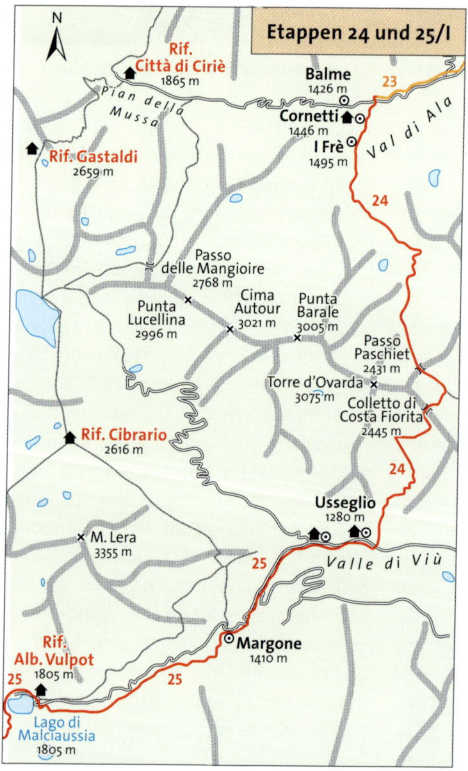

2819 m, lässt sich die Aussicht noch deutlich verbessern. Seit einigen Jahrzehnten gibt es in diesem Gebiet eine Steinbockkolonie, und mit etwas Glück lassen sich die Tiere beobachten.

Der Abstieg verläuft anders, als man es vielleicht denkt: Es geht nicht ins Tal hinab, das genau vor einem liegt (Ovarda-Seitental), sondern man steigt hier nur ein kurzes Stück ab, wendet sich dann nach rechts, geht den Hang hinauf und verlässt dieses Seitental gleich wieder.

Vom Passo Paschiet geht man in südöstlicher Richtung auf einem guten Alpweg abwärts in den oberen Kessel des Ovarda-Seitentals. In knapp 2300 Meter Höhe gibt es auf einem Felsblock (siehe das Bild auf der nächsten Seite) einen Hinweis auf eine Weggabelung: Abwärts geht es auf Weg 128A zur Alpe d'Ovarda, 1890 m, bei der man auf eine Alpstraße trifft, die sehr viel später bei Chiandusseglio, 980 m (dort direkt eine Bushaltestelle; im nahen Lemie in der Frazione Villa, 895 m, eine Unterkunft), den Talboden und die Talstraße erreicht. Dieser Weg 128A bietet einen problemlosen Notabstieg bei Nebel oder schlechter Sicht. Allerdings muss man dann auf der Fahrstraße gut 5 Kilometer talaufwärts zu Fuß nach Usseglio gehen oder den selten fahrenden Bus nehmen.

Die GTA dagegen führt an dieser Stelle nicht weiter abwärts, sondern als Weg 128 nach rechts hinauf zum Colletto di Costa Fiorita, 2445 m. Der Abstieg von diesem Pass in das Vallone di Venaus war lange Zeit wegen schlechter Markierung und Wegqualität sehr problematisch. Inzwischen ist er als Sentiero Italia neu markiert und teilweise verlegt worden, und er ist seitdem besser zu gehen und leichter zu finden. Am Colletto di Costa Fiorita folgt man deshalb dem Sentiero Italia nach

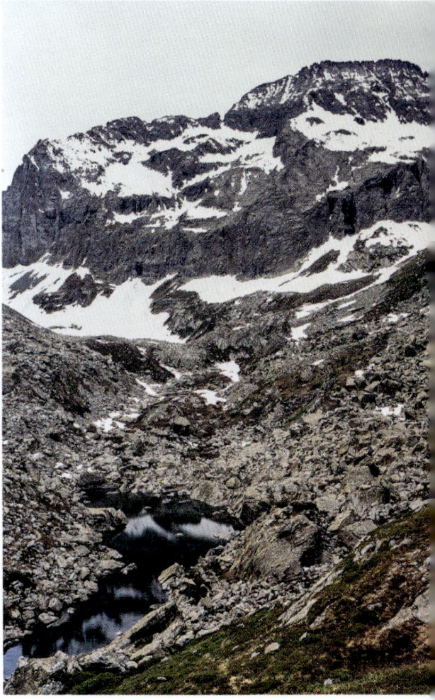

Der oberste der Laghi Verdi im Paschiet-Seitental. Ab diesen Seen durchquert die GTA eine stark von Felsen und Geröll dominierte Landschaft. Oben rechts der Torre d'Ovarda, 3075 m.

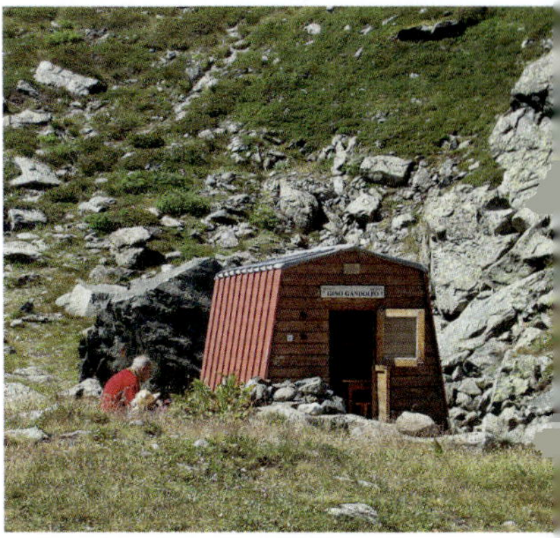

Das Bivacco Gandolfo e Giuliano, 2202 m, am Anstieg zum Passo Paschiet.

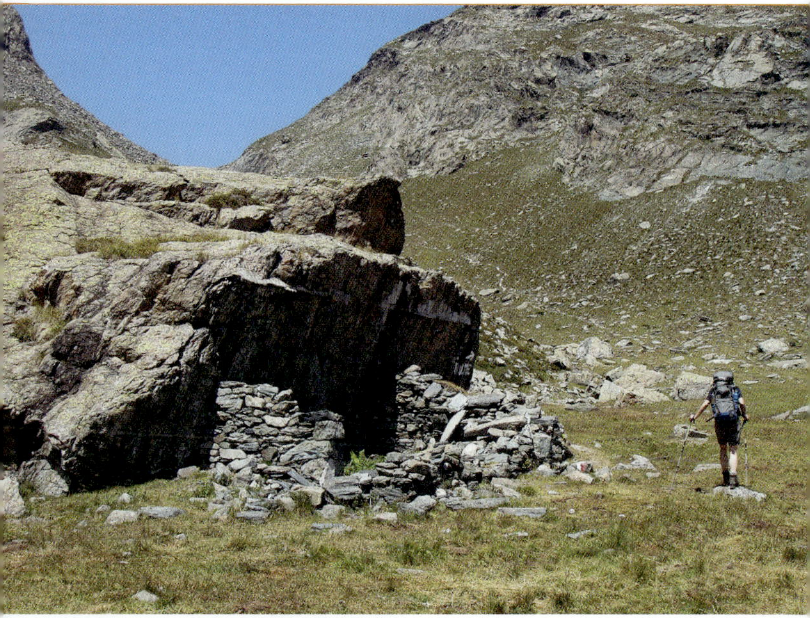

Der Felsblock im Ovarda-Seitental in knapp 2300 Meter Höhe, an dem die GTA nach rechts abzweigt (Markierungen am Felsen).

links (Osten) und geht *nicht* auf dem alten Weg, der direkt abwärts führt (verblasste Markierungen und Wegspuren sind noch sichtbar). Der Sentiero Italia beschreibt beim Abstieg von diesem Pass einen Bogen nach Osten und trifft am Colle Teina, 2184 m, wieder auf den alten Weg. Hier geht es zuerst ein kurzes Stück nach Südosten und dann längere Zeit in Richtung Süden, bis man in einen Wald kommt. Vorsicht: Im Abschnitt zwischen dem Colle Teina und dem Beginn dieses Waldes ist der Wegverlauf zwar eindeutig, aber der Weg ist hier im Bereich steiler Grashänge sehr schmal (bei Nässe schnell glitschig) und teilweise abgerutscht und verwachsen (notfalls den Umweg über das Ovarda-Seitental nehmen). Nach einem kürzeren Stück im Wald wendet sich der Weg in 1772 Meter Höhe plötzlich nach rechts, und es beginnt der steile Abstieg mit vielen kleinen Serpentinen ins Bachbett des Rio di Venaus, wobei die alte Pflasterung sichtbar wird. Man erreicht den Talboden des Vallone di Venaus, geht eine Zeit lang auf einem Blockdamm, der bei Hochwasser den Wildbach am Ausbrechen hindern soll, und nimmt dann eine kleine Forststraße, die am östlichen Rand der Wildbachmauer abwärts führt. Am Ende trifft man auf die Talstraße, der man nach rechts bis zur Frazione Villaretto folgt, wo der Posto tappa liegt. Auf der neuen Fraternali-Karte ist eine Abkürzung verzeichnet: Wo die GTA auf den Talboden stößt, zweigt nach rechts ein Weg ab, der direkt zur Frazione Cortevizio der Gemeinde Usseglio führt (Abkürzung). Man geht durch diesen Ort hindurch und auf einem Fußweg nördlich der Talstraße zur Frazione Villaretto.

Usseglio ist eine Gemeinde mit langer Tradition: Oberhalb des Ortes Piazzette (östlich vom Zentrum von Usseglio) steht die kleine, einzeln liegende Kapelle San Desiderio, 1316 m, die wahrscheinlich schon im 8. Jahrhundert errichtet wurde und die eines der ältesten christlichen Bauwerke der Lanzo-Täler darstellt. In unmittelbarer Nähe dieser Kapelle wurden römische Reste gefunden, ebenso im Ortsteil Cortevicio, wo an der neuen Pfarrkirche ein römischer Votivstein erhalten ist. Dies deutet auf eine zwar bescheidene, doch sehr frühe Besiedlung der Lanzo-Täler hin.

Das Museo Civico Alpino Arnaldo Tazzetti wurde im Juli 2004 in einem Gebäude des alten Pfarrhofes neu errichtet (Thema: Umwelt, Archäologie, Alltagsleben) und lohnt einen Besuch (Tel. 0123 83 720 oder 349 56 25 840).

Die GTA-Wanderer können am Ende dieser Etappe auch sehr stilvoll im Hotel Gran'Usseglio, einem eindrucksvollen Hotel aus der Gründerzeit (Baujahr 1910) oder im 1925 erbauten Albergo Rocciamelone, das fast noch im Originalzustand erhalten ist, übernachten. Beide Hotels vermitteln gut die Atmosphäre der Zeit, in der die Lanzo-Täler die Sommerfrische der »guten« Turiner Gesellschaft waren.

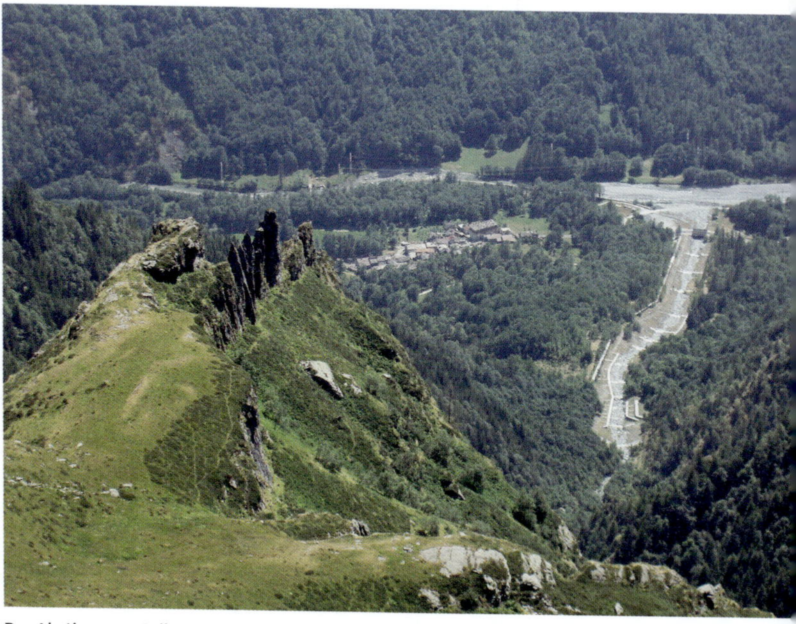

Der Abstieg vom Colletto di Costa Fiorita nach Usseglio ist sehr steil. Der gegen Hochwasser stark verbaute Bach ist der Rio di Venaus, und die Häuser gehören zur Frazione Pianetto.

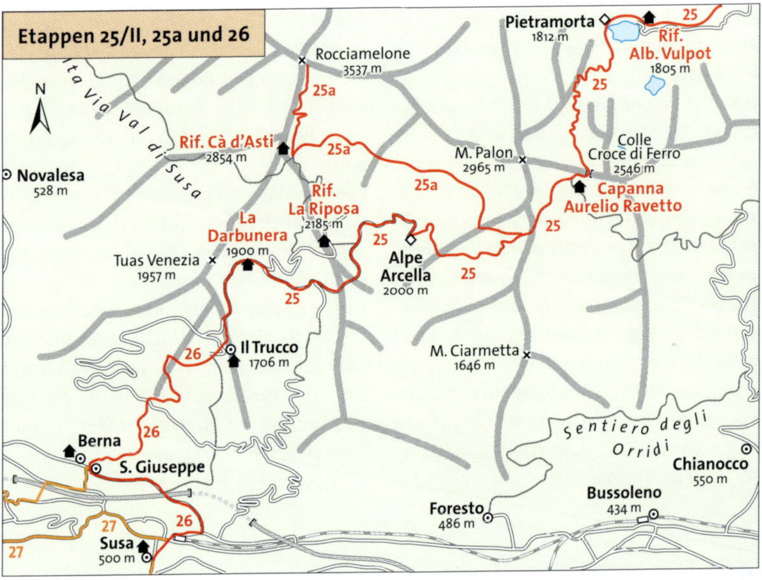

25 Usseglio, 1280 m – Il Trucco, 1706 m (Il Truc)

Übergang vom Valle di Viù über den Colle della Croce di Ferro, 2546 m, auf die aussichtsreiche Talschulter des Susa-Tales.

Höhendifferenz: ↗ 1350 m, ↘ 900 m
Markierung: rot-weiß (neu), rot (alt)
Gehzeit: 8 h / Gegenrichtung: 7 h 30

Wegen der Länge dieser Etappe und der besonderen Aussicht empfehlen wir, diese Etappe unbedingt im Rifugio Vulpot oder in der Capanna Ravetto zu unterbrechen.

Die GTA verläuft zwischen Usseglio und Margone, 1410 m, auf der Talstraße. Da dies nicht sehr empfehlenswert ist, schlagen wir folgende Alternative vor: Man biegt kurz hinter Villaretto von der Talstraße ab, geht auf einer kleinen Straße nach Süden, überquert die Stura di Viù und wendet sich dann nach rechts. Nach kurzer Zeit endet die Straße, und es beginnt der Weg 140A, der hinauf zum Ort Perinera, 1422 m, führt. Hier folgt man der Straße in Richtung Südwesten. An der ersten Serpentine verlässt man sie, nimmt eine Schotterstraße in Richtung Südwesten und überquert die Stura di Viù. Auf dem Hang geht es dann aufwärts, und man erreicht schnell die Fahrstraße und den Ort Margone.

Man geht auf der Straße durch Margone hindurch und kommt jenseits eines kleinen Baches in die Frazione Balme. Hier zweigt die GTA nach links ab, zuerst als eine kleine Straße, die hinab zur Stura führt, und jenseits der Stura dann als ein Weg. Dieser Weg (GTA und Weg 111) führt auf der Südseite der Stura längere Zeit im Wald bergauf, verläuft in der Nähe des Lago Falin, 1693 m, und steigt dann zur Stura ab, auf die er in 1630 Meter Höhe trifft, die er aber nicht überquert. Anschließend bleibt der Weg immer auf der Südseite der Stura und gewinnt in ihrer Nähe weiter Höhe. Kurz vor dem Staudamm überquert der Weg in 1750 Meter Höhe die Stura und führt steil hinauf zum Rifugio Vulpot, 1815 m, am Malciaussia-Stausee, 1792 m (Unterkunft).

Alternative: Man kann von Margone (Wegweiser in der Nähe der Kirche »Rifugio Cibrario« und Weg 118) nach Trappette, 1647 m, und von hier aus weiter nach Norden, später nach Nordwesten aufsteigen. Man trifft in 1808 Meter Höhe auf eine Wegkreuzung. Hier verlässt man den Weg 118 und geht nach links (Weg 111a und Sentiero Italia). Es handelt sich bei diesem »Weg« um die alte Schmalspureisenbahntrasse, die hangparallel von hier aus zum Stausee Malciaussia führte und die zu Beginn der 1920er Jahre im Zusammenhang mit dem Bau der großen Wasserkraftwerke im Viù-Tal errichtet wurde. Allerdings ist diese aussichtsreiche Trasse heute stark verfallen: Sie ist an vielen Stellen zugewachsen, einige Stützmauern und Brücken sind zusammengebrochen, und der verbleibende Weg ist sehr schmal geworden, wobei einige heikle Stellen mit Seilen gesichert wurden. Es gibt auch ein längeres Tunnelstück (Taschenlampe nötig) und am Ende ein ganz kurzes Kletterstück. Deshalb kann diese Strecke nur sehr erfahrenen Wanderern empfohlen werden, die Lust auf ein Abenteuer haben.

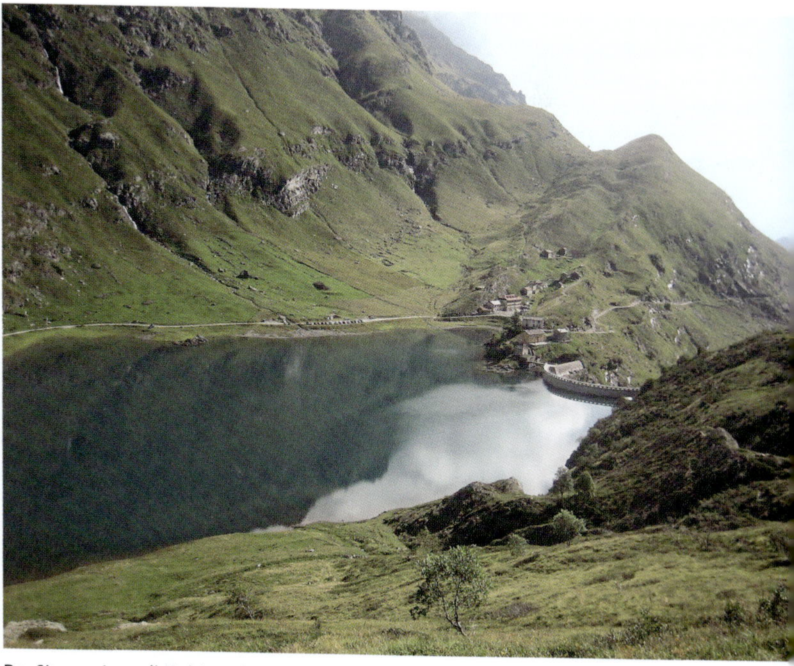

Der Stausee Lago di Malciaussia mit dem Rifugio Vulpot (oberhalb der Staumauer).

Der Malciaussia-Stausee wurde zu Beginn der 1920er Jahre erbaut, und in seinen Fluten versank die relativ große Alpsiedlung gleichen Namens und viel ertragreiches Weideland. Dieser Standort bietet sich für Wanderungen in die Umgebung sehr an (siehe Bätzing/Kleider 2015, Tour 9 und 10). Von hier aus führt ein Weg über den Colle Autaret, 3071 m, nach Frankreich, und dies ist im Bereich der Lanzo-Täler der einzige Übergang über den Alpenhauptkamm, der nicht über Gletscher führt.

Vom Rifugio Vulpot, 1815 m, aus geht man auf der kleinen Fahrstraße nach Westen weiter (nicht nach rechts bergauf abbiegen) und an der Alpsiedlung Pietramorta vorbei. Die Straße wird zu einem Weg, und nach kurzer Zeit überquert man die Stura di Viù. Direkt hinter der Stura zweigt nach rechts der Weg 111 ab, der zum Rifugio Tazzetti, 2642 m, führt, aber GTA, Via Alpina, Sentiero Italia und Weg 114 führen nach Süden, vorbei an einem ehemaligen Zollgebäude. Nach kurzer Zeit beginnt der steile Aufstieg zum Colle Croce di Ferro, der auf einem gut markierten und teilweise gepflasterten Saumweg (ehemaliger Militärweg) erfolgt. In knapp 2000 Meter Höhe bleibt ein Abzweig nach links (Weg 113) unbeachtet. Der Saumweg beschreibt je nach Steilheit des Geländes engere und weitere Bögen, wobei die Felsblöcke des Monte Turlo westlich umgangen werden. Am Schluss erreicht man mit einer fast ebenen Traverse in Richtung Südosten – oberhalb eines Geröllfeldes – den aussichtsreichen Colle Croce di Ferro, 2546 m. Das Eisenkreuz, von dem der Pass seinen Namen hat, steht links oberhalb des Passes. Knapp unterhalb des Passes liegt die kleine Capanna Aurelio Ravetto, 2545 m, in der man übernachten kann.

Die Aussicht vom Pass ist ziemlich umfassend: Im Norden sind die Berge des Viù-Tales zum Greifen nahe, im Süden blickt man auf die Cottischen Alpen, die vom

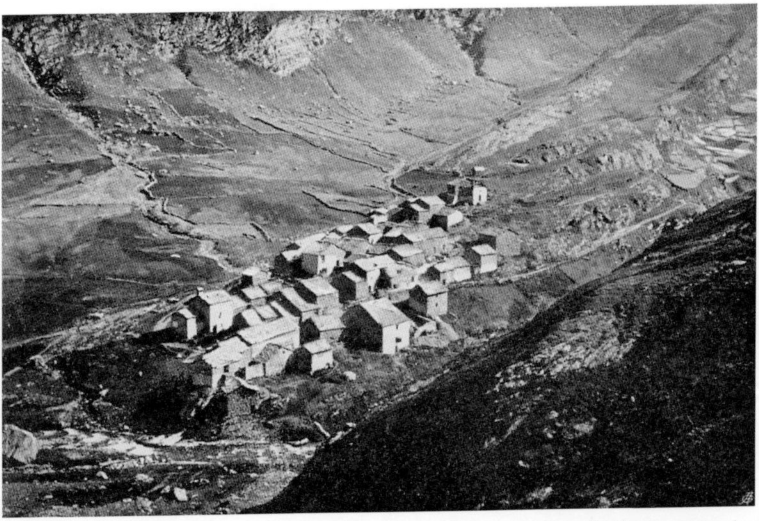

Das Alpdorf Muande di Malciaussia im Jahr 1902, das in den 1920er Jahren im Stausee versank.

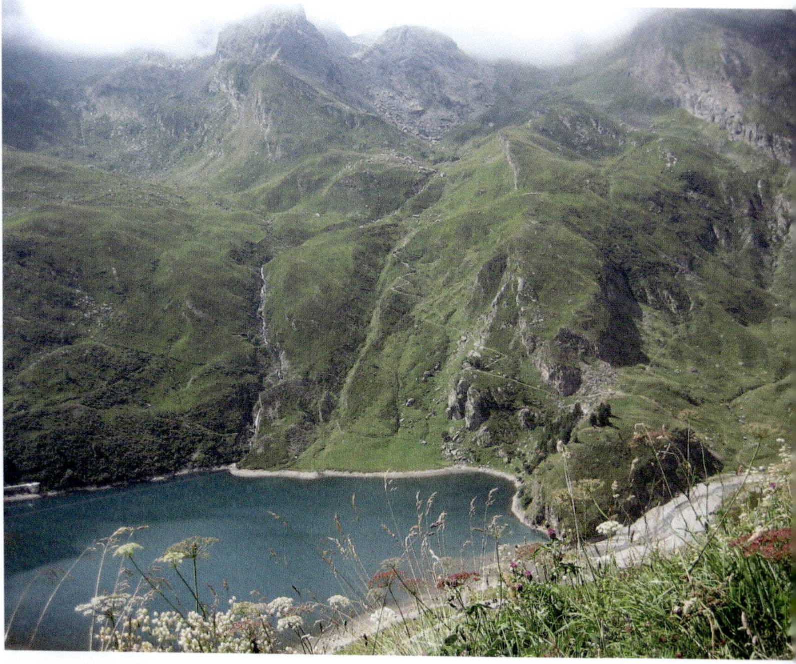

Der Lago di Malciaussia mit dem Anstieg zum Colle Croce di Ferro. Der Weg ist in der Bildmitte sehr gut zu erkennen.

Monte Viso, 3841 m, überragt werden, und 2000 Höhenmeter tiefer liegt das Susa-Tal fast direkt unter einem.

Vom Colle Croce di Ferro, 2546 m, steigt der Weg (jetzt 560) nur kurz ab. Bereits in 2527 Meter Höhe verzweigt sich der Weg: Nach links führt der Weg 531 aussichtsreich zum Colle delle Coupe, 2341 m (Bätzing/Kleider 2015, Tour 10), nach rechts geht die GTA nur sehr leicht fallend und lange Zeit fast höhenlinienparallel und daher weiterhin sehr aussichtsreich zuerst Richtung Westen und dann Richtung Südwesten. Dort, wo sie den Gratrücken, der vom Monte Palon herunterkommt, in 2516 Meter Höhe überschreitet, beginnt der große Abstieg ins Susa-Tal. Wenig später erreicht man in 2463 Meter Höhe eine Weggabelung: Nach Westen verläuft etwa höhenlinienparallel die Alta Via Val di Susa, die direkt zum Rifugio Cà d'Asti führt. GTA, Via Alpina, Sentiero Italia und Weg 560 zweigen dagegen in Richtung Südwesten ab, verlieren schnell an Höhe und kommen zur Alpe Arcella, 2002 m. An dieser Alpe zweigt der Weg 560 direkt nach Süden ab (er endet am Schluss im Ort Foresto, 486 m, zwischen Susa und Bussoleno), während die GTA hier auf der kleinen Alpstraße zuerst in nördlicher, dann in westlicher Richtung abwärts führt. Nachdem man den Rio Rocciamelone überquert hat, zweigt nach einiger Zeit ein Fußweg (Via Alpina) nach rechts den Hang hinauf ab, der zum Rifugio La Riposa, 2185 m, führt (Übernachtungsmöglichkeit für Etappe 25a).

Die GTA verläuft weiter auf der Alpstraße und verliert nur sehr langsam an Höhe. Ein Abzweig nach links zur Alpsiedlung Tour und ein Abzweig nach rechts hinauf zum Rifugio La Riposa bleiben unbeachtet. In der Nähe dieses zweiten Abzweiges liegt der Agriturismo La Darbunera, in dem man auch übernachten kann (Schilder beachten). Etwa 700 Meter nach dem Abzweig zum Rifugio macht die Straße einen großen Bogen und führt nach Süden. Man folgt ihr bis in eine Kurve, in der sie nach Westen führt (etwa 1750 Meter Höhe). Hier zweigt ein Fußweg nach links ab, und man ist schnell in der aufwendig renovierten Alpsiedlung Il Trucco (oder: Il Truc), 1706 m, wo sich der Posto tappa befindet (50 Meter weiter linker Hand).

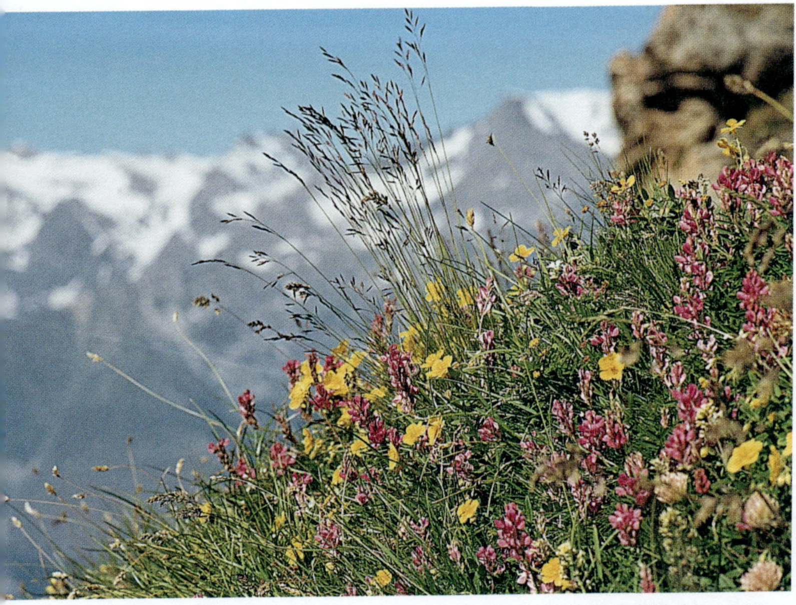

Blumenwiese in der Nähe des Colle Croce di Ferro. Im Hintergrund die Rocca d'Ambin, 3378 m, nördlich von Salbertrand.

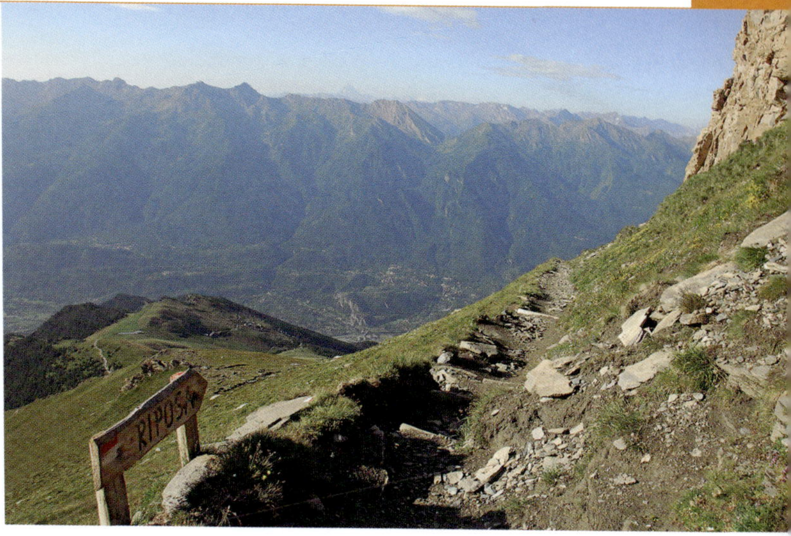

Der Beginn des Aufstiegs zum Rocciamelone. Im Hintergrund die Cottischen Alpen, die vom Monte Viso, 3841 m (ganz hinten), überragt werden.

25a Gipfelbesteigung: Rocciamelone, 3537 m

Höhendifferenz: ↗ (vom Rifugio Cà d'Asti aus) 680 m, ↘ (nach Il Truc) 1830 m
Markierung: Der Weg ist gut markiert und nicht zu verfehlen.
Gehzeit: 6 h

Die Besteigung dieses einzigartigen Alpengipfels sollte man sich bei gutem Wetter keineswegs entgehen lassen. Es gibt wohl nur wenige Alpengipfel ähnlicher Höhe und Aussicht, die durch einen richtigen Weg bis zum Gipfel derart leicht zu ersteigen sind; allerdings sind die letzten Meter zum Gipfel etwas ausgesetzt und verlangen Trittsicherheit. Es sollte bei der Besteigung aber stets bedacht werden, dass man sich am Gipfel auf mehr als 3500 m befindet und in einer solchen Höhe auch im Sommer Regen schnell zu Schnee und Eis werden kann! Wer von Norden kommt, kann die GTA bereits an der in Etappe 25 genannten Verzweigung mit der Alta Via Val di Susa verlassen und direkt zum Rifugio Cà d'Asti gehen. Allerdings führt dieser schmale Weg nach diesem Abzweig durch ziemlich steile (Gras-)Hänge und quert zahlreiche tief eingeschnittene Bachbetten, wobei kurz vor dem Passo della Capra ein etwas heikles Steilstück (oft nasse Felsen) überwunden werden muss. Deshalb ist dieser Weg nur sehr erfahrenen Wanderern zu empfehlen, und er sollte bei Nässe und bei Schneeresten in den Bachbetten nicht begangen werden. In diesen Fällen sowie bei Nebel ist es sehr zu empfehlen, weiter auf der GTA abzusteigen und dann mit der Via Alpina zum Rifugio La Riposa und zum Rifugio Cà d'Asti aufzusteigen (Weg 558 gut markiert und sehr deutlich).

Vom Rifugio Cà d'Asti geht man zuerst in Richtung Norden, dann Nordosten über feinen Schutt wenig steil bergauf, wobei sich der Weg langsam vom Südgrat des Rocciamelone entfernt. Dann macht der Weg plötzlich eine scharfe Biegung nach links (Richtung Nordwesten) und führt zum Grat zurück. Nun wird der Weg steiler und führt unterhalb des Grates weiter aufwärts. Der Grat selbst wird ein zweites Mal bei einem Kreuz (la crocetta, 3306 m) erreicht, und der Weg wird ab hier noch etwas steiler und felsiger. Er führt weiterhin leicht unterhalb des Grates in die Höhe. In einer künstlich verbreiterten Felsrinne gibt es Halteseile, und dann wird der Gipfelaufbau erklommen.

Auf dem Gipfel, 3537 m, gibt es eine kleine Kapelle mit einem Schutzraum (Notunterkunft), eine große Orientierungstafel und eine Madonnenstatue. Das Panorama ist sehr umfassend: Grajische Alpen, Vanoise-Alpen, Cottische Alpen, dahinter Teile der Walliser Alpen und der Pelvoux-Gruppe; am faszinierendsten ist vielleicht der Blick in den 3000 Meter tiefer liegenden Talkessel von Susa.

Der Rocciamelone hat Alpinismus-Geschichte gemacht, denn er soll bereits im Jahr 1358 von Bonifacius Rotarius von Asti bestiegen worden sein und wäre somit der erste »richtige« Alpengipfel – Petrarca war 1336 ja »nur« auf dem Mont Ventoux, einem Voralpenberg (sofern diese Gipfelbesteigung nicht nur eine literarische Erfindung ist) –, der von Menschen ohne direktes wirtschaftliches Interesse erstiegen wurde. Der Marquis von Asti soll den Rocciamelone, der damals als der höchste Berg der Alpen galt, bestiegen und ein sieben Kilogramm schweres Kupfertriptychon mit dem Bild der Madonna auf den Gipfel gebracht haben, um Dank dafür abzustatten, dass er als Kreuzfahrer aus muselmanischer Gefan-

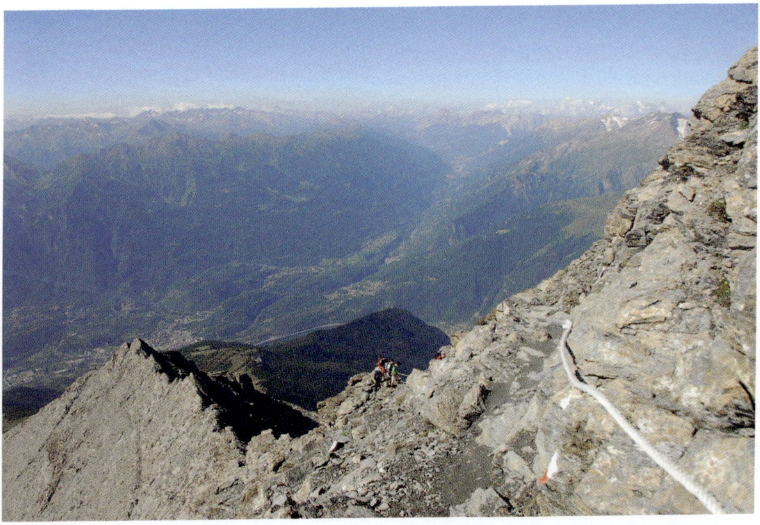

Das letzte Stück des Aufstiegs zum Gipfel des Rocciamelone wird leicht ausgesetzt und ist mit Seilen gesichert. Ganz unten die Stadt Susa und im Hintergrund das obere Susa-Tal, durch das die GTA-Etappen 27 und 28 führen.

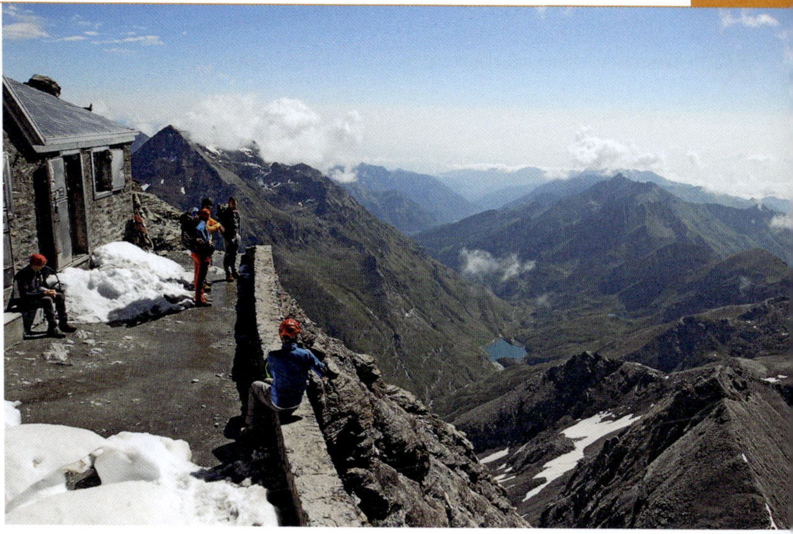

Der Gipfel des Rocciamelone. Tief unten der Lago di Malciaussia und das Viù-Tal.

genschaft freigekommen war. Sein Weg zum Gipfel führte ihn der Legende nach von Mompantero aus nach Norden, wo er an einem markanten Felsblock eine längere Rast machte (La Riposa, 2186 m), und später erreichte er eine kleine Ebene, wo er unter einem überhängenden Felsen, vor dem er eine kleine Mauer errichtete, übernachtete (Cà d'Asti, das Haus des Herren von Asti). Am nächsten Tag bestieg er dann den Gipfel und deponierte das Bild der Madonna in einer Höhlung der Gipfelpyramide, womit er den Grundstein für die spätere Wallfahrt zum Gipfel legte. Dieser Weg dürfte mit den GTA-Etappen 25a und 26 weitgehend identisch sein.

Diese Wallfahrt gewann rasch große Bedeutung. Horace Bénédict de Saussure berichtet 1799 in seinen Voyages dans les Alpes, *dass es lange Zeit jedes Jahr am 5. August eine Wallfahrt zum Marientriptychon auf dem Gipfel des Rocciamelone gab. Wegen der ungünstigen Wetterverhältnisse seien aber wiederholt Pilger abgestürzt, sodass man das Triptychon in die Kathedrale nach Susa heruntergebracht und die Wallfahrt aufgehoben habe. Als Alternative wurde dann 1798 nahe der Cà d'Asti eine kleine Rundkapelle errichtet (heute noch erhalten), wohin man dann bei jeder Wallfahrt das Madonnentriptychon trug. 1895 wurde schließlich der Weg von der Cà d'Asti zum Gipfel so ausgebaut, dass alle problematischen Stellen beseitigt wurden, und 1923 wurde die heute noch bestehende Steinkapelle mit Schutzraum für Pilger gebaut. Heute findet am 5. August eine Messe auf dem Gipfel statt, und die traditionelle Wallfahrt führt vom Santuario der Madonna in Mompantero (siehe Etappe 26) zur Kathedrale San Giusto in der Stadt Susa.*

Literatur: Arnold Niederer, »Der höchstgelegene Wallfahrtsort der Alpen: Madonna di Rocciamelone«, in: *Schweizerisches Archiv für Volkskunde,* Bd. 68/69 1972/73, S. 460–470.

26 Il Trucco, 1706 m – Susa, 500 m

Langer Abstieg ins Susa-Tal.

Höhendifferenz: ↗ –; ↘ 1200 m
Markierung: Il Trucco–San Giuseppe rot-weiß
Gehzeit: 3 h / Gegenrichtung: 4 h 15

Man geht in der Alpsiedlung Il Trucco die kleine Fahrstraße talwärts (Möglichkeit der Abkürzung auf einem Fußweg). Man durchquert die Häuser von Le Grangie, 1700 m, und anschließend zweigt ein Weg nach links von der Straße ab und führt den Hang hinab. Dies ist der Weg 558 in direkter Wegführung hinab nach Mompantero (und Susa), während die GTA und der Weg 529 auf der Fahrstraße bleiben, die zuerst höhenlinienparallel und dann leicht abwärts führt. Am Ende der kleinen Straße (eine weite Serpentine wird auf einem Fußweg abgekürzt) beginnt ein Weg, der steil abwärtsgeht. Man steigt in vielen Kehren im Wald ab, vorbei an verfallenen Niederalpen, und am Ponte Pietrabruna, 1140 m, quert man die Asphaltstraße, die von der Alpe Arcella kommt. Man steigt weiter ab, durchquert Pietrabruna, 1052 m, und trifft wenig später auf die verlassenen Häuser von Castagneretto, 943 m. Hier gibt es eine Weggabelung: Man nimmt nicht den Weg 534, der nach links abzweigt, sondern geht geradeaus nach Süden den Hang hinab. Der Weg wird nun immer besser als ein ehemals gepflasterter Saumweg erkennbar, und dann tritt man aus dem Wald heraus, wobei sich ein schöner Blick auf die Stadt Susa bietet. Der Weg führt jetzt nach rechts und erreicht eine Weggabelung, an der man sich rechts hält. Man geht an einem Bildstock vorbei und steigt weiter steil ab. Dann mündet der Weg beim Ort San Giuseppe (Gemeinde Giaglione) in einen kleinen asphaltierten Weg, dem man nach rechts (bergab) folgt. Dieser Weg erweitert sich zu einer kleinen Straße, und man trifft auf ihr nach kurzer Zeit eine Kreuzung, 544 m, an der eine Kirche steht.

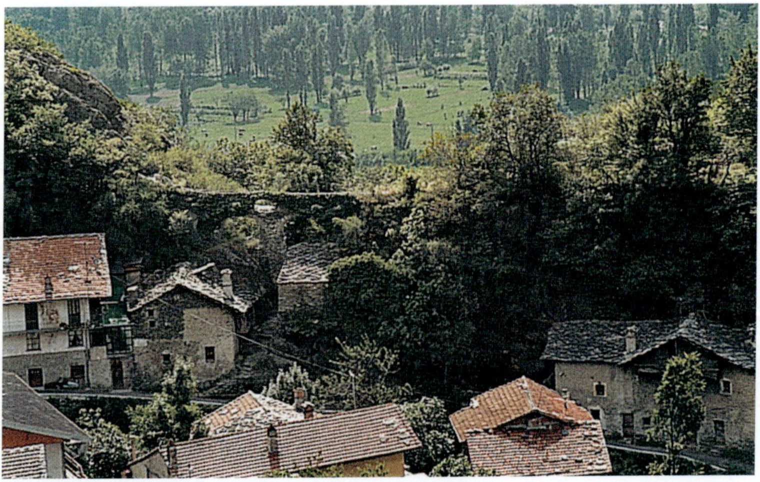

Alter Viadukt mit Wasserleitung in der Nähe der Stadt Susa.

Hinweis: Wer die Wanderung gleich mit der GTA-Etappe 27 im oberen Susa-Tal fortsetzen (Übernachtung in Berno/Venaus oder Giaglione) und nicht die Stadt Susa besuchen will, der geht an dieser Kreuzung geradeaus weiter (einem GTA-Wegweiser folgend) und überquert den Torrente Cenischia. An der nächsten größeren Straßenkreuzung biegt man nach links (Osten) ab und folgt dieser Straße, bis sie nach einem Bogen auf die stark befahrene S.S. 25 trifft. Hier geht man etwa 100 Meter nach Süden (Richtung Susa) und biegt dann gleich nach rechts in eine kleine Nebenstraße ein, der man in südwestlicher Richtung folgt und die nach kurzer Zeit mit der GTA identisch ist.
Wer dagegen in die Stadt Susa und zum dortigen Bahnhof will, nimmt nicht die offizielle GTA-Route, die längere Zeit über die stark befahrene S.S. 25 führt, sondern besser den Weg 529, der auf einer Nebenstraße direkt zum Bahnhof Susa führt: Man nimmt an der Kreuzung bei San Giuseppe die Straße, die nach links abgeht, und geht auf ihr gut 2 Kilometer immer geradeaus in Richtung Susa (es gibt hier viele Abzweige nach rechts und links). Zwischen den Frazioni Trinità und Pietrastretta trifft man am Rand der Straße auf das Santuario Madonna del Rocciamelone, eine moderne Kapelle von 1960; dieser Ort war früher eine Station am Prozessionsweg zum Gipfel des Rocciamelone, und hier beginnt heute die Prozession am 5. August, die zur Kathedrale von Susa führt. Man geht auf der Straße weiter geradeaus und unterquert schließlich die Autobahn. Am Schluss trifft man auf eine Kreuzung, an der man rechts abbiegt, den Torrente Cenischia überschreitet und dann gleich am Bahnhof von Susa ist. Wer in die Innenstadt will, geht am Bahnhof geradeaus weiter, bis es nicht mehr geht, wendet sich dann nach links, überschreitet den Fiume Dora Riparia und ist am östlichen Rand der historischen Altstadt.

Dieser lange Abstieg erfolgt durch eine früher intensiv genutzte Landschaft, die heute kaum noch bewirtschaftet wird. Wegen des trockenen und warmen Klimas haben sich auf den unteren Hängen zahlreiche mediterrane Pflanzenarten angesiedelt.

Susa, die alte Römerstadt, lohnt in jedem Fall einen Besuch. In der Altstadt mischen sich auf interessante Weise römische, mittelalterliche und neuere Bauwerke. Am bedeutendsten sind der Triumphbogen, der im Jahr 8 v. u. Z. errichtet wurde, die Reste der römischen Stadtbefestigung (mit der Porta Savoia) mit einer großen Wasserleitung aus dem Jahr 378 u. Z., zwei romanische Kirchen (eine davon zum Wohnhaus umgebaut) sowie verschiedene Bürgerhäuser aus dem Mittelalter, der Renaissance und dem Barock.

Susa ist ein typischer »Passfußort« in den Alpen, vergleichbar mit Innsbruck oder Bozen, nur wesentlich kleiner (knapp 6000 Einwohner): Solche Orte entstanden seit der Römerzeit immer dort, wo die flachen Talstrecken im Gebirge zu Ende waren und der Aufstieg zu wichtigen Pässen begann – hier mussten die Waren von Fuhrwerken auf Saumtiere umgeladen werden, was größere Stapel- und Rastplätze erforderte. Die Kleinstadt Susa liegt genau am westlichen Ende des flachen unteren Susa-Tals in nur 500 Meter Höhe, und hier beginnt der Aufstieg zu den Pässen Moncenisio oder Mont Cenis, 2081 m (im Norden), und Monginevro oder Montgenèvre, 1850 m (im Westen), die beide von der Römerzeit bis heute zu den wichtigsten Alpenpässen gehören.

Die Lanzo-Täler und Turin

Viele Jahrhunderte lang beherrschte die in der Po-Ebene gelegene Stadt Turin ihre weitere Umgebung politisch und militärisch, aber nicht wirtschaftlich und kulturell: In der vorindustriellen Zeit mussten die ländlichen Regionen zwar ihre erwirtschafteten Überschüsse an die Grundherren abliefern (im Falle Piemonts nach Turin), aber das gesamte Leben und Wirtschaften auf dem Lande und besonders im Gebirge war am Ziel der Selbstversorgung und der wirtschaftlichen und kulturellen Unabhängigkeit ausgerichtet. Dies änderte sich in Europa und in Piemont erst mit der industriellen Revolution, und der Wandel des Verhältnisses zwischen den Lanzo-Tälern und der Großstadt Turin ist dafür ein besonders aufschlussreiches Beispiel.

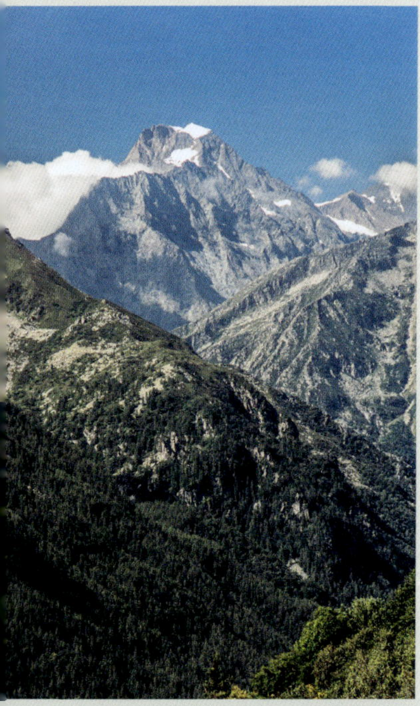

In den Lanzo-Tälern ist aufgrund des harten Gesteins und des steilen Reliefs der Anteil des Ödlandes sehr hoch. Dieser Nachteil für eine bäuerliche Nutzung verkehrte sich im 19. Jahrhundert in einen großen Vorteil (der Gipfel der Uia di Ciamarella, 3676 m, aus dem Val Grande gesehen).

Lange Zeit waren die Lanzo-Täler für die Grundherrschaft wenig interessant: Die land- und forstwirtschaftlichen Erträge waren so niedrig, dass der abzuliefernde Überschuss gering ausfiel, bei Bergbau und Erzverarbeitung sah die Lage ähnlich aus, Handwerk war fast nur im Nebenerwerb vorhanden, es gab keine wirtschaftlich relevanten Passübergänge, und das Relief war so ungünstig, dass eine direkte Kontrolle der Bevölkerung schwierig war. Deswegen hatten die Lanzo-Täler bis zum Ende des 18. Jahrhunderts in Piemont nur eine marginale Bedeutung.

Dann veränderte die industrielle Revolution, die zwischen 1760 und 1780 in England entstand, in kurzer Zeit ganz Europa. Auch wenn in Turin die industrielle Entwicklung im eigentlichen Sinn erst um 1880 herum einsetzte, so waren ihre indirekten Auswirkungen bereits ab Beginn des 19. Jahrhunderts zu spüren. Sie betrafen vier Themenbereiche: Tourismus, Eisenbahn, Trinkwasser und Wasserkraft.

Tourismus: Während die Menschen der vorindustriellen Zeit die Alpen nach ihrem landwirtschaftlichen Nutzen bewerteten – und da schnitten die Lanzo-Täler schlecht ab –, begeisterten sich die Menschen der Industriegesellschaft gerade für die »nutzlosen« Felsen und Gletscher

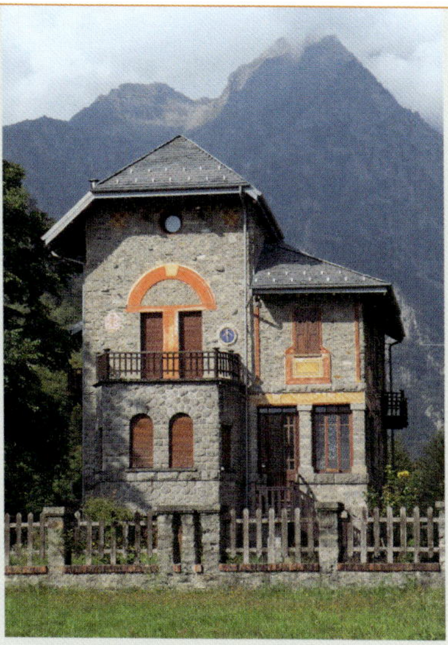

Die Villa Passalacqua in Groscavallo, die zu Beginn des 20. Jahrhunderts von der Turiner Familie gleichen Namens erbaut wurde.

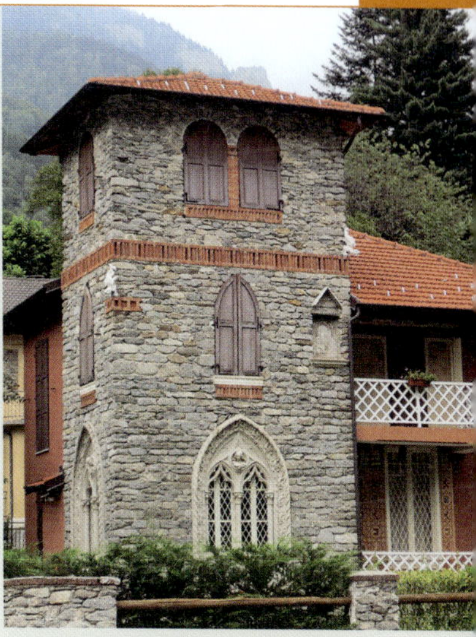

Die Villa Navone in Pialpetta, die Anfang der 1920er Jahre vom Turiner Rechtsanwalt Giuseppe Navone erbaut wurde.

in Form der »schönen Landschaft« – und da schnitten die Lanzo-Täler auf einmal sehr gut ab. Auch in Turin entstand ab 1800 eine Bergbegeisterung in der Oberschicht. Und da in diesen Familien oft junge Frauen aus dem Viù-Tal als Hausangestellte arbeiteten, entwickelte sich der Ort Viù sehr früh zur Sommerfrische der Turiner Oberschicht, und bereits in der ersten Hälfte des 19. Jahrhunderts wurden davon alle drei Lanzo-Täler erfasst. Danach intensivierte sich diese Entwicklung: 1861 wurde von Baron Franchetti-Rothschild die erste großbürgerliche Villa erbaut, und ab 1880 entstanden im Rahmen der Gründerzeit etwa 120 Villen und eine Reihe von luxuriösen Hotels. Da sich viele dieser Tourismusbauten am Stil eines »Schweizer Chalets« orientierten (in der Schweiz war ja sozusagen die Alpenbegeisterung erfunden worden), sprach man damals von den Lanzo-Tälern als der »kleinen Schweiz des Piemont«.

Eisenbahn: Wegen der frühen touristischen Bedeutung erhalten die Lanzo-Täler auch früh eine Eisenbahn. Bereits im Jahr 1876 erreichte die Eisenbahn von Turin aus die Kleinstadt Lanzo Torinese am Alpenrand, 1913 begannen die Arbeiten am letzten, 12 Kilometer langen Teilstück von Lanzo nach Ceres, 692 m, und im Jahr 1916 wurde die Bahnlinie fertiggestellt. Die acht Bahnhofsgebäude auf diesem letzten Streckenabschnitt in den Alpen wurden übrigens im Schweizer Chaletstil errichtet. Im Jahr 1920 wurde diese Bahnlinie sogar elektrifiziert, wodurch die Lanzo-Täler noch schneller mit Turin verbunden wurden.

Trinkwasser: Die Stadt Turin bezog ihr Trinkwasser lange Zeit aus dem Po und aus den großen Schotterkörpern der Po-

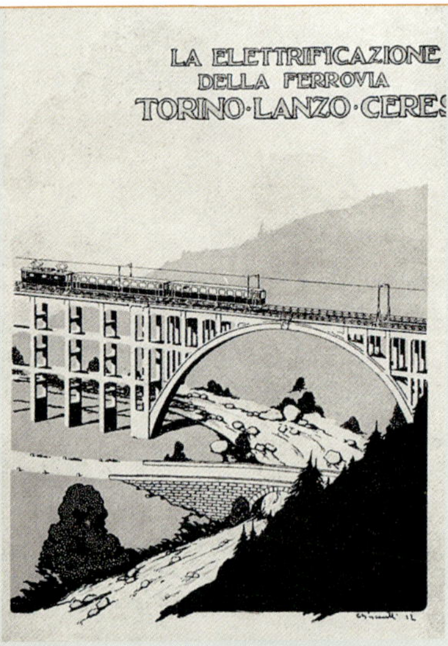

Das Bild des großen Eisenbahnviadukts bei Ceres, der zwischen 1913 und 1916 gebaut wurde, wurde oft verwendet, um zu symbolisieren, dass die Moderne jetzt auch in den Lanzo-Tälern angekommen sei.

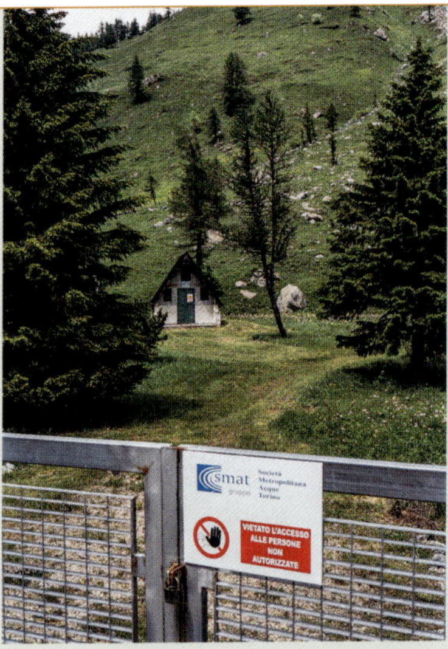

Eine der Quellfassungen auf dem Pian della Mussa, dessen Wasser nach Turin fließt. Die Nutzung der Quellen erfolgt heute durch die Società Metropolitana Acque Torino SpA, SMAT.

Ebene. Mit dem starken Bevölkerungswachstum ab 1800 reichte dies bald nicht mehr aus, und ab 1832 wurde öffentlich immer wieder die Versorgung Turins mit klarem und frischem Alpenwasser gefordert. Aber erst der Beginn der starken industriellen Entwicklung brachte die Stadt zum Handeln: 1896 wurden unter dubiosen Umständen größere Flächen mit starken Quellen in 1780 Meter Höhe auf dem Pian della Mussa zu einem Spottpreis aufgekauft, 1909 begannen die Bauarbeiten, und am 24. Juni 1922 floss erstmals Wasser aus dem Pian della Mussa im Trinkwassernetz von Turin.

Wasserkraft: Bei der italienischen Industrialisierung spielte die Elektrizität eine sehr wichtige Rolle, und im Jahr 1914 stand Italien bei der Stromgewinnung aus Wasserkraft weltweit an fünfter Stelle. Die Lanzo-Täler, die so nahe an der Industriestadt Turin liegen, sind aufgrund ihrer Gesteine, Topografie und Niederschläge für eine Wasserkraftnutzung ideal geeignet. Da der Pian della Mussa wegen der Trinkwassergewinnung bald für die Wasserkraft ausschied, konzentrierten sich die Pläne auf das Viù-Tal. Die Konzession wurde 1917 erteilt, die Arbeiten begannen 1922 und 1933 war alles fertig. Drei Stauseen, darunter der Lago della Rossa, 2718 m, der bis heute höchste Stausee der gesamten Alpen, drei Kraftwerke, drei Standseilbahnen und zwei Schmalspureisenbahnlinien veränderten das Viù-Tal oberhalb von Usseglio tief greifend für die Wasserkraftnutzung.

Ergebnis: Die Lanzo-Täler wurden durch Tourismusboom, Eisenbahnbau, Trinkwassergewinnung und Wasserkraftnut-

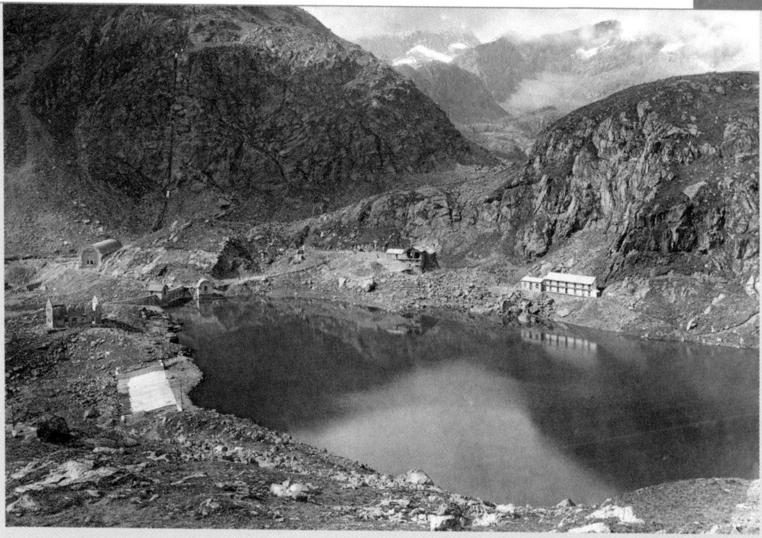

Der Stausee Lago dietro la Torre, 2366 m, im Vallone d'Arnas (nordwestlich von Usseglio) kurz nach seiner Fertigstellung.

zung im langen 19. Jahrhundert sehr stark von Turin aus verändert, ohne dass die Bewohner dabei ein Mitspracherecht gehabt hätten. Das traditionelle Leben und Wirtschaften wurde dadurch in den Hintergrund gedrängt und sehr stark von modernen Wirtschafts- und Lebensformen überprägt. Italienische Autoren sprechen deshalb in diesem Zusammenhang zu Recht von einer »Kolonisierung« (colonizzazione) der Lanzo-Täler durch die Industriestadt Turin, und diese Aussage kann man auch auf den gesamten Alpenraum ausweiten.

Aber es gibt – wenn auch in einem viel schwächeren Ausmaß – eine Gegenbewegung: Viele Turiner, die die Lanzo-Täler in ihren Ferien kennengelernt haben, sind hier inzwischen heimisch geworden, haben sich intensiv mit ihrer Natur, Geschichte und Kultur beschäftigt und fühlen sich auch für ihre Zukunft mitverantwortlich, obwohl sie weiterhin in Turin leben und arbeiten. Damit verfügen die Lanzo-Täler über engagierte Menschen mit hohen beruflichen Qualifikationen, die normalerweise in solch peripheren und dünn besiedelten Alpentälern nicht zu finden sind. Und diese Menschen stellen ein wichtiges Potenzial für regionale Innovationen dar – Aufwertung der Nutzung der lokalen Ressourcen in neuen, umwelt- und sozialverträglichen Formen –, weil sie *beide* Welten, die Großstadt Turin *und* die Lanzo-Täler, persönlich kennen und deshalb zwischen ihnen neue Beziehungen herstellen können.

Es bleibt zu hoffen, dass die Lanzo-Täler mit solchen Innovationen in den Bereichen Land- und Forstwirtschaft, Energie, Handwerk, Tourismus, Dienstleistungen und Kultur trotz ihrer gegenwärtig so schwierigen Situation (zwischen 2001 und 2022 verloren die 15 Gemeinden der Lanzo-Täler 8 Prozent ihrer Einwohner) eine neue Zukunft erhalten.

Praktische Hinweise für GTA-Wanderer

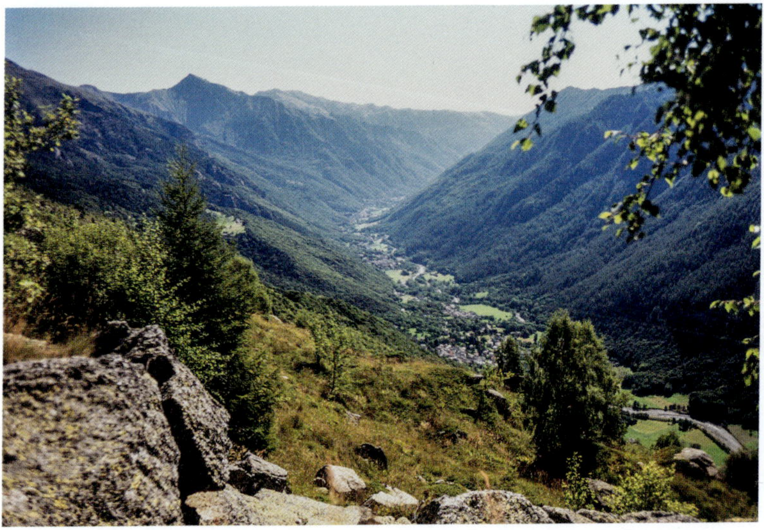

Blick aus 2000 Meter Höhe nach Osten ins Val Grande, das nördlichste der drei Lanzo-Täler. Die GTA quert dieses Tal etwas unterhalb der Bildmitte, und man kann ahnen, welche Höhenunterschiede auf der GTA täglich zurückgelegt werden.

Charakteristik der GTA-Etappen

Die GTA ist ein Bergweg im alpinen Gelände ohne technische Schwierigkeiten, das heißt ohne ausgesetzte Passagen, Kletterstellen und Gletscherüberquerungen. Aufgrund der Länge vieler Etappen, der erheblichen Höhenunterschiede, des Verlaufs des Weges auch in großen Höhen (bis 2600 m, selten darüber, Abstecher bis auf 3537 m) und der einsamen Landschaft verlangt die GTA jedoch ein deutlich größeres Maß an Bergerfahrung als die meisten anderen alpinen Weitwanderwege, vor allem diejenigen in den Ostalpen. Erschwerend kommt hinzu, dass viele Etappen nicht abgebrochen werden können und in Notfällen Hilfe nicht so rasch wie in den touristisch erschlossenen Alpenregionen herbeigeholt werden kann.

Auch wenn grundsätzlich ausgesetzte Passagen von der GTA vermieden werden, so gibt es gelegentlich kurze, etwas ausgesetzte Stellen (vor allem auf Etappe 12, 16 und 24), die bergerfahrenen Wanderern keine Probleme bereiten dürften, für manche aber doch schwierig sein könnten. In den Wegbeschreibungen wird darauf jeweils gesondert hingewiesen.

Wer diese faszinierende Alpenregion erwandern möchte, aber nicht genügend Bergerfahrung besitzt, kann sich geführten deutschsprachigen Wanderungen anschließen, die im Nordteil der GTA z. B. von Gerhard Fitzthum (www.tcen.de) oder Matthias Mandler (www.piemontwandern.de) angeboten werden, oder er kann sich einen günstig gelegenen Ort aussuchen und von dort aus erst einmal Tagesausflüge machen, bei denen man sich langsam an die Region annähern und auf denen man auch stets umkehren kann. Dafür sind folgende Etappenorte besonders gut geeignet: Rimella (Etappe 3/4), Carcoforo (5/6), Sant'Antonio (7/8), Fondo (15/16), Ceresole (21/22), Pialpetta (22/23), Balme (23/24) und Malciaussia (25).

Da die GTA oft von einem Tal über einen hohen Pass ins Nachbartal führt, gab es in der Anfangszeit der GTA zahlreiche sehr lange Etappen. Inzwischen ist eine ganze Reihe von neuen Unterkünften hinzugekommen, die es ermöglichen, lange Etappen zu unterteilen. Trotzdem gibt es im Nordteil der GTA noch einige besonders anstrengende Etappen (mehr als 1200 Höhenmeter Aufstieg und/oder mehr als 7 h Wanderzeit), nämlich die Etappen 8 (Val Vogna bis Rifugio Rivetti), 16, 18 und 19 (im Soana- und Orco-Tal) und 23 und 24 (in den Lanzo-Tälern). Für diese Etappen gibt es leider keine besseren Wanderalternativen, allerdings können sie (mit Ausnahme der Etappen 8 und 16) gut mit dem Bus umfahren werden. Wir empfehlen sehr, diese Etappen nur dann zu begehen, wenn das Wetter stabil ist und man bereits gut eingelaufen ist. Außerdem ist es sehr sinnvoll, vor oder nach einer solchen Etappe einen Ruhetag mit kleineren Wanderungen vom Posto tappa aus einzulegen. Im Süden der GTA gibt es übrigens dank neuer Unterkünfte inzwischen nur noch eine dieser sehr langen Etappen. Ansonsten überwindet eine »normale« GTA-Etappe am Tag gut 1000 Höhenmeter bei 5–6 h Wanderzeit, setzt also eine gewisse körperliche Fitness voraus.Zwischendurch gibt es aber auch eine Reihe von deutlich kürzeren Etappen.

Die GTA verläuft auf sehr unterschiedlichen Wegen: Diese sind manchmal schmale Pfade in steileren Grashängen, oft sind es sorgfältig gebaute und gepflasterte Saumwege (manchmal mit langen Steintreppen), die früher von Dorf zu Dorf, vom Dorf zur Alp und über einen Pass ins Nachbartal führten und heute von der GTA genutzt werden, oder es sind historische Militärwege und auch neue kleine Fahrstraßen. Die gesamte GTA ist heute in

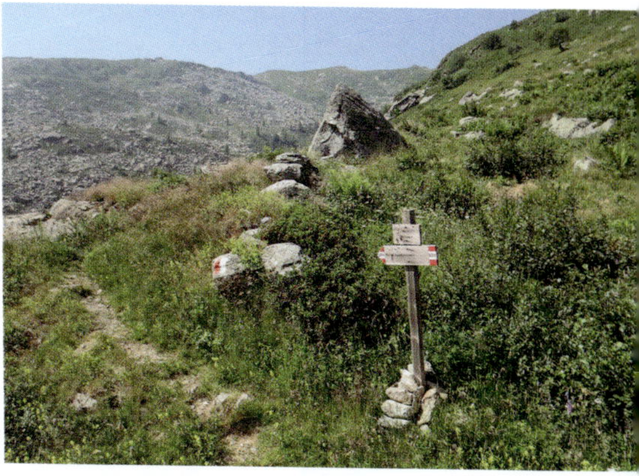

Im Bereich der Alpweiden ist die GTA oft nur als ein schmaler Fußweg ausgeprägt, so wie hier auf Etappe 15.

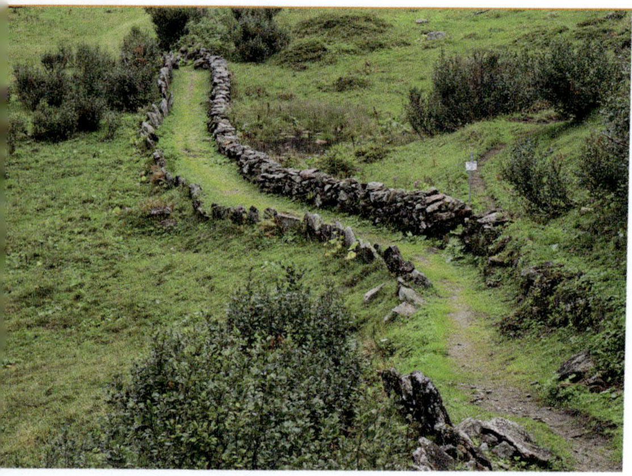

Die GTA verläuft häufig auf alten Saumwegen, die früher auf beiden Seiten mit Mauern versehen waren, damit das Vieh von diesen Wegen nicht in das Kulturland gelangen konnte.

der Regel ausreichend markiert. Allerdings entsprechen die Markierungen nicht dem Standard von touristischen Alpenregionen und sind seltener und vereinzelter als in den Ostalpen. Deshalb kann man auf der GTA nicht einfach »der Nase nach« gehen, sondern muss beim Wandern stets auf die richtige Wegführung achten und einkalkulieren, dass man gelegentlich auch einmal vom Weg abkommen kann. Auch wenn Wanderer seit vielen Jahren nirgends mehr über grundsätzliche Probleme mit der GTA-Wegfindung berichtet haben, so sind kleinere Probleme nicht auszuschließen.

In drei Bereichen kann es verstärkt zu solchen Problemen kommen: Die GTA führt im Höhenbereich von 2000 bis 2200 Metern immer wieder über weitläufige, nahezu ebene Alpflächen; so attraktiv diese Gebiete bei schönem Wetter sind (Fernsicht), so schwierig können sie bei schlechter Sicht (Regen, Nebel, Wolken) werden, weil Markierungen hier sehr selten sind, da entsprechende Steine fehlen und selten Holztafeln oder Holzpflöcke aufgestellt sind. Wenn man hier den Weg verliert, darf man keine Panik entwickeln, sondern muss in aller Ruhe bis zur letzten Markierung zurückgehen und dann den Weg systematisch suchen. Zweitens kann es im direkten Umfeld von bewirtschafteten Alpgebäuden Probleme geben, weil die zahlreichen Viehwege den Wanderer irritieren. Und drittens kann es in tiefen Lagen Probleme mit der Markierung geben, weil die Vegetation hier oft so schnell nachwächst, dass Markierungen bereits nach zwei bis drei Jahren nicht mehr zu sehen sind. Allerdings wird inzwischen immer öfter nachmarkiert.

Eine weitere Ursache für Wegprobleme besteht darin, dass häufig mehrere verschiedene Wege oder Alpstraßen durch das Gelände führen und dass die GTA nicht immer mit dem deutlichsten Weg im Gelände identisch ist bzw. ihn an einer Stelle verlässt, die dem Wanderer unlogisch erscheint und die er daher leicht übersieht.

Obwohl zahlreiche Wege, die von der GTA abzweigen, oft unproblematisch aussehen, muss vor ihrer Begehung gewarnt werden: Die Entvölkerung dieser Alpenregion hat dazu geführt, dass zahlreiche Wege zugewachsen, verschwunden und abgebrochen sind oder sich plötzlich im Gelände verlieren. Vorsicht und Zurückhaltung sind hier angesagt. Dies gilt jedoch nicht für die verschiedenen gut markierten und nummerierten Wanderwege und für die Weitwanderwege (Via Alpina, Sentiero Italia und andere).

Die Wegbeschreibungen

Die Wegbeschreibungen der einzelnen Etappen in diesem Führer sind so angelegt, dass der gesamte Wegverlauf beschrieben wird und dass diejenigen Stellen genauer benannt werden, die Probleme bereiten könnten oder die in der Vergangenheit konkret Probleme gemacht haben. Die Angaben links/rechts beziehen sich jeweils auf die beschriebene Wegrichtung, die »orografisch linke Seite« dagegen ist diejenige Seite, die vom bergab fließenden Bach aus gesehen links liegt. Alle Höhenangaben und Namen in den Wegbeschreibungen beziehen sich nicht mehr auf die (unzuverlässigen) IGC-Karten, sondern auf das neue Kartenwerk von National Geographic (1:25 000, drei Broschüren). Die angegebenen Zeiten sind Gehzeiten ohne Pausen und stellen einen Durchschnittswert dar, der je nach Person, Kondition, Wetter und Stimmung stark variieren kann.

Grundsätzlich wird die GTA von Norden nach Süden beschrieben, weil dies die bevorzugte Richtung für Wanderer aus dem Norden darstellt und weil dies bei vielen Abschnitten auch wegen der Höhendifferenzen sinnvoll ist. Die Italiener beschreiben die GTA dagegen von Süden nach Norden, aber man wird wohl nur selten einem entgegenkommenden italienischen GTA-Wanderer begegnen.

Was die Wegbeschreibung im Detail betrifft, so ist darauf hinzuweisen, dass der Weg je nach Jahreszeit, Vegetationsentwicklung, Wetterlage, Bergerfahrung und je nach persönlicher Stimmung sehr unterschiedlich aussehen kann. Deshalb ist ein gewisses Maß an Bergerfahrung und an Orientierungsfähigkeit im alpinen Gelände auf der GTA unverzichtbar. Die hier präsentierten Wegbeschreibungen sind zwar eine Hilfestellung für eine Wanderung auf der GTA, setzen aber einen selbständigen Wanderer mit Eigenverantwortung voraus. Deshalb können weder Autor noch Verlag eine Verantwortung oder gar Haftung für Probleme übernehmen, die auf einer GTA-Wanderung entstehen.

Die Wegbeschreibungen werden durch Kartenskizzen mit dem Wegverlauf illustriert, die nur der allerersten Orientierung dienen und die ganz bewusst die Wanderkarten nicht ersetzen wollen. Da heute leider immer weniger Menschen eine Wanderkarte »lesen« können, versuchen die Kartenskizzen das Verständnis der Wanderkarten zu erleichtern, indem die Grate, also die besonders relevanten Ele-

Der Beginn der GTA auf Etappe 1 oberhalb der Kapelle Madonna della Gurva. Der Weg verläuft hier auf einem alten, sorgfältig gebauten und gepflasterten Saumweg.

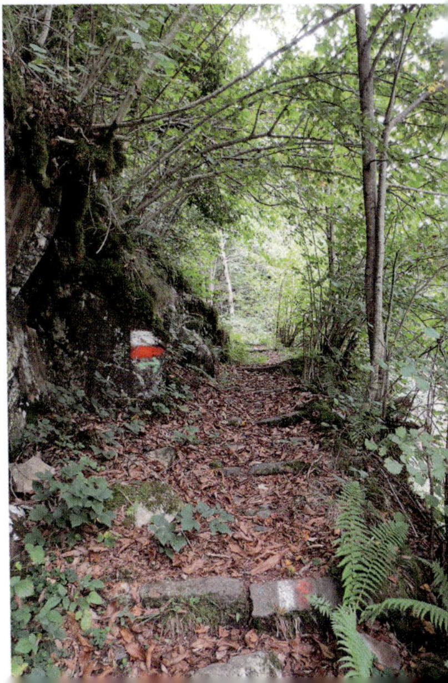

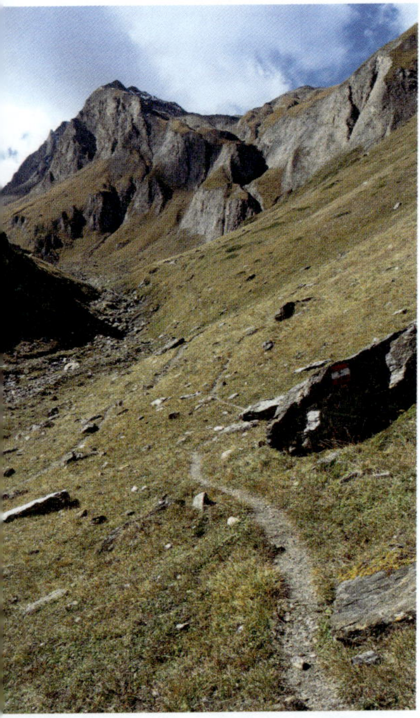

Die GTA als schmaler Fußweg im Vallone di Nefelgiù mit rot-weiß-roter Markierung am Felsen (Etappe V2).

mente der Landschaft, hervorgehoben werden.

Grundsätzlich ist es möglich, den Wegverlauf der GTA mittels Satellitennavigation und GPS detailliert zu fixieren. Jörg Klingenfuß hat damit im nördlichen Teil der GTA zahlreiche Erfahrungen gemacht, Interessenten können sich diesbezüglich an ihn wenden (Kontakt siehe Etappe 3).

Variationsmöglichkeiten

Die GTA ist so konzipiert, dass zahlreiche Etappen in einem Bergdorf beginnen und dann über einen hohen Pass ins Nachbartal führen. Damit sind Etappenlänge und -dauer vorgegeben. Inzwischen gibt es jedoch eine große Zahl von weiteren Übernachtungsmöglichkeiten, die es in vielen Fällen ermöglichen, die Länge einer Etappe zu variieren und Abstecher vom Weg einzubauen.

Auch wenn dieses Wanderbuch die GTA in 34 Tagesetappen vom Griespass bis nach Susa beschreibt, so soll dies nicht als ein festes, unabänderliches Programm verstanden werden. Die GTA möchte nicht nur eine schöne Wanderung bieten, sondern auch ein tieferes Verständnis der durchwanderten Region ermöglichen. Das ist aber nur möglich, wenn man selbst aktiv ist, wenn man sich mit dieser Region auseinandersetzt, wenn man sich aufmerksam umsieht, mit den Menschen spricht und seine Tagesetappen je nach konkreten Verhältnissen und Bedürfnissen modifiziert, variiert oder gar vollständig verändert. Deshalb gibt es bei den Etappenbeschreibungen immer wieder Hinweise auf Variationsmöglichkeiten, die die Wanderer motivieren sollen, ihr eigenes, persönliches Programm zu entwickeln.

Ausrüstung

Die zentrale Herausforderung besteht darin, nicht zu viel mitzunehmen! Das Rucksackgewicht sollte nicht mehr als 10–11 Kilo betragen, damit die Wanderung nicht zur Strapaze wird.

Unverzichtbar sind ein leichter Leinen- oder Hüttenschlafsack, gut eingelaufene (extrem wichtig!) Bergschuhe mit gutem Profil, wetterfeste und warme Kleidung (geeignet für Temperaturen zwischen +35 und –5 Grad sowie gegen Dauerregen und eisigen Wind), eine Wasserflasche (mindestens ein Liter), Wanderkarten, eine

kleine Notfallapotheke, Sonnenschutzcreme und Kopfbedeckung.
Sinnvoll sind darüber hinaus Kompass, Höhenmesser, Taschenmesser, Taschenlampe und Wecker. Wander- oder Bergstöcke sind bei den großen Steigungen zu empfehlen; »Grödel« (Eisenzacken, die unter die Bergschuhe geschnallt werden) können bei steileren Schneefeldern sehr nützlich sein, man sollte damit jedoch vorher bereits etwas Erfahrungen gemacht haben.
Aus Sicherheitsgründen wären Daunenschlafsack und Biwacksack zwar empfehlenswert, weil man damit im Notfall in der freien Natur übernachten könnte, aber dann wird der Rucksack doch zu schwer. Gleiches gilt für Kocher und Kochtopf, obwohl eine heiße Suppe oder ein heißer Tee auf einer Passhöhe bei kühler Witterung sehr angenehm sein kann. Jörg Klingenfuß hat weitere praktische Hinweise für eine GTA-Wanderung im Internet zusammengestellt (www.gtaweb.de).

Gehen auf der GTA

Was das Wandern selbst betrifft, so besteht der häufigste Fehler darin, dass viele Menschen zu unvorbereitet und zu untrainiert auf die GTA aufbrechen und gleich nach der Ankunft oder noch am Ankunftstag die erste Etappe zurücklegen wollen. Deshalb möchten wir hier unbedingt empfehlen, sich langsam und in aller Ruhe vor Ort auf die GTA-Wanderung einzustellen und erst einmal mit größeren Spaziergängen oder kleinen Wanderungen in der Umgebung der ersten Unterkunft zu beginnen. Eine solche unbekannte Alpenregion erfordert nicht nur eine körperliche, sondern auch eine mentale Eingewöhnung: Weil viele Dinge hier anders, unvertraut und fremd sind, wirken sie sich anstrengend aus, auch wenn man das vielleicht gar nicht direkt merkt.
Da oft Anstiege von 1000 und mehr Metern zu bewältigen sind und viele Etappen von einem Tal über einen hohen Übergang in ein anderes Tal führen, ist es äußerst wichtig, am Morgen früh loszuwandern – zumal es selten möglich ist, die Tour vorzeitig abzubrechen. Bei einer stabilen Hochdruckwetterlage im Sommer ist es in den Bergen morgens bei Sonnenaufgang meist sehr klar. Im Laufe des Vormittags bilden sich dann – verursacht durch die starke Sonneneinstrahlung – kleine Schönwetterwolken, die langsam immer größer werden und sich nachmittags oft zu riesigen Wolkenbergen auftürmen, die sich hin und wieder in Form eines Som-

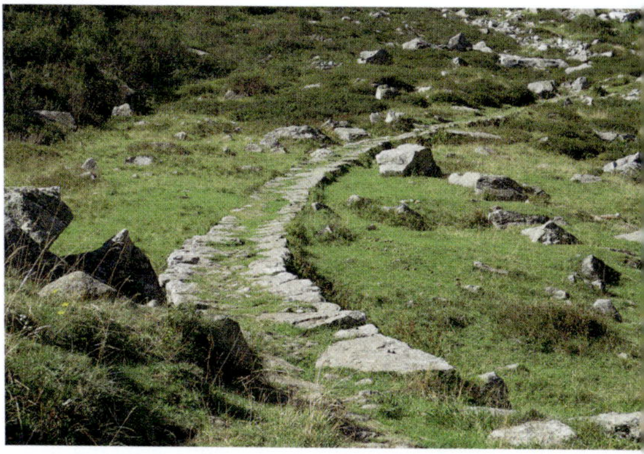

Ein sorgfältig gebauter Saumweg mit sehr gleichmäßiger Steigung beim Aufstieg zum Col Baranca (Etappe 5). Die GTA benutzt immer wieder solche sehr angenehm zu gehenden Saumwege.

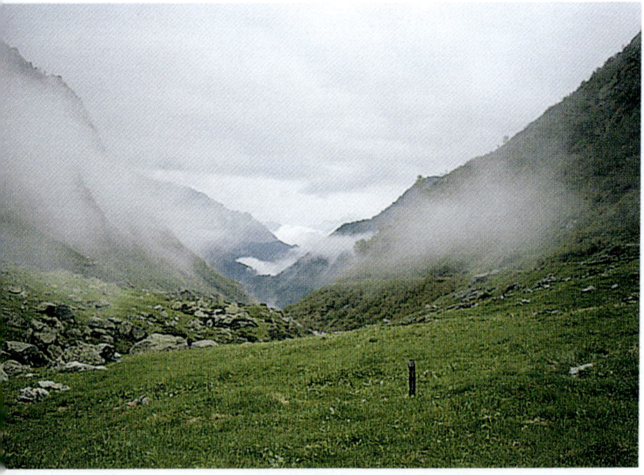

Von unten drückt der Nebel aus der Po-Ebene ins Baranca-Tal hinein, von oben her breiten sich Quellwolken immer mehr aus, und bald wird man vollständig von Wolken eingehüllt sein.

mergewitters entladen. Abends lösen sich diese Wolken meist auf, nachts wird der Himmel langsam wieder sternenklar, und am nächsten Morgen beginnt das Spiel von neuem. Für die richtige Planung des Tagesablaufes ist diese Eigenart des alpinen Wetters von zentraler Bedeutung: Wer morgens gerne lange schläft, um sich dann langsam auf den Weg zu machen, wird die Wanderung in der aufkommenden Mittagshitze als sehr anstrengend erleben, vor lauter Wolken wenig von der Landschaft sehen und vielleicht das Pech haben, nachmittags auch noch nass zu werden.

Sehr empfehlenswert ist es daher, sich bald nach Sonnenaufgang auf den Weg zu machen, um einen großen Teil des Aufstiegs noch im Schatten bewältigen zu können und bereits zwischen neun und zehn Uhr auf der Passhöhe zu sein, damit man eine gute Fernsicht genießen kann. Der weitere Tag liegt dann noch vor einem, sodass man je nach Wetter bestimmen kann, wie es weitergehen soll. Am Ende der Etappe bleibt dann meist auch noch genügend Zeit, sich am Zielort in Ruhe umzusehen und bereits die Fortsetzung der GTA für den nächsten Morgen auszukundschaften

Wenn man einen besonders lohnenden Aussichtsgipfel oder Pass begeht, sollte man noch früher aufbrechen – wer einmal erlebt hat, wie sich die Fernsicht im Verlauf einer Stunde eintrübt, wird gerne das nächste Mal früher aufstehen.

Ein zweiter Hinweis ist für eine angenehme und stressfreie Wanderung ebenso wichtig: Ziel muss es sein, den körpereigenen, bei jedem Menschen unterschiedlichen Wanderrhythmus zu finden, also einen recht langsamen, aber dafür sehr gleichmäßig-kontinuierlichen Wanderschritt. Hat der Körper diesen Rhythmus gefunden, dann pendeln sich nicht nur die Fußbewegungen und die Atmung, sondern auch die vegetativen Körperfunktionen (z. B. Herzschlag) in diesen Rhythmus ein, und man bekommt das Gefühl, ganz leicht und ohne Anstrengung zu gehen. Wichtig ist es, diesen Rhythmus immer beizubehalten, das heißt, kürzere (nicht langsamere) Schritte zu machen, wenn es steiler wird, und längere (nicht schnellere) Schritte, wenn es flacher wird. Der größte Fehler besteht immer wieder darin, am Anfang loszurennen, sich schon nach einer Stunde kaputt zu fühlen, eine Pause zu machen, dann nur schwer wieder »in die Gänge zu kommen« usw. Es ist besser, gleichmäßig langsam loszugehen und kontinuierlich ohne Unterbrechungen zu wandern, dann erst nach längerer Zeit eine kürzere Pause zu machen und die richtige Rast erst auf dem Pass (oder auf dem Gipfel) einzulegen. Besonders Gruppen müssen darauf achten, ein Wandertempo zu entwickeln, das schwächere Mitglieder nicht überfordert und die Wanderung nicht als Strapaze erleben lässt. Und vor allem sollte man sich vor dem falschen Ehrgeiz hüten, irgendwelche Wegzeiten einhalten oder gar unterbieten zu wollen.

Auch ein ausreichender Schlaf ist wichtig, damit die Wanderung nicht zur Strapaze wird. Gut vorstellbar ist es auch, nur jeden zweiten Tag eine GTA-Etappe zu gehen und danach jeweils einen Ruhetag mit Spaziergängen oder kleinen Wanderungen in der Umgebung des Posto tappa einzulegen.

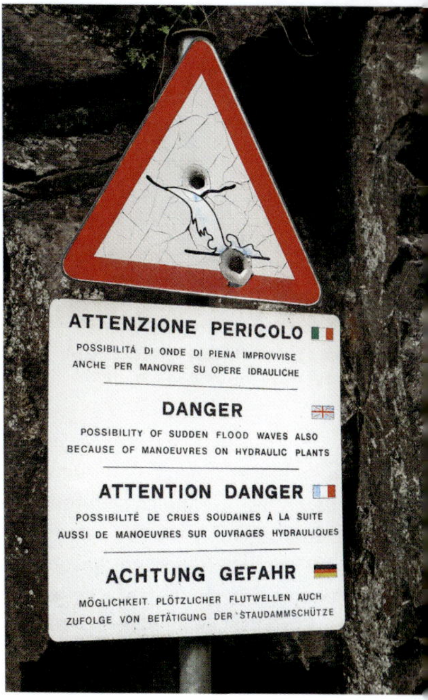

Eines der Schilder, das vor plötzlichen Flutwellen warnt.

Verhaltensweisen unterwegs

Flutwellen: Einige Täler, durch die die GTA führt, werden intensiv zur Produktion von Strom aus Wasserkraft genutzt. Das bedeutet, dass in den Bächen und Flüssen unterhalb der Kraftwerke plötzlich große Flutwellen auftreten können, wenn Wasser zur Stromproduktion abgelassen wird. Deshalb sind an solchen Wasserläufen überall Schilder aufgestellt, die davor warnen; diese sollten sehr ernst genommen werden.

Hütehunde: Seit den 1990er Jahren sind die Wölfe wieder in die Südwestalpen zurückgekehrt, die man jedoch wahrscheinlich nie zu sehen bekommt. Deshalb gibt es jetzt eine Reihe von Hirten, die ihre Herden auf der Alp von großen Hütehunden bewachen lassen. Diese laufen manchmal mit Gebell auf Wanderer zu. In dieser Situation ist es wichtig, sofort stehenzubleiben, den Hunden nicht direkt in die Augen zu sehen, sie nicht zu provozieren und abzuwarten, bis der Hirt die Hunde zurückruft, oder sehr langsam zurückzugehen, bis sie sich von selbst zurückziehen.

Mutterkuhhaltung: Inzwischen gibt es auch in Piemont eine Mutterkuhhaltung, bei der Kühe gemeinsam mit ihren Kälbern auf der Alp weiden. Hier darf man nicht einfach mitten durch eine solche Herde und ganz besonders nicht zwischen einer Mutterkuh und ihrem Kalb hindurchgehen, weil das von der Kuh als Angriff auf ihr Kalb erlebt wird. Es ist sinnvoll, um solche Herden einen großen Bogen zu machen.

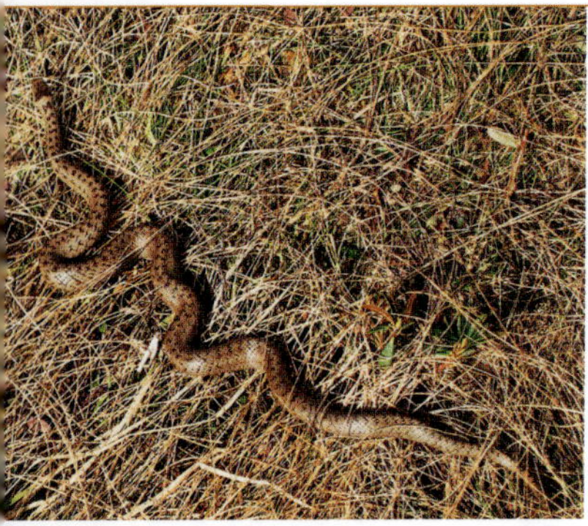

Da Vipern sofort flüchten, werden GTA-Wanderer wohl nie eine sehen.

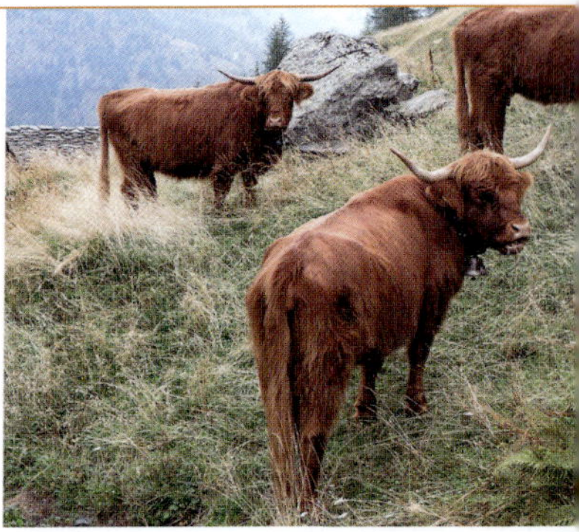

Eine Herde Galloway-Rinder mit Kälbern auf der Alpe Buzzo im Vogna-Tal (Etappe 8).

Vipern: In dieser Alpenregion gibt es Vipern, deren Biss gefährlich sein kann. Vipern greifen allerdings nur an, wenn sie in die Enge getrieben werden, ansonsten flüchten sie sofort. Durch einfaches Vorsehen lässt sich die Gefahr eines Schlangenbisses praktisch ausschließen: ruhiges und langsames Gehen, sofortiges Stehenbleiben bei einem Rascheln und vor allem Zischen sowie insbesondere eine sorgfältige Kontrolle des Rastplatzes, *bevor* man sich setzt. In folgendem Gelände muss man mit Vipern rechnen: auf von der Sonne beschienenen Hängen bis etwa 2500 Meter Höhe, vor allem im Umkreis von Stein- und Geröllfeldern sowie von alten verlassenen Steinhäusern und Mauern. Für Notfälle können die folgenden Telefonnummern hilfreich sein:

- Giftnotruf München Tel. 0049 89 19240
- Giftinformationszentrale Zürich Tel. 0041 44 251 51 51
- Centro Antiveleni Torino Tel. 118

Die Posti tappa

Zu Beginn der GTA gab es am Ende einer Tagesetappe nur eine Unterkunft, den sogenannten Posto tappa (Etappenort). Dies war ein leer stehendes Gebäude (manchmal ein Nebengebäude eines kleinen Hotels oder die ehemalige Schule oder das alte Rathaus), in dem es einfache Übernachtungsmöglichkeiten gab (Matrazenlager, Schlafsäle, Mehrbettzimmer), meist mit Dusche und Kochgelegenheit gab. Diese Posti tappa stellen auch heute oft noch die Basisinfrastruktur der GTA dar. Seit etwa 15 Jahren sind jedoch entlang der GTA und in ihrer Nähe zahlreiche neue Unterkünfte entstanden wie Agriturismo-Betriebe (Übernachtung auf einem Bauernhof), Bed & Breakfast-Angebote (B&B), Rifugi escursionistici (private Hütten im Tal oder in Talnähe) oder neue kleine Pensionen oder Hotels von Einheimischen. Darüber hinaus werden von der GTA in einigen Abschnitten manchmal auch Hütten des italienischen Alpenvereins (CAI) genutzt.

Da die Zahl der Übernachtungsmöglichkeiten entlang der GTA inzwischen ziemlich groß geworden ist, wurde das Unterkunftsverzeichnis zu Beginn jeden Kapitels neu gegliedert: Am Anfang steht die »offizielle« Unterkunft am Ende der jeweiligen Etappe, die zusätzlich mit einem Symbol gekennzeichnet ist (⌂); darauf

folgen die »weiteren Unterkünfte«, und diese sind so gereiht, wie sie in der Etappenbeschreibung erwähnt werden.
Bei allen Unterkünften werden wie bisher Adresse und Telefonnummer angegeben. Derzeit stellen immer mehr Unterkünfte ihr Telefon von Festnetz (vierstellige Vorwahl, die mit einer Null beginnt; diese Nummern bleiben oft lange gleich) auf Handy um (die Telefonnummer beginnt mit einer Drei ohne Null davor), und diese Nummer wechselt öfter (Wanderweb beachten). Auf die Nennung von Website und E-Mail-Adresse wurde aus Platzgründen verzichtet, diese sind jedoch (sofern vorhanden) leicht zu finden, wenn man den genauen Namen der Unterkunft eingibt und ihn mit dem Namen der Gemeinde ergänzt.

Ankunft in einer GTA-Unterkunft

Bei der Ankunft in einer Unterkunft denken Sie bitte an folgende Punkte:

- Informieren Sie die Betreuer der Unterkunft am Ankunftstag über Ihr Ziel am nächsten Tag und bitten Sie darum, dass man die telefonische Voranmeldung für Sie erledigt. Dies ist deswegen so wichtig, weil man eventuell nur für Sie Vorräte einkauft oder kocht und Sie ohne Voranmeldung gar nicht bewirten kann. Sollten Sie die Etappe doch nicht antreten oder unterwegs entscheiden, anderswo zu übernachten, müssen Sie unbedingt in der Unterkunft anrufen und absagen, damit man nicht glaubt, Sie seien verloren gegangen und die Bergwacht informiert.
- Erkundigen Sie sich, ob es für die nächste Etappe irgendwelche Neuigkeiten oder Veränderungen gibt.
- Wenn das Wetter nicht stabil ist, informieren Sie sich unbedingt, wie man vor Ort die Lage einschätzt; wenn man Ihnen abrät, die Wanderung fortzusetzen, sollte eine solche Empfehlung ernst genommen werden.
- Bei schlechtem Wetter fragen Sie, ob irgendwo in der Nähe gerade ein Fest, eine Ausstellung oder sonst etwas Interessantes stattfindet, oder erkundigen Sie sich nach einem lohnenden Ausflug per Bus.

Wenn Sie essen oder einkaufen gehen, erkundigen Sie sich gezielt nach Produkten und Gerichten aus dem Ort oder dem Tal und lassen Sie sich etwas in diese Welt einführen (man erklärt Ihnen gerne Herkunft oder Zubereitungsarten).
Bitte denken Sie daran, dass es aufgrund

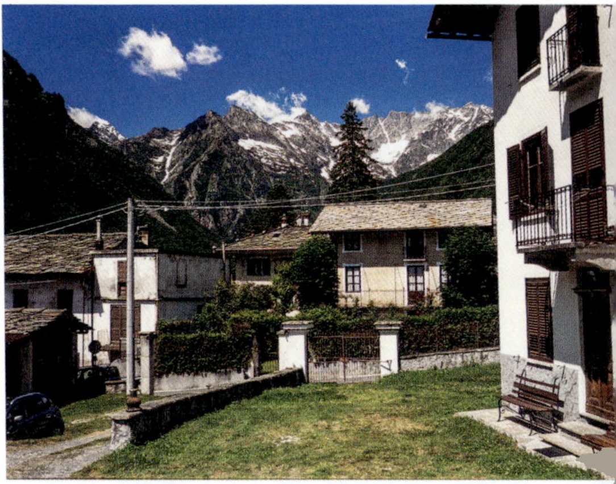

Der Posto tappa in Pialpetta (Etappe 22/23) mit dem Alpenhauptkamm im Hintergrund.

von Sprachschwierigkeiten und kulturellen Unterschieden leicht zu Missverständnissen kommen kann (die Italiener könnten meinen, Sie brauchten keine Hinweise; Sie könnten meinen, die Italiener seien abweisend). Gehen Sie daher offen und direkt auf die Betreuer der Unterkunft zu und sprechen Sie die Dinge an, die für Sie wichtig sind.

Bei allen Problemen wenden Sie sich bitte zuerst an Ihre Gastgeber, damit man direkt vor Ort darauf reagieren kann (z. B. wenn bei der Unterkunft oder der Markierung des Weges etwas nicht in Ordnung ist). Grundsätzlich wird man sich in allen nur denkbaren Fällen darum bemühen, die auftretenden Probleme schnell zu lösen, indem man irgendwie erfolgreich improvisiert. Größere Probleme sollten jedoch immer auch uns gemeldet werden, damit wir sie via Wanderweb schnell anderen Wanderern mitteilen können (siehe S. 211).

Ein Hinweis ist für Gruppen besonders wichtig: Da viele Posti tappa ziemlich klein sind, werden sie oft bereits durch eine mittelgroße Gruppe vollständig belegt, was dazu führen kann, dass Einzelwanderer abgewiesen werden müssen. Deshalb sollten Gruppen unbedingt darauf achten, einen Posto tappa nie vollständig zu belegen.

Verhalten in einer fremden Welt

Auf der ganzen GTA muss man sich vergegenwärtigen, dass man sich hier als Fremder in einer fremden Welt aufhält. Dies erfordert starke Rücksichtnahme, vorsichtiges Sicheinfühlen und grundsätzlich eine gewisse Zurückhaltung. Überall in der dorfnahen Flur und in jedem Ort wird man aufmerksam beobachtet, auch wenn man dies in der Regel gar nicht bemerkt. Deshalb sollte man sich nicht über bestimmte Dinge lustig machen oder sie demonstrativ abfällig behandeln. Ein schwieriges Thema sind auch die Relikte der traditionellen Berglandwirtschaft, auf die man immer wieder stößt und die auf viele Besucher faszinierend wirken. Aber es ist problematisch, eine alte Bäuerin mit einem großen Heubündel auf dem Rücken zu fotografieren, weil es ihr peinlich ist, so fotografiert zu werden. Hier braucht es vonseiten der fremden Gäste Zurückhaltung und Rücksicht.

Wenn man diese jedoch aufbringt, dann kann man gut Kontakt zu den Einheimischen bekommen, und dann kann Distanz schnell in Herzlichkeit umschlagen. Wichtigste Grundlage für ein angemessenes Verhalten ist eine gewisse Kenntnis der gegenwärtigen Situation und der Probleme der Region.

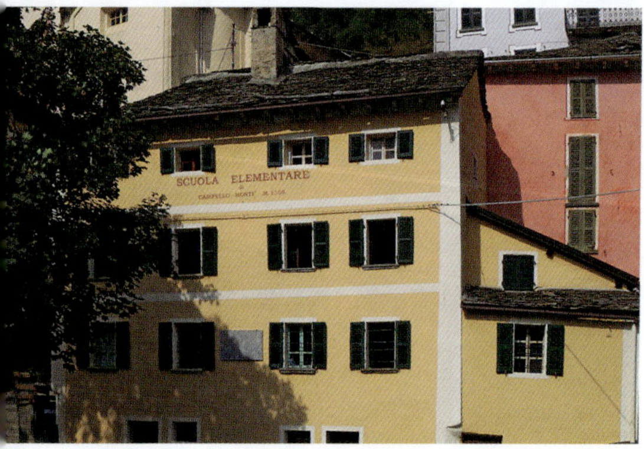

Der Posto tappa von Campello Monti (Etappe 2/3) war lange Zeit im ehemaligen Schulgebäude untergebracht.

In diesem Zusammenhang soll abschließend noch auf eine alte Erfahrung hingewiesen werden: Eine solch fremde Region kann man im Rahmen eines einzigen Urlaubs nur sehr oberflächlich kennenlernen, und ein vertieftes Verständnis setzt mehrere Besuche voraus. Dabei soll man nicht glauben, dass eine Alpenregion nach drei- oder viermaligem Besuch langweilig würde. Im Gegenteil: Beim ersten Besuch erscheint einem alles oft gleich neu und gleich fremd, sodass man Landschaften, Siedlungen und Menschen nur relativ undifferenziert und pauschal wahrnimmt. Erst nach mehrmaligem Besuch schärft sich der Blick; man entdeckt auf einmal zuvor übersehene Unterschiede und entwickelt eine immer differenziertere Wahrnehmung. Dadurch werden Landschaften, Orte und Menschen immer interessanter und faszinierender.

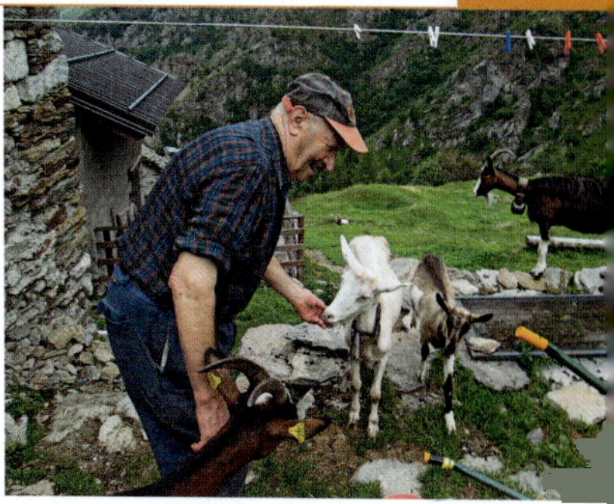

Einheimische, denen man auf der GTA begegnet, sollte man nur dann fotografieren, wenn sie damit auch einverstanden sind.

Günstige Wanderzeiten

Man muss wissen, dass wir uns hier in einer bereits mittelmeerisch beeinflussten Klimaregion befinden. Das heißt, die meisten Niederschläge fallen im Frühling und Herbst, der gesamte Sommer hingegen ist relativ trocken. Während der Frühling *(April/Mai)* also wegen der häufigen Regenfälle nicht zu empfehlen ist, wird es im Verlauf des *Juni* im Allgemeinen sehr schön, und vor allem die zweite Junihälfte gehört mit ihrer Blumenpracht und -fülle zu den schönsten Jahreszeiten. Allerdings kann man zu dieser Zeit auf der Nordseite von hohen Pässen noch des Öfteren auf große Schneereste stoßen, die unter Umständen ein Weiterwandern verunmöglichen. Die GTA wird an vielen Stellen erst Anfang Juli, manchmal auch erst Mitte Juli völlig schneefrei. Schließlich ist man hier im Hochgebirge, wo die Dauer der Schneedecke hauptsächlich von der Höhe und nicht so sehr von der südlichen Lage bestimmt wird.

Der *Juli* gilt allgemein als der trockenste und zum Wandern geeignetste Monat. Auf den Alpweiden kann man noch den Bergfrühling erleben, und überall gluckern kleine Bäche und Rinnsale zu Tal. Gleichzeitig ist die Luft auch an warmen Tagen noch relativ klar, sodass man – vor allem morgens – schöne Fernsichten genießen kann.

Der *August* weist etwas mehr Niederschläge auf, doch in diesem Monat macht sich vor allem die starke Erwärmung des Bodens durch die Sonne bemerkbar, die gerade bei ausgeprägten Hochdrucklagen zu einer starken Diesigkeit führt, welche die Sicht erheblich beeinträchtigt. Dies führt im Hochsommer zu häufiger Bildung von Nebel oder zu nebelartigem dichtem Dunst (teilweise aus der Po-Ebene in die Alpentäler hineingetrieben) bereits ab den mittleren Vormittagsstunden, der die Orientierung sehr erschweren kann. Außerdem ist im August die Tendenz zu sommerlichen Wärmegewittern am Nachmittag stärker als im Juli.

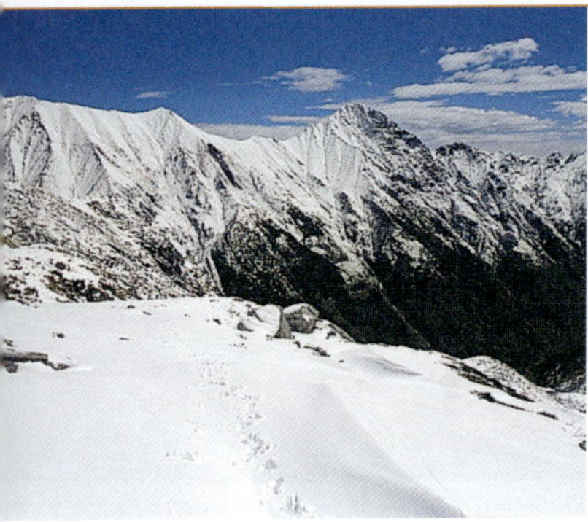

Schneefall im Juli oder August kommt auf der GTA immer wieder einmal vor. Hier beim Aufstieg zum Colle Mud auf der Etappe 7.

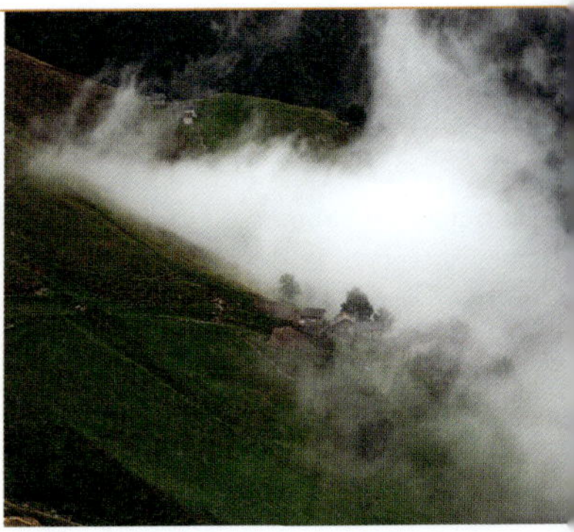

Im August können oft bereits in der Mittagszeit Nebelwolken aufkommen und einem die Sicht nehmen.

Im *September* beginnt das kältere klare Herbstwetter, wobei manchmal eine mehrtägige Regenperiode (mit Schneefall in den Alpregionen) den Wetterwechsel einleitet. Dieses Herbstwetter zeichnet sich durch einen starken Wind aus, der eine sommerliche Quellbewölkung nicht mehr aufkommen lässt. Die fantastische Fernsicht, die dieses Herbstwetter ermöglicht, wird allerdings begleitet durch Kälte in der Pass- und Gipfelregion. Gleichzeitig steigen im September die Niederschläge zum Monatsende hin schon deutlich an, wobei die Schneegrenze bereits auf 2500 Meter absinken kann. Der Monat *Oktober* mit den höchsten monatlichen Niederschlägen des ganzen Jahres ist dann zum Wandern nicht mehr zu empfehlen.

Diese früheren Regelhaftigkeiten sind im Rahmen der allgemeinen Klimaerwärmung jedoch immer seltener anzutreffen. Seit den 1990er Jahren gibt es eine Tendenz zu schneearmen Wintern, aber zu großen Schneefällen im April und Mai, die GTA-Wanderern erhebliche Probleme machen, weil die Schneefelder dann erst spät abtauen. Die Winter 2008/09, 2009/10 und 2012/13 haben außergewöhnlich starke Schneefälle im Frühjahr gebracht, was GTA-Wanderungen bis weit in den Juli hinein extrem erschwert hat. Auch das stabile Hochdruckwetter ist im Juli und August immer wieder ausgeblieben und hat längeren Niederschlagsperioden Platz gemacht. Und immer häufiger ist der September durch sommerliche Temperaturen und der Oktober durch trockene Perioden geprägt. Zurzeit kann man sich beim Wetter offenbar kaum noch auf die traditionellen Regelhaftigkeiten verlassen.

Die Tiefdruckgebiete, die den piemontesischen Alpen hohe Niederschläge bringen, kommen vom Mittelmeer (»Genua-Tiefs«, auf der Wetterkarte oft gut zu erkennen) und ziehen nach Norden gegen die Lepontinischen und Walliser Alpen, nach Westen gegen die Grajischen und Cottischen Alpen oder nach Südwesten gegen die See- und Ligurischen Alpen. Die Tiefdruckgebiete dagegen, die von Westen und von Frankreich her auf die Alpen stoßen, haben sich in den piemontesischen Alpen bereits abgeregnet, sodass hier oft gutes Wetter – teilweise auch Föhn – herrscht, wenn in den französischen Alpen Dauerregen niedergeht.

Die verlässlichste aktuelle Wettervoraussage in italienischer Sprache: www.nimbus.it/italiameteo/previpiemonte.htm. Die aktuelle Wettersituation im Gebirge können Sie für ausgewählte Berghütten mit einer Webcam ansehen: www.rifuginrete.com (»cerca rifugio« oder »area di interesse«).

Sehenswerte Städte am Rande und in der Nähe der Alpen

Eine gute Möglichkeit, einem Dauerregen auszuweichen, besteht darin, mit dem Bus in eine der benachbarten Städte zu fahren. Diese bieten alle ein interessantes Stadtbild, meist architektonische Sehenswürdigkeiten, Museen, Buchhandlungen und Bibliotheken sowie zahlreiche Restaurants und Einkaufsmöglichkeiten für regionale Spezialitäten.
Mit Abstand am lohnendsten ist in jedem Fall die Großstadt **Turin,** Hauptstadt der Region Piemont, mit ihren römischen Baurelikten, der großartigen barocken Stadtanlage und den zahlreichen berühmten Museen. Darunter das bekannte Berg- und Alpenmuseum Museo Nazionale della Montagna »Duca degli Abruzzi« auf dem Monte dei Cappuccini, einem Hügel über der Stadt östlich des Po mit hervorragender Fernsicht (www.museomontagna.org). Hier befindet sich auch die Nationalbibliothek des CAI mit ihrem einmaligen Bücherbestand. Besondere Erwähnung verdient auch die Buchhandlung Libreria della Montagna in der Via Sacchi 28bis, genau neben dem alten Hauptbahnhof, in der ein sehr großes Angebot italienischer Bergbücher und Wanderkarten vorrätig ist. (Unterkünfte: www.turismotorino.it).
Domodossola (18 000 Einwohner) liegt im Ossola-Tal (Fluss Toce) an der Simplonlinie. Es hat wenige besondere historische Bauwerke, aber ein schönes und lebendiges Stadtzentrum und einen eindrucksvollen Sacro Monte. Der Samstagsmarkt ist wegen der zahllosen regionalen Produkte berühmt, diese können aber auch täglich im Spezialitätengeschäft Delizie dell'Ossola rurale gekauft werden. Wichtig für GTA-Wanderer sind das Tourismusbüro im Bahnhof (zahlreiche Prospekte, Wanderführer, Karten, Fahrpläne) und die Verlagsbuchhandlung Grossi am Marktplatz mit vielen regionalen Publikationen. (Unterkünfte: www.visitossola.it > planen > Gastlichkeit).

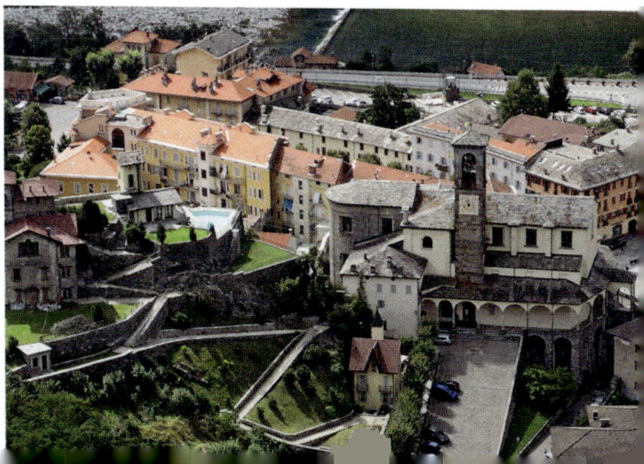

Bei einem Dauerregen stellt der Besuch einer Stadt am Alpenrand eine gute Alternative dar, weil sie fast alle interessante Stadtbilder und Baudenkmäler besitzen und weil es hier immer viele Restaurants und Einkaufsmöglichkeiten gibt. Hier die Pfarrkirche von Varallo, die auf einer Felsrippe erbaut wurde, von der heute nur noch wenig zu sehen ist.

Omegna (14 500 Einwohner) liegt direkt am Orta-See und bietet ein schönes Stadtbild. Im Südteil des Orta-Sees liegt die Isola di San Giulio, die zu den größten kunsthistorischen Sehenswürdigkeiten des Piemont zählt.

Varallo (7000 Einwohner), siehe Kapitel 2.

Biella (43 000 Einwohner) liegt dort, wo das Cervo-Tal die Po-Ebene erreicht. Die Stadt besitzt eine lange industrielle Tradition und eine sehenswerte Unter- und Oberstadt. (Unterkünfte: www.atl.biella.it > dove dormire)

Ivrea (23 000 Einwohner) liegt etwa dort, wo die Dora Baltea die Alpen verlässt. Neben einer schönen Altstadt besitzt sie einige besondere Bauwerke, die bis in die Römerzeit zurückreichen, und der Olivetti-Industriekomplex zählt heute zum UNESCO-Weltkulturerbe (www.torino.org > scopri il territorio > Ivrea).

Pont Canavese (3100 Einwohner) ist eine hübsche Kleinstadt mit zwei großen Geschlechtertürmen an der Stelle, wo der Torrente Orco den Alpenrand erreicht. Siehe dazu Bätzing/Kleider 2013, S. 84–91. (Unterkunft: Etappe 17)

Lanzo Torinese (4900 Einwohner) ist eine interessante Kleinstadt an der Stelle, wo die Lanzo-Täler in die Po-Ebene münden. Siehe dazu Bätzing/Kleider 2015, S. 82–93. (Unterkünfte: www.comune.lanzotorinese.to.it > Vivere il comune > dove dormire)

Susa (6000 Einwohner), siehe Kapitel 5.

An- und Abreise mit öffentlichen Verkehrsmitteln

Es ist aus Umweltgründen sehr sinnvoll, die An- und Abreise mit öffentlichen Verkehrsmitteln durchzuführen, und darüber hinaus spricht auch die Charakteristik der GTA als Weitwanderweg sehr dafür, weil man dann nicht zum Ausgangspunkt zurückkehren muss. Auch die großen Staus auf den Autobahnen bei Chiasso/Como, Mailand und Turin an vielen Sommerwochenenden sind ein starkes Argument gegen eine Pkw-Nutzung.

Flugzeug

Milano Malpensa: ca. 40 km nordwestlich von Mailand. Von hier aus direkte Busverbindung nach Domodossola und Omegna (www.comazzibus.com > linee ed orari > Domodossola – Malpensa bzw. Omegna – Malpensa / orario estivo).

Torino Caselle: ca. 15 km nördlich von Turin, mit S-Bahn (Servizio Ferroviario Metropolitano, SFM) sehr gut an Turin und an die Lanzo-Täler (Etappen 22–25) angebunden.

Eisenbahn (Fernverkehr)

- Simplonlinie: Basel–Bern–Lötschberg–Brig–Simplon–Domodossola–Mailand.
- Gotthardlinie: Basel–Gotthard–Bellinzona–Lugano–Mailand.
- Brennerlinie: München–Innsbruck–Brenner–Bozen–Verona.
- Fréjus-Linie: (Straßburg–)Lyon–Turin.

Von der Simplonlinie aus erreicht man die GTA besonders schnell.

Mit dem Bau der neuen Hochgeschwindigkeitseisenbahn Mailand–Turin–Lyon verändert sich die Bahnhofssituation in Turin grundlegend: Der alte Hauptbahnhof Porta Nuova, ein Kopfbahnhof, wurde durch den neuen Bahnhof Porta Susa ersetzt, der am 14. Januar 2013 feierlich eingeweiht wurde.

Bus (Fernverkehr)

Inzwischen gibt es von vielen deutschen Städten aus Fernbusse nach Turin (auch nachts), die eine günstige Alternative zur Bahn darstellen.

Busverbindungen

Es werden im Service-Teil vor den Etappenbeschreibungen alle Busverbindungen genannt, die für eine Wanderung auf der GTA nützlich sein könnten, und es werden die Websites (mit Pfad) *aller* Fahrpläne aufgeführt, damit man sich über die Abfahrtszeiten der Busse bereits zu Hause informieren kann (allerdings werden die Fahrpläne nicht immer eingehalten). Dabei ist zu beachten, dass manchmal zwischen Sommer- und Winterfahrplan gewählt werden muss und manchmal nur der Fahrplan für den Tag der Anfrage angegeben wird (man muss dann das Datum ändern). Mithilfe der hier angeführten Vokabeln müsste es auch Menschen ohne Italienischkenntnisse gelingen, sich zurechtzufinden. Die Fahrkarten werden in einer Tabaccheria, einem Zeitungsladen oder einem Kiosk verkauft, nur manchmal beim Busfahrer.

Erreichbarkeit der GTA-Etappen

Die GTA-Route ist in einzelne Abschnitte oder Kapitel unterteilt, deren Anfangs- und Endpunkt jeweils vergleichsweise gut mit öffentlichen Verkehrsmitteln erreichbar sind. Relativ gut sind auf der nördlichen GTA folgende Etappen zu erreichen:

- Zugang zur GTA von Norden: Simplonlinie bis Brig im Wallis, dann Bus bis Saas Almagell, ab dort Wanderung zur GTA (V9–V10).
- Zugang zur GTA von Norden: Gotthardlinie bis Airolo, dann Bus bis zur Haltestelle »Alpe Cruina«, ab dort Wanderung zur GTA (V1–V8).
- Beginn der GTA: Simplonlinie bis Domodossola, dann Bus ins Anzasca-Tal bis Gurva (Etappe 1) oder über Omegna und Forno/Strona-Tal (V11).
- Dora Baltea bei Ivrea: Bahninie Mailand–

Ein Bus der Firma ATAP auf der Fahrt nach Rimella (der Linienverkehr hierher wurde inzwischen eingestellt), der gerade anhält, weil sich die Straße stark abgesenkt hat.

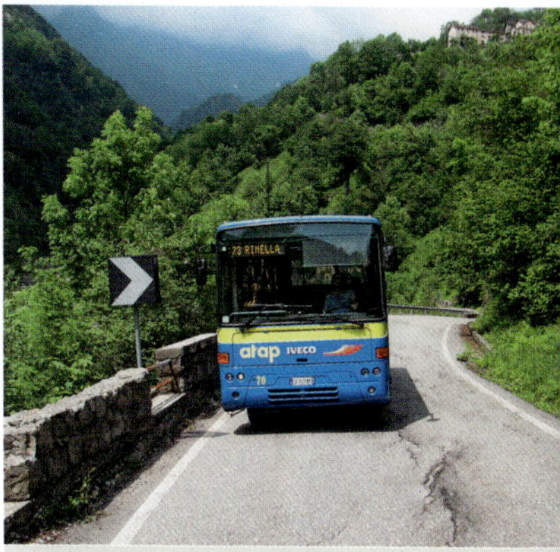

Zur Benutzung der Fahrpläne braucht es einige italienische Vokabeln:

Linea: Linie (Buslinie)
Orario (Plural: orari): Fahrplan
In vigore dal: gültig ab
Fermata: Haltestelle
Fermata a richiesta: Bedarfshaltestelle
Mappa: Karte
Fasce orari: Fahrplan-Zeiträume
feriale (fer.): werktags (Mo–Sa)
fer. 5: werktags (Mo–Fr)
festivi (fest.): Sonn- und Feiertage
giornaliero: täglich (Mo–So)
scolastico (sc. oder scol.): während der Schulzeit (also nicht zwischen Ende Juni und Mitte September)
estivo: Sommer
inverno: Winter
biglietto: Fahrkarte
andata: einfache Fahrt / Hinfahrt
andata-ritorno: Hin- und Rückfahrt
cambio a ...: umsteigen in ...
coincidenza a ...: Anschluss in ...
extraurbano: öffentlicher Verkehr außerhalb der städtischen Linien
stazione: Bahnhof
autostazione: Busbahnhof

Turin bis Chivasso, dann Bahnlinie nach Aosta bis Ivrea, dort Bus bis Quincinetto (Etappen 13/14).
- Susa-Tal westlich von Turin: S-Bahn-Linie Turin–Susa (Etappen 26/27).

Es bietet sich darüber hinaus an, eine Wanderung auf der GTA mit der Fahrt auf einer landschaftlich attraktiven Eisenbahnstrecke über die Alpen zu verbinden und dabei Wandern und Bahnfahren direkt miteinander zu kombinieren. Im Norden der GTA ist dies die Simplonlinie, die mit dem Stockalperweg kombiniert werden kann.

Adressen, Telefonnummern und Websites

Zum Telefonieren nach bzw. in Italien: Von Deutschland und der Schweiz aus ist die »0« der Ortsvorwahl stets mitzuwählen, und in Italien muss man immer die komplette Nummer einschließlich der Vorwahl wählen, selbst wenn man sich im gleichen Ortsnetz befindet. Italienische Handy-Nummern beginnen immer mit einer »3« und haben keine Null davor.

Für alle Not- und Unglücksfälle gilt auf der gesamten GTA die folgende Telefonnummer:

Tel. 112

Dies ist die Notfallzentrale des Nationalen Berg- und Höhlenrettungsdienstes in Italien (Corpo Nazionale Soccorso Alpino e Speleologico Italiano, www.cnsas.it), die rund um die Uhr besetzt ist und über die auch Hubschraubereinsätze organisiert werden. Bei einem Anruf ist es sehr wichtig, dass Sie den Unfallort genau angeben können, und zwar in der in Italien üblichen Form (die GTA-Etappennummern sind in Italien unbekannt), also Talort (Gemeinde, Frazione; diese Angaben können Sie dem Unterkunftsverzeichnis entnehmen, wo jeweils die Gemeinde genannt wird, in der die Unterkunft liegt), dann Weg von X nach Y in der Nähe von Z. Bei einem Notfall ist es sinnvoller, nicht anzurufen, sondern eine SMS an die Nr. 112 zu schicken, weil man sich so – vor allem bei schlechten Italienischkenntnissen – leichter verständigen kann. Allerdings ist darauf hinzuweisen, dass es keineswegs überall auf der GTA einen Handy-Empfang gibt.

Immer wieder kommt es auf der GTA vor, dass bei Gruppen ein Mitglied irgendwo den Anschluss verpasst und an einer ande-

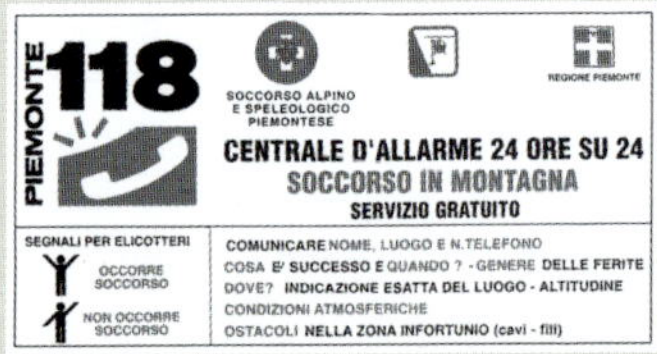

Übersetzung der Notfallinformation

- Tel. 118 – Alarmzentrale neue Nummer 112
  24 Stunden besetzt
  Bergrettung
  Gebührenfreier Anruf
  Anzugeben:
- Name, Ort und Telefonnummer
- Was ist passiert und wann? Art und Weise der Verletzungen
- Wo? Genaue Ortsangabe und Höhe über Meer
- Wetterbedingungen vor Ort
- Hindernisse in der Unfallzone (Stromleitungen, Seile)
- Für Hubschrauber: Occorre soccorso – brauche Hilfe (Y = Yes, N = No).
- Wenn Sie sich verlaufen haben oder bei schlechten Sichtverhältnissen: In der Gruppe zusammenbleiben, zum letzten bekannten Punkt zurückgehen, vielleicht einige Minuten auf bessere Sicht warten oder umkehren. Keine »Abkürzungen« durch unbekanntes Gelände.

ren Stelle als die übrige Gruppe das Tal erreicht, woraufhin die Gruppe dann die Bergwacht alarmiert. Bitte vereinbaren Sie für diesen Fall unbedingt untereinander Verhaltensregeln (sofortiger Anruf des »Vermissten« beim geplanten Etappenziel), damit der Soccorso Alpino nicht unnötig gerufen wird.

Im Jahr 2001 hat Jörg Klingenfuß eine GTA-Website eingerichtet und sie seitdem ständig ausgebaut:

www.gtaweb.de

Dort finden Sie zahlreiche Informationen über die GTA – vor allem über den Bereich Sesia- und Ossola-Tal –, Literatur- und sonstige Hinweise, die besondere Rimella-Seite, zahlreiche Links zu den Bus- und Bahnfahrplänen dieser Region und vieles mehr. Da Jörg Klingenfuß diese Information ehrenamtlich betreibt und von keiner Seite Geld dafür erhält, ist es angemessen, wenn Internetnutzer dafür eine kleine Spende entrichten.

Der Rotpunktverlag betreibt mit dem Wanderweb eine Website für seine Wanderbücher, die es ermöglicht, diese laufend auf den aktuellen Stand zu bringen. Für die GTA ist es die folgende Seite:

www.wanderweb.ch/gta

Hier finden Sie all diejenigen Veränderungen auf der GTA, die sich nach Drucklegung der 9. Auflage ergeben werden – damit können diese Informationen hier rasch veröffentlicht werden, es gibt nützliche Links zu einschlägigen Seiten, und GTA-Wanderer können sich im »Forum« untereinander austauschen.

Alle Veränderungen, besonders die, die Posti tappa, die Wegbeschreibungen und die öffentlichen Verkehrsmittel betreffen, schicken Sie bitte an:

Michael Kleider
Nürnberger Str. 2, D-91227 Leinburg
Tel. 0049 (0)9120 440 8286
info@michael-kleider.de
www.michael-kleider.de

Michael Kleider ist auch die zentrale Ansprechperson für Pressekontakte und Öffentlichkeitsarbeit für die GTA.

Mit dem Internet ist gewährleistet, dass die Änderungen auf der GTA jetzt sehr viel schneller als früher kommuniziert werden können, sodass man sich noch kurz vor Aufbruch informieren kann, ob es irgendwo eine relevante Veränderung gibt.

Italienische Wanderkarten

Wie andere europäische Staaten entschied sich auch Italien nach 1945 dafür, nur die topografischen Karten im Maßstab 1:50 000 (Carta d'Italia) – dem von der NATO verlangten prioritären Kartenmaßstab – neu zu erarbeiten und die alten 1:25 000-Karten (zuletzt unter Mussolini partiell aktualisiert) lediglich unverändert nachzudrucken. Da die Neubearbeitung der Carta d'Italia 1:50 000 nur sehr langsam voranging, fehlte lange Zeit eine moderne Kartengrundlage für die piemontesischen Alpen, und diesen Mangel konnten die privaten Kartenverlage aus Kostengründen nicht ausgleichen. Deshalb waren die Wanderkarten des privaten Istituto Geografico Centrale (IGC) in Turin im Maßstab 1:50 000, die ab 1977 publiziert wurden, nicht sehr zuverlässig.

Diese Situation hat sich inzwischen vollständig verändert: Dank neuer Techniken entstanden seit Beginn des neuen Jahrtausends sehr genaue digitale Reliefdarstellungen im Maßstab 1:10 000 für ganz Piemont, die mehrere private Kartenverlage nutzten, um sehr genaue und zuverlässige Wanderkarten im Maßstab 1:25 000 zu entwickeln. Damit ist die GTA jetzt vollständig mit sehr zuverlässigen Wanderkarten im Maßstab 1:25 000 abgedeckt. Dabei gibt es derzeit sogar eine gewisse Unübersichtlichkeit, weil inzwischen mehrere Kartenverlage solche Karten für die gleiche Region veröffentlichen.

Zusätzlich wurde auf dieser Grundlage eine neue Wanderkartenserie 1:50 000 erarbeitet, die bislang den Nordteil der GTA teilweise abdeckt; aber es ist zu erwarten, dass in Zukunft weitere Kartenblätter erscheinen werden (Wanderweb beachten).

Inzwischen gibt es eine weitere Neuerung: Der Verlag Geo4Map gibt zusammen mit National Geographic Italien drei GTA-Broschüren mit Ausschnitten aus 1:25 000-Karten heraus, auf denen der gesamte Verlauf der GTA eingezeichnet ist. Ihr Vorteil liegt in der konzentrierten Information, im geringen Gewicht und im günstigen Preis; ihr Nachteil besteht darin, dass man sich mittels der kleinen Kartenausschnitte nicht gut im fremden Gelände orientieren kann. Deshalb empfehlen wir unbedingt die Mitnahme von Übersichtskarten.

Als Basiswanderkarten für die GTA werden in diesem Wanderbuch die National-Geographic-Broschüren mit Ausschnitten aus den 1:25 000-Karten empfohlen, und diese werden auch für alle Namen und Höhenangaben herangezogen. Zusätzlich werden bei den einzelnen Etappen neben den 1:50 000-Karten auch die 1:25 000-Kartenblätter aufgeführt, weil diese Blätter für alle, die an Abstechern von der GTA und an Varianten zur GTA interessiert sind, unverzichtbar sind. Aus Gründen der Übersichtlichkeit und der Kartenqualität verwenden wir dabei nur die Kartenwerke der Firmen Geo4Map (bis Etappe 11) und Fraternali (ab Etappe 11), die die GTA komplett abdecken.

GTA-Karten auf einen Blick

Übersichtskarten

Die Generalkarte Italien, Blatt 1: Oberitalienische Seen, Mailand, Turin, 1:200 000. Überall erhältliche Übersichtskarte mit der gesamten GTA-Nord auf einem Blatt inkl. der wichtigsten Zufahrten von Norden.

Die Landeskarte der Schweiz 1:200 000 bietet ein besonders klares Kartenbild, erfasst aber die GTA nur bis Etappe 13.

Wanderkarten 1:50 000

Istituto Geografico Centrale IGC (Turin), Kartenserie »Carta dei sentieri e dei rifugi«:

Blatt 11: Domodossola e Val Formazza (Etappen V1–V8).

Blatt 10: Monte Rosa, Alagna e Macugnaga (Etappen V8–V11, 1–8).

Blatt 9: Ivrea-Biella e Bassa Valle d'Aosta (Etappen 8–17).

Fraternali, Kartenserie »Carta dei sentieri e stradale«:

Blatt 50-1: Alta Val Susa, Alta Val Chisone, Val Germanasca (Etappen 25–26).

Blatt 50-5: Gran Paradiso, Val Soana, Valle Orco, Valli di Lanzo (Etappen 17–25, 25a).

Wanderkarten 1:25 000

Geo4Map (Novara), »Carta escursionistica«: Blätter 111, 110, 109, 108, 107, 106, 105, 116, 103, 104, 101, 124: für den Bereich Griespass bis Oropa (Etappen V1–V8, 1–10).

Fraternali (Ciriè), »Carta dei sentieri e stradale«: Blätter 38, 37, 25, 24, 8, 3: von den Lanzo-Tälern bis Susa (Etappen 16–26, 25a).

National Geographic, »Grande Traversata delle Alpi« Verlag Geo4Map, Novara (Topographic Map Guide):
Vol. 1: Dal Passo del Gries al Santuario di Oropa. Milano/Novara ²2022, XI + 74 S.
Vol. 2: Dal Santuario di Oropa al Monviso. Milano/Novara ²2020, XI + 74 S.

Alle für die GTA benötigten Karten können bestellt werden bei: www.michael-kleider.de > Shop.

Gipfelbestimmungen

Wer in dieser fremden Alpenregion wissen möchte, wie die Gipfel heißen, die man in großer Zahl von den Aussichtspunkten der GTA aus erblickt, kann – Dank an Jörg Klingenfuß für diesen Hinweis – die Website von Ulrich Deuschle aus Hersbruck benutzen: www.udeuschle.selfhost.pro/panoramas/ makepanoramas.htm.

Sprache

An der GTA-Route spricht praktisch niemand Deutsch oder Englisch, daher sind Grundkenntnisse der italienischen Sprache unverzichtbar. Viele Einheimische freuen sich, wenn Wanderer aus dem fernen Deutschland oder der Schweiz einige Brocken Italienisch können, und dies trägt viel dazu bei, den Kontakt zu vertiefen. Um dies zu erleichtern, hat Jörg Klingenfuß das Wörterbuch *Italienisch für Bergwanderer im Piemont* mit über 5000 Wörtern zusammengestellt, das man bei ihm bestellen kann (www.gtaweb.de).
Die Kommunikation auf Italienisch wird für Ausländer dadurch erleichtert, dass man in Piemont ein sehr klares, kaum dialektal verändertes Hochitalienisch spricht. Das Piemontesische dagegen – manche sagen, es sei kein italienischer Dialekt, sondern eine eigenständige Sprache – unterscheidet sich so stark vom Italienischen, dass es selbst Italiener aus anderen Regionen kaum verstehen, weil es zahlreiche Anklänge ans Französische enthält (Turin z. B. wird »türeng« ausgesprochen). Allerdings ist das Piemontesische ursprünglich in den piemontesischen Alpen nur im Bereich des Ossola-, Sesia-, Cervo-, Oropa- und Elvo-Tales die Muttersprache und überall sonst eine Fremdsprache, die seit der frühen Neuzeit sehr langsam, ab dem 19. Jahrhundert dann schnell aus der Tiefebene in die Alpentäler vordringt (zunehmende wirtschaftliche Verflechtungen sind die Ursache, im 20. Jahrhundert dann auch Radio und Fernsehen).
In den frankoprovenzalischen Tälern (Aosta- bis Susa-Tal) kann man sich eventuell auch auf Französisch verständigen, vor allem in der Nähe der Grenze.
Und schließlich gibt es entlang der GTA auch eine kleine deutschsprachige Minderheit, die Walser ganz im Norden der GTA. Allerdings sprechen nur noch wenige alte Menschen den Walserdialekt, der für die meisten Deutschsprachigen aufgrund seines archaischen Sprachcharakters praktisch unverständlich sein dürfte.

Esssitten und Regionalprodukte

Piemont ist europaweit für seine besonders gute Küche, für die besten Rotweine Italiens (sie stammen aus dem Langhe-Gebiet südöstlich von Turin) und für hervorragende Lebensmittel, vor allem Süßigkeiten, bekannt (Turin und Cuneo sind die Hauptstädte der »dolci« in Italien). In den Alpentälern ist dies alles weniger ausdifferenziert und stärker einfach-kräftig-bodenständig geprägt, aber lokale Küche und Regionalprodukte haben auch hier fast überall eine hohe Qualität und stellen einen wichtigen, unverzichtbaren Be-

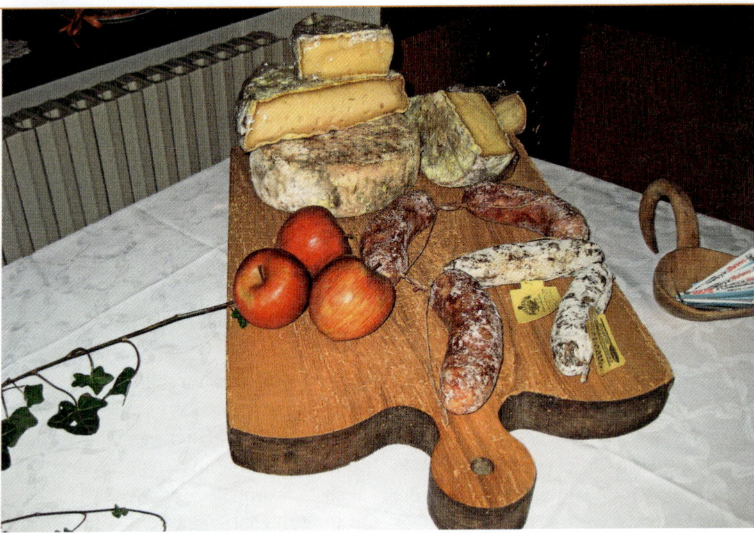

Regionalprodukte aus Rimella.

standteil einer GTA-Wanderung dar.

Während bei uns an vielen Orten im ländlichen Raum traditionelle Regionalprodukte und Kochrezepte durch nationale/internationale (Fertig-)Produkte, durch Mikrowelle und Fast Food verdrängt wurden, ist diese Tradition in Piemont noch existent. Es ist daher kein Zufall, dass die internationale Slow-Food-Bewegung (www.slowfood.de, www.slowfood.ch) in Piemont entstanden ist (siehe dazu Carlo Petrini, *Slow food. Genießen mit Verstand,* Zürich 2003). Für den GTA-Wanderer bedeutet dies, dass man nicht einfach schnell zwischendurch eine warme Mahlzeit erhalten kann, sondern dass man sich an die üblichen Essenszeiten (12 bis 14 Uhr, 19 bis 21 Uhr) halten und sich meist voranmelden muss.

Auch der Ablauf einer Mahlzeit unterliegt einer festen Tradition, die man kennen muss, weil es oft keine Speisekarte gibt, sondern alles mündlich abgesprochen wird: Am Wochenende beginnt ein »richtiges« Essen in der Regel mit dem »antipasto«, raffiniert angemachten kalten und warmen Vorspeisen, oft Spezialitäten (an Werktagen manchmal in stark vereinfachter Form angeboten; sie sind im normalen Menüpreis nicht enthalten und müssen extra bezahlt werden). Dann kommt der erste Hauptgang, »primo piatto« (oft kurz: il primo), bei dem man wählen kann zwischen Nudeln (pasta), Reis (riso) oder Gemüsesuppe (minestrone). Darauf folgt der zweite Hauptgang, »secondo piatto«, bei dem man wählen kann zwischen verschiedenen Fleisch- und Fischgerichten. Anschließend hat man die Auswahl zwischen Käse (formaggio), Früchten (frutta) oder Kuchen (dolce) und kann das Essen zur besseren Verdauung mit einem Espresso und allenfalls einem Grappa oder einem der zahlreichen lokalen Alpenliköre endgültig abschließen. Zum Essen wird Brot, Wasser (acqua naturale = Leitungswasser oder acqua minerale = Mineralwasser) und Rotwein gereicht, wobei der Hauswein (vino di casa), meist ein Barbera oder Dolcetto, eigentlich überall zu empfehlen ist. Von dieser fast geheiligten Abfolge ist nur schwer abzuweichen.

In dieser traditionellen Speisenfolge ist sehr viel Wissen um eine ausgewogene Ernährung und Verdauung enthalten, sofern man sich – wie die Einheimischen – für das gesamte Essen viel Zeit lässt, bewusst langsam isst und sich von jedem einzelnen Gang nicht zu viel geben lässt! Nach einem solchen Abendessen kann das Frühstück dann kleiner ausfallen, sodass man am Morgen ohne allzu vollen Bauch loswandern kann.

Ein solches Abendessen ist für mich der ideale Abschluss eines Wandertages auf der GTA: Man kann beim Essen in aller Ruhe den Tag Revue passieren lassen, sich auf eine sehr angenehme Weise körperlich und geistig regenerieren, nebenbei die piemontesischen Mentalitäten beobachten und so die besonderen Qualitäten der alpinen Landschaft und der regionalen Küche direkt miteinander verbinden.

Natürlich gibt es hier und da auch touristische Restaurants, die schnell ein bekanntes austauschbares Essen (meist kaum preiswerter) servieren, aber diese erkennt man leicht bereits an der Speisekarte, oder man erkundigt sich einfach, wo die Einheimischen essen.

In Restaurants und Lebensmittelläden erhält man sehr häufig Regionalprodukte, ohne dass diese besonders gekennzeichnet sind – die Tradition besitzt oft noch eine Selbstverständlichkeit. Seit wenigen Jahren beginnt man jedoch, sich dieser Qualität bewusst zu werden und sie gezielt auszuweisen.

Italienische Ferien und Feriengewohnheiten

Nicht nur das Wetter, sondern auch die italienischen Ferien sollte man bei der Planung der Wanderung berücksichtigen. Die italienischen Schulferien beginnen Ende Juni und dauern bis Anfang/Mitte September, wobei der Höhepunkt in der Woche um den 15. August (Fest Mariä Himmelfahrt) liegt, dem sogenannten »ferragosto«, in der auch die letzten Italiener die Stadt wenigstens für einige Tage verlassen, um ans Meer oder in die Berge zu fahren.

Auch wenn die Täler, durch die die GTA führt, keine Touristentäler sind, so sind die wenigen vorhandenen Unterkünfte in den ersten zwei, drei Augustwochen oft voll belegt. Allerdings handelt es sich um eine besondere Art des Tourismus: Zahlreiche Menschen, die früher in diesen Tälern gelebt haben und dann abgewandert sind, benutzen den Urlaub, um wieder in ihre alte Heimat zurückzukehren; viele ehemalige Einheimische besitzen dort noch ein Haus oder können bei Verwandten wohnen. Gerade in abgelegenen Tälern stellt diese Form des Tourismus den größten Teil der Besucher im August. Der andere Teil der Besucher stammt aus den nahen Industriegebieten der oberitalienischen Tiefebene; oft kommen sie so regelmäßig immer wieder in denselben Urlaubsort, dass sie inzwischen sozial integriert sind.

Auch das Urlaubsverhalten der Italienerinnen und Italiener unterscheidet sich stark von dem, was wir aus dem deutschsprachigen Alpenraum kennen: Die meisten Urlauber in den Bergdörfern haben ein relativ geringes Interesse an Wanderungen und Bergtouren, ihre Aktivitäten beschränken sich zumeist auf Spaziergänge im Talbereich, und die Sozialkontakte stehen im Zentrum ihres Urlaubs. Speziell zum Wandern oder Klettern fährt nur eine Minderheit in die Berge, und diese wird man in den von der GTA durchquerten Alpenregionen nur selten antreffen, da sie lieber die bekannten Gebiete am Fuße von Monte Rosa, Matterhorn, Montblanc, Gran Paradiso usw. aufsuchen. Im Gegensatz zu Frankreich, wo das (Berg-)Wandern schon fast ein Volkssport ist, muss dies in Italien erst mühsam propagiert werden.

Besonders an Wochenenden mit schönem Wetter kann man beobachten, wie sich auf jeder kleinen Fahrstraße im Gebirge Autos so weit wie möglich nach oben quälen, bis man einen schönen Parkplatz mit Aussicht erreicht hat. Dort werden Tische und Stühle ausgepackt, die Musik aufgedreht, ein großes Essen zelebriert, und das ganze Sonntagsvergnügen findet mehr oder weniger in der Nähe des Fahrzeugs statt. Wenn man dieses Verhalten kennt, kann man solche Orte einfach umgehen oder schnell passieren. Oder man verweilt hier ganz bewusst und erfährt dabei sehr viel über italienische Mentalitäten, Familien- und Paardynamiken und Kindererziehung.

Eine Steigerung davon kann man erleben, wenn der jährliche Giro d'Italia – seltener die Tour de France – auf ein oder zwei Tagesetappen durch die piemontesischen Alpen führt. Radfahren ist sowohl in Italien als auch in Frankreich Volkssport, und diese großen Rennen ziehen regelmäßig zahlreiche Besucher an. Und alles endet in einem riesigen Fest, bei dem man sich fragen kann, ob wirklich das Rennen oder nicht eher das gemeinsame Feiern das eigentliche Ziel darstellt.

Aber es gibt auch andere Verhaltensweisen, die zu ernsthaften Konflikten mit GTA-Wanderern und anderen Bergfreunden führen: Zahlreiche jüngere und manchmal auch ältere Männer nutzen Bergwege, Militärstraßen und Alpflächen, um sich hier mit Motorrädern, Geländefahrzeugen, Quadbikes und anderen motorisierten Gefährten auszutoben und regelrechte Rallyes zu fahren. Leider verbieten erst wenige Gemeinden diese sehr störenden, umweltbelastenden und teilweise auch gefährlichen Freizeitaktivitäten oder führen nur wenig Kontrollen durch. Deshalb ist es wichtig, dass GTA-Wanderer dies beim Posto-Tappa-Betreiber ansprechen. Ein solcher Missbrauch der Alpen als Abenteuergelände für motorisierte Funsportler kann letztlich einen angepassten Tourismus zerstören.

Literaturhinweise

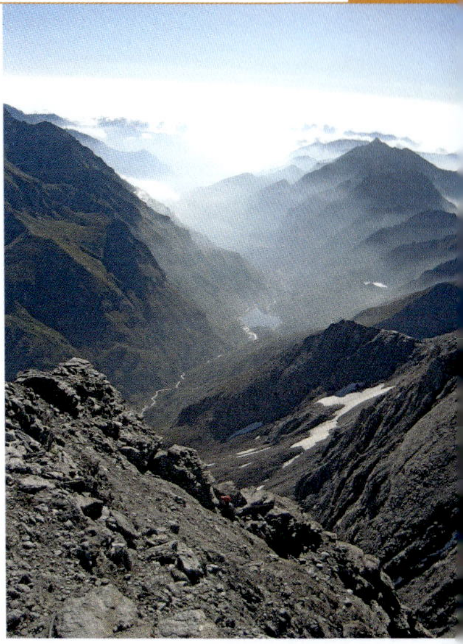

Blick vom Gipfel des Rocciamelone, 3537 m, ins oberste Viù-Tal mit dem Lago di Malciaussia.

Wanderführer

Zuerst werden weitere GTA-Führer und dann diejenigen Wanderführer genannt, auf die in den Etappenbeschreibungen (in gleicher Reihenfolge) hingewiesen wird. Die sehr große Zahl italienischer Wanderführer wird hier nicht aufgeführt.

Iris Kürschner / Dieter Hass, *Grande Traversata delle Alpi. Durch das Piemont bis ans Mittelmeer,* Bergverlag Rother, München ^{5}2022, 272 S. Fast nur Wegbeschreibungen.

Eberhard Neubronner, *Der Weg. Vom Monte Rosa zum Mittelmeer. Die Grande Traversata delle Alpi (GTA),* Verlag J. Berg, München 1992, 176 S. Großformatiger Text-Bild-Band, der anschaulich und lebendig eine Wanderung auf der GTA beschreibt. Neuauflage 2006.

Andreas Weissen, *Binntal, Veglia, Devero. Naturparkwandern ohne Grenzen zwischen Wallis und Piemont,* Rotpunktverlag, Zürch ^{2}2022, 288 S.

Peter Krebs: *Wanderregion Ossola und Simplon,* AS-Verlag, Zürich 2019, 240 S.

Tim Shaw: *Ossola. Zwischen Lago Maggiore, Monte Rosa und Nufenenpass,* Bergverlag Rother, München ^{5}2024, 256 S.

Bernhard Herold / Tim Shaw, *Nationalpark Val Grande. Unterwegs in der Wildnis zwischen Domodossola und Lago Maggiore,* Rotpunktverlag, Zürich ^{5}2020, 296 S.

Werner Bätzing / Michael Kleider, *Gran Paradiso. Wandern auf der piemontesischen Seite des Nationalparks,* Rotpunktverlag, Zürich 2013, 221 S.

Johannes Führer, *Aostatal. Die schönsten Tal- und Höhenwanderungen,* Bergverlag Rother, München ^{7}2023, 160 S.

Werner Bätzing / Michael Kleider, *Die Lanzo-Täler. Belle Epoque und Bergriesen im Piemont,* Rotpunktverlag, Zürich 2015, 221 S.

Sabine Bade / Wolfram Mikuteit, *Partisanenpfade im Piemont. Wege und Orte des Widerstands zwischen Gran Paradiso und Monviso. Ein Wanderlesebuch,* Verlag Querwege, Konstanz ^{2}2018, 272 S.

Sachbücher

Es gibt kaum deutschsprachige, aber ausgesprochen zahlreiche Publikationen in italienischer Sprache über die piemontesischen Alpen, über ihre Gebirgsgruppen, über die einzelnen Täler und oft auch über einzelne Orte. Eine gute Orientierung bietet die Website der Libreria la Montagna direkt neben dem alten Turiner Hauptbahnhof (Via Sacchi 28bis, I-10128 Torino, www.librerialamontagna.it). Einige italienische Titel können auch bei Jörg Klingenfuß (www.gtaweb.de) bezogen werden.

Werner Bätzing, *Die Alpen. Das Verschwinden einer Kulturlandschaft,* Theiss-Verlag, Darmstadt ^{2}2021, 216 S. mit 228 Fotos. Großformatiger Bildband mit kürzeren Texten, der eine Reihe von Bildern entlang der GTA enthält.

Werner Bätzing, *Zwischen Wildnis und Freizeitpark. Eine Streitschrift zur Zukunft der Alpen,* Rotpunktverlag, Zürich ²2017, 154 S. Kurze, thesenhafte Darstellung seiner zentralen Aussagen zu Gegenwart und Zukunft der Alpen.

Werner Bätzing, *Die Alpen. Geschichte und Zukunft einer europäischen Kulturlandschaft,* Verlag C. H. Beck, München 2015, 484 S. Allgemein verständliche Einführung in die Situation der Alpen und ihre Entwicklung, die auch für die piemontesischen Alpen von zentraler Bedeutung ist.

Werner Bätzing, *Homo destructor. Eine Mensch-Umwelt-Geschichte. Von der Entstehung des Menschen zur Zerstörung der Welt,* Verlag C.H.Beck, München 2023, 463 S. Die Darstellung des großen Kontextes, in dem die Entsiedlung der piemontesischen Alpen abläuft, verdeutlicht, dass es sich nicht um eine zufällige regionale Entwicklung handelt, sondern dass dies ein charakteristischer Ausdruck der Moderne ist.

Luisa Vogt, *Regionalentwicklung peripherer Räume mit Tourismus? Eine akteurs- und handlungsorientierte Untersuchung am Beispiel der GTA,* Erlangen 2008, 412 S. (Erlanger Geographische Arbeiten, Sonderband 38). Sehr detaillierte Analyse des GTA-Projekts.

Franz Höchtl / Susanne Lehringer / Werner Konold, *Kulturlandschaft oder Wildnis in den Alpen? Fallstudien im Val Grande-Nationalpark und im Strona-Tal* (Piemont/Italien), Verlag Haupt, Bern 2005, 629 S. Sehr detaillierte Analyse der Veränderungen der Landschaft.

Gianfranco Bini, *Lassù gli ultimi,* Edizioni Virginia, Pero/Mailand 1973 (Nachdruck: Edizioni Lassù gli Ultimi, Champorcher 2001), 500 S. Großformatiger und schwergewichtiger Bildband über das traditionelle bergbäuerliche Leben in den Tälern am Monte Rosa.

Gianfranco Bini, *Fame d'Erba,* Edizioni Virginia, Pero/Mailand 1979 (Nachdruck: Edizioni Lassù gli Ultimi, Champorcher 2013), 564 S. Großformatiger und schwergewichtiger Bildband über die traditionellen transhumanten Schafwanderungen zwischen der Ebene bei Biella und den Alpen am Monte Rosa.

Eberhard Neubronner, *Das schwarze Tal. Unterwegs in den Bergen des Piemont,* National Geographic / Goldmann Verlag (TB 71178), München 2008, 251 S. Sehr anschauliche und lebendige Darstellung der Situation im Vogna-Seitental zu Beginn der 1990er Jahre (vergriffen).

Eberhard Neubronner, *Die Letzten löschen das Feuer,* Verlag Berg und Tal, München 2008, 128 S. Eindrucksvoller Bild-Text-Band über das Vogna-Seitental (vergriffen).

Belletristische Texte

In Romanen und Erzählungen, intensiven und dichten Texten, können die Atmosphäre einer Region und ihre charakteristischen Verhältnisse besonders deutlich werden. Sie verdeutlichen eindrücklich, dass das traditionelle Leben in den Alpen nichts mit einem Heidi-Idyll zu tun hatte. Da es aus dem Bereich der nördlichen GTA kaum belletristische Texte in deutscher Sprache gibt, werden solche aus Nachbarregionen empfohlen.

John Berger, *SauErde. Geschichten vom Lande,* Fischer-TB, Frankfurt 2000, 240 S. Der Autor (1926–2017) war Schriftsteller, Kunstwissenschaftler und Drehbuchautor, der viele Jahre lang in einem Bergbauerndorf in Savoyen lebte und der diese Welt – die der der GTA sehr ähnlich ist – auf eine faszinierend-beklemmende Weise beschreibt.

Plinio Martini, *Nicht Anfang und nicht Ende. Roman einer Rückkehr* (1974), Limmat Verlag, Zürich 2023, 240 S. Dieser Roman spielt in den Tessiner Alpen in der Nähe der piemontesischen Grenze, wo die Verhältnisse sehr ähnlich wie im benachbarten Ossola-Tal sind.

Der italienische Filmemacher und Schriftsteller Paolo Cognetti (geb. 1978 in Mailand) thematisiert in einigen seiner Bücher die aktuelle Welt der italienischen Alpen am Beispiel des Ayas-Tals (Aosta) auf eindrückliche Weise: *Acht Berge* (Roman, DVA, München 2017, 248 S.) und *Fontane No. 1. Ein Sommer im Gebirge* (Edition Blau im Rotpunktverlag, Zürich 2017, 143 S.).

Register

Das Register dient dazu, die Orte, Unterkünfte, Pässe, Gipfel und Täler, die an der GTA liegen, schnell zu finden. Die Angaben beziehen sich auf die Nummern der Etappen; wenn eine Seitenzahl genannt wird, ist dies durch die Abkürzung »S.« ersichtlich. Es werden immer die italienischen (bzw. französischen) Namen und Bezeichnungen verwendet.

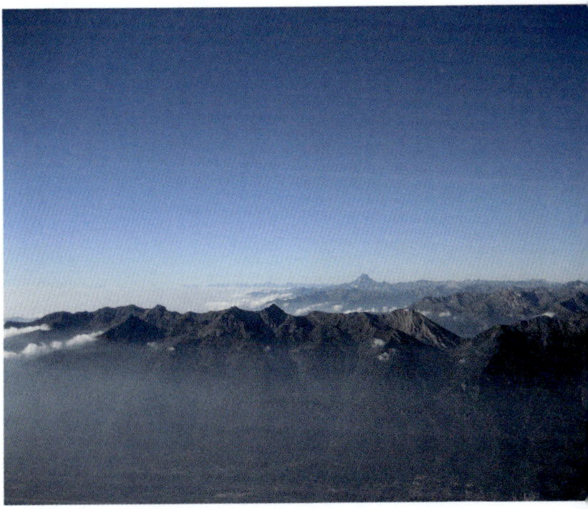

Blick vom Gipfel des Rocciamelone, 3538 m, nach Süden auf die Cottischen Alpen. Ganz vorn unten das Susa-Tal, direkt darüber die Gipfel der Orsiera-Rocciavre-Gruppe mit dem tiefen Einschnitt des Colle delle Finestre, 2176 m; in der Bildmitte der isoliert aufragende Monte Viso, 3841 m, und ganz hinten die Seealpen.

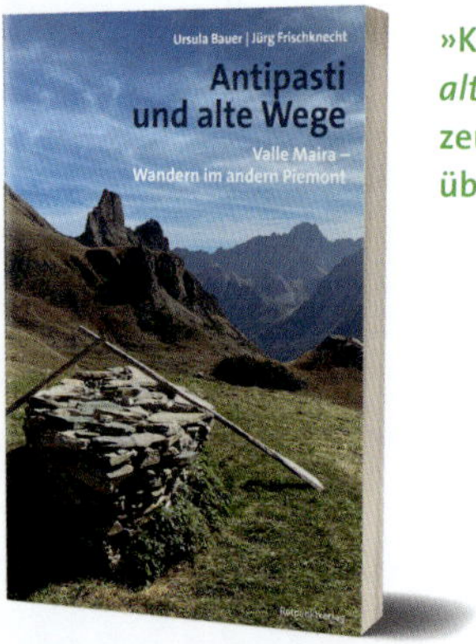

»Kein Zweifel: Inhaltlich setzt *Antipasti und alte Wege* Maßstäbe. Es gibt kein überzeugenderes Konzept für Wanderbücher über eine unbekannte Region.«

Die Alpen

»Werner Bätzing verbindet die Sachkenntnis des Wissenschaftlers mit dem Engagement des passionierten Wanderers und einer liebevollen Zuwendung zur Region.«

Frankfurter Allgemeine Zeitung

25 Jahre Antipasti und alte Wege

Das Valle Maira im Südwesten des Piemont – im vergangenen Jahrhundert dramatisch entvölkert – bietet heute sanften Tourismus pur. Initiative Leute, Dagebliebene und Zugewanderte, haben das fantastische alte Wegnetz des Tals an der Grenze zu den französischen Alpen zu neuem Leben erweckt. Hauptader ist der Mairaweg, auf dem sich das Tal in ein bis zwei Wochen umrunden lässt.
Ursula Bauer und Jürg Frischknecht liefern alle Informationen zu den einzelnen Etappen des Mairawegs und seinen Varianten: Zweitageswanderungen in die Nachbartäler sowie Ausflüge zur Provinzhauptstadt Cuneo, zum Talort Dronero und nach Acceglio, dem Ausgangspunkt am Ende des Tals. Dazu wird zu jeder Etappe eine Geschichte serviert. Und Abend für Abend locken Klein-aber-fein-Adressen mit regionalen Antipasti und mehr.

Ursula Bauer, Jürg Frischknecht

Antipasti und alte Wege
Valle Maira – Wandern im anderen Piemont

Mit SW-Fotos und historischen Bildern, Routenskizzen und Serviceteil
304 Seiten, Klappenbroschur
ISBN 978-3-03973-025-4

10., überarbeitete Auflage 2024

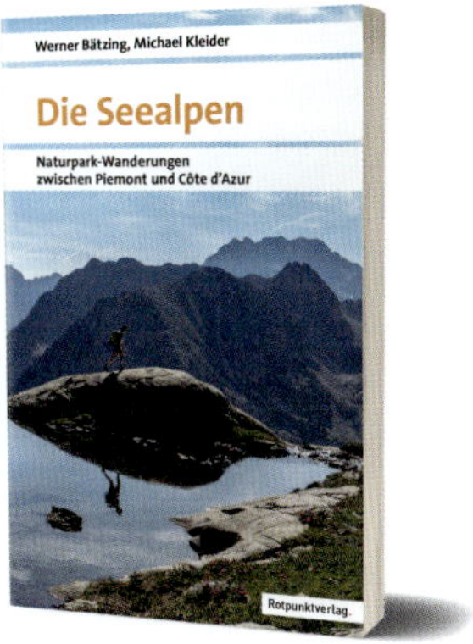

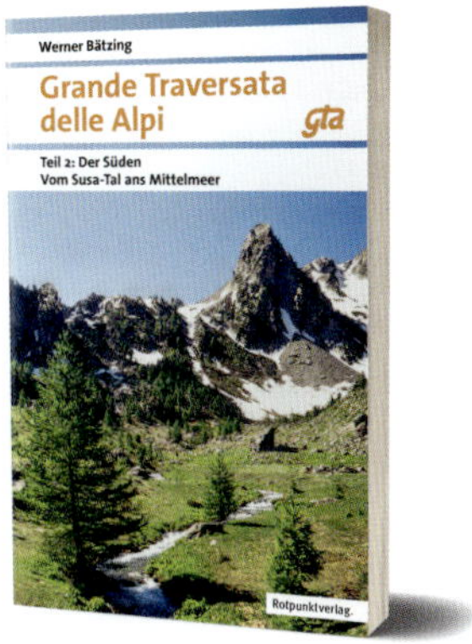

Südalpine Landschaft mit Sicht aufs Mittelmeer

Die Seealpen gehören im deutschsprachigen Raum zu den unbekanntesten Regionen der gesamten Alpen. Unweit vom Mittelmeer erhebt sich diese eindrucksvolle Hochgebirgslandschaft mit über 3000 Meter hohen Gipfeln, zahlreichen Seen und mit den südlichsten Gletschern der Alpen. Historische Wege mit fantastischen Aussichten und eine stattliche Anzahl von Berghütten bieten ideale Wandermöglichkeiten. Da es keinen Massentourismus gibt, wandert man hier oft in völliger Einsamkeit.
In beiden Parkgebieten (Seealpen-Naturpark auf der italienischen, Mercantour-Nationalpark auf der französischen Seite) setzt man sich für einen sanften Wandertourismus ein, den dieses Buch explizit fördert und unterstützt. Die Routen wurden in Zusammenarbeit mit dem Naturpark Seealpen erarbeitet.

Werner Bätzing, Michael Kleider

Die Seealpen
Naturpark-Wanderungen zwischen Piemont und Côte d'Azur

Mit Serviceteil und Routenskizzen
224 Seiten, Klappenbroschur
ISBN 978-3-03973-026-1

Neuausgabe 2024

Der große Weitwanderweg durch die Alpen des Piemont

Die Grande Traversata delle Alpi (GTA) ist eines der überzeugendsten Beispiele für einen umwelt- und sozialverträglichen Tourismus im gesamten Alpenraum, denn die Route meidet die touristischen Gebiete und verläuft stets auf alten Wegen.
Der zweite Teil der Grande Traversata delle Alpi führt vom Susa-Tal westlich von Turin bis ans Mittelmeer bei Ventimiglia. Die Route verläuft ebenfalls in 34 Tagesetappen mit zahlreichen Varianten durch die Cottischen, See- und Ligurischen Alpen. Die beiden Bände des Wanderklassikers wurden für diese 9. Auflage auf den neuesten Stand gebracht. Sie beschreiben den Wegverlauf und bieten alle Informationen, die GTA-Wandernde benötigen. Darüber hinaus vermitteln sie umfassendes Hintergrundwissen über die durchwanderten Regionen.

Werner Bätzing

Grande Traversata delle Alpi
Teil 2: Der Süden. Vom Susa-Tal ans Mittelmeer

Mit Serviceteil und Routenskizzen
296 Seiten, Klappenbroschur
ISBN 978-3-03973-028-5

9., aktualisierte Auflage 2024

Naturpunkt-Fachbeirat
Daniel Anker, Thomas Heilmann, François Meienberg,
Lieni Roffler, Reto Solèr

Umschlagbild: Abstieg auf Etappe 22 vom Colle della Crocetta nach Pialpetta (Val Grande der Lanzo-Täler). Ganz vorn die Alpe Crest, darüber die Kapelle von Rivotti. Ganz oben der Colle di Trione mit Etappe 23 (Bildmitte links).
Bild S. 2/3: Blick vom Grasberg, 2046 m, auf die Bocchetta di Campello (Etappe 3) und das Monte-Rosa-Massiv. Links unten ist die GTA beim Abstieg nach Rimella zu sehen. Die Häuser ganz links gehören zur Alpe Werch, die rechts davon zur Alpe Selletta.

Abbildungs- und Fotonachweise

Der Autor dankt den genannten Personen und Institutionen für die Genehmigung zum Abdruck von Abbildungen und Fotos.

Archivio CAI di Lanzo: S. 182
Bätzing, Bernhard (Frankfurt): S. 160, 181, 183, 217, 221.
De Negri, Ivano/Archivio Parco Naturale Veglia-Devero: S. 55 u., 76, 77.
La elettrificazione della Ferrovia Torino-Lanzo-Ceres: S. 192. Entnommen aus: A. Audisio/A. Rosboch: Bibliografia generale delle valli di Lanzo. Torino 1976.
Fitzthum, Gerhard (Salzböden): S. 53 r., 108-109, 123, 124, 125, 127, 129, 133, 196.
Grimm, Fritz (Bremen): S. 30, 116, 118, 174, 177 u., 178, 179.
Hug, Beat (Spiez): S. 137, 141, 145.
Kleider, Michael (Leinburg): S. 13 u., 67, 68, 151, 154, 156, 157, 158, 185, 186, 187, 200, 206 l., 206 r.
Klingenfuß, Jörg (Tübingen): S. 26, 29, 35, 85, 89, 106 o., 106 u., 107, 115, 202, 205, 209, 215.
Koppold, Ulrich (Stadtbergen): S. 173.
Mandler, Matthias (Bischoffen): S. 44, 45, 46, 55 o., 59, 75, 119.
Paoletti, Antonio: S. 193. Entnommen aus: A. Paoletti: La Montagna elettrica – Usseglio e la costruzione degli impianti idroelettrici in Valle di Viù. Hrsg. von M. Jakob und B. Guglielmotto-Ravet. Lanzo 2005 (= Società Storica delle Valli di Lanzo Band XCII).
Reproduziert mit Bewilligung von swisstopo (BA180127): S. 47

Alle anderen Fotos stammen von Werner Bätzing.

www.rotpunktverlag.ch
www.wanderweb.ch

Bildbearbeitung: typopoint GbR, Ostfildern
Karten: Stephan Adler / rpv
Druck und Bindung: Print Best, Viljandi

ISBN 978-3-03973-027-8
9., aktualisierte Auflage 2024